专家引领

重庆・重庆市教学专家付申珍工作室主持人付申珍在授牌仪式会上作专题发言（2018.3.15）

重庆・重庆市教学专家付申珍工作室团队在“全国深度教学暨地理实践力成果观摩研讨会”聆听韦志榕总编（人民教育出版社，左图中）、雷鸣主编（《中学地理教学参考》，左图右五及右图）专家讲座（2018.11.16）

重庆・段玉山教授（华东师范大学）进行重庆市普通高中新课标新教材专题培训（2020.9.30）

重庆・袁孝亭教授（东北师范大学）来渝讲学基于地理学思想的教学（2019.7.7）

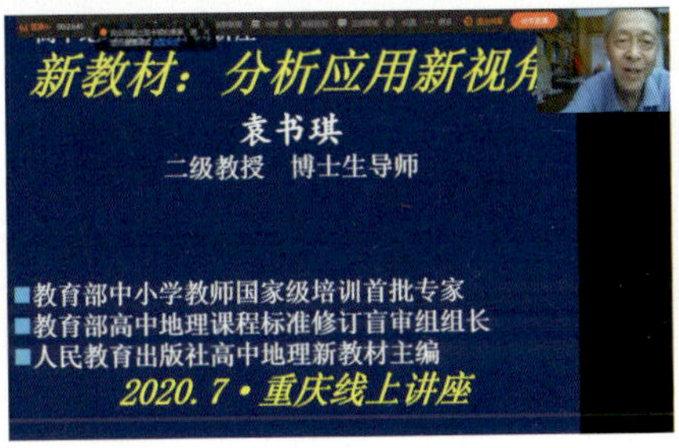

福建福州・袁书琪教授（福建师范大学）线上讲学（2020.7.20）

陕西西安・与李家清教授（华中师范大学，左）在2020年全国综合学术年会交流（2020.12.27）

重庆・胡熙时（重庆市第一中学校原地理教研组长、特级教师、正高级教师，右）在重庆市与鄂尔多斯市初中地理联合教研活动中现场发言（2018.4.18）

重庆・重庆市教学专家付申珍工作团队聆听全国嗓音医学专家李嘉莉的讲座并合影留念（左起：刘明炼、陈娟、杨华、熊俊卿、宋加喜、李嘉莉、付申珍、黄文山、许方林、刘宇、彭萌，2018.10.24）

重庆・在重庆市教学专家付申珍工作室、浙江省周红星名师工作室联合教学研讨会上张文革正高级教师（重庆市地理教研员）主持课例点评（中）、李晴教授（重庆师范大学）作会议总结（右）（2020.1.8）

团队交流

重庆・重庆市教学专家付申珍工作室与李淑春名师工作室成员和重庆市教育评估院书记沈军（左六）合影（2018.6.1）

福建三明・重庆市教学专家付申珍工作室与福建省聂国先名师网络工作室、三明市名师聂国先工作室联合教研（2018.6.22）

浙江金华・重庆市教学专家付申珍工作室与浙江省周红星名师工作室联合教研（2018.6.23）

宁夏银川・重庆市教学专家付申珍在第二届全国名师工作室创新发展成果博览会交流精品选修课程“地球的呼唤——环境保护与可持续发展”建设经验（2019.7.25）

重庆・杨华在重庆市教学专家付申珍工作室、浙江省周红星名师工作室联合教学研讨会上现场献课（2020.1.8）

陕西西安・重庆市教学专家付申珍在中国教育学会地理专委会 2020 年综合学术年会作专题报告，袁书琪教授现场点评（2020.12.27）

编著研讨

重庆·工作室成员在列车上进行专著撰写研讨活动（2018.6.1）

重庆市第一中学校·李代文副书记（重庆市沙坪坝区教师进修学院）指导教学专家付申珍工作室研讨活动（2019.4.24）

重庆市第一中学校·工作室开展长效教学课例研讨活动（2019.10.30）

重庆市大学城第一中学校·工作室开展长效教学专著编修研讨活动（2020.1.12）

重庆市巴蜀中学校·工作室举行长效教学专著校稿研讨会暨颁奖仪式 ［右图 刘宇（左）、杨华（右）老师分别荣获 2020 年度全国名师工作室创新发展成果特等奖、一等奖，重庆市教学专家付申珍工作室被评为“全国先进名师工作室”，2021.1.24］

知行研学

重庆·工作室“知行地理研学坊”在悦来海绵城研学（2019.2.17）

重庆·重庆市第一中学校学子实地调研小区楼距（2019.10.27）

重庆·重庆市教学专家付申珍工作室与浙江省周红星名师工作室部分成员在主城研学（2020.1.8）

重庆·工作室“知行地理研学坊”在歌乐山矿研学（图左至右 2019.12.22、2020.10.25 和 2020.12.22）

北京·钱易环境奖获得者陈馨（右）、指导教师付申珍（左）与钱易教授（清华大学，中）合影留念（2018.12.23）

内容提要

中学地理"长效教学"的教学主张由重庆市教学专家付申珍工作室提出，教学主张的最终形成依托该工作室及重庆市普通高中教育教学改革研究重点课题"基于学科核心素养的高中环境教育策略研究"、重庆市普通高中精品选修课程"地球的呼唤——环境保护与可持续发展"项目建设。

本书以"立德树人"为宗旨，在学习和借鉴前人研究成果的基础上，以中学地理新课程为背景，提出并系统论证了"长效教学"的教学主张，构建了"三阶六环四步"长效教学主张实施机制的运行模式，从中学地理课堂教学和中学研学活动两个领域提出并分析了中学地理长效教学的实施策略。其中，中学地理课堂教学细分为自然地理课程、人文地理课程和区域地理课程；中学研学活动细分为研究性学习和研学旅行。

本书是付申珍工作室成员长期不懈教学研究和课题研究的成果。本书富有理论新意，是教学、教研改革、创新的实践成果，面对当前中学地理课程和地理中考、高考的重大变革，具有很强的现实指导意义和推广应用价值。本书以长效教学的视野，揭示了中学地理教学持续发展、中学地理教师持续成长、中学生地理学习成果转化为终身发展素养等的长效规律，对地理教师专业化水平提升，以及促进中学生素养培育的愿景具有长远的指引作用。

本书广泛适用于一线中学地理教师和各级地理教研员，可以用作高校地理科学(教师教育)本科专业和地理教育研究生专业的选修教材或参考书，也可供相关专业人士参考。

图书在版编目(CIP)数据

中学地理长效教学的理论探索与实践 / 付申珍主编.
-- 重庆 : 重庆大学出版社, 2021.6
ISBN 978-7-5689-2646-1

Ⅰ.①中… Ⅱ.①付… Ⅲ.①中学地理课-教学研究
Ⅳ.①G633.552

中国版本图书馆 CIP 数据核字(2021)第 068156 号

中学地理长效教学的理论探索与实践

主 编 付申珍

策划编辑:陈一柳

责任编辑:陈一柳 版式设计:陈一柳

责任校对:谢 芳 责任印制:赵 晟

*

重庆大学出版社出版发行

出版人:饶帮华

社址:重庆市沙坪坝区大学城西路 21 号

邮编:401331

电话:(023) 88617190 88617185(中小学)

传真:(023) 88617186 88617166

网址:http://www.cqup.com.cn

邮箱:fxk@cqup.com.cn (营销中心)

全国新华书店经销

重庆升光电力印务有限公司印刷

*

开本:787mm×1092mm 1/16 印张:23.5 字数:537千

2021 年 6 月第 1 版 2021 年 6 月第 1 次印刷

ISBN 978-7-5689-2646-1 定价:59.00 元

序 一

当前，我国基础教育正在进行力度很大的改革。尤其是学校地理课程，兼跨文、理两大学科领域，在新时代承担了国家大政方针、国际格局、家国情怀的教育重任，教育教学的理念、模式、策略需要与时俱进。各种论著、课题报告纷至沓来，不足为奇。纵观众多地理教研成果，也存在一些问题，如：理论脱离实际，尤其是照搬国外观念、主张，不大顾及中国特色；重拾老旧“经典”，不知早已试验败绩；经验之谈，难以推广或上升到理论层面等。此时，读到重庆市教学专家付申珍工作室的《中学地理长效教学的理论探索与实践》一书，确有眼前一亮之感。作为长年不懈教学研究的名师，以及依托工作室这种有效教研机制的教研团队，所提出的“长效教学”，已经不限于教学方法、教学模式、教学灵感，而是一种深思熟虑的教学主张了。提升、凝练出教学主张，是各地对名师的要求，抑或是需求，难度很大，而“长效教学”，可算其一，符合教学名师的教研水平。

“长效教学”的教学主张，出自地理教学名师，不是偶然。新的高考制度一经实施，考生纷纷选考地理，除了“地理高考容易得分”（其实不然）的功利主义考量外，地理学科素养对学生终身发展的“长效性”客观存在。与一些以高深为取向的学校课程相比，地理课程所学确实对学生以后的实际生活、学习、工作大有裨益，盖因地理课程以广博取胜。于是，在短效的有效教学（有时可能是“应试教学”）的基础上，进一步提出长远有效教学的理念，就成为地理教育工作者的时代担当。国家战略、海洋权益、生态安全、世界眼光，地理课程中需要放眼远瞻的内容要求不在少数。

“长效教学”的教学主张，在“通识”教育层面上，显然也是站得住脚的。“以生为本”的教育伦理、发展观下的教育心理、学以致用的教育目的论、“元”层面的教育认识论、建构主义的教育过程论等，似乎都与“长效教学”有多多少少的关联。不在乎一时一事，“面向未来”、学会学习、学会生活，可能是地理课程促成“长效教学”主张而对“通识”教育的一大贡献。基于地理的“长效教学”，可以“普适”各门学校课程，也就真正成了一种教学主张。

有了教学主张，还要有相应的教学模式方能实施。本书总结长期教学经验、集体教研成果，遵循教学规律，参照教学理论，建构起适用于“长效教学”的“三阶六环四步”教学模式。从模式图示中可以清楚地看出，该模式为支持“长效教学”提供了运行的机制。教与学的主体、客体与介体齐全，通过多方主动性的互动发挥，保证了学生长期发展的主体地位和机会，明确了教师和媒介引导学生持续自主发展的职责。从教师行为来看，应用教学软件，全程处于“导”的地位，发挥“导”的作用。先引导学生发现问题，后指导学生探究问题、解决问题，再倡导学生学以致用。这三个阶段，明面上“导”的显性逐步弱化。相应地，从学生行为来看，从观察到思考，再从评论到实践，这四个步骤，行为的主动性逐步增强。师生教学互动，呈现出教学消长和教学相长的机制，如此循环往复，螺旋上升。而师生相互作用的体制机制，使得教学不是一蹴而就、急功近利，而是通过六个环节，将小步子的琐碎的教学情境整合成为专题情境，拉长了学生自主学习的过程，拓展了学生自主学习的空间，利于形成学生长效性素养。第一个环节是对特定区域真实情境的认知，第二、三个环节是开展综合性的思维，第四、五个环节是对人地关系问题的论证和应用人地协调观的评析，第六个环节是培育和应用地理实践力。可见，长效教学是建立在地理学科素养和学生发展素养的长效培育基础上的。综上所述，这一“三阶六环四步”的教学模式虽然构成比较复杂，但意图、条理都很清楚，是综合体现教学理论、达成长效教学功效的实用教学模型。

本书分地理课堂和研学活动两个方面，提供基于长效教学理念的典型范例。地理课堂范例分自然地理、人文地理、区域地理三类，提供了不同的教学策略。研学活动范例分研究性学习、研学旅行两类，也提供了不同的教学策略。这些典型范例具有很强的代表性和实用性，也具有很强的教学长效性。本书重视长效教学主张实施的成效反馈，提供了师生对于长效教学和长效教研的真实反馈。

本书在教学理论上有自己的建树，丰富了有效教学理论、自主学习理论。在实际应用上，提供了富有新意的方式、方法、策略。值得广大一线地理教师和各级地理教研员一读，并可作为地理教师各级培训的教材，也为地理教育本科专业和地理教育研究生专业开设相关选修课程提供了很好的教材或参考书，相信其他学科的教师也能从本书中获得有益的启示。

希望有更多教学名师的教学主张问世。

福建师范大学二级教授、博士生导师
袁书琪
2021 年 2 月

序二

教育是有目的的社会实践活动。高质量地实现教学目标是每位教师的梦想和追求。实现有效教学是每位教师的职业操守。“所谓‘有效’，主要是指通过教师在一段时间的教学之后，学生所获得的具体的进步或发展”。在我国古代的教育思想中，有关教学要更好地实现教育教学目标的论述十分丰富，从伟大的教育家孔子的因材施教、温故而知新（《论语》），到孟子“君子之所以教者五：有如时雨化之者，有成德者，有达财者，有问答者，有私淑艾者”，教亦多术，强调教学的针对性；再到“博学之，审问之，慎思之，明辨之，笃行之”（《中庸》），强调广泛学习，详细询问，周密思考，明确辨别和切实实行的学习方法等。迄今为止，这些经典的理念与方法，仍然闪耀着有效教育教学思想的光辉，具有指导意义。

近、现代以来，随着社会科学技术的进步，对教育现象认识的深化，人们从研究学习心理机制的学习理论和研究优化教学过程的教学模式等方面展开了对有效教学的研究，以期实现更好达成教育教学目标的愿景。

在学习理论研究方面，世界范围内有影响的现代学习理论主要有行为主义学习理论、认知主义学习理论和人本主义学习理论。“行为主义”学习理论，主张学习是刺激与反应之间的联结，强调通过外部刺激，增加学习效果。“认知主义”学习理论，认为学习是内心经过积极的组织，从而形成和发展认知结构的过程；强调学生对知识的主动探索、主动发现和对所学知识意义的主动建构。“人本主义”学习理论，主张从全人教育的视角阐释学习者整个人的成长历程；注重启发学习者的经验和创造潜能，引导其结合认知和经验肯定自我，进而自我实现。

在教学模式研究方面，从夸美纽斯“感知—记忆—理解—判断”教学模式，到赫尔巴特“明了—联想—系统—方法”四阶段教学模式，从杜威“从做中学”到凯洛夫“组织教学、检查复习、讲授新课、巩固新知识、布置作业”五步教学模式，再到20世纪50年代布鲁纳“发现问题—提出假设—验证假设—提高总结”发现式模式等。这些教学模式的影响和运用为促进有效教学做出了许多贡献。我国在教学模式的研究方面也涌现出来许多成果，特别是新世纪新课程改革以来，提出“把时间还给学生，把方法教给学生”等的理念，主张教学是“课程创生与开发”“师生交往、积极互动、共同发展”的过程，倡导学生“自主、合作、探究学习”等的教学模式。当下比较有影响的教学模式有成功教育教学模式、赏识教育教学模式、主体教学模式、创新教学模式、合作学习模式、导学型教学模式、情景教学模式等。

近年来，在教学模式研究的队伍中，涌现出一批来自教学一线的专家型教师。《中学地理长效教学的理论探索与实践》一书是重庆市第一中学校正高级地理教师付申珍及其工作室为深化地理课程与教学改革奉献的一部力作。该书在指导地理教育教学过程模式方面形成丰富的思想论、方法论和实践论，具有创新性、系统性、可操作性的特点。

教学理念是教学行动的指引。第一章长效教学的主张、第二章长效教学的理论基础是本书的思想论。在深入研究现代教学理论（尤其是学习有效教学理论），并结合地理教学实验实践，在团队研究、总结优化、不断提炼的基础上，创造性地提出了长效教学的理念。认为，长效教学是立足于培养学生学科核心素养，既重视近期效果目标达成，又追求教学的长远效益实现，教学过程开放度大，教学内容鲜活度高，突出教会学习方法，坚持发展性教学评价的一种教学理念与实施框架。这一教学理念与实施框架，对于创新发展教学思想、丰富教学过程、提升教学质量、促进学生成长具有深远意义。

教学模式是教学理念与教学实践的中介。第三章“三阶六环四步”长效教学模式是本书的方法论。在长效教学理念指引下，构建了“三阶六环四步”的长效教学模式，对组成该模式的要素，包括从理论依据、教学目标、运作程序、实现条件和教学评价等方面进行了系统性解读；从教师由“授”转向“导”、学生由“客”转向“主”、过程由“受”转向“探”等方面概括了该教学模式的主要特点；说明了该教学模式的应用建议和应该注意的问题，为该教学模式在地理教学实践中进行推广运用奠定了基础。

教学设计是教学实施过程的规划方案。第四至第九章分别为自然地理长效教学策略、人文地理长效教学策略、区域地理长效教学策略、研学活动长效教学策略、地理课堂长效教学范例、研学活动长效教学范例都是本书的实践论。在“三阶六环四步”的长效教学模式应用的讨论中，选择了中学地理自然地理、人文地理、区域地理等十余个课题进行“课例”教学设计。通过意义分析、策略解读、经典案例、学业评价、案例剖析、应用建议、专家点评等栏目，对长效教学理论指导和模式运用进行了实践说明；通过重庆大学城虎溪河研究性学习、悦来海绵城研学旅行等活动方案，对长效教学理论和模式在课外实践活动中的运用提供了范例指引。

宝剑锋从磨砺出，梅花香自苦寒来。在第十章长效教学实施反馈展示中，还系统介绍了长效教学理论和模式从构想提出到研磨形成、实践应用、成果推广的漫漫征程。这里有潜心研读、努力修炼，有实验实证、“优课”展示、有思维碰撞、交流促升，有请进来、走出去，有专家引领、名师会诊等，丰富的信息能给读者分享从专家引领到自主实验到团队研究再到“总结优化”的成果形成过程，也在告诫读者要欣赏彩虹的美丽，唯有经历风雨的真谛！

受该书主编付申珍老师的邀请，我对该书进行了几次审读，提出了一些优化意见和建议。需要说明的是，在研读该书的过程中，受到了很多启发。对该书编写团队深谙地理改革课程的思想精髓、以长效教学模式为指引多角度地设计教学方案，表示由衷地钦佩；也更为老师们“一切为了学生的发展”孜孜不倦、兢兢业业的职业进取精神所感动。有理由相信，该书的出版能成为一线地理教师教学改革推进的一个亮点，成为地理教师的良师益友，是为序！

华中师范大学教授、博士生导师

李家清

2021年2月

序 三

学校教育要让学生身心健康成长，既要考虑学生当前的发展，更要为学生的未来成长着想，每个学科和每位教师都应思考教学的近期效益与远期效益的关系，在抓好教学当前效益的同时，一定要增强学生的发展后劲，探究长效教学的实现路径。

付申珍老师自担任重庆市第一中学校地理学科教师以来，积极投身教学改革，开展了多项教改课题研究。她入职不久，便开始研读我校老前辈黎见明著的《语文导读》，领会“导”的魅力。“导”，是传统教育中极为宝贵的指导思想，“导”，指启发诱导，要引导学生“学思结合”，让学生“思维有广度、有高度、有深度、有精度、有速度，同时逐步着眼于创造”……（黎见明，1987）引发她在地理教学实践中对如何“导”等相关课题的深入思考，她还研读中外相关教育教学理论，在建构主义学习理论等的指导下，较早构建了“引导发现式”CAI 教学模式，即“引导发现—指导探究—评析方案—总结优化”四阶计算机辅助教学模式，以问题解决为中心，导和学有机结合，学生在发现与探索过程中，逐渐增长能力，逐步达到“会学”。

在重庆市第一中学校“尊重自由，激发自觉”办学理念的指引下，付申珍老师在内的广大教师积极投入新课程改革，开展校本教研、行动研究等，在相关专家多次指导下，逐渐悟出了长效教学的滋味。我校地理学科正高级教师、重庆市首批教学专家工作室负责人付申珍长期致力于探究教学改革与长效教学模式的建构问题，她组建了包括重庆市第一中学校、重庆市南开中学、重庆市巴蜀中学、重庆市第七中学校、重庆市大学城第一中学校、重庆市第十八中学校、重庆市渝中区教师进修学院、重庆市江津区教师发展中心等单位的地理教学教研骨干在内的教学专家工作室团队，协作研究地理学科如何开展长效教学的专题，提出了中学地理“长效教学”主张，从“长效教学”视角梳理国内外历史和当代较有影响的教学论思想的发展脉络，挖掘其长效教学思想，探究了这些思想如何指导当今的实践。近期在“引导发现式”CAI 模式基础上参照认知主义学习理论、建构主义学习理论、研究性学习教学思想、有效教学理论、地理教学论等构建并完善的“三阶六环四步”长效教学模式，指“引导发现、指导探究、倡导应用”层层递进的三个教学阶段，师生相互作用“创设真境、理解概括、分析综合、论证评析、总结进阶、发展创新”环环相扣的六个教学环节，以及让眼、脑、口、手等都动起来的贯穿于“三阶”“六环”之中的“观察、思考、评论、实践”四个步骤，体现了教师由“授”转向“导”、学生由“客”转向“主”、过程由“受”转向“探”等特点，关注的焦点体现在学生学习兴趣激发、思维激活、多种能力和核心素养的培养上，让学生学会如何学习，着眼于教学长远效益。该团队还在自然地理、人文地理、区域地理、研学活动方面提出了长效教学的策略，对长效教学模式在中学地理课堂和研学活动中如何运用进行了翔实的范例研究，对长效教学的实施效果也进行了反馈研究，最终凝练形成《中学地理长效教学的理论探索与实践》这一心血之作。

该书立意高，内容新，实践性强，不但对地理学科的教学改革和创新有指导意义，且对其他学科及专项教育的改革和如何追求长效教学也应有重要的借鉴价值。

重庆市第一中学校党委书记、校长，国务院政府特殊津贴专家，中学正高级教师

唐宏宇

2021 年 3 月

目 录

第一篇 “长效教学”主张的理论探索

第二篇　地理课程长效教学策略

第三篇　地理课程长效教学范例研究

第一篇

“长效教学”主张的理论探索

“长效教学”主张是从经济社会发展对人才的需求和教学经验总结与反思中产生的。对“长效教学”所涉及的基本问题的理论探讨比较久远，实现“长效教学”主张有其基本教学模式。本篇内容着重从“长效教学”的主张、理论基础和基本模式等方面进行理论探索。

果的持续性。

近年来，我国一直以课程改革的方式来促进教育的改革和发展。教育部在《关于全面深化课程改革落实立德树人根本任务的意见》中强调："立德树人是发展中国特色社会主义教育事业的核心所在，是培养德智体美全面发展的社会主义建设者和接班人的本质要求。""要根据学生的成长规律和社会对人才的需求，把对学生德智体美全面发展总体要求和社会主义核心价值观的有关内容具体化、细化，深入回答'培养什么人、怎样培养人'的问题。"2020年3月20日，《中共中央 国务院关于全面加强新时代大中小学劳动教育的意见》出台，标志着我国构建"德智体美劳"全面培养的教育体系进入了一个全新发展阶段。基础教育阶段的学校课程是落实立德树人根本任务的载体，中学地理课程作为基础教育的一门重要课程，必须对立德树人作出学科应有的贡献。教育部组织研究并提出了各学段学生发展核心素养体系，在这一体系下，地理学科凝练出核心素养模型，它是对立德树人根本任务的落实。立德树人不可一蹴而就，无论对学校、对教师、对学生而言，都需要长期努力。

学生发展核心素养，主要指学生应具备的、能够适应终身发展和社会发展需要的必备品格和关键能力。它是以"全面发展的人"为核心，具体包括三个方面（文化基础、自主发展、社会参与），六大素养（人文底蕴、科学精神、学会学习、健康生活、责任担当、实践创新），十八个基本要点（人文积淀、人文情怀、审美情趣、理性思维、批判质疑、勇于探究、乐学善学、勤于反思、信息意识、珍爱生命、健全人格、自我管理、社会责任、国家认同、国际理解、劳动意识、问题解决、技术应用），它们之间相互关联（图1-1）。学科核心素养是核心素养在特定学科（或学习领域）的具体化，是学生学习一门学科（或特定学习领域）之后所形成的，具有学科特点的关键成就，是学科育人价值的集中体现。地理素养是指学习者经过地理学习后所养成的比较稳定的心理品格，包括地理领域的知识、观点、方法、能力、态度、情感等构成要素。地理学科核心素养是学生经过地理学习而形成的具有地理学科特性的必备品格和关键能力，它包括人地协调观、综合思维、区域认知、地理实践力四大素养，其核心素养的三个维度是基本活动经验、基本思想和方法、基本价值观（图1-2）。如何培养学科核心素养？这就需要学校转变理念，学科转变思维，教师转变教法，学生转变学法。从关注学生长远发展角度，回归到课堂教学的创新转型。

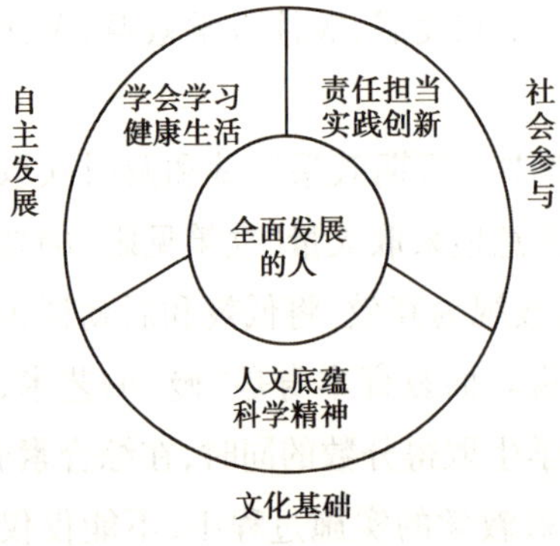

图1-1　学生发展核心素养

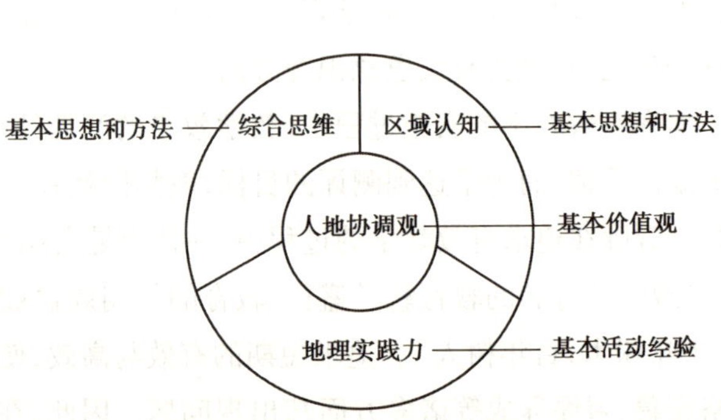

图1-2　地理学科核心素养

从古至今，地理教育源远流长，地理教育理论不断发展。在国外，构成地理教育理论的主要依据大多源自同时期的地理学理论。在经历了环境决定论、二元论、或然论等人地关系理论后，20 世纪 80 年代，辩证的人地协调观在世界许多国家的地理教育中开始体现，并形成较为系统科学的人地协调理论。1992 年，联合国在巴西里约热内卢召开“环境与发展大会”，并以“可持续发展”为主题，通过了《21 世纪议程》，这标志着可持续发展理论取得了全球共识。“可持续发展”理论进一步充实发展了“人地关系和谐论”的地理教育。地理教育理论的科学化、时代化成为现当代地理教育改革与发展的主要特点之一。在我国，中华人民共和国成立以来，地理教育经历了兴盛（1949—1957 年）—萎缩（1958—1976 年）—振兴（1977—2000 年）—地理素质教育全面推进（2001 年—　）时期。地理新课程改革是当前基础地理教育改革的核心。无论从学生发展核心素养还是从地理学科核心素养培育任务来看，都必须长远谋划，构建长效教学机制。

为了积极推行素质教育，融入新课程改革洪流，落实立德树人根本任务，引导教师从片面关注教学结果到关注学生发展，既关注当下成效又能关注长远效益，我们在前人研究的基础上，以地理学科教学实践为基础，呼吁追求长效教学，探究并深入发掘长效教学的意义和价值。

第二节　长效教学的内涵与特征

一、长效教学的内涵

长效教学是指立足于培养学生学科核心素养，既重视近期效果目标达成，又追求教学的长远效益，教学过程开放度大，教学内容鲜活度高，突出教会学习方法，坚持发展性教学评价的教学理念与实施框架。其内涵体现在学生培养上要立足终身，教师发展上要立足整体，教学行为上要立足长远。

1.长效教学与有效教学的区别与联系

长效教学与有效教学既有区别又有联系。

有效教学，是有效果、有效益、有合适效率的教学。据《现代汉语词典》（2016 年第 7 版）等相关资料，试作以下解析。“效”有“效法、仿效、效力”等意，有效教学的“效”是学生在教师的引导下付出努力以效法和仿效的行为，效果是指“由某种力量、做法或者因素产生的结果”；“益”，是指“有益、利益和好处”，效益，是指“效果与利益”，有效果未必有效益，有效益的教学是对学生身心发展有帮助的，并符合教育理想和追求的教学；效率，是指“机械、电器等工作时有用功在总功中所占的百分比/单位时间完成的工作量”，借鉴前者解释，尝试建构“教学效率=围绕教学内容的适度紧张的智力活动时间/教学花费的时间”；若借鉴后者，则“教学效率”指单位教学投入内所获得的教学产出。有效教学在保证有效果、有效益的前提下，还必须做到有效率。教学有效率是指一定的教学投入产生了尽可能大或多的教学产出。然而，有效教学在实施过程中追求“效率至上”“可测量性”“程序化”，出现“内涵知识化和窄化、教学活动模式化和机械化的倾向”，如果过分强调效果、效益、效率，必然会“导致知识过剩”“走向实用主义泥潭”“丧失品质”，因此容易出现表效、短效等。

长效教学是以有效教学理念为基础，将教学的目光长远化，效果的测评多元化、长久化，立足于培养学生学科核心素养，既重视近期效果目标达成，又追求教学的长远效益，教学过程开放度大，教学内容鲜活度高，突出教会学习方法，坚持发展性教学评价。“长”是指两端之间的距离大，兼有空间和时间双重属性。“长效”即“效力长久的”，同样是追求“效”，但由于多了代表时间的前缀描述，则能够为“效果、效益、效率”增添持续的影响力。因此，长效涵盖了有效，又超越了有效。长效教学引导教师在选择教学方式和实施教学行为时，须以更长的时间尺度来审视教学的有效性。

如果说“有效教学（教学的有效性）是对教学的基本要求”，那么“长效教学”（教学的长效性）则是一种富有创意的教学理念与实施框架，是对教学的理想追求，是对有效教学的发展。

2.长效教学的内涵解读

（1）学生培养要立足终身

学生是教学的对象，但学生不是教学过程中单方面且被动的接受者，学生是发展中的人，具有主观能动性，对学生的培养要尊重教育规律，尊重学生的主体地位，强调关注人的存在，呵护人的尊严。教师的教学行为要以促进学生自主学习为目标，教师的教学工作须致力于以学生终身发展为出发点和落脚点。教师在考量课堂是否追求长效教学时，不能简单地观察学生知识掌握情况，而应着眼于学生的全面发展，多面兼顾。聚焦学生成长与进步，减轻学生负担，教师在教学过程中应加强对学生成长和成才的关怀。

长效教学的最终目的是使学生各方面都发展起来，培养他们会学习、探究的方法以及核心素养和创新意识，为学生今后的持续发展打下基础。也只有这种建立在“多面兼顾让学生全面发展”基础之上的培养体系才能去伪存真，让“长效教学”这一主张货真价实。当培养的目标不是学生短期的成就，而是能否为学生终身发展奠基，教师才会把学生未来的发展与成长作为教学的终极追求。

（2）教师发展要立足整体

长效教学与有效教学的区别体现在关注学生进步和发展的同时，长效教学还关注教师的发展。长效对于教学而言是教学活动的长效，反映的是教学目标的达成度和预计结果。教学意味着指引、激励、形成学生的学习活动。

长效教学的前提是对教学本质的认识，教师作为教学实施者，他的教学理念和行为在相当程度上影响学生的发展，教师的专业素养是实现课堂长效教学的前提。教师只有不断提高认识，得到充分发展，树立长效的理念，才能在教学中实施长效的教学行为。

有效教学理念在实施过程中之所以陷入误区，跟教师专业没有得到充分的发展有着很大的关系。在应试教育体系下学习成长起来的教师，在面对升学率考核的压力下，很容易选择在短期内快速出成效的教学行为，从而导致教师陷入急功近利的漩涡，将有效逐步推向短效。催生出“唯分数”的片面教育评价方式。教师专业发展普遍停留在做题能力的提升，而对于新知识的再学习兴趣急剧下降。教师专业发展主要集中在提高学生得分能力方面，综合素养的提升严重受阻，究其原因，就在于过度重视短期教学效益的提高。尽管有不少教育专家呼吁教师专业发展必须提高综合素养，但少数拥有教育理想的教师也无法扭转大局，因而，长效教学需要教师从理念到行为发生根本性的转变，必须在教师专业发展上着眼于长远，需要以整个教师群体的发展为目标。

教师发展包括个人的发展和团队的发展，传统教学更关注教师个体，尽管各个学校均有教研组、备课组等学科团队，但教师的发展仍然以“单打独斗”为主。而基于长效教学理念的教师发展则更关注教师群体，力求通过加强集体教研的方式，从整体上提高教师教学水平。提升教师专业素养着眼于整体，需要建立适合教师发展的长效机制，以促进教师树立全新的教学理念，不断丰富个人知识储备。教师的教学行为是否符合长效教学理念，需要通过集体的诊断、讨论和评价。对于不符合长效教学的行为，及时修正；符合长效教学的行为，通过交流等途径进行推广。

(3)教学行为要立足长远

教师教学中的讲授、提问、示范、作业布置与批阅是相互联系、相互影响，贯穿于课堂教学始终的行为，对教学效果有着十分重要的影响。基于长效教学理念的教学行为，要求教师在实施各种教学行为时要“立足高、着眼远”，需要教师在实施教学行为过程中将课标的解读与核心素养的落实有机结合，将长效教学的理念贯穿于整个教学的多种行为中。

在教学准备的过程中，除充分考虑每一课时及每一教学环节需要达成的目标外，同时还要求备课的视野应更加宏观，需要关注一堂课在一学期、一学年，乃至整个地理课程中的价值与地位。既要思考一堂课在考试测评中的效果，也要思考一堂课在学生终身成长中的作用。

在教学过程中，教师除了熟练掌握传统教学行为中的讲授、提问、示范等，还要善于创设真实的问题情境（蕴含问题的真实背景材料，包括生活、社会、现实、观念等情境）和引导、指导与探究，发挥学生主体地位，采用多种教学方法，提高课堂参与度，在传授学科知识的同时，还要关注学生的学习行为、情绪、状态；通过一堂课，学生在获得相同地理知识的同时，让不同学生获得不同的体验，拥有不同的收获，让更多的学生拥有展示自我的机会。基于长效教学的教学过程，不是教师的独角戏，而是师生在融洽的氛围中的互动。教师在传授知识的同时，更加注重方法的引导、认知能力的培养，注重生成问题，注重学科核心素养的育成。

在作业环节，要打破题海战术的束缚，注重形式多样和层次分明，不能只有知识性的习题练习，还应该恰当配置阅读、实验、制作模型、绘制地图、外出研学等实践活动。除基本作业外，还可依据不同学生的特点设计不同的作业要求。作业设计既要利于知识的巩固，也要考虑知识的实际应用。同时，教师在批阅作业的过程中，不仅仅是判断正误，还要与学生沟通，要有作业的布置与完成是师生共同成长的意识。

二、长效教学的特征

长效教学是新时代教学发展的重要价值取向，其特征主要有以下几点。

1.学生为本

长效教学坚持以学生为本的教学理念，确立学生在教育活动中的主体地位。学生是教育的本体，也是教育过程的终端。以学生为本就是要把学生作为教育活动的根本，一切教育活动都从学生实际出发。尊重学生的个性、特点，为学生提供丰富的机会和资源。不仅关注学生的考试成绩，更关注学生健壮体魄、丰富情感和社会适应性的提升，促进学生个体的全方位发展，使获得知识与基本技能的过程同时成为学会学习和形成正确价值观的过程，并发展他们的核心素养。与低效、无效教学不同，长效教学特别注重教学行为和学生发展的全面性、整体性和协调性。

2.素养立意

长效教学主张教师树立教学目标的整体结构观念，以素养为基础，全面落实核心素养，使教学目标价值的实现统一于同一教学过程中，从而充分实现教学的基本价值，促进学生全面和谐的发展。地理学科核心素养是学生在接受相应学段的地理教育过程中逐渐形成和发展起来的，具有发展的连续性和阶段性。如何在地理教学特别是地理课堂教学中培养和提升学生的区域认知、综合思维、地理实践力、人地协调观等核心素养一直是地理教师研究和关注的重要方面。在教学中关注学生，除有意识地渗透并突出地理学科核心素养培养外，还要关注作为公民必备的地理素养，如基本的地理技能、方法、视角、观念等，培养学生学习地理的兴趣，引导学生发现、提出地理问题，搜集、整理和分析地理信息，提出解决问题的方案，在实践中内化，形成正确的人地关系，以达到提升教学效果、提高学习成绩和能力的目的，育成核心素养。

3.教学开放

长效教学的教学开放特征突出表现在：教学内容鲜活度高，情境开放，因为教学素材不仅来自教材，还来自师生经历，来自自然、社会、生活等真实情境；教学空间开放，不仅在学校教室，也要走出去，到教室外、校园外，在大自然、人文社会真实情境中教学，与开放的社会互动；教学过程开放，能适时地联系学生已有的认知心理、学习基础（包含相关学科知识），联系社会实际、生活实践，在课程导入、课程展开、课程结束时，均有表现。教学过程中，教师把研究性学习、研学旅行，把问卷设计、辩论、主题活动方案设计、角色扮演等不同形式引入教学过程中，开阔视野，发散思维，引导他们主动参与，亲身实践、独立思考、合作探究，在"做""考察""探究""旅行""反思""体验"等系列活动中，感受生活，体验自然与人文地理之美，思考、探索、分析与解决相关问题，培养观察、发现、分析、解决问题与运用等能力，激活创造潜能，达到灵活创造的境界，发展核心素养。

4.问题促学

长效教学推崇以问题为导向的教学方法。问题，包括主导或核心问题及其细分问题，具有真实、综合、探究性等特点。在教学中，教师要改变传统教学中以教师的讲授代替学生的探究、以教师的思考代替学生的思考、以教师的演示代替学生的活动的弊端，真正把课堂学习的主动权还给学生，把本属学生的思维过程还给学生，把本属学生的读、写、思、研还给学生，从而把学生的自主学习和教师的指导帮助在教学过程中有机和谐地统一起来，提高教学的长效性。教学涉及情境、问题、任务三个密切相关的要素。用精心设计的问题引导学生对知识的进一步理解与深化，围绕问题的解决促进学生发展核心素养，提升教师的教学水平与研究能力，真正做到教学相长。

5.会学求效

在长效教学行为的实施过程中，教师需要思考"教会"与"学会"的区别，"学会"与"会学"的联系，根据学生学科核心素养形成过程特点，积极探索"基于情境、问题导向的互动式、启发式、探究式、体验式"等课堂教学，注重加强研究性学习等跨学科综合性教学，科学设计教学过程，引导学生通过自主、合作、探究等学习方式，在自然、社会等真实情境中开展实践活动。让学生在实践、体验中领会学习方法、探究方法。

正如叶圣陶先生所说"教是为了不教"，长效教学的"教"，其目的是让学生更好地"学"，无论是教"知识"还是教"方法"，练"能力"还是练"思维"，最终都是为了学生更好地"学"。当有一天，教师的教学行为停止，甚至学生离开学校之后，学生能根据现实需要及时自主地开展学习，享受探究和创新带来的快乐，也可以通过优势互补进行合作学习，在交融、借鉴的基础上生成新的认知，从而获得终身受用的方法和能力。

6.追求发展

新课程的核心理念是"一切为了每一位学生的发展"。这就要求教师在教学中既要准备充分、组织有效、讲解清晰，又要改变传统的以教师为中心的教学行为模式，代之以学生发展为取向的教师教学行为。

教师在课前充分预设和精心准备、设计的基础上，在教学中根据教学目标、学生的实际和遇到的问题,动态生成课堂资源、教学细节和程序,为学生的学习提供针对性强的支持和帮助,让学生按照预设的教学目标任务,通过主观能动的学习,建构自己的知识体系,树立创新意识,从而学会学习,促进自身的成长和发展。由“牵着学生走”的教学行为变成“师生共同成长”的教学行为,共生共享,是长效教学对教师教学行为提出的基本要求。它应是预设目标与生成性目标的辩证统一过程,是教师的主导作用与学生的主体作用相互融洽、相得益彰的过程。

教学评价方面,长效教学坚持发展性评价,在一定意义上说,发展性评价包含过程性评价。过程性评价是一种在课程实施过程中对学生的学习进行评价的方式,过程性评价采取目标与过程并重的价值取向,对学习的动机、效果、过程以及与学习密切相关的非智力因素进行全面的评价;在关注学习过程基础上,更加注重非预期结果,特别是面对不确定性的地理问题过程中表现出来的必备能力和关键品格,是地理核心素养的关键体现。过程性评价将评价的视野投向学习的整个领域,认为凡是有价值的学习结果都值得肯定。过程性评价对学生以及教师的价值判断发生于过程之中,对学习和教学的某一环节进行否定,并不妨碍对邻近的及其他学习和教学环节的肯定。过程性评价贯穿于整个学习过程,是一种面向存在过程的价值关怀,更加有利于建立和完善学习评价的理论、技术与方法,使之更好地在学习过程中发挥作用,促进学习者学习和发展。过程性评价是从学习进程的角度,发展性评价是以教育目标和价值观为依据,从学生的学习状态而言的,有师生互信的、指向未来的意义,也是世界各国教学评价的趋势。通过发展性评价,共同协商、促进学生发展,最终实现有效、长效的发展。

第三节　长效教学的意义与价值

推进长效教学,对教育教学、教师和学生的发展都具有理论与实践意义,其意义和价值主要体现在以下几方面。

一、转换教学视角与创新教学理念

倡导“长效教学”,能促进我们多视角分析教学活动,推动教学视角的变革、研究方法的转型与教学理论的发展。“长效教学”的研究有助于聚焦学生成长的评价,而学生成长不能仅仅凭借学业分数来评定,“什么是学生成长”“如何判别”是一个复杂而又富有挑战性的问题。如果从深层次来思考学生的学习和成长,那么,这是关系到落实每个学生的“学习权”,牵动着每个学生人格发展的大问题。“长效教学”的研究将会带动教育的宏观、中观、微观层面的理论研究和改革实践。因此,在地理教学中推进长效教学,经过长期的长效教学研究与实践积累，利于完善既有的理论体系，也利于丰富和发展教学理论。

二、转变教师角色与改进教学方式

国务院办公厅《关于新时代推进普通高中育人方式改革的指导意见》中明确指出，“要深化课堂教学改革，积极探索基于情境、问题导向的互动式、启发式、探究式、体验式等课堂教学，注重加强课题研究、项目设计、研究性学习等跨学科综合性教学，认真开展验证性实验和探究性实验教学”，我们倡导的长效教学正是响应了国家的号召，走在新时代的教育教学改革路上。在新课程实施中，以“长效教学”作为切入点展开的教学研究，可以在研究教学方法基础上，拓展教学研究的视野，为我国中小学课堂教学的改革和转型提供理论支撑和实践保障。“长效教学”的研究有助于促进教学从“教的课堂”转为“学的课堂”，在新课程实施的背景下，在防范“应试教育”的短效教学、探寻素质教育的“长效教学”的过程中，教师角色和教学方式正在发生变化。

1.教师作用从“传授”向“主导”转变

若只强调教师的控制作用，学生言听计从，将难以培养学生的主体性和个性。如何发挥教师的智慧和价值引领作用，及时向学生提供“支援”（包括建议、发散性提问、气氛调节、肯定性评价等）和“帮助”，引领学生自主分析、解决问题，是促进教师教学行为转变的关键。致力于“长效教学”的教师不再是传授者，而是向主导者（引领者）转变。

2.教师能力从“传递”向“创造”转变

立足于长效教学的每位教师一定不会满足于如何传递现行教材内容，而在于探索、创造、谋求学生独立解决问题的方法，立足于教师对学生行为的预测，创设新的问题情境。提升教师的传递力和创造力，以理解学生的能力为前提，关注学生主体的学习活动，洞察学生的学习活动及其展开的方向、面临的问题等。

3.教师视野从“学科”向“课程”转变

在“长效教学”课程的创造中，促成多样的充满探究、体验、实践、合作、创意表达等为其特征的教学类型，有以探究性、体验性、实践性、合作性、个性化等多种学习为主的教学新课堂。促进研发课程，探索课程体系优化，如：研发基础性课程，国家必修课程特色化；研发拓展性课程，校本选修课程主题化；研发综合实践性课程，精品选修课程项目化，开设一批学生需要、喜爱、能用的课程。向“课程视野”转变，无疑有利于学生向综合化、实践化、创新性方向发展，教与学走向深入，探索自主、合作的多样化教学方式，关注学生多样化发展，从而提升学生的综合素养，让学生在体验、研究中成长。

三、转化学习方式与形成学生素养

随着长效教学的推进，教学方式的改变、课程形式的变化将会带动学生学习方式的变化。美国的西尔伯曼教授认为，课堂教学的转型成功与否取决于班级氛围的变革和学习方式的变革。其中学习方式的变革，从长效教学的角度来看就是要培养学生获取信息和独立分析问题的能力，要培养学生的自主学习、探究、应用能力，让学生认识到自己是在课堂上获取知识和成长能力的主角，自己应该更加主动地去获取和参与，而不是被动地去接受和等待，在此过程中学会学习，逐渐具备学习力，这种“力”可以陪伴学生一生，终身受用。同时，立足于长效教学的教师会关注学生个性化学习方式的培养，因为学生的人格特质和知识背景会对学习方式产生影响，若学生对学习充满兴趣并能在学习中发现乐趣，就会愿意尝试不同的学习方式；而学生不同的认知方式会影响其对学习方式的选择。

教学是一种与教育相随的人类活动，把教学的性质可看成一种“认知性”“社会性”“反思性、道德性和伦理性”等涉及多个维度的对话性实践，包括“学生探究和理解教材的含义，形成新的知识点和新的认识”“学生在与同学和教师的互动中，体验多元见解的碰撞，通过沟通方式来感受社会交际”“学生的自我修养”等实践活动，多种实践交织在一起，无法分离。克服重教书轻育人的倾向，利于促进学生发展模式的转变，创新培育学科核心素养的学习方式，着力培养学生的区域认知、综合思维、地理实践力、人地协调观等核心素养，把立德树人根本任务落到实处，促进学生发展核心素养的形成。

四、改革师生教学评价与改变反馈方式

经过长时间的建设，我们已经形成了教师和学生的评价体系，目前对教师主要是通过绩效等方式，对学生则是通过各种考评进行，但是这些方式都有一个共同点，是侧重对结果的评价。长效教学坚持发展性教学评价，其学习评价是表现性等过程性评价和终结性评价相结合，更注重表现性等过程性评价、终身长远发展力的评价。评价方式的转变又会反作用于前述的环节，最终推动教学的发展。

如袁书琪教授所强调的“长效教学，不图应试而急功近利，不求速效而生搬硬套，教是为了不教，学是为了会学。地理学科核心素养是最可伴人终生的核心素养之一，也是最可转化成学生发展核心素养的学科素养之一，作为跨文理两大科学领域、实践功能丰富的地理课程，理应成为长效教学的带头者。地理教学，着眼人地持续和谐，为学生终身发展开阔眼界；着力思维综合进阶和领域拓展，为学生学习不断向元认知迁延；着手探究真实情境里的地理问题，为学生打通今天学习与明天工作之间的践行通道。”

第四节 教学长效性的影响因素

教育对人的培养,并不仅仅着眼于学生的学习活动及其结果,更重要的是指向学生作为主体的人格特质,这是当今世界教育发展的一个基本趋势。作为指向学生发展的中学地理长效教学,因实现过程中的复杂性和动态性,而无法避免受到多种内外因素的制约。因此,我们把影响长效教学"长效性"的因素归纳为以下几个方面。

一、办学理念是实现教学"长效性"的基石

理念,即理想和信念。办学理念,即学校的教育理想和教育信念。一所学校的办学理念也是其所属校园的精神向导与校园文化的核心。办学理念的表述与落实,也关乎学校未来的发展走向。办学理念的内核基本上由学生观、教育观、学校观等组成。不同的办学理念具有不同的学生观、教育观、学校观,对中学地理长效教学的实现具有不同的影响。与其相匹配,适合学生全面发展的学生观、教育观、学校观,对中学地理长效教学的实现具有促进作用,反之,则会成为阻碍。

学校的重视度和支持度成为中学地理长效教学实现的根本。学校的重视度主要表现为学校对长效教学理念的认同以及对中学地理学科的重视。学校重视学生对地理学科的学习,表现为营造良好的地理学习环境和长效教学的氛围,使教师了解、熟悉并认可地理长效教学的理念,加强对长效教学模式的学习,掌握其方法并应用到课堂教学中。学校的重视度是长效教学开展的前提,学校的教学工作以此为核心展开,并成为赖以发展的基础,对教师实现长效教学提供重要保障。此外,学校需要从管理和投入上给予长效教学实施过程中的各项支持,通过相应硬件和软件投入来影响长效教学的实施。譬如,对学生的表扬、认可、奖励,对教学经费以及教学设施的投入,对教师的精神与物质双重奖励,增加教师关于长效教学的培训和学习,让教师体会长效教学的价值和意义等。总之,只有学校重视并支持长效教学理念,才更利于长效教学的推行。

二、师资队伍是凸显教学"长效性"的中坚

课程是实施长效教学的重要媒介,而教师则是实现课程的重要载体。教师通过教学所采取的教学方式、教学策略、教学手段来反馈课程设置,即长效教学理念的呈现。对一些基础性知识,大多是以教师课堂讲授为主;对实践性知识来说,则是通过教师示范、学生动手操作来完成……这些方法的多样化,体现出新时代教育改革所积极倡导的教师主导性与学生

主体性相结合的特点，师生积极互动，培养学生创造能力和实践能力，与此同时也能提高课程的教育和教学质量，更好地实现设置课程的初衷。因此，教师的素质修养、专业知识、教学理念及教学效能感直接影响到长效教学的实施。

所谓“亲其师，信其道。”一位具有良好的职业道德、高素质、博学、热情慈爱、幽默风趣的教师，会受学生的喜欢和爱戴，得到学生的认可，其教学能更好地发挥长效的效果。当然，能否有效果，教师的专业知识与实践能力起着重要作用。教师选择好的教学方法，采用得当的教学辅助手段，来提高学生兴趣，提升教学效果。其中，教师本人的认知和理念对教学起到导向作用。只有教师意识到长效教学的意义与价值，才会在教学中融入自身对长效教学的解读，并努力找寻更有效的教学方法，去帮助学生完成学业追求，实现人生目标。此外，教师的教学效能感是教师对自己能否完成教学任务的信心，是能否有效完成工作的信念。如果教师本身认同了长效教学的理念，重视其意义与价值，那么就会追求并践行长效教学。

三、学生能动性是决定教学“长效性”的内驱力

教育的主体是学生，因此，“长效性”的实现最终取决于学生本人。在学习过程中，学生的投入与否、支持度如何、师生配合度、自我管理能力等多方面因素直接影响“长效”功能的实现。学生的投入，一方面是指学生对课堂中教师的教学主动接受、热爱，全神贯注的参与；另一方面，也指学生为实现自我终身发展而不断追求进步的学习状态。这种投入包括情感、认知和行为投入三个方面，其投入深度及长度直接影响学习的长效性能。

同时，师生配合也是影响长效性的重要因素之一。学生能够配合教师的教学，一方面，能够让学生依据教师的教程分配自己的精力、时间，尤其是认知和注意力的投入；另一方面，避免教师处理其他事情（如处理纪律等）对教育行为的干扰，从而集中精力组织教学，提高教学有效性。此外，自我管理能力是自我调控中重要的内化能力，对于长效性功能的实现具有不可忽视的作用。一个有自制力、能够管理自己行为的学生，其学习效果都在可控范围内，长效性优势会更加突出。

总之，学生自身是影响长效教学效益的根本变量，只有自身充分发挥其主观能动性，其他影响因素才能朝正向发展。

四、评价机制是影响教学“长效性”的催化剂

目前，对基础教育阶段，尤其是高中阶段教育成果的最有力评价仍旧以“高考”作为主流。一些学者对高考的功能进行研究，认为高考问题不仅是一个教育问题，还是一个社会性问题。教育问题表现在：高考是为高等学校配置合适的生源，进而实现以考促学的教育功能；除此之外，社会性问题表现在，通过高考，给予不同出身、不同阶层的学生以公平竞争的机会，多少寒门学子通过高考的独木桥，实现“鲤鱼跃龙门”。因此，在一定意义上，高考具有

维护社会公平、促进阶层流动等社会功能。长效教学的实施，是否符合其社会功能的主流，成为影响其长效性功能的客观因素。

高考成绩对长效教学带来的影响不可规避，即便着眼学生长远利益，立足学生的终身发展，但在现实中，我们不难发现，由于高考对基础教育教学的导向性，自然会把对学生的多元评价局限到考试上来。最终可能还是“以考定身份”。高分低能的学生、高分低德的人，都是片面追求分数的恶果，也是我们所不愿意看到的后果。

所以，影响长效教学的因素，不可忽视指挥棒的方向，即评价机制。如何评价有“效”？如何界定“长”期有效？这取决于评价机制的完善程度。如果仅仅靠学校个体无法全面权衡，更需要国家教育主管部门横向—纵向的追踪评价体系的完善。

五、市场需求是追求教学“长效性”的外动力

当前社会背景下，国家要求培养的人才能够适应时代的进步和发展，所以，社会用人观念是对长效教学功能的实现影响最大的因素。面向市场，应培养什么样的人才；面对高考改革的新时期，中学阶段应该怎样培养学生。在现今这个多元化社会中，传统用人观和处于转轨时期的现行用人制度对长效教学功能的实现也有着一定的消极影响。比如，在人才使用方面片面追求“高学历”“重名牌”（双一流、985、211）的现象也普遍存在；学而优则仕、官本位的观念还未根本改变。这种例行公事式的培养模式，造成当前中学教育中并未把培养学生的能力和素质作为自己的核心价值取向，而那些直接来自社会的强势需求反而成了中学教育功能的价值中心。

因此，社会对人才的需求状况，直接影响长效性的功能实现。在学生培养过程中，是否根据多元智能理论，真实并充分地发挥学生的潜力和优势？是否准确地反映学生的兴趣和喜好？是否真实地立足于学生的长远利益来促进学生的终身发展？未来人才需求导向亦是反映长效教学“长效性”功能实现的另一个重要的外部因素。

主要参考文献

[1] 余文森，洪明，张蓉.有效教学的理论和模式[M].福州：福建教育出版社，2011.

[2] 教育部.教育部关于全面深化课程改革落实立德树人根本任务的意见[J].师资建设，2015(1)：75-79.

[3] 教育部基础教育课程教材专家工作委员会，普通高中地理课程标准修订组，韦志榕，朱翔.普通高中地理课程标准（2017 年版 2020 年修订）解读[M].北京：高等教育出版社，2020.

[4] 黄京鸿.新课程地理教学论[M].重庆：西南师范大学出版社，2011.

[5] 陈大伟.有效教学的理念与实践[M].天津：天津教育出版社，2010.

[6] 余文森.从有效教学走向卓越教学[M].上海:华东师范大学出版社,2015.
[7] 刘立明.国外有效教学研究述评[J].现代中小学教育,2002(12):40-42.
[8] 宋秋前.有效教学的涵义和特征[J].教育发展研究,2007(1):39-42.
[9] 施良方,崔允漷.教学理论:课堂教学的原理、策略与研究[M].上海:华东师范大学出版社,1999.
[10] 蔡宝来,车伟艳.课堂有效教学:内涵、特征及构成要素[J].教育科学研究,2013(1):12-17.
[11] 林琼.从"有效性"到"长效性":小学音乐常态课堂教学模式的实践探索[J].中国音乐教育,2018(11):26-31.
[12] 尚敏.问题教学法在地理课堂教学中的运用[J].中学地理教学参考,2018(18):13-14.
[13] 高凌飚.关于过程性评价的思考[J].北京:课程.教材.教法,2004(10):15-19.
[14] 朱传世.研学旅行设计[M].北京:中国发展出版社,2019.
[15] 国务院办公厅.国务院办公厅关于新时代推进普通高中育人方式改革的指导意见[J].北京:人民教育,2019(14):10-13.
[16] 钟启泉.有效教学的最终标准是学生成长:"有效教学"研究的价值与展望[N].北京:中国教育报,2007-6-16(3).

第二章 长效教学的理论基础

“长效教学”主张虽然是在近几年的教学实践中产生的，但对“长效教学”所涉及的基本问题的理论探讨比这一概念的产生更早。历史上的经典教学思想，虽没使用“长效教学”概念，但从广义角度会涉及一些教学的长效性问题。因此，本章从“长效教学”视角梳理国内外历史和当代较有影响的教学论思想的发展脉络，采用综合叙述的方式对部分教学论思想进行展示，并挖掘其有关长效教学的论述，提炼出长效教学思想，作为长效教学的理论基础。

第一节 国外的长效教学相关论述

一、赫尔巴特的教育目的与教学过程论思想

继夸美纽斯之后的教育家赫尔巴特，从自己的心理学理论和教育目的观出发，论述了教育应当怎样确定教学内容，应当如何将各有关教学内容系统、有效地传授给学生，并在这一过程中实现教育的目标。赫尔巴特关于教学的全部论述都是围绕教学目的展开的，并体现其有效性。赫尔巴特认为教育目的具有最高的目的（伦理的目的）和可能的目的，其中为达到可能的目的，教育必须培养人的多方面的兴趣，包括经验、思辨、审美、同情、社会、宗教六种兴趣。赫尔巴特的多方面兴趣理论蕴含着长效教学思想，在地理教学中，通过课堂教学和研学活动等，让学生观察认识真实事物到底“是什么”，探究事象的兴趣思考“为什么是这样”来分别培养学生的经验、思辨的兴趣，再由经验、思辨产生对事物的评价即审美的兴趣等，从而提高教学的长效性。

赫尔巴特明确提出教育学的科学性问题，认为教育学作为一种科学，是以实践哲学和心理学为基础的。前者说明教育的目的；后者说明教育的途径、手段与障碍。他在哲学的基础上建立起了教育目的论，在心理学的基础上建立起了教学理论，在伦理学的基础上建立了道德教育理论，从而奠定了科学教育学的基础。赫尔巴特在西方教育史上第一次明确提出“教育性教学”的思想。他明确指出，“不存在‘无教学的教育’这个概念，正如反过来，我不承认有任何‘无教育的教学’”，“德育问题是不能同整个教育分离开来的，而是同其他教育问题

必然地、广泛深远地联系在一起的"。赫尔巴特还根据"统觉"学说，强调教学应该是一个统一完整的过程，提出教学形式阶段理论。赫尔巴特的教育思想，不仅对德国教育理论和实践的发展起了推动作用，还对世界其他许多国家的教育也有较大影响。赫尔巴特特别强调教师的地位，提出"教师中心、教材中心、课堂中心"。这无疑是教学中目标性效果性明确的体现。

赫尔巴特从观念心理学的"统觉"论来论证教学过程，认为教学过程涉及学习者心理活动的"专心"和"审思"两个基本环节和"明了、联想、系统、方法"四个阶段。其中，"专心"和"审思"的关系是："专心"主要指深入学习教材，"审思"则是对所学内容的深入思考；"专心"的过程需要紧接在进行"审思"活动中才能把各种专心活动联合起来；"专心"应在"审思"活动之前，他们各有静止和运动状态等。"明了"阶段，是为了让学生感知新材料，教师向学生简练、清楚地讲解或演示等，以明确地讲述新教材；"联想"阶段，是观念在运动状态中的"专心"活动，教师采用分析教学法，通过和学生谈话，促成联想，把新旧观念联系起来；"系统"阶段，是观念在静止状态的"审思"活动，教师采用综合性的教学方法，指导学生探究，学生在新旧观念结合的基础上寻找并获得结论、定义和规律等；"方法"阶段，是观念运动状态的"审思"活动，学生"行动"起来，把所学知识应用于实际，培养逻辑思维、创造性思维。

赫尔巴特的教学过程"四阶段"划分，蕴含着长效教学思想。这个划分是"对学校教学工作的整个过程而言，并不是针对每一堂课的具体教学环节"，与夸美纽斯重视感觉论的教学过程相比，"赫尔巴特的教学阶段更重视以对人完整的心理活动的解释为基础，观念成了一种解释人的所有心理现象的概念""对教学过程的解释具有更大的包容力"，他"用观念和统觉等心理学概念解释教学过程中的心理机制，这些概念既可以指抽象概念的复杂运动，也可以指感觉印象的运动"。因此，赫尔巴特的教学过程论对各年级学生的教学都适合，特别是对学科知识的系统传授，可揭示教学过程中部分或局部的规律性的联系。

从教学长效性看，按照赫尔巴特四阶段教学论及其他与之相关的变通形式开展教学，对保障学生系统学习知识应当是有效的，不过要其实现发展核心素养、陶冶情感等其他目标时，就未必合适。随着时代的进步，教学情境更加多样、复杂，要求与之相适应的具体教学过程模式也更多样、复杂化，因此，在赫尔巴特的教学四阶段理论之后，涌现出了许多新理论。

二、杜威的现代教育理论

美国著名哲学家、教育家杜威，提出"新三中心论"，即"学生中心""活动中心""经验中心"。他主张的教育理念中渗透了长效教学的思想，并且突破了原本局限于学科教学的范畴，从时间和空间上得到了更大的发展。

首先，杜威提出教育即"生活""生长"和"经验改造"。他认为，教育能传递人类积累的经验，丰富人类经验的内容，增强经验指导生活和适应社会的能力，从而把社会生活维系起来和发展起来。广义地讲，个人在社会生活中与人接触、相互影响、逐步扩大和改进经验，养成道德品质和习得知识技能，就是教育。由于改造经验必须紧密地和生活结为一体，而且改造经验能够促使个人成长，杜威便总结说“教育即生活”“教育即生长”，教育即为“经验改造”。

长效教学的终极目标就是为了人的发展，杜威的这一思想是在夸美纽斯和赫尔巴特长效教学思想的基础上得以衍生，思想的高度从教学本身上升到人的终身发展。

其次，杜威提出教育无目的论。他反对外在的、固定的、终极的教育目的。“教育过程在它自身以外无目的；它就是自己的目的。”“教育就是生长；在它自身以外，没有别的目的。”这就是杜威最著名的教育目的论。在杜威的心中，在不民主、不平等的社会中，教育只是外力强加于受教育者的目的。在民主的社会中就不同了，应当奉行无目的论的教育。事实上，此“无目的论”，并非“真无目的”。“无目的论”中的“目的”更多地泛指政治目的；实则，他提倡的“真目的”是更多着眼于被教育者的自身发展。

此外，杜威认为人们在社会中参加真实的生活，才是身心成长和改造经验的正当途径。所以教师要把教授知识的课堂变成活动的乐园，引导学生积极自愿地投入活动，从活动中不知不觉地养成品德和获得知识，实现生活、生长和经验的改造。杜威以教育是生活、生长和经验改造的理论为基础，对教材和教法等课题，作出和传统观念不同的论述。在教材的选择上，杜威建议“学校、科目的相互联系的真正中心，不是科学……而是儿童本身的社会活动”。具体地讲是学校安排种种作业，把基本的人类事物引进学校里来，作为学校的教材。在教学方法上，杜威主张“从做中学”，核心在于从行动所引发的“思维”中学，他认为儿童不从活动而由听课和读书所获得的知识是虚渺的。

杜威说：“道德是教育的最高和最终的目的。”“道德过程和教育过程是统一的。”在杜威看来，德育在教育中占有重要地位，极力强调道德才是推动社会前进的力量。在实施方面，杜威首先主张“由活动中培养儿童的道德品质”，其次是要求结合智育达到德育的目的，再则，他很注重教育方法的道德教育作用。这种目的性极强的教育，也是长效性的体现；当然，德育发展是个人发展的重要目的，即长效教学的表现从对人德育的培养中得到了充分的证明。

在课程方面，杜威以其经验论哲学为基础，提出了“做中学”和从经验中学习的课程理论。为了使教学适合儿童生长、发展的特点，杜威主张教材心理化。杜威是在批判旧教育的过程中提出“儿童中心主义”思想的，也就是说，是在“破旧”中“立新”的。在杜威看来，在传统教育那里，“学校的重心在儿童之外，在教师、教科书以及你所高兴的任何地方，唯独不在儿童自己即时的本能和活动之中”，教科书“是过去的学问和智慧的主要代表”，而“教师是使学生和教材有效地联系起来的机体，教师是传授知识和技能以及实施行为准则的代言人”。

例如，在地理教学中，指导学生绘图、制作模型、操作地理实验、观察观测调研地理事象等“从做中学”，都是为了长远效益而做的积累。

在教学方法方面，杜威非常关注对学生思维能力的培养和训练，他要求学生必须掌握科学思维的方法。他所强调的思维方法也叫思维五步法或探究五步法。杜威所强调的“从做中学”的方法具有鲜明的启发教学的特点：首先，注重使学生掌握学习的方法；其次，注重发现式的学习方法；再次，强调教师的指导作用。

长效教学的提出受到杜威系列教育理论的启发。他提出的教育理论，强调“从做中学”，着眼于人的德育培养，着眼于人的长远发展，有助于“长效教学”理论框架的构建。

三、布鲁纳的发现学习与结构主义理论

美国教育心理学家、认知心理学家布鲁纳在对认知过程进行大量研究之后，提出了发现学习理论。布鲁纳认为，学生的心智发展，虽然有些受到环境的影响，并且影响他的环境，但主要是独自遵循他自己特有的认知程序。教学就是要帮助或者形成学生智慧或认知的生长，教育工作者的任务是要把知识转换成一种适应正在发展着的学生需要的形式，而表征系统发展的顺序，可作为教学设计的模式。因此，发现学习理论应运而生。

在他提倡的“发现学习理论”中，布鲁纳强调学习的过程，提出学生是一个积极的探究者，教师的作用是要形成一种学生能够独立探究的情境，而不是提供现成的知识。从形式来说，发现学习的“发现”指的是再发现，“发现包括用自己的头脑亲自获得知识的一切形式”，实质上，按布鲁纳的观点，再发现与科学家的原发现一致，“都是把现象重新组织或转换，使人能超越现象再进行组织，从而获得新的领悟而已”。因此，这种“以学生为主体”“提高智慧潜力”的教学过程，正是长效教学的基础，基于学生长远发展观的教学更符合教育发展特点，遵循教育发展规律。

此外，强调直觉思维、内在动机及信息提取，也是布鲁纳发现学习理论的重要思想。他认为，直觉思维对科学发现活动极为重要；好奇心则是“学生内部动机的原型”，通过激励学生提高自我才能的欲求来提高学习效率。布鲁纳发现学习理论中还指出，培养处理信息的能力，重点在于培养组织信息、存储信息和提取信息的能力。

布鲁纳的另外一个重要思想即为“结构主义”理论。他主张，教学的最终目标在于“促进对教材结构的一般理解”，使学生“对教材能有直觉的理解”，并达到“学会如何学习”和促进智力发展。他认为，学习一门学科不仅要“学会什么”，更重要的是“知道怎样处理”，即“学会如何学习”。布鲁纳在《教育过程》一书中，从五个方面论述了学习学科基本结构在教学上的意义，他指出，掌握基本原理能更容易理解学科，掌握学科的基本结构有助于记忆，能促进知识技能的“迁移”，有利于激发学习动机和兴趣，还能够缩短知识层次间的距离。因此，基本结构越是能归结为定义、原理和法则，越是有利于学生的理解和应用。他还提出，学生在理解学科基本结构之余，还要掌握研究学科的基本态度或方法。这正是当前所提倡的“学科思维导图”的运用及“学科核心素养”的培养。

布鲁纳的发现学习与结构主义教学理论初露对学生长远发展的思考，也与现代教育思想不谋而合。在布鲁纳发现学习所强调的学习过程中，学生是一个积极的探索者，结构主义

理论所强调的教学的最终目标在于促进对教材结构的一般理解、学会如何学习等观念,对长效教学模式的构建与教学内容选择具有指导意义。长效教学的提出也正是在发现学习理论的基础上提出的一系列符合规律的教学追求。

四、皮亚杰的建构主义教学理论

瑞士心理学家皮亚杰提出的建构主义是在认知主义教学理论基础上发展起来的教学理论。他主张以学生为中心,强调学生对知识的主动探索、主动发现和对所学知识意义的主动建构,而不是像传统教学那样,只是把知识从教师头脑中传送或者灌输到学生的笔记本上。以学生为中心,强调的是"学";以教师为中心,强调的是"教"。这正是两种教育思想、教学观念最根本的分歧点,由此而发展出两种对立的学习理论、教学理论和教学设计理论。由于建构主义所要求的学习环境得到了当代最新信息技术成果的强有力支撑,这就使建构主义理论日益与广大教师的教学实践普遍地结合起来,从而成为国内外学校深化教学改革的指导思想。

建构主义认为,知识不是通过教师传授得到,而是学习者在一定的情境即社会文化背景下,借助其他人(包括教师和学习伙伴)的帮助,利用必要的学习资料,通过意义建构的方式而获得的。

基于该理论,重庆市教学专家付申珍工作室创造性提出的"三阶六环四步"长效教学模式,就是在教师指导下的、以学习者为中心的学习。也就是说,长效教学理念既强调学习者的认知主体作用,又不忽视教师的指导作用,教师是意义建构的帮助者、促进者,而不是知识的传授者与灌输者。学生是信息加工的主体,是意义的主动建构者,而不是外部刺激的被动接受者和被灌输的对象。师生之间的课堂关系以"学生主学(主动学习)、教师助学(辅助学习)"的形式存在,教师创设真实情境,引导学生充分发挥主观能动性,营造和谐共进的课堂氛围,最终达到使学生有效地实现对当前所学知识的意义建构的目的。其中,主动学习的精神和主动建构知识的能力都是会长期有效的。

五、苏霍姆林斯基的思维的教学和研究性学习教学思想

苏霍姆林斯基是一位主张个性全面和谐发展的教育理论家和实践家,苏霍姆林斯基的教学实践是他的思想源泉,他的教育思想被称为"活的教育理论"。虽然苏霍姆林斯基没有提出长效教学的概念,但他"教学论思想的全部论述以及他个人的教学与管理的实践都是围绕着如何让教学在人的培养方面发挥最大效益展开的"。

苏霍姆林斯基对教学方法高度重视,在他讨论的各种教学方法中,当时最富有新意的有思维的教学和研究性学习教学法。

苏霍姆林斯基创造了通过开设思维课的方式进行思维的教学方法。苏霍姆林斯基认为

人的思维是可以进行专门训练的,就是“要把周围现实的画面印入儿童的意识里去,我努力使儿童的思维过程在生动的、形象的、表象的基础上来进行,让他们在观察周围世界的时候确定各种现象的原因和后果,比较各种事物的质和特征”,最终达到思维训练的目的。他说,经观察证实儿童智力发展的一条很重要的规律性是儿童在课堂上要掌握的抽象真理和概括越多,就应当“越经常地到知识的最初源泉——自然界里去,周围世界的形象和画面就应当越鲜明地印入他的意识里去”。但是,“表象——不管它们是多么鲜明,并不是目的本身和教学的最终目的。智育是从有理论思维的地方开始的,生动的直观并不是最终目的,而是手段;周围世界的鲜明形象对教师来说只是一种源泉,在这个源泉的各种形状、色彩和声音里隐藏着成千上万个问题”。思维课的任务是“让学生生活在思考的世界里”,思维训练的意义是“从各个方面来研究一个事物”,在这个过程中,就是在学习“在观察中思考,在思考中观察”;教师的任务除教给学生一定范围的知识外,还“要使学生变得越来越聪明”。教师上思维课应努力抓住教材和自然现象之间的“接合点”。比如,在讲植物的根系及其在植物生命过程中的作用时,抓住“无机物怎样变为构成生物的建筑材料”这个点,先在课堂上激发儿童对于他们无法直接观察到的生物生命过程的兴趣,然后带孩子们到田野里去观察土壤的剖切面,让他们亲自去把握具体的事实和现象,探索其隐藏着的生命过程。从形式上看,苏霍姆林斯基倡导的思维课就是观察大自然,他要求每星期两次安排儿童去观察大自然,学会思考。在多动脑筋的前提下发展学生的智力,要求学生学到真正有用的知识,进而培养学生的各种能力,包括写作能力和善于表达自己思想的技能技巧。苏霍姆林斯基还鼓励学生“你首先要把自己培养成思考者,你才能体会和认识到学习是一种幸福,是一种智力活动”。

苏霍姆林斯基是较早提出研究性学习这一概念的教育家之一。他提出的研究性学习是指“教师并不把现成的结论、对某一定理的正确性的证明告诉学生。教师让学生有可能提出好几种解释,然后在实际中去对所提出的每一种假说进行肯定或否定。学生通过实践(对事实和现象进行直接观察,同时也通过间接的思维)去证明一个解释和推翻另一个解释”。苏霍姆林斯基认为,“研究性的学习法在人文学科和自然学科中都可运用”,这种方法“能增强学生对周围实际现象的兴趣,发展他们看出各种事物和现象之间的相互联系的能力”。这样,知识就不是消极地掌握,而是靠积极的努力去获得的,“在这样的脑力劳动过程中所获得的知识,能在记忆中保持得更加牢固和深刻,而且更为重要的是,能使学生养成一种在日后实践中更完善地运用这些知识的志向”,这种知识“能变成信念,学生也会非常珍视它们”。实施研究性学习法的步骤一般为:

①提供新材料,使学生明确什么是必须理解的,在学习的思维过程中要达到什么目的(赋予解决任务的性质);

②学生独立地阅读教科书或原著等,让学生去研究和分析其隐藏着的因果联系和规律性,尽可能地提出几种解释;

③学生通过实践对每一种假说进行肯定或否定。

这种方法与布鲁纳的发现学习有相似之处,都以发展学生的智力为目的,激发学习的主动性和积极性,教会学生思考,学以致用。

例如,人教版地理必修2中的“走可持续发展道路——消除贫困”课题,其教学内容主要有:实现可持续发展,需要政府、企业和公众的共同努力。为实现人地协调和可持续发展,人类已经做了很多的尝试。其中,消除贫困、发展绿色经济、提倡可持续消费已成为人类的共识,并在世界广泛践行。从公平性原则看,消除贫困是实现可持续发展的重要目标。我国农村脱贫的途径有教育扶贫、基础设施建设、易地搬迁、转移就业、发展特色产业等。教学方法可采用研究性学习教学法。教学程序如下:

1.提供材料,发现问题,明确任务

展示材料:“贵州省某喀斯特山区石漠化严重。农民在山上放牧、砍柴、找土种玉米,当地农民反映,山上的土一年比一年薄,一发大水,土全被冲走了,玉米也被冲走了,石头越来越多,最后连玉米也无法种了,生活越来越困难。”(2015•新课标Ⅱ卷环境保护),并配景观图。

学生思考图文材料中,发现存在的关键问题(生态破坏等环境问题和贫困问题),引出“走可持续发展道路之消除贫困”话题,提出系列问题,如:这里为什么会出现环境问题?如何消除贫困?使学生明确在学习的思维过程中究竟要达到什么目的(赋予解决任务的性质)。

2.阅读材料,研析问题,解决任务

结合课文和展示的新材料,找关键词“石漠化”,研究分析问题,学生分析图文材料后发现并探明该乡村环境恶化的根本原因是贫困,环境恶化又会阻碍该地的发展。探讨“假如我是该村村民、我是县领导……我会如何消除村庄的贫困问题,实现可持续发展?”找寻隐藏着的因果联系和规律性,找寻消除贫困的途径,尽可能提出多种选择方案。其间,学生针对问题文献查阅相关资料、开展相关问题的调查等。

3.代表发言,分享观点,点评激励

学生代表说明研究分析结果,表达肯定或否定的观点,相互启发,并举例说明如何消除贫困,实现可持续发展,明确消除贫困的途径及其作用——开展教育扶贫;发展特色产业;建设基础设施与生态环境……并分析这些措施对消除贫困起到的作用。

苏霍姆林斯基的教学思想“丰富、全面、深刻”,“不仅论及了教学的科学层面,而且也涉及了教学的艺术层面”,他用生动的语言表现他的理论,感染和启示了一线教师,引发了共鸣,直接影响着教师的教学思想和教学行为。苏霍姆林斯基的教学理论在很大程度上属于实践教育学,值得大家更多的关注和研究。

苏霍姆林斯基的思维的教学和研究性学习这种方法与我们构建的“三阶六环四步”长效教学模式“引导发现、指导探究、倡导应用”也有相似之处,除了发展智力外,都有培养学生的地理实践力和综合思维等核心素养。今天我们倡导的长效教学,不仅要发展学生的智力,发展实践力、综合思维核心素养,还要发展学生的人地协调观、区域认知等核心素养,追求师生的长远发展。

第二节　国内的长效教学相关论述

一、有效教学思想

长效教学理念是有效教学思想的延伸与发展。探究我国教育发展史可见，从百家争鸣的先秦，到“罢黜百家，独尊儒术”的西汉，到“明校贵用”的东汉，到“儒学衰微、玄学兴起、佛教盛行”的魏晋南北朝，到“尊孔崇儒”的隋唐，到“开创思想化、系统化理论教学”的宋明，到“西方教学论引入”的清末民初，再到“教学理论全面绽放”的现代社会，追求教学的有效性和长远效益的思想也一点点地萌芽、发展、成型和壮大。长效教学理论在基于中华上下五千年的优秀教育思想下应运而生。如，孔子最早提倡因材施教，在教导学生方面，“不愤不启，不悱不发，举一隅不以三隅反，则不复也”（《论语·述而》）“君子之教，喻也；道而弗牵，强而弗抑，开而弗达”（我国最早的教学理论专著《学记》），主张教师应当积极引导学生，以开导、鼓励、启发代替“牵”“抑”，不替学生做结论。师生间可相互质疑问难，提高学生“闻一知十”“举一反三”的思维能力。“学而不思则罔，思而不学则殆”（《论语·为政》），强调学习与思考相结合、学习和行动相结合，要求学以致用。相传孔子后裔把孔子学思并重的思想进一步发展为“博学之、审问之、慎思之、明辨之、笃行之”（《礼记·中庸》），强调学习要广泛涉猎，有针对性地提问请教，学会周全地思考，形成清晰的判断力，用学习得来的知识和思想指导实践，充分肯定了其中的相辅相成的关系，以及“温故而知新”（《论语·为政》）的学习方法……这些传统教育思想博大精深，都包含着有效教学的思想，中国古代思想家的相关认识对长效教学的理论构建与实践有着重要启发性。相较于西方，我国对现代有效教学的系统研究起步较晚。大致是在20世纪80年代，西方教学理论随改革开放契机引入中国之后，我国学者也在理解西方有效教学概念的基础上，对其进行了研究，并演绎出不同观点。2001年，钟启泉、崔允漷、张华主编的《基础教育课程改革纲要（试行）解读》出版，其中专辟一节阐述有效教学的理念与策略。有效教学的研究自上而下地开展起来。

在国内关于有效教学的研究文献中，对有效教学的界定主要有以下几种：

1.以学生发展为取向来界定有效教学

以钟启泉、崔允漷等为代表的学者，认为有效教学中的“效”主要指效益，有效教学是寻求教学效益的活动，有效教学研究的核心问题是如何提高教学效益。在中学地理教学中，地理四大核心素养的培养已然作为学生发展的终极目标，鉴于此，长效教学更是立足学生长远发展，充实了有效教学提出的基本教学效益，而且从“长远”角度去实现“效益”。

2.从经济学视角界定有效教学

以程红、张天宝、姚利民等为代表的学者,提出的以最少的时间精力投入,获取最大化的教学效果。认为有效教学是在遵循教学规律的基础上进行的有效果、有效益、有效率的教学。长效教学的提出,着眼于长远持久且“最大化的教学效果”,与有效教学提出的“满足个人和社会的教育价值需求而组织实施的活动”这一目的相合,进一步衍生出利于师生长远发展的教学目的。

3.从理解层次视角来界定有效教学

学者龙宝新和陈晓端从概念重构的角度对有效教学进行结构化分析,将有效教学分为表层、中层、深层。认为从表层上分析,有效教学是一种教学形态;从中层上分析,有效教学是种教学思维;从深层次上分析,有效教学是一种教学理想和境界。在此基础上,将有效教学界定为“为达成‘好教学’的目标而自觉树立先进的教学理想,并通过综合利用一切教学策略和教学艺术,使这种教学理想转化为能使师生协调发展、不断超越的教学形态的过程”。基于有效教学从有效的“理想”转化为有效的“思想”,再转变为有效的“状态”这一持续性动态过程,长效教学汲取其精髓,在倡导“为思维而教”的同时,关注的“教学效果”亦具有持续性、动态性和长远性。正由于具备了这种前瞻性,长效教学的课堂教学模式才能够将表层的教学形态渗透到教学思维的培养中,从而达到理想的教学境界,形成不断超越和突破教学形态的过程。

4.从学习和发展视角界定有效教学

高慎英、刘良华认为,凡是能够有效促进学生发展,有效地实现预期结果的教学活动都可以称为“有效教学”。陈厚德认为,促进学生的学习和发展是有效教学的根本目的,也是衡量教学有效性的唯一标准。认为有效教学是师生遵循教学活动的客观规律,以最优的速度、效益和效率促进学生在知识与技能、过程与方法、情感态度与价值观“三维目标”上获得整合、协调、可持续的进步和发展。学生培养目标上的可持续性正是长效教学的标志之一。在此基础之上,长效教学将教学的目光长远化,将效果的测评多元化,从学习和发展视角萃取出从“有效”到“长效”演绎的精髓,进而形成独特的教育教学理念。

综上所述,长效教学的提出,正是基于不同视角的理论基础,进一步完善、丰富和发展了有效教学思想。

二、地理教学论

地理教学论是研究地理教学活动,揭示地理教学规律并用于指导地理教学实践的学科。地理教学论作为一门学科,在我国自 1904 年清政府颁发《奏定学堂章程》规定对师范学堂设置“各科教授法”课程开始至今,“地理教学论”称谓大致经历“地理教授法—地理教学法—地理教材教法、地理教学法—地理教育学—地理教学论”的变化已有百余年,其学科发展分为早期、发展时期、当代等几个阶段的地理教学论。

1.早期的地理教学论(20世纪初—40年代)

由“地理教授法”向“地理教学法”转变的过程,表明该时期地理教学思想由“重‘教’向重‘教和学’方向跨出了关键的步伐,显示了我国现代地理教育思想的萌芽”。

2.发展时期的地理教学论(20世纪40年代末—80年代)

期间出现过“地理教材教法”名称,后又回归到地理教学法,“仍然研究‘如何教’为主要取向”,但已有很多关注研究“如何学”,“拓展了地理教学法的研究视野,提升了研究的理论层次,提出了一系列的地理教学原则”,如直观性、启发式、巩固性、精讲多练、理论联系实际、可接受性等原则……

3.当代地理教学论(20世纪80年代末—　)

20世纪80年代末至90年代初,在首都师范大学褚亚平教授等学者的倡导下,创立了“地埋教育学”课程,相应的教材建设也快步跟上。据不完全统计,自1990—1998年,有近10种不同版本的《地理教育学》教材都以“地理育人”为根本思想,着重研究“如何在一定的高度”“全方位地塑造人、培养人”,“由学校地理教学全过程的研究转向学校地理教育原理以及实现最佳地理教育的能动因素的研究”,从一开始就显示出其较强的理论性、系统性、新颖性,“是地理教学法学科的发展和提高”,标志了地理教学理论研究和地理学科建设的新水平。20世纪90年代末,第一本由陈澄主编的《地理教学论》应运而生。此后,多本同名书籍的陆续出版,在地理教育理论和地理教学实践两个层面上进行深入研究。从“地理教学法”到“地理教学论”是对我国地理教学实践总结的提升和地理教学理论研究的飞跃,也是我国地理教学论学科研究科学化的重要标志。

2001年基础教育课程改革以“为了中华民族的复兴,为了每位学生的发展”为核心理念,要求“改变课程过于注重知识传授的倾向”,要引导学生学会学习、学会生存、学会做人。基础地理教育课程改革,给“地理教学论”提出了许多新的研究命题。如,“教学过程是师生相互交往、积极互动、共同发展过程”“教学过程中学习结论与过程的统一”“教学中关注人(学生)”“教学的预设必要,但教学过程是生成的过程”等成为新课程教学改革的基本理念,确定了高中地理课程的总体目标是“要求学生初步掌握地理基本知识和基本原理;获得地理基本技能,发展地理思维能力,初步掌握学习和探究地理问题的基本方法和技术手段;增强爱国主义情感,树立科学的人口观、资源观、环境观和可持续发展观念。”“课程目标从知识与技能、过程与方法、情感态度价值观三个维度来表述,这三个维度在实施过程中是一个有机的整体。”我国当代“地理教学论”研究进入了一个新的发展时期,在地理有效教学理论与实践方面也进行了积极探索，如李家清主编的《原理·方法与案例：高中地理有效教学》，李家清、雷鸣主编的《初中地理有效教学模式》；李家清、雷鸣主编的《初中地理有效学习评价》。更需要说明的是，许多一线地理教师在地理教学过程中，以有效教学的理念为指导，进行了大量的地理有效教学的实践探索，极大地丰富和发展着地理教育实践过程。

如今，地理课程的基本理念围绕地理学科核心素养确立，“立德树人是地理课程最重要的价值所在”。高中地理课程的总目标变为“通过地理学科核心素养的培养，从地理教育的角度落实立德树人根本任务”，具体目标不再从知识与技能、过程与方法、情感态度与价值观三个维度来分类表述，而是对“三维目标”进行了整合、提炼，对四个地理学科核心素养逐一表述学生应达到的学习预期结果，四个方面共同涵盖了“情感态度与价值观”的培养。

在新时代，我们倡导长效教学，以地理教学论为理论基础，基于情境、问题导向，立足地理学科核心素养，不仅研究“如何教”，更注重研究“如何学”“如何落实立德树人”，引导学生认识地理学科的多种价值，如科学价值、社会价值和育人价值，培养区域认知、综合思维、地理实践力、人地协调观等核心素养，从“学会”“会学”到“会做人”“会发展”……

主要参考文献

[1] 孔云.经典教学理论与课堂教学应用[M].北京：海洋出版社，2017.

[2] 余文森，洪明，张蓉.有效教学的理论和模式[M].福州：福建教育出版社，2011.

[3] B.A.苏霍姆林斯基.给教师的建议[M].杜殿坤，译.北京：教育科学出版社，1984.

[4] 郅庭瑾.为思维而教[M].北京：教育科学出版社，2007.

[5] 段玉山.中学地理课程与教学[M].上海：华东师范大学出版社，2018.

[6] 高茂军，王英兰.核心素养引领下的课堂教学革新[M].天津：天津教育出版社，2018.

[7] 付申珍.“三阶五环四步”长效教学模式的实践探究：以“正午太阳高度的变化”为例[J].地理教学，2019(22)：16-19+64.

[8] 李家清.新理念地理教学论[M].北京：北京大学出版社，2009.

[9] 黄京鸿.新课程地理教学论[M].重庆：西南师范大学出版社，2011.

[10] 教育部基础教育课程教材专家工作委员会，普通高中地理课程标准修订组，韦志榕，朱翔.普通高中地理课程标准（2017 年版 2020 年修订）解读[M].北京：高等教育出版社，2020.

[11] 李家清.中学地理教学设计与案例研究[M].北京：科学出版社，2012.

第三章 “三阶六环四步”长效教学模式

长效教学是教学的理想与追求。前面两章提出了“长效教学”主张并阐明了长效教学内涵及其理论依据,那么怎样实现“长效教学”主张,提高教学质量?

本章着重探讨实现“长效教学”主张的基本教学模式——“三阶六环四步”长效教学模式,从该模式的产生背景、形成经历、要素组成(基本结构)、应用及其效果等方面加以分析,最后提出了应用该模式的相关建议,以便理解和推广这一创新模式。

第一节 长效教学模式的产生背景

模式,是指“某种事物的标准形式或使人可以照着做的标准样式”。从模式论的角度看,模式是“一种重要的科学操作与科学思维的方法”。教学模式是指在一定教学思想或教学理论指导下建立起来的较为稳定的教学活动的基本结构或程序。

“教学模式”这一概念与理论出现于20世纪50年代以后,但国内外教学实践和教学思想中教学模式的雏形很早就有。从古代教学“讲—听—读—记—练”的传授式模式、17世纪夸美纽斯“感知—记忆—理解—判断”程序结构的教学模式到19世纪赫尔巴特“明了—联想—系统—方法”的四阶段教学模式等,不过这些模式对学生在学习中的主体性有所忽视,不同程度影响了学生的个性发展。后来,杜威提出的“从做中学”为基础的实用主义教学模式强调活动教学促进学生发现探索、获得解决问题的能力,开辟了现代教学模式的新路,但他片面强调直接经验的重要性,忽视知识系统性的学习等方面,存在一定缺陷。

20世纪50年代以来,随着科技的发展,促进人们利用新的理论和技术去研究学校教育教学问题,在教育领域出现了许多教学思想和理论,同时也产生了许多新的教学模式,如国外的“发现问题—提出假设—验证假设—提高总结”发现式模式、“范例性地阐明‘个’案→范例性阐明‘类’案→范例性地掌握规律和范畴→范例性地获得世界和生活经验”四阶段范例教学模式和我国的“制定目标—前提诊断—展示目标—实施目标—检测目标”目标教学模式、“启、读、练、知、结”自学辅导教学模式等,都有其贡献、优势和局限。

21世纪初,我国新一轮课程教学改革启动,教学观念不断更新,主张教学是“课程创生与开发”“师生交往、积极互动、共同发展”的过程,倡导学生“自主、合作、探究学习”,体现了改革的创新性，推动着师生前进的步伐，取得了可喜成绩。随着时代的发展，党和国家提出了“立德树人”这一教育根本任务，并对深化课程改革提出新的要求，学科课程标准对“知识与技能、过程与方法、情感态度价值观”三维目标进行了整合，凝练了学科核心素养、更新了教学内容、研制了学业质量标准等。在新的时代背景下，我们研究国内外教学理论，关注教学模式，在发现学习、建构主义、研究性学习教学、有效教学、地理教学论等理论基础上，结合多年教学实践经验开展构建并提出长效教学模式。

第二节　长效教学模式的形成过程

“三阶六环四步”长效教学模式的形成不是一蹴而就的，经历了在专家引领下进行了“自主实验—团队研究—总结优化”三个阶段。

1.自主实验阶段(1999—2010年)

付申珍老师工作以来，积极投身教学改革，在时任重庆市第一中学校地理教研组长胡熙时老师的指导下，参加校、市、全国优质课比赛，并在胡老师、重庆师范大学李晴教授和西南大学黄京鸿教授的指导下，积极开展教改相关课题研究。研读重庆市第一中学校老前辈黎见明著的《语文导读》和其他教学理论与实践专著，逐步领会到“导”的魅力。“导”，要引导学生“学思结合”，让学生“思维有广度，有高度，有深度，有精度，有速度，同时逐步着眼于创造”……这一切都激发了她在教学实践中对“导”进行深入思考。

1999年，付申珍老师开始在重庆市第一中学校地理教学中进行建模对比试验(在学校按入学成绩编班的基础上，选取学习能力与智力接近的班作为实验班与对照班，在实验班与对照班各按3∶5∶2的上、中、下比例随机选30人作为实验样本，对照班采用“讲解—接受”教学模式)，通过学生问卷调查、典型课实验测试成绩比较统计发现“引导发现式”CAI模式得到学生的充分肯定，对激发兴趣、吸引注意、加深理解、激发思维、加强记忆等方面都有积极作用，实验班人均成绩、及格率、优生率均高于对照班，实验班与对照班相比有极显著的差异。“引导发现式”CAI模式在教学中确实能调动学生的学习积极性，有利于大面积提高学生成绩，还能为学生的未来发展打下多种基础。于是在2000年提出“引导发现式CAI模式”，并于2001年2月在《地理教育》发表论文“地理教学中的‘引导发现式’CAI模式”以表达自己的主张，即“引导发现—指导探究—评析方案—总结优化”四阶教学模式，其程序如图3-1所示。

该模式遵从中学地理教学特点和中学生认知规律，体现启发式教学特色，最大限度地调动学生积极性，使学生爱学、会学、乐学。其模式的主要特点是以问题解决为中心，注重教会学生怎样学习，采用认知理论中“同化”或“顺应”的办法，将新知识纳入到学生已有的认知结构中,不断在学生头脑里编织知识之网,并在其中掌握认知策略,学会学习方法,发挥学生的创造性,注重培养学生的能力,而软件(教师)的引导贯穿教学过程的始终,学前导兴趣,学中导思路,学后导结论。导和学有机结合,有效地提高课堂教学效率,实现当堂达标。学生在发现与探索过程中,逐渐增长能力,逐步达到"会学"。后来,该模式被收入黄京鸿主编的《新课程地理教学论》中。现在来看,当年的模式虽显得简略、单薄,但它为如今的长效教学模式构建奠定了坚实的基础。在此阶段中、后期,笔者曾跟随黄京鸿教授参加全国审美化教学课题研究,在多位专家的引领下,教学、研究水平得到进一步提升。

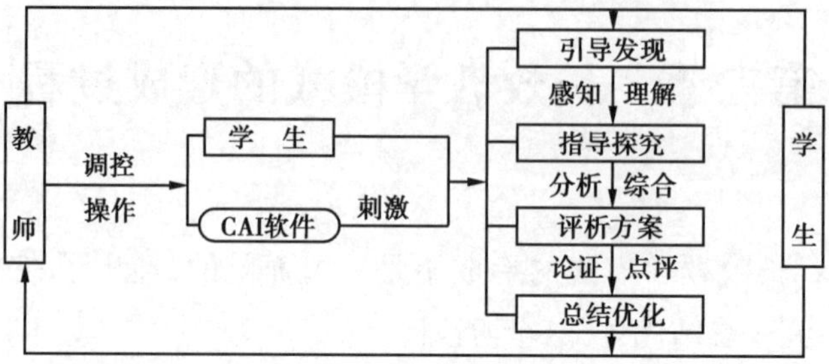

图 3-1 "引导发现式"CAI 模式图

总之,此阶段着重采用传统的教学评价方式(考试+评分),侧重"知识的理解与记忆",关注的焦点在学生学习兴趣和思维激发、学习能力培养和学业成绩提升上。

2.团队研究阶段(2011—2019 年)

2011 年金秋时节,笔者结识了李家清教授,在请教"怎样的课才是好课"时,李教授的一席话"教学要从有效、高效走向'长效'""从理念、实践的角度研究",深深启发了笔者。回校后,笔者在教学中继续不断深入思考、创新教学。

2014 年 9 月在《地理教育》发表论文"地理高考复习'三效'教学探索"开篇写道:"地理高考复习课堂教学应从学生的实际出发,瞄准新课程三维目标,贯彻落实新课标基本理念,围绕高校入学考试纲要要求,实现有效教学,达成高效教学,追求长效教学。"从而提出"长效教学"一词,但并未对此深入阐述。2016 年以来着重琢磨《正午太阳高度的变化》等课的创新教法,取得了好的效果,增强了自信心,促进深思,进一步提炼教学模式。

在重庆市第一中学校"尊重自由,激发自觉"的办学理念指引下,笔者及学校广大教师积极投入新课程改革,开展校本教研、行动研究等。在重庆市第一中学校领导的关怀和专家引领下,2017 年申报设置重庆市教学专家付申珍工作室,喜获成功,组建了工作室团队。2018 年 6 月 1 日,团队在前往重庆市万州区向"重庆市中学地理李淑春名师工作室"取经途中,工作室成员们开展头脑风暴,碰撞出火花,认为应该有自己的教学主张,联想到李家清教授六年前的教诲,打算研究"长效",并提出"长效教学"主张。自此以后,大家研读教学理论与实践方面的论著、论文,进一步深入思考与研讨课例,其间,笔者以精品选修课程《地球的呼唤——环境保护与可持续发展》的研学旅行为例撰写的"基于'人地协调观'素养的研学旅行课程实践模式构建与思考”于2019年5月发表在核心期刊《地理教学》上，文中提出了“基于‘人地协调观’素养的研学旅行课程的‘三阶五环四步’实践模式”，受此启发，以“引导发现式”CAI模式图为基础，最终凝练出“三阶五环四步”长效教学模式的基本运作程序，如图3-2所示。并于2019年11月以论文《“三阶五环四步”长效教学模式的实践探究——以“正午太阳高度的变化”为例》发表在核心期刊《地理教学》上，作为我们工作室和重庆市普通高中教育教学改革研究重点课题《基于学科核心素养的高中环境教育策略研究》的研究成果之一。此阶段的教学评价由传统评价开始向表现性评价转变，开始侧重于“知识的综合运用、评价与创新”，关注的焦点在学生的学习兴趣激发、思维激活、多种能力和核心素养的培养上，让学生学会如何学习，从三维目标转向学科核心素养培养，从能力立意转向素养立意。

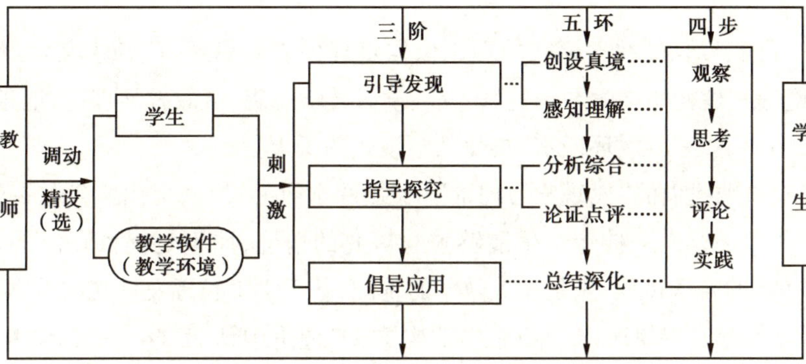

图3-2 “三阶五环四步”长效教学模式的基本运作程序

3.总结优化阶段(2020年—)

工作室成立以来，成员们自主实践探索、集体研究，不断深化“长效教学”，于2020年4月完成本书初稿，5月初请李家清、袁书琪两位教授指导。两位专家对工作室的研究都给予了高度肯定，并对书稿从不同视角提出修改建议并作了深度指导，一致认为要完善“长效教学”及其模式，并对长效教学及其模式内容作了规范化、理论化、系统化的指导与修改，如：李教授以泰勒课程原理四要素为依据指导我们如何下定义并对长效教学的定义给予完善；袁教授建议在原有长效教学模式程序中增加一环，为“‘三阶六环四步’长效教学模式”，使得“六环”能够与“四步”相对应。在与专家们的不断对话交流、思维碰撞中深化了对课程和教学的认识，丰富了长效教学的内涵，优化了长效教学模式，同时，也提升了团队成员的研究水平。在此基础上，深入思考、秉承“寻美地理时空，追求长效教学，提升情怀素养，培养卓越英才”工作室理念，总结中学地理“长效教学”主张的探索之路并积极推广，分享成果，走向卓越。此阶段的教学评价注重表现性评价等过程性评价，坚持发展性评价。

第三节　长效教学模式的要素组成

一、理论依据

教学模式是一定理论指导下的教学行为规范。不同的教育观可能会提出不同的教学模式。

“三阶六环四步”长效教学模式的理论依据是现代教育思想、认知主义学习理论（布鲁纳认知发现论等）、建构主义学习理论、研究性学习教学思想、有效教学理论、地理教学论等。他们的精髓，形成了“三阶六环四步”长效教学模式的沃土。

例如，在布鲁纳提倡的“发现学习理论”中，强调学习的过程，提出学生是一个积极的探究者，教师的作用是形成一种让学生能够独立探究的情境，而不是提供现成的知识。这种“以学生为主体”的教学过程，正是长效教学的基础，基于学生长远发展观的教学更符合教育发展特点，遵循教育发展规律；布鲁纳的“结构主义”理论中认为，学习一门学科不仅要“学会什么”，更重要的是“知道怎样处理”，即“学会如何学习”。布鲁纳的发现学习与结构主义教学理论初露对学生长远发展的思考，也与现代教育思想不谋而合。

皮亚杰提出的建构主义是在认知主义教学理论基础上发展起来的教学理论。他主张以学生为中心，强调学生对知识的主动探索、主动发现和对所学知识意义的主动建构。基于该理论，重庆市教学专家付申珍工作室创造性提出的“三阶六环四步”长效教学模式，就是在教师指导下的、以学习者为中心的学习，教师是意义建构的帮助者、促进者，学生是意义的主动建构者，教师创设真实情境，引导学生充分发挥主观能动性，营造和谐共进的课堂氛围，最终达到使学生有效地实现对当前所学知识的意义建构的目的，培养核心素养，促进学生发展素养的进阶。

苏霍姆林斯基的如何让教学在人的培养方面发挥最大效益和思维的教学、研究性学习教学法，“让学生生活在思考的世界里”，学习“在观察中思考，在思考中观察”，“把自己培养成思考者”，“体会和认识到学习是一种幸福”，以及让学生“通过实践（对事实和现象进行直接观察，同时也通过间接的思维）去证明一个解释和推翻另一个解释”，发展学生的智力，激发学习的主动性和积极性，教会学生思考，学以致用。基于此教育思想，我们建构的“三阶六环四步”长效教学模式，要发展学生的智力，发展实践力、综合思维核心素养，不仅如此，还要发展学生的人地协调观、区域认知等核心素养，追求师生的长远发展。

有效教学是有效果、有效益、有效率的教学，从有效的“理想”转化为有效的“思想”，再转变为有效的“状态”这一持续性动态过程，能有效促进学生发展，有效地实现预期结果的教学活动。长效教学汲取有效教学的精髓,立足学生长远发展,充实了有效教学提出的基本教学效益,而且从“长远”角度去实现“效益”;着眼于“最大化的教学效果”,和有效教学提出的“满足个人和社会的教育价值需求而组织实施的活动”这一目的相合,进一步衍生出利于师生长远发展的教学目的;在倡导“为思维而教”的同时,关注的“教学效果”亦具有持续性、动态性和长远性。将教学的目光长远化,将效果的测评多元化,从学习和发展视角萃取出从“有效“到”长效“演绎的精髓,进而形成独特的教育教学理念。

我国地理教学论,早期由“重‘教’跨向重‘教和学’”;发展时期“研究‘如何教’为主要取向”,但已关注研究“如何学”;当代以“地理育人”为根本思想,着重研究“如何在一定的高度”“全方位地塑造人、培养人”,“由学校地理教学全过程的研究转向学校地理教育原理以及实现最佳地理教育的能动因素的研究”。进入 21 世纪后,2001 年基础教育课程改革以“为了中华民族的复兴,为了每位学生的发展”为核心理念,要求“改变课程过于注重知识传授的倾向”,要引导学生学会学习、学会生存、学会做人。如今,地理课程的基本理念围绕地理学科核心素养确立,“立德树人是地理课程最重要的价值所在”。在新时代,我们倡导长效教学,以地理教学论为理论基础,基于情境、问题导向,立足地理学科核心素养,建构“三阶六环四步”长效教学模式,不仅研究“如何教”,更注重研究“如何学”“如何落实立德树人”,引导学生认识地理学科的科学价值、社会价值和育人价值,培养核心素养,从“学会”“会学”到“会做人”“会发展”……

综上所述,“三阶六环四步”长效教学模式的提出,正是吸取多种视角的理论精髓整合凝练发展形成的。

二、教学目标

教学模式指向和完成一定的教学目标,教学目标在教学模式的结构中处于核心地位,它决定着教学模式的操作程序和师生活动关系,它是教学评价的标准与尺度。正因为教学模式与教学目标有着极强的内在统一性,决定了不同教学模式的个性。

“三阶六环四步”长效教学模式的教学目标是通过课程教学和研学活动等的长效教学,追求近期目标效果达成与远期目标效益有机结合,培养长效的学生学科核心素养,学会从地理等学科视角“认识和欣赏自然与人文环境,懂得人与自然和谐共生的道理,提高生活品位和精神境界”,逐步养成“价值认同、实践内化、身心健康、责任担当”等意识和能力,进而转化为利于学生长期发展的核心素养,落实立德树人根本任务。

例如,培育的地理学科核心素养包括密切相关的四大素养(区域认知、综合思维、地理实践力、人地协调观素养),人地协调观是地理课程内容蕴含的最为核心的价值观,它包含“正确的人口观、自然观、资源观、环境观和发展观等”;综合性和区域性是地理学的两大突出特点,由此形成的综合思维和区域认知,是学生“分析、理解地理过程、地理规律、人地关系系统的重要思维品质和能力”;地理课程具有很强的实践性,通过实践活动“运用综合思维和区域认知，是学生感悟、体验现实世界中人地关系的重要途径”。

三、运作程序

教学模式有其特定的逻辑步骤和操作程序。

“三阶六环四步”长效教学模式的相关教学要素有情境（蕴含问题的真实背景材料，包括生活、社会、现实、观念等情境）、问题（包括主导或核心问题及子问题，具有真实、综合、探究性等）、任务（为解决问题安排的学习活动）等。其中，“三阶”是指教师引导发现、指导探究、倡导应用层层递进的三个教学阶段；“六环”是指师生相互作用创设真境、理解概括、分析综合、论证评析、总结进阶、发展创新环环相扣的六个教学环节；“四步”是指学生观察、思考、评论、实践四个步骤（OTCP），让眼、脑、口、手等都动起来，它们贯穿于“三阶”“六环”之中。

“三阶六环四步”长效教学模式的基本运作程序如图 3-3 所示。

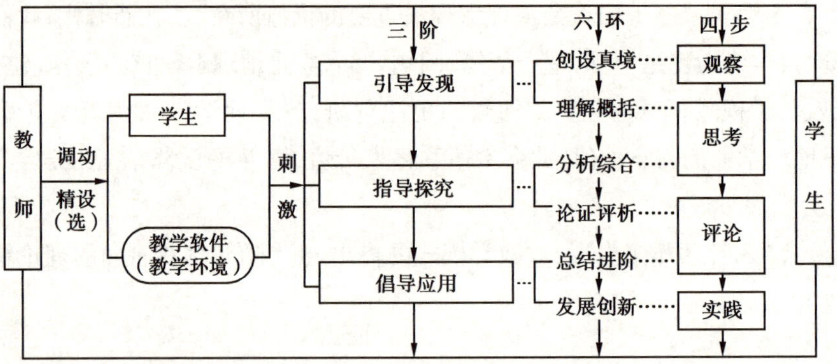

图 3-3 “三阶六环四步”长效教学模式的基本运作程序

1.三阶

引导发现，指教师创设真实情境，引导学生感知真实情境、理解概括，自主发现问题、提出问题。

指导探究，指在问题情境中教师指导学生通过分析、综合等不断产生假设，并围绕假设进行推理、论证评析，形成探究方案或问题解决方案，从不同角度进行探究，从中发现规律、推导原因、解决问题，逐步形成正确认知。

倡导应用，指教师倡导学生在学习中总结进阶，寻找应用的规律性，以进一步发展创新。

2.六环

创设，指开始建立，含为达到某目的而创造条件之意；**真境**，指蕴含问题的真实情境。

理解，指因大脑对事物分析决定的一种对事物本质的认识；**概括**，指认识问题的实质所在，形成相关概念供分析问题用。

分析，指寻找事物、现象、概念的本质属性和彼此之间的关系，探索发现能够解决问题的主线，并以此解决问题；**综合**，指把分析过的对象或现象的各个部分、各属性联合成一个统一的整体。

论证，指引用论据来证明论题真实性的论述过程，是由论据推出论题时所使用的推理形式；**评析**，指说出自己的观点、看法、建议、意见等。

总结，指总合各方面的情况，做出有指导性的结论；**进阶**，指学科核心素养的进阶。

发展，指学生发展核心素养的形成；**创新**，指学以致用，应用创新。

3.四步

观察，指观察情境，感知问题。

思考，指理解问题实质，分析探究问题。

评论，指论证解决问题，总结评析成果，培育素养进阶。

实践，指发展学习成果，形成学生发展素养，应用学习成果，进行创造性实践，学以致用。

四、实现条件

能使“三阶六环四步”长效教学模式得以实现长久效力的条件主要有：

①有追求“长效”的办学理念、支持教改创新的校风是实现长效教学模式的根本；

②教学观念新、专业过硬、践行长效教学模式的师资是实现长效教学模式的中坚；

③适合“长效”教学的内容、手段和足够的教学时间是实现长效教学模式的关键；

④乐于学习、主动参与、积极配合长效发展的学风是实现长效教学模式的内驱力；

⑤舒畅和谐的教学物理环境、心理环境与师生关系是实现长效教学模式的助推器；

……

五、教学评价

教学评价是指教学模式所特有的完成教学任务达到教学目标的评价方法和标准等。地理教学评价是“根据一定的地理课程目标和地理教师工作职责，运用多种科学可行的方法或手段系统地搜集、分析、整理信息资料，对地理教学活动中的要素、过程及结果进行价值判断，从而为学生全面发展、地理教师专业发展和地理教育改革发展，提供服务和决策的过程”。评价是双刃剑，科学评价能促进教学，反之，会贻误教学。教学评价按评价功能分可通过测验、作业、观察、问卷、访谈、档案袋等方法进行诊断性、形成性和终结性评价；按学习主体分学生自评、学生互评和教师、社会评价。

采用“三阶六环四步”长效教学模式的教学评价（包括课堂教学和研学活动）在对学生学习结果的评价方面，转向“为了学习的评价”“作为学习的评价”，注重形成性评价和强调基于学习进阶的评价，教学评价观是学生主体的发展性评价。

学科核心素养是贯穿课程标准的一条主线，所以课堂教学评价可围绕普通高中课程标准学业质量标准展开。对“学”的评价，采用表现性等过程性评价，侧重于“知识的综合运用、评价与创新”，检验学生在一定情境中能做和会做什么？例如，对地理课程长效教学评价可参照《普通高中地理课程标准》（2017 年版 2020 年修订）的地理学科核心素养水平划分（表 3-1—表3-4）开展评价，各学段评价的水平层级要求不同，“水平 1”和“水平 2”主要结合高中地理必修课程的内容，作为学业水平合格性考试要求；“水平 3”和“水平 4”主要结合选择性必修课程的内容，作为学业水平等级性考试要求，体现进阶思想。

表 3-1　地理学科核心素养水平划分表

	水平 1	水平 2	水平 3	水平 4
人地协调观	能够结合简单、熟悉的地理事象，认识人类活动要在一定的地理环境中开展；能够简单辨识人们生产活动和生活习惯与地理环境之间的联系，说明人类对环境施加影响的方式及其带来的影响。	能够结合给定的简单地理事象，理解人类影响地理环境的主要方式，阐述人类活动对地理环境的积极与消极影响；认识人类活动要遵循自然规律，与自然和谐相处，理解人地协调发展的重要性。	能够结合给定的复杂地理事象，认识地理环境对人类活动的影响以及人类活动影响环境的方式和强度；理解自然资源和地理环境满足人类需要的潜力及有限性。	能够通过对现实中人地关系地域系统的简要分析，理解区域中人口、资源、环境、发展之间的相互关系，理解人地关系是对立统一的。评价分析人地关系中存在的问题。
综合思维	能够说出简单、熟悉的地理事象所包含的相关要素，并能从两个地理要素相互作用的角度进行分析。	能够对给定的简单地理事象，从多个地理要素相互影响、相互制约的角度进行分析；能够结合时空变化，对其发生、发展进行分析，给出简要的地域性解释。	能够结合给定的复杂地理事象，综合各要素，系统分析其相互影响、相互制约的关系，从时空综合维度对其发生、发展和演化进行分析，给出合理的地域性解释。	能够对现实中地理事象，如自然环境的变化、区域发展、资源环境与国家安全问题等，运用要素综合、时空综合、地方综合的分析思路，对其进行系统性、地域性的解释。
区域认知	能够根据提示，将简单、熟悉的地理事象置于特定区域中加以认识；能够认识和归纳区域特征。	能够从区域的视角认识给定简单地理事象，收集整理区域重要的信息；能够简单解释区域开发利用方面决策的得失。	能够结合给定的复杂地理事象，从空间一区域尺度、区域特征、区域联系等认识区域；能够为赞同或质疑某一区域决策提出相关论据。	能够对现实中的区域地理问题，运用认识区域的方法和工具进行分析；能够较全面地评析某一区域决策的得失，提出较为可行的改进建议。

续表

	水平 1	水平 2	水平 3	水平 4
地理实践力	能够进行初步的观察和调查,获取和处理简单信息,有探索问题的兴趣,能够借助他人的帮助使用地理工具,设计和实施地理实践活动,从体验和反思中学习;能够理解和接受不同的想法,有克服困难的勇气并寻找方法。	能够进行细微观察和调查,获取和处理信息,有探索问题的兴趣;能够与他人合作使用地理工具,设计和实施较复杂的地理实践活动,主动从体验和反思中学习,能够有自己的想法,有克服困难的勇气和方法。	能够进行分类观察和调查,获取和处理较复杂的信息,主动发现和探索问题的兴趣;能够与他人合作设计和实施较复杂的地理实践活动,主动从体验和反思中学习,能够有自己的想法,有克服困难的勇气和方法。	能够进行较系统的观察和调查,获取和处理复杂的信息,主动发现和探索问题;能够独立设计和实施地理实践活动,主动从体验和反思中学习;能够提出有创造性的想法,有克服困难的勇气和方法。

研学活动的教学评价,遵循“全面性”“开放性”“激励性”原则,综合评价学生发展的核心素养,顾及学生差异,注重对学生发散性思维和创新思维的评价,激发自我认知自身强项与潜能,促进反思和持续发展。

对学生的评价,结合学科核心素养水平要求,多元开展。评价需既是肯定也是促进,是站在起点上更明确前进方向,能激发学生面对未知世界勇敢前行。因此,教师要关注演示过程、实验与调研过程项目完成、成果展示等表现性评价;关注学习兴趣与态度、知识运用能力、主动学习的方法与合作精神,注重发展性评价;注重多元评价,除教师评价外,还有学生的自评和互评等。成果形式包括心得体会、倡议书、调查报告、研究论文和展板、在校园内外进行的主题宣传、参赛获奖或发表的作品等。表现性评价、发展性评价、多元评价相结合,实现多角度、全方位的评价与激励。让学生感受学科魅力,培养学生从研学兴趣、情趣深化到志趣,促进人地协调发展。据学校、学段、学生不同提供适合的研学成果,可以按等级、分数、学分、评语等形式制订评价标准,按评价主体(自我、小组、教师、社会)、各阶段过程等用不同方法制订评价标准,可根据研学内容制订相应评价量表(表 3-2)和总结表(表 3-3),评价学生在某个维度或整体的表现水平。例如,可按“研学旅行新课程标准”建议,参照研学旅行整体评价的构成比例“目标检测 40%、过程管理 30%、成果评价 20%、社会评估 10%”评价。

表 3-2 “×××”研学活动评价量表

评价要点	分值/100 分	自我评价	小组评价	教师评价	社会评价
参与的主动性与积极性					
材料收集的广度与深度					
……					
分析问题的科学性					
提出对策的可行性					
……					
权重分值	%				

表 3-3 “×××”研学活动总结表

总　结	备　注
1.我看见、听到、学到、悟到的：	地理学科核心素养： 人地协调观（指人们对人类与地理环境之间关系秉持的正确的价值观） 综合思维（指人们运用综合的观点认识地理环境的思维方式能力） 区域认知（指人们运用空间—区域的观点认识地理环境的思维方式和能力） 地理实践力（指人们在考察、实验和调查等地理实践活动中所具备的意志品质和行动能力） ——普通高中地理课程标准(2017 年版 2020 年修订)
2. 我发现、提出的问题，已解决的问题：	学生发展核心素养： 以培养“全面发展的人”为核心，三个方面六大素养 文化基础——人文底蕴、科学精神 自主发展——学会学习、健康生活 社会参与——责任担当、实践创新 ——中国学生发展核心素养(2016 年 9 月课题组发布)
3.我今后的行动：	研学旅行课程目标（总）： 通过亲近和探究自然，接触和融入社会，关注和反省自我，体验和感受集体生活，养成价值认同、实践内化、身心健康、责任担当等意识和能力。 ——研学旅行课程标准(一)(《地理教学》2019 年第 5 期)

总之，如李家清教授所说“评价不是为了甄别，而是为了改进。评价者和被评价者不是对立的，而是友好互动和鼓励与信任”，评价“是共同协商，促进学生发展的过程”。通过教学评价，体现学生主体，展示学生发展，生成长效基因，取得可持续效益。

第四节　长效教学模式的主要特点

一、教师由“授”转向“导”

“三阶六环四步”长效教学模式中，教师由“传授”者转变为“主导”者。教师发挥价值引领作用，把“导”贯穿教学过程始终，学前激发兴趣，学中引导发现问题、指导探究问题，学后倡导解决问题学以致用（“三阶”），激发学生观察、思考、评论、实践（“四步”），增强主动性。让学生在探究中，获得具体、生动和丰富的知识，能力不断增长，逐步达到会认知、会思考、会行动，发展并内化学科核心素养。如，地理课程长效教学“六环”的“创设真境”环节注重“认知特定区域真实情境”，“理解概括、分析综合”两环注重“开展综合性的思维”，“论证评析、总结进阶”两环注重“对人地关系问题的论证和应用人地协调观的评析”，“发展创新”环节注重“培育和应用地理实践力”，分别培养学生的区域认知、综合思维、人地协调观、地理实践力素养，再逐步转化形成学生发展核心素养，让学生能终身持续发展的长效基因得以传承，学生终身受用长效发展。

二、学生由“客”转向“主”

“三阶六环四步”长效教学模式基于学生立场，学生由教学的客体转向主体，以问题解决为中心，关注学生的视角，让学生在学习的过程中发挥主观能动性，自觉观察、思考、评论、实践，主动发现问题，运用地理的思维方式，建立与“问题”相关的知识结构，并能够由表及里、层次清晰地分析问题，合理表达看法或想法，注重学习方法指导，让学生在发现与探索过程中，善于思考，领悟学法，总结分析方法，从学会到会学，发挥创造性，培养迁移能力和分析、解决问题等能力，在不断探索思考中前进。

三、过程由“受”转向“探”

“给”的知识是有限的，“导”却能激活源泉；而发现，指“经过研究、探索等，看到或找到前人没有看到或找到的事物或规律”，美国教育家、心理学家布鲁纳指出：“发现不限于寻求人类尚未知晓的事物，确切地说，它包括用自己的头脑亲自获得知识的一切方法”。认识是一个过程，学习也是一个探究、发现的过程，可能复杂，但学生经历后，再碰到相关问题，就会举一反三，查源追踪，分析、创造。“三阶六环四步”长效教学模式可实现教学由“受”（被动接受）转向“探”（主动探索、探究）的过程优化，让学生经历知识、观念的形成过程，利于“提高智慧的潜力”，培养独立分析、解决问题的能力，培养核心素养。

第五节　长效教学模式的实效分析

“三阶六环四步”长效教学模式自实验研究到使用推广阶段所取得的效果和影响有：实验研究阶段，笔者分别选取人教版地理教材内容，如“地球运动的地理意义”“可持续发展”等，依据课标要求，尝试长效教学方法，摸索构建长效教学模式，得到学生的认可。利于实现学生主体、教师主导“双主”思想，促进深度学习，培养学生的核心素养。用长效教学模式指导的课例参评重庆市学科带头人，获得成功。使用推广阶段，工作室团队成员自主选取高中各年级各版本教材教学内容，依据课标要求，用长效教学模式指导撰写教案，尝试上课，课后展开研讨，肯定优点，提出修改建议，开展长效教学模式研究，提升了工作室团队成员的教学与研究水平；组织学生、家长集体研学悦来海绵城，在自然与社会的真实情境中使用长效教学模式开展研学活动，多学科融合，效果显著。推广范围从学校走向区、市乃至全国，采取磨课（研究课、观摩课、优质课）与现场教学、综合实践、论文写作与发表、会议经验交流、专题讲座及编写与出版书籍等多种形式，不断提高相关教师素质、研究能力，增强影响力和实践力。例如，撰写长效教学模式相关论文并发表在核心期刊《地理教学》，与浙江省周红星名师工作室联合教研，以长效教学的观摩课和专题讲座加以推介，受到好评。长效教学模式正在推广使用中，将不断完善，争取走向更大舞台。

如何在中学地理教学中实现长效教学，下面以“正午太阳高度的变化”教学为例开展构建“三阶六环四步”长效教学模式的实践探究。

一、应用案例

正午太阳高度的变化

【课标要求】

结合实例，说明地球运动的地理意义。

【教材分析】

该内容选自人教版《选择性必修1 自然地理基础》（原人教版必修《地理1》）。地球的运动是理解自然环境结构功能的基础，地球运动的地理意义是由于地球运动（自转、公转）和黄赤交角存在产生的地理现象，主要包括昼夜交替和时间差异、地表水平运动物体运动方向的偏转、昼夜长短的变化、正午太阳高度的变化、四季更替、五带等。“正午太阳高度的变化”是高中地理“地球运动的地理意义”的重点内容之一。本课时的内容是地球运动的结果，又是四季和五带形成的原因，具有承上启下的作用，是学生今后学好地理的基础。要说明正午太阳高度的变化，需要认识地球的运动规律，从时间和空间视角结合实例分析正午太阳高度的变化规律，说明这种地理现象如何产生、对地理环境和人们生产生活的影响。

【学情分析】

从知识基础来看，初中已学部分地球运动知识，进入高中已初学地球运动的一般特点、太阳直射点的回归运动和理解地球运动的部分地理意义，但水平参差不齐；从学习能力来看，教材语言具有专业性的特点，内容抽象难于理解；从学习动力来看，本部分知识在生活、生产上具有现实意义，学生对此具有新鲜感，求知欲强，好奇心大，积极性高；从心理发展的基本特征来看，高中生具有自主性、前瞻性等。

【教学目标】

①能借助观察自然现象，说出太阳高度和正午太阳高度的含义，体会到它们是变化的。

②能通过演示“光照图模型”“正午太阳高度模型”自制教具或板画二分二至地球日照图，用科学语言归纳正午太阳高度的变化规律并分析原因；能通过观测同时不同地、同地不同时的正午日影现象和实测数据证实正午太阳高度的时空变化规律；能结合正午太阳高度的变化分析现实世界的一些自然现象、过程及其对人类活动的影响。从而体验观测的方法，建立正午太阳高度变化的心理图像，培养和发展空间思维（综合思维、区域认知和地理实践力）。

③能运用正午太阳高度的变化规律解决现实（小区、学校等）问题，学以致用，养成关注生活的习惯（地理实践力）。

④能赞美祖先创造的圭表，启发在实践中去发现美、创造美。能够运用地球运动、正午太阳高度的变化等知识，说明自然环境与人类活动之间的关系，以及尊重自然规律的重要性（人地协调观）。

【教学模式】

“三阶六环四步”长效教学模式。

【教学方法】

启发式谈话法、演示法、发现探究法、归纳—演绎法、比较法、情境法、合作学习法等有机结合。

【教学重难点】

正午太阳高度角的变化规律（重点）；运用该规律解决现实问题（难点）。

【教学手段】

地球仪、“光照图模型”自制教具、“正午太阳高度模型”自制教具，“正午太阳高度角的变化”CAI 教学软件等。

【学法指导】

①指导读日照图，学会归纳总结，建立静态和动态思维相结合的思维方法。

②指导分析图文、视频等材料和演示教具，领悟学习方法，学会求证法、定量定性分析法，培养空间思维能力，在探索新知过程中进行推理和运用地理知识的能力，促进地理学科核心素养的养成与进阶。

③指导以自主、合作、探究的方式进行学习，启发大胆质疑，培养创造性思维。

【教学流程】

“正午太阳高度的变化”长效教学流程如图 3-4 所示。

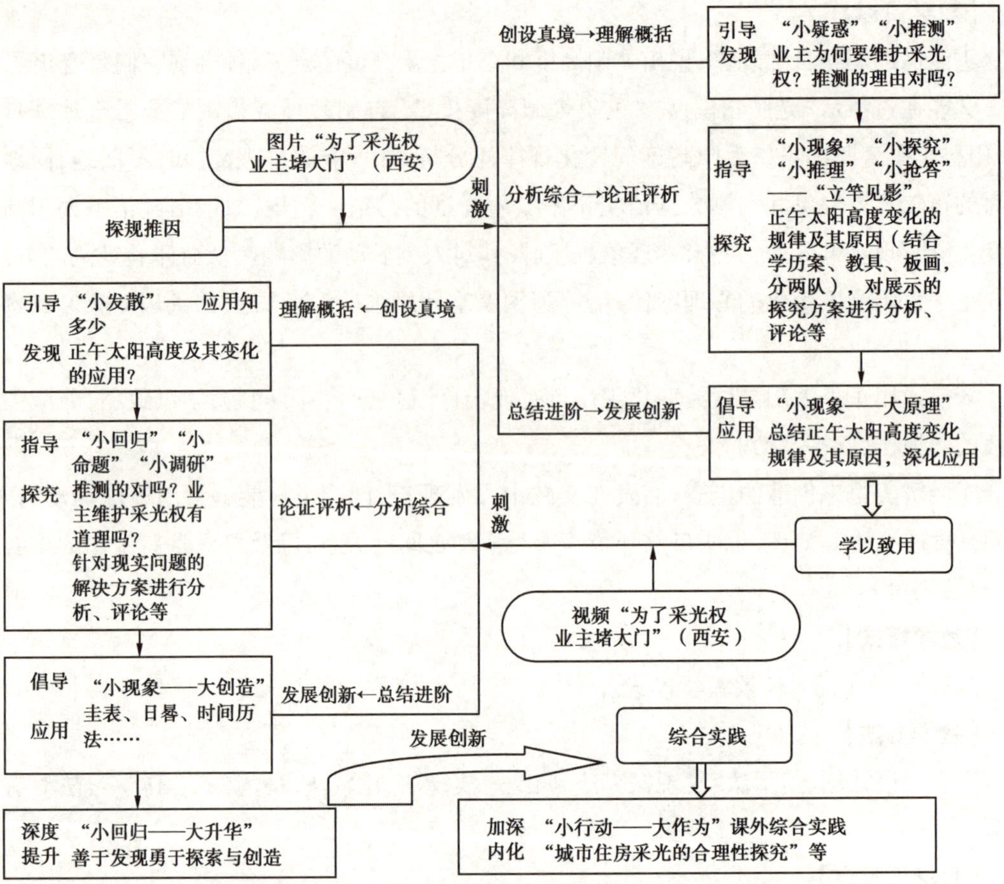

图 3-4 "正午太阳高度的变化"长效教学流程

二、效果分析

1.利于实现"双主"(体现学生主体地位、发挥教师主导作用)思想

学生是学习和发展的主体,教师教学活动中要尊重和培养学生的主体性,通过学生主体性的发挥,引导学生更科学地学习,教会学生合理的学习方法,注重学生能力的培养,对学生的全面发展进行规划和引导,发挥教师的主导作用。

【案例片段:"探规推因"】

展示图片:"为了采光权业主堵大门"(西安)创设展现真实情境,感知理解,引出课题。

引导发现

"小疑惑"——"你有什么疑惑,请提出来","小推测"——"请推测这里发生了什么事",以引导学生发现问题,推测事情由来。

指导探究

结合"小现象"——立小竿、见日影(学生实作照),指导学生明确太阳高度和正午太阳高度概念，引出视点——“正午太阳高度的变化”课题；“小探究”——“正午太阳高度的时空变化规律”，“小推理”——“正午太阳高度的变化原因”，通过学生看学历案，全面思考，分组“时间队”“空间队”自主探究和小组讨论相结合完成学历案要求，探规推因，学生将探究中发现的规律、获得的新知，进行认真总结，开展交流，进行形式多样的对话，充分展示自己的分析过程，把问题摸透，寻求更可靠、完整的结论；然后，结合学历案要求的内容登台自主选择展演方式，或板画或演示教师提供的自制教具讲解探究结果和推导答案。通过学生不断尝试、体验错误和修正的过程，实现对正午太阳高度变化规律及其原因的探索与认知，导出结论，激发学生深入思考。

……

以上教学过程中，对于学生的回答，教师说“且听后续分解”，以便吸引学生注意力，使学生对学习内容产生浓厚的兴趣，为学生进一步学习埋下伏笔；当学生在发现的过程中偏离了方向时，教师帮其拨正，实现有效的学习，教师适时灵活调控课堂教学，完成从“外压”向“内生”的转变，让学生真正学会学习、喜欢学习。

按照“三阶六环四步”长效教学模式设计组织教学过程，其间，教师对学生的自我探究进行有针对性指导、画龙点睛式点拨，逐步培养其独立性、探索精神，或引导学生之间的集体探究，培养合作精神，充分发挥班集体的整体教育功能，实现“双主”思想。

2.促进深度学习，培养地理学科核心素养

深度学习是指在教师引领下，学生围绕着具有挑战性的学习主题，全身心参与、体验成功、获得发展的学习过程，具有高投入、高认知、高表现、个人化学习等特点。而核心素养是关键素养、高级素养、行为素养，是知识、能力和态度等的综合表现，学科核心素养是“学科育人价值的集中体现，是学生通过学科学习而逐步形成的正确价值观念、必备品格和关键能力”。地理学科核心素养主要包括人地协调观、综合思维、区域认知和地理实践力，它们是“相互联系的有机整体”。

“三阶六环四步”长效教学模式突出为学生创设探索的情境，把蕴含着持久科学和实践意义的任务作为教学内容，让学生自行探究发现事物间的关系和规律，掌握发现的思路和方法，把知识系统化、结构化，更好地理解、掌握，能运用所学知识解决实际问题，培养学生学习的意识、本领和品质，追求学以致用、共生共享。“三阶六环四步”长效教学模式的教学变学生虚假学习（用不正确的过程习得正确的知识）、浅层学习（侧重记—背—练的学习方式）向深度学习转化，促进深度学习的真实发生，培养学科核心素养。

【案例片段】

教学“正午太阳高度的变化”，笔者分别在“探规推因”“学以致用”中呈现发生在西安一小区的“为了采光权，业主堵大门”真实事件（先图片展示后视频播放），创设先简洁后翔实的真实问题情境，贯穿整堂课；呈现能激发学习和探究兴趣、利于发现未知和创造性解决的

问题,其主导或核心问题“业主为什么要维护采光权?”“推测是否正确?”“业主维护采光权有道理吗?”来自现实、有探究价值、蕴含需要学习的概念原理等,让学生感觉真实、综合、富有挑战性,围绕主导问题设计了若干具体问题(问题链)“①立竿为什么会见日影?②为什么太阳高度会变?③正午太阳高度会变吗?④正午太阳高度的变化有规律可循吗?可以从哪些角度去分析归纳太阳高度的变化规律?⑤正午太阳高度为什么会变?⑥正午太阳高度及其变化有什么地理意义?能应用在哪些方面?⑦业主维护采光权涉及哪一种应用?⑧楼距应怎样设置才合理?⑨日影,司空见惯,大家想过做点什么吗?⑩古人(郭守敬)和现代人(曹书敏)的成就在哪里?……”提出的主导问题和问题链既有学生的质疑又有老师的设问与追问,为解决这些问题笔者安排了9个小的学习活动即小的“疑惑、推测、探究、推理、抢答、发散、回归、命题、调研”和相关综合实践活动(①设计一种测量校园纬度的简单易行的方案,并实际测定校园纬度;②调研小区或学校教师楼、学生公寓的楼间距是否合理?开展“城市住房采光的合理性探究”等活动)作为任务来完成,结合师生板画、实地调研的图片、视频等多种教学材料,定性与定量、理论与实践相结合,引导学生逐步深入地探究,将学生的地理学习由浅层引向深层,促进深度长效学习的发生发展,升华为“以小见大”——“小现象,大原理;小现象,大创造;小回归,大升华;小行动,大作为”。

整堂课涉及的情境、问题、任务三个教学要素关系密切,情境为发现、提出问题而生,任务为探究、解决问题而设,环环相扣。让所有学生参与问题解决的整个过程,保证对地理问题的全面认识和综合思维的训练,通过学生的探索、推理过程,老师想方设法积极推进,从现象升华到原理、创造,把新知识纳入认知结构中,培养学生独立思维能力,激发学生自觉行为,加深对问题的认识,培养学生在追求真知过程中坚忍不拔、求实创新、升华学习、提升能力的心性,广泛联系、深入拓展,实现深度教学,完成从短期“教书”向长效“育人”的转变,立德树人,从“知识点”向落实“学科核心素养”转变。

(1)培养综合思维素养

思维是朵美丽的花,学生作为教学的受众,他们的成长和发展最核心的点是思维。地理环境是一个综合体,在不同的时空组合条件下,地理要素相互作用,综合决定着地理环境的形成和发展,综合思维主要包括要素的综合、地理时空的综合和地方的综合,既可由果析因的演绎思维,也可由因推果的归纳思维。教学“正午太阳高度的变化”规律探究、原因推导分别采用了归纳思维、演绎思维,学生能够借助学历案、教具、板画等,并结合时空变化对正午太阳高度的变化规律进行分析归纳,从正午太阳高度变化反推出它是由地球自转和公转运动导致,培养综合思维素养。

(2)培养区域认知素养

地理环境多种多样,可将其划分成不同尺度、不同类型的区域加以认识,这是人们认识地理环境复杂性的基本方法。教学“正午太阳高度的变化”在发展区域认知素养方面,笔者将立竿见影小现象置于选取的区域——西安、重庆和登封告成,用求证法实地探究调研的数据(图 3-5、图 3-6)进行定量分析,让学生认识、分析并自己探究、验证正午太阳高度的时空变化规律的正确性,习得区域认知素养。

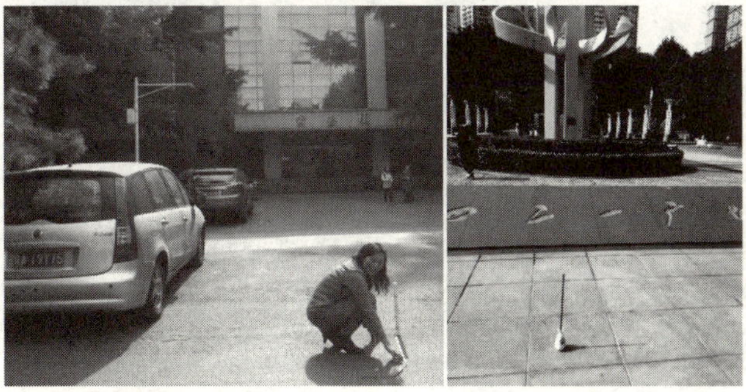

西安(陕西师范大学)
实测数据(2016.11.11)
(34.2° N,108.9° E)
杆高45 cm,
影最短56.5 cm

重庆(重庆市第一中学校)
(29.5° N,106.5° E)
杆高54 cm,
影最短58 cm

图 3-5 两地同日实测照及相关数据

2016年11月12—13日正午影长分别为
12.6578 m、12.7825 m

图 3-6 登封告成观星台及不同日观测数据

综合思维、区域认知素养分别有助于学生从整体、区域的角度,全面、系统、动态地分析和认识地理环境,以及它与人类活动的关系。

(3)培养地理实践力素养

地理是一门实践性很强的学科,考察、实验和调查等是地理学科重要的研究方法,也是地理课程重要的学习方式。地理实践力是对地理知识的运用能力,是动手操作(演示、测量等)、实验、考察、实践调研等能力。在“正午太阳高度的变化”教学中,学生合作学习、自主探究、小组讨论后登台自主选择板画、演示教具并灵活运用探究正午太阳高度的变化规律,运用其规律分析麦当劳创意广告(图 3-7)和上海中国馆(图 3-8)建设中蕴藏的地理原理以及畅谈正午太阳高度及其变化的多种应用、论证推理业主(当地居民)维护采光权的合理性,结合笔者实地调研西安小区楼距实情(图 3-9),解决现实楼距问题,最后以布置课外综合实践作业,调研身边的相关项目问题如“城市住房采光的合理性探究”(图 3-10)等进行研究性学习,实现“加速内化”过程,旨在加深学生对地球运动相关知识(正午太阳高度的变化)的理解,让学生发展创新,培养运用地理知识、动手操作、实践调研等能力,表现出合作思考的意识与求真、求实的科学能力和态度,习得地理实践力素养,这有助于提升学生的行动意识和行动能力,使他们能更好地在真实的情境中观察和感悟地理环境及其与人类活动的关系,增强社会责任感。

图 3-7 麦当劳创意广告

图 3-8　上海中国馆

图 3-9　西安自由自宅小区中午的采光

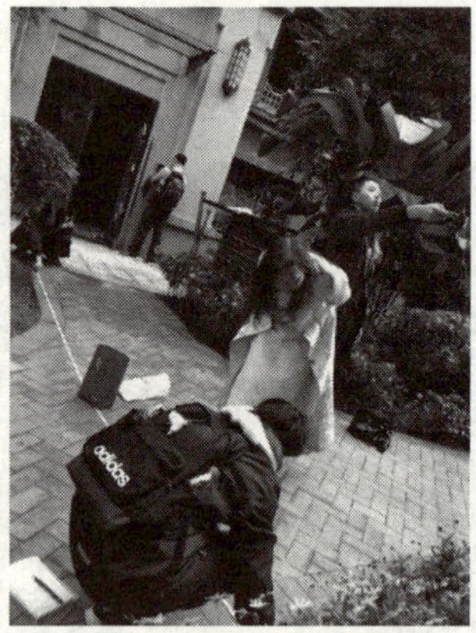

图 3-10　重庆市第一中学校学子实地调研楼距

(4)培养人地协调观素养

人类社会要更好地发展,必须尊重自然规律,协调好人类活动与地理环境的关系。在 21 世纪的今天,环境和能源问题是城市化进程中的现实问题,中国馆的建造处处透露出环保和节能的信息,在“正午太阳高度的变化”教学“小抢答”中展示拍摄的上海中国馆照(图 3-8),请学生运用刚学知识分析中国馆层叠出挑的造型为什么能达到冬暖夏凉之效?让学生能够通过地理事象或情境,认识人类活动要在一定的自然环境中开展,认识人类活动要遵循自然规律,与自然和谐相处,理解人地协调发展的重要性,发展人地协调观素养,成为和谐世界的建设者。

正如学生们所说:“这堂课独一无二、独具匠心。上课时让人感觉真的随老师去了各地考察并得出结论,令人印象十分深刻,就像在亲自参与科学研究。优点:新颖、有趣、易激发学习积极性!能够将知识结合在生活中,更能生动形象地掌握知识。真人实地走访,认识到地理就在我们身边!感悟:读万卷书,行万里路,知识应结合生活与兴趣来学!留心生活。”“付老师讲的课很真实,非常敬业。她用亲身行动,社会实践,将书本上陌生无感的知识,投影到了现实生活中,让我们更好地理解知识,这种教学方法是十分可行的。”“收获颇多,也很惊异,原本枯燥的高度角知识,就这样变成了一盘美味又营养的佳肴,而其中说得上‘最’的,应该就是将‘实践’二字解释到了极致……”

第六节　长效教学模式的应用建议

一、继承与发展相结合，积极丰富长效教学模式

教师要坚持学习，在应用“三阶六环四步”长效教学模式时不断思考。因为任何模式“都不是死的教条而是稳定、有发展变化的程序”。教学时既要认真参考领悟已创建的模式，又需对其进行创新，做到继承和发展相结合，在实践中提升教学能力，促进终身专业发展。

教师要及时转变思维方式，以学生的基础和需求为出发点，把握教学内容，设计教学过程，丰富教学活动，辅以必要的直观手段和生活经验，依托情境设计问题。在情境中，强化学生的思维训练，建立基于核心素养培养的整体教学观念，培养学生地理学科核心素养。可引入实验、演示、观察等探究方式，不断地巧设问题情境、激活问题，在看似无疑处设疑、在知识发散处激疑、在能力增长处多疑，关注课堂生成问题，把教学内容变成探索性、开放性、变化性、引申性等问题，注重地理知识间的关联性，将所学内容有逻辑地整合成可操作的学习链，积极推广长效教学模式，以取得最优化、最长远的教学效果。

二、围绕主导问题设计问题链，灵活运用长效教学模式

教学是一种探究与创造。核心素养的课堂教学要注重师生合作进行的真实研究。

选取的问题情境要贴近学生的知识水平、生活实际和社会现实，体现关联性，以便于学生理解情境，有探究的空间，在一个问题情境中经历地理思维发展的过程；师生创设的问题情境包括生活、社会、现实、观念等类型，每一个真正的问题都应具有开放性，围绕主导问题设计不同层次的问题链，呈现的问题能激发学生探究兴趣、利于发现未知和创造性解决问题。灵活运用教学模式，去育成学科核心素养。

三、利用多种教学方式和手段，科学展现长效教学模式精髓

用“三阶六环四步”长效教学模式实现“双主”思想，培养地理学科核心素养，需设计多种教学方式并利用优化的多媒体教学软件等现代手段。教师要结合学科特点、具体教学内容，关注智能化、互联网技术背景下的教学，不盲从，审慎思考本学科研究和教学的新特点、新变化，不断创新教学的方式和手段，跟上时代步伐，优化教学，科学展现该教学模式的

精髓。

四、充分认识，合理区分学生层次，不断优化长效教学模式

任何教学模式都有其局限性。“三阶六环四步”长效教学模式是以学生为主体的发现、探究、应用活动，最大优势是不满足于知识的学习，更注意学生智慧的发展，利于学生主动性充分发挥、提高智慧潜力、培养探索发现精神、提出解决问题和运用能力以及培育核心素养等。不过，采用此模式教学，用时较长，对所学内容有所限制，师生需具有细微的观察、联想与总结能力等，要求较高，学习能力较低、积极性较弱的学生不一定能适应。

因此，教师要充分认识“三阶六环四步”长效教学模式的优势与不足，先选择教学内容较少而原理性、逻辑推理性、应用性较强的重难点知识尝试教学，如必修地理 1 的热力环流、水循环等，选择性必修自然地理基础的地转偏向力、时差、昼夜长短的变化、正午太阳高度的变化、锋等天气系统、洋流对地理环境的影响等；注意强化探索性、贴合性、多样化观念，据课题教学内容所需优选典型、适合的区域和案例等，积极使用多种教学资源，了解、吃透、驾驭长效教学模式，如在教学热力环流时，笔者选取真实事件——自身站在珠江入海口海风吹起长发飘裙飞舞，江山峡里湖生态风景区“峡里神风”和江郎山谷风亲身经历等案例，展示相关照片等材料，创设真境，引导学生比较异同，发现、提出问题和结合实验指导探究热力环流原理以及倡导其应用。教师还要思索克服教学模式局限性的思路，摸索长效教学规律，不断优化长效教学模式。

教学前研究学情，充分备课，必要时课前或课后师生实地调研相关问题，有利于实践应用，更好把控长效教学模式。

教学过程中安排充足的探究时间，引导学生尝试发现问题、提出问题、解决问题的多种途径，关心学习能力较低、积极性较弱的学生，让他们自主选择适宜的问题进行探究，给予热爱、尊重、信任，理解他们的内心世界，以激发自尊心和自信心；合理区分不同层次学生，先带着学生发现，后再让学生独立发现，鼓励他们独立思考，敢“问”、善“问”，会“发现”、会“探究”、会“运用”，注意动态生成，因为“节外生枝”也精彩；并发现学生的发现，及时施以激励，让学生成为学习的主人，真正变得更智慧。

教师以丰富知识和积极情感感染学生，以有情有趣的教学活动唤起学生积极情感，激发学生“发现”的欲望，以难易适度的教学内容，循序渐进的问题情境，富激励性的评价语言，鼓励学生质疑、积极探究、自我评价的方式方法，使学生体验到“跳一跳，够得着”、获得成功的喜悦心情，形成情感互动、沟通交流的融洽关系，利于促进学生核心素养进阶，发挥长效教学的长远效力。

长效教学是一种教学追求，教学理念。核心素养的育成是长效的关键，需更多教师不断

构建和完善教学模式，形成科学的实施路径并长期培育。把地理教学当成不断创造和发现的过程，引导学生发展和应用学习成果，创造性实践，学以致用，播种并发展学生的地理学科核心素养，形成利于学生长远发展的各种素养，增创新意识，长实践能力，促其终身可持续良性发展。

主要参考文献

[1] 孔云.经典教学理论与课堂教学应用[M].北京：海洋出版社，2017.

[2] 余文森，洪明，张蓉.有效教学的理论和模式[M].福州：福建教育出版社，2011.

[3] 黎见明.语文导读[M].重庆：重庆出版社，1987.

[4] 付申珍.地理教学中的“引导发现式”CAI 模式[J].地理教育，2001(2)：45-46.

[5] 黄京鸿.新课程地理教学论[M].重庆：西南师范大学出版社，2011.

[6] 付申珍.地理高考复习“三效”教学探索[J].地理教育，2014(9)：37-38.

[7] 付申珍.“三阶五环四步”长效教学模式的实践探究：以“正午太阳高度的变化”为例[J].地理教学，2019(22)：16-19+64.

[8] 李家清.新理念地理教学论[M].北京：北京大学出版社，2009.

[9] 段玉山，袁书琪，郭锋涛，等.研学旅行课程标准(一)：前言、课程性质与定位、课程基本理念、课程目标[J].地理教学.2019(5)：4-7.

[10] 周维国，段玉山，郭锋涛，等.研学旅行课程标准(四)：课程实施、课程评价[J].地理教学.2019(8)：4-7.

[11] 教育部基础教育课程教材专家工作委员会，普通高中地理课程标准修订组，韦志榕，朱翔.普通高中地理课程标准(2017 年版 2020 年修订)解读[M].北京：高等教育出版社，2020.

[12] 中华人民共和国教育部.普通高中地理课程标准(2017 年版 2020 年修订)[M].北京：人民教育出版社，2020.

[13] 付申珍.“昼夜长短和正午太阳高度的变化”说课设计(湘教版)[J].地理教育，2012(7-8)：43-44.

第二篇

地理课程长效教学策略

本篇内容包括地理课堂长效教学策略(第四至六章)和研学活动长效教学策略(第七章)。

地理学是研究地理环境以及人类活动与地理环境关系的科学,具有综合性和区域性等特点。地理学的价值很大,科学价值是地理学本质的体现,地理学对整个科学的发展发挥着促进作用,能够解决人类发展问题;地理学在国家经济社会发展中的作用也越来越大,其社会价值主要体现在产业优化与升级、农业发展、城市化、资源综合利用和社会可持续发展、环境改善、国家安全等领域的贡献;地理学还有育人价值,体现在帮助人们树立正确的人地观念,培育家国情怀和国际视野,增强社会责任感,培养综合思维等。地理学科综合性很强,它既有自然科学属性,又有社会科学属性,还有区域属性,它拥有自然地理、人文地理、区域地理三大知识体系。这三大知识体系是一种递进关系,三者既相互联系,又相对独立,构成了一个整体,体现地理学自然地理、人文地理、区域地理的统一性。因为三大知识体系研究的对象、反映的地理问题、知识类型侧重点不同，学生所处的不同学习阶段的智力与非智力因素差异大，因此，在教学方法、策略运用等方面都具有差异性。联合国教科文组织指出，今天教育内容的80%以上都应该是方法，方法比事实更重要。“教学生学会学习”已成为当今世界教育的共同追求。

长效教学模式的运用，包含若干长效教学实施策略，长效教学实施策略是实现素质教育目标，凸显地理学科价值，培养地理学科核心素养、落实立德树人的船桨与桥梁。精心建构的“三阶六环四步”长效教学模式对应自然地理、人文地理和区域地理教学实施策略，两者之间存在着指导与被指导关系。

课堂是充满学习生命活动、闪耀着智慧光芒的场所。适合开展中学地理课堂长效教学的实施策略很多，如归纳—演绎、综合分析、实验教学、观察教学、情境教学、案例教学、合作探究、比较教学、图像教学、自学辅导教学等策略，教师在自然、人文、区域地理教学中运用“三阶六环四步”长效教学模式，根据自然地理、人文地理、区域地理各自特点和要求，结合具体课题和教学内容选择适合的一种或几种策略组合教学。

下面在第四至六章中分别介绍几种长效教学实施策略，所举案例丰富多样，涉及自然地理、人文地理、区域地理三大知识体系，为提高地理课堂教学的长效性和研究地理课长效教学提供不同角度的启示与借鉴。

第四章　自然地理长效教学策略

自然地理重点阐明自然地理环境的形成和演变，及其对人类活动的影响，反映了地理事物发展变化过程中的本质联系与必然趋势。自然环境对人类活动的影响既有直接影响，如地形影响聚落交通、资源利用，也有间接影响，如气候变化等。随着科学技术的发展，自然环境对人类活动的直接影响会有减弱，间接影响会不断增强。在人地关系中，人类依赖自然环境生存与发展，这种“依赖”不会从根本上改变。本章是学生地理学科核心素养形成的基础模块，使学生形成从综合的视角认识地理事物和现象的意识，对地理各要素之间的相互作用关系有较强的分析能力，并在一定程度上解释地理事物和现象发生、发展的过程。正确看待地理环境对人类活动的影响，让学生形成尊重自然、和谐发展的态度。

本章遵循新课程理念，运用“三阶六环四步”长效教学模式，在教学中深入探究自然地理理性知识，注重地理原理性知识的构建，突出地理特征、地理联系、地理过程等地理核心内容，培养学生地理学科核心素养。

自然地理长效教学的育人价值很大。自然地理注重培养地理科学素养，引导学生运用比较、分析、综合、归纳、演绎等地理思维方法，以及运用观测、实验、野外调查、实地考察等地理学科特色的学习方法，将知识转化为技能。自然地理的内容特点，使它成为落实地理实践力、综合思维素养培养的重要模块。可验证性是科学知识的重要特征，科学强调和尊重经验事实对科学理论的检验，科学发展的基础是实验和观察，通过学生的观察和合乎逻辑的思维，引导学生在观察对象中发现主要的、有价值的、本质的联系，这样学生才能获取真正的知识。地理实验探究是以多样统一的自然界为研究对象的探究活动，是建立在证据和理性思维的基础上的一种创造性思维活动、实验活动和逻辑推理交互作用的过程。它往往需要经过多次循环，通过不断新发现和问题的出现，并在解决这些问题的过程中推动科学的发展。结合自然地理教学内容，择机把学生带到真实复杂世界，观察大自然，对自然事象测量、取样、论证，学会阅读等高线地形图、辨识方向等使用基础工具解决实际问题的基本技能。让学生读懂大自然，分析、培养地理实践力，能调动意识、锻炼意志，开阔眼界，外显为在实践中的积极能动态度、责任和独立生存能力等。自然地理长效教学除了能培养学生地理实践力外，还可以培养和训练学生的综合思维素养，使学生能从地形、气候、河湖、土壤、生物等多要素、多角度分析地理事象，辩证地分析人地关系问题。

自然地理长效教学策略很多，如归纳—演绎、综合分析、实验教学、观察教学等策略，其中“观察教学”策略是自然地理的最主要最常用的教学方法，我们会在相关策略案例中穿插运用，也将在第七章中加以分析；归纳—演绎、综合分析策略是地理教学的逻辑方法，具有普适性。本章重点分析归纳—演绎、综合分析、实验教学策略，下面以自然地理长效教学为例来分析如何运用这些策略。

第一节　归纳演绎策略

归纳演绎策略分为“归纳”和“演绎”。“归纳”又称归纳推理，是从个别性前提推出一般性的结论；演绎是一般性的结论到特殊性结论的推理方法，与“归纳法”相对。推论前提与结论之间的联系是必然的，是一种确实性推理。地理演绎是运用一般地理规律、原理认识具体地理事物和现象的思维方法。

一、自然地理长效教学中归纳演绎的意义

核心素养立意下的教学是培养学生应具备的、能够适应终身发展和社会发展需要的必备品格和关键能力。布鲁纳指出：“学生学到的观念越是基本，几乎归结为定义，则它对新问题的适用性越宽广。”教师的根本任务，就是用该门学科基本和普遍的知识、观念来不断扩大和加深学生的知识结构。

教师在运用“三阶六环四步”长效教学模式指导自然地理课堂教学时，实施归纳演绎策略可以实现具象和抽象间的转化，引导学生建构核心概念，实现知识的迁移。核心概念既是学科知识框架体系中最重要、最关键的知识内容，也是知识体系框架重要支架的节点。核心概念可以根据学生的认知能力和经验，逐渐进阶发展，以层层深入的方式被学生理解。逐渐进阶的核心概念表现出了概念的深化和细化，是可持续学习的基础。

具体作用表现为以下几个方面。

1.体悟科学研究方法，激发学习兴趣

为加深对科学规律的理解，教学时可为学生提供大量的感性材料，引导学生观察、分类、交流、推断、预测等思维活动，从大量的表性材料中提取事物本质特征，并进行规律验证。当今世界绝大部分科学知识都是通过归纳法得出的。让学生在课堂中体验、感悟科学家发现、探究、解决问题的过程，激发学习兴趣，进而把知识和方法内化，达到“授人以渔”。

2.参与信息收集处理，育实践力素养

当前，地理学科教学最迫切的任务之一是对学生收集和处理地理信息能力的培养，从而使其成为提升中学生地理信息素养的切入点。地理信息复杂多样，包括文字材料、图表、数

据、景观和符号等。通过对信息的提炼和归纳,可以帮助学生对这些信息进行加工、整合和转换,分析这些信息的空间、时间、属性等显性或隐性特征,提升收集和处理地理信息能力,实现培养学生地理实践力素养的目的。

3.建构对知识的理解,提升核心素养

布鲁纳认为,学习的实质是一个人把同类事物联系起来,并把它们组织成赋予它们意义的结构。学习就是认知结构的组织和重新组织,知识的学习就是在学生的头脑中形成各学科的知识结构。学生在学地理的过程中通过归纳演绎,建构对知识的理解,既可以把看似杂乱的知识总结成一般的规律,即运用地球科学的基础知识,说明一些自然现象之间的关系和变化过程,以综合的视角认识地理事象,培养综合思维素养;还可以将地理原理性知识应用于具体的区域或地方,能够在一定程度上合理描述和解释特定区域的自然现象,并说明其对人类的影响,培养区域认知和人地协观素养。

二、自然地理长效教学中归纳演绎的实施策略

1.归纳策略

归纳策略是通过观察、实验和调查所得的个别事实,加以抽丝剥茧地分析,概括出一般原理的一种思维方式和推理形式,其主要环节是归纳推理,即从特殊到一般的过程。它要完成的主要任务有:第一,由因导果或执果索因,理解事物和现象的因果联系,为认识地理规律作铺垫;第二,透过现象抓本质,将一定的地理事实(现象、过程)归入某个范畴,并找到支配的规律性。完成这一归纳任务的方法是:在观察和实验的基础上,通过审慎地考察各种事例,并运用比较、分析、综合、抽象、概括以及探究因果关系等一系列逻辑方法,推出一般性猜想或假说,再运用演绎对其进行修正和补充,直至最后得到地理学的普遍性结论。

归纳既有横向归纳,又有纵向总结,二者结合,层次递进,突出"关联性和结构化"。横向归纳主要是概括一个实验结果或者分析案例,完整、准确地阐述一个原理。纵向归纳则是能够结合横向归纳,层层推进,彼此联系,举一反三,综合分析归纳,对同种性质表象进行观察、分析,总结归纳出地理现象出现的地理环境或者地理条件,最后从所总结的结论中提炼概括,分析其内在的实质。

"归纳法"教学策略的核心就是促进学生建立科学的地理概念,掌握概念的内涵和外延,最终纳入到原有认知结构中,形成新的认知结构。

【策略解读】

归纳策略教学核心是形成概念。地理概念是地理理性知识的基础,没有明确的地理概念,就不能很好地掌握地理知识,进行正确的地理思维。概念是人脑对客观事物的一般特征和本质特征的反映形式,是推理思维对外来信息进行加工的基本单元。概念的上下关系要

理清，最下位的概念有事实支持，下位的概念帮助形成上位概念，上下位概念反映知识结构之间的逻辑关系。鉴别哪些是重要的基本概念，建立概念与概念之间的联系和概念为主的知识框架。

根据“三阶六环四步”长效教学模式，可以将归纳策略教学设计为三个阶段：

①引导发现，即呈现地理事实（创设真境），确定准备归纳的地理事物主题（理解概括）。

②指导探究，即创设假说去解释这些事实，分析概括各项地理事物的特点、成因或规律性（分析综合），得出一般性科学结论（论证评析）。

③倡导应用，即验证假说，总结出解决该问题的思路，说明一般性科学结论，并进行成果展示（总结进阶）；学生在学习过程中自主构建起知识的网络，走出去考察（研学），提升迁移应用能力，培养地理实践力素养（发展创新）。

【经典案例】

“大气运动的最简单形式——热力环流”教学片段

（1）引导发现

①呈现实验，创设真境。

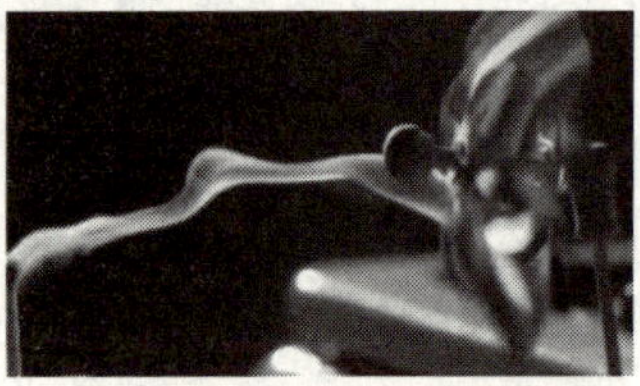

图 4-1　热力环流实验录像片段

呈现热力环流实验录像视频。

实验环境：学生自家厨房。

实验器材：燃气灶、儿童小风车、火柴等。

实验步骤：A.将儿童小风车插在燃气灶的四周；B.点燃燃气灶；C.儿童风车转动；D.火柴擦燃后吹灭，产生烟雾；E.观察烟雾飘动的方向。

学生观察实验，以拍照或录像记录观察结果。

②理解概括，发现提出问题。

燃气燃烧后儿童风车开始转动，烟雾由四周向火焰中心飘动。

学生思考后，发现风向不同之处，提出问题……

（2）指导探究

①创设假说，解释事实。

根据执果索因法，即儿童风车开始转动，烟雾由四周向火焰中心飘动，设置以下问题链。

A.儿童风车转动说明什么？

B.烟雾由四周向火焰中心飘动说明近地面风向是怎样的？

C.根据风向判断点燃的燃气灶和四周的气压关系。

D.点燃的燃气灶和四周的气压高低差异的原因。

E.画出点燃的燃气灶和四周的气流运动规律图。

学生思考后分析解答，教师补充说明。

②论证评析，得出结论。

学生评论，归纳得出有关热力环流的一般性科学结论：热力环流是大气运动最简单的形式。冷热不均产生大气垂直运动,冷下沉,热上升。因垂直运动产生同一水平面气压差,最终产生大气水平运动(图 4-2),并利用教材"热力环流的形成示意"图,指导学生读图、析图以强化热力环流达到会学目的。

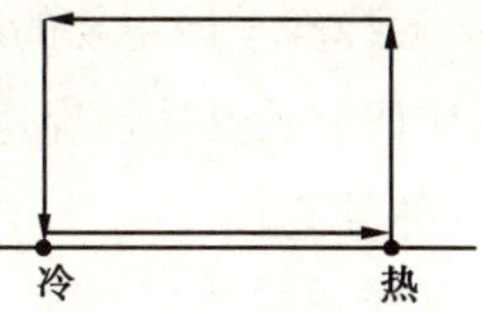

图 4-2 热力环流形成示意图

(3)倡导应用

验证假说,总结进阶→发展创新。

阅读教材"城市热岛环流"材料,用热力环流解释其成因,根据教材活动"绘制海陆间大气环流模式图"要求,绘制该图,并"分析夏季大气热力环流对滨海地区气温的调节作用"。深入总结热力环流。

实践——学生收集海陆风和城市风的相关风向材料,用热力环流解释海陆风、城市热岛环流成因,从而验证热力环流,说明热力环流的一般规律。研学学校附近市区热岛环流情况,应用创新,提出热岛效应改善建议。

会运用所学知识解释地理事象。

【学业评价要点】

学生能够通过热力环流实验观察、记录实验结果,从中发现并提出问题(地理实践力);能够结合实验观测并通过绘图分析说明热力环流产生的原因,主动在体验和反思中学习,实事求是,有克服困难的勇气和方法(地理实践力、综合思维);能够结合本地或特定区域的与大气运动相关的自然现象(海陆风、城市热岛环流、山谷风)运用热力环流原理描述和解释或分析其成因,说明它们对地理环境、人类的影响,并利用热力环流的原理趋利避害,合理安排人类的生产和生活(区域认知、人地协调观、地理实践力)。

【案例剖析】

本节教学活动是在实验基础上,通过实验事实归纳出大气运动规律。为了达到这一目标,根据"三阶六环四步"设置了三阶,即"引导发现—指导探究—倡导应用"。学生在家完成实验并作实验观察,通过一系列的设问,引导学生探究成因。通过海陆风、城市风等验证热力环流,从而得出一般热力环流运动规律。在此过程中,帮助学生建立热力环流这一重要地理核心概念,认识大气运动基本规律,促进区域认知、人地协调观、综合思维、地理实践力等素养进阶,发展核心素养。

2.演绎策略

演绎策略是运用一般地理规律、原理认识具体地理事物和现象的思维方法,是由学生先构建概念,再用事实解释概念,或应用这些概念解决具体问题。地理"演绎"探究普遍性规律之外的特殊性,是局部地区在地理原理规律之外的个性呈现。它既关注地理规律的普遍性,也关注"地域性"和"差异性"。与"归纳"相比较,"演绎"进行教学的地理规律所反映的地理事象具有空间和时间尺度大,不易被学生归纳和总结;地理规律难以用地理图表或地理直观手段来呈现;地理规律直观性不强,远离学生生活经验。

演绎教学最主要的应用形式是三段论推理。已知的一般地理原理、地理规律叫作大前提，所研究的具体情况也就是该题目的具体应用情境是小前提，那么根据一般原理可以推论出具体结论。

【策略解读】

演绎教学不仅仅是呈现地理规律、运用实例来说明地理规律，更重要的是把地理规律作为学习的上位概念或先行组织者，要剖析和验证地理规律，运用和解读地理规律。演绎法是要解决从一般到个别的判断推理，所以对于被认识的地理事物先要有方向性的选择，对其特点性质属于哪个地理要素，涉及哪方面内容，或准备解决什么样的问题，应有明确认识。

根据“三阶六环四步”长效教学模式，结合三段论，可以将“演绎法”教学设计为三个阶段：①引导发现——明确被认识地理事物特点的性质或准备解决问题的要求，根据要求选用必须的地理规律或原理。通过创设真境，发现并提出地理问题。②指导探究——根据选定的地理规律或原理，结合具体地理事物的特点、性质、条件，依演绎程序进行推理思维。引导学生寻找解决问题方案，通过合作探究、实验模拟等进行自我引导、分析问题和解决问题。③倡导应用——总结进阶，发展创新。引导学生总结解决该类问题的思路，并进行成果展示。将搭建的问题线索迁移到新的问题情境中，以深化对大问题的认识。

【经典案例】

“气候形成的影响因子—东非高原热带草原气候的成因”教学片段

(1)引导发现

①创设真境，找关联推规探因。

课件(或实图)展示非洲的热带雨林、热带草原、热带荒漠、亚热带常绿硬叶林植被景观照与“非洲气候类型分布图”，学生观察后，把景观图片拖(放)入相应气候类型分布图，回答以下相应问题。

A.非洲气候类型分布规律(以赤道为中心，南北对称分布。从热带雨林气候向南北依次为热带草原、热带沙漠、地中海气候)；

B.非洲气候类型分布规律的成因(赤道中贯，受气压带风带对称分布影响)；

C.推导出气候类型分布的一般规律(从赤道到两极的分异规律)。

②理解概括，发现、提出问题。

仔细观察“非洲气候类型分布图”并思考，发现差异，提出疑惑：为何赤道地区不全是热带雨林气候？

(2)指导探究

①分析综合，比较差异找原因。

东非高原被赤道穿过，不是热带雨林气候而是热带草原气候，通过两组高考例题探究气候类型特殊性的原因。

例 1:(2007 年全国卷)

1.图示地区(图 4-3)主要属于(　　)。

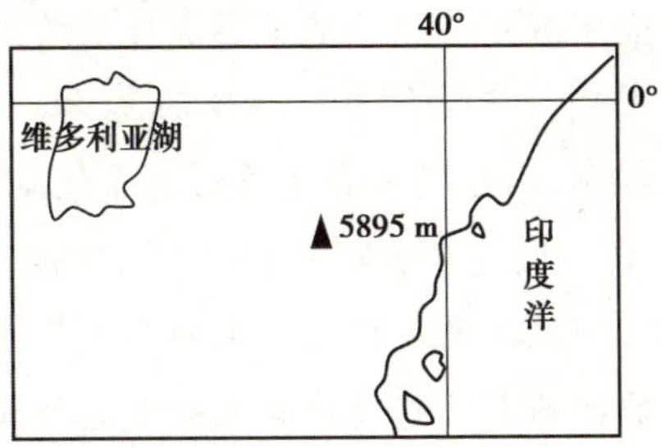

图 4-3　某区域部分地理信息图

A.热带雨林气候　　B.热带草原气候　　C.热带沙漠气候　　D.热带季风气候

2.导致该地区气候类型与同纬度主导气候类型不同的主要因素是(　　)。

A.太阳辐射　　B.洋流　　C.地形　　D.大气环流

例 2:(2008 天津文综卷)

图 4-4 甲区域(东非高原)气候一年分干、湿两季,据图判断其形成的主要因素是(　　)。

A.纬度位置　　B.地势　　C.大气环流　　D.洋流

学生仔细读图,结合图文深入思考,比较差异,综合分析并找出原因。

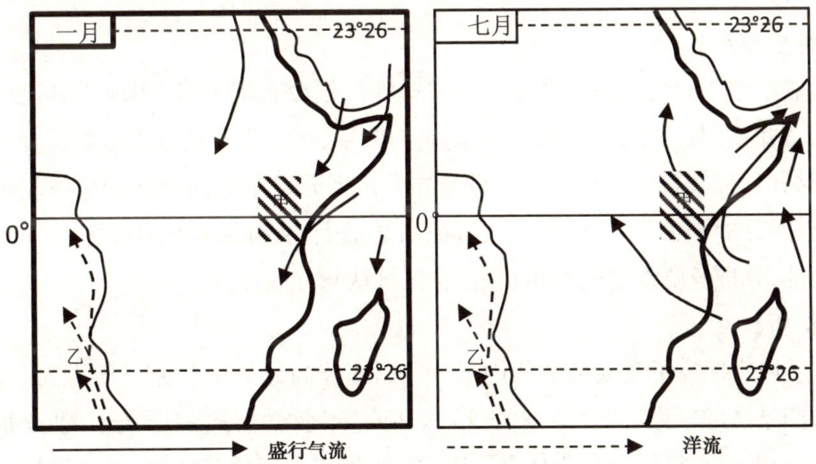

图 4-4　某区域部分地理信息图

②论证评析,明确事物复杂性。

例 1 中第 1 题通过经纬度位置和海陆位置定位图示地区是东非高原,图中的山峰是非洲的最高峰乞力马扎罗山,该地区是热带草原气候;第 2 题的地区位于赤道附近,地带性气候类型为热带雨林气候。产生非地带性现象的原因是因为东非高原地势高,改变了此地的气温和降水状况。气温较低,空气对流不旺盛,降水少,没有形成热带雨林的水热条件,所以形成热带草原气候。因此,导致东非高原地区气候类型与同纬度气候类型(热带雨林气候)

不同的主要原因是地形因素。图中标注位于东非高原的乞力马扎罗山脉的海拔也是作出了提示。

例2题与上组题一样,考查形成东非高原热带草原气候的主要因素;但上组题强调与同纬度的比较,而此题强调根据图判读本地区大气环流的影响。从图中看出:冬季(1月),甲区域受单一、干燥的东北信风控制,由于受来自大陆的干燥气流影响,降水较少,且地面蒸发旺盛,形成干季;夏季(7月),甲区域受来自印度洋上、掠过暖流上空的暖湿东南信风的影响,降水较多,形成湿季。因此,甲区域的气候成因主要是大气环流。

结合上题的分析可知,东非高原与同纬度的其他地区地形状况差异显著,导致了该地区气候类型与同纬度主导气候类型不同;就本地区而言,由于地形因素改变了其在全球性气压带和风带中的格局,不同季节受到不同风带的影响,使其具有了干湿季草原的性质。这其实是同一事物的不同侧面,也说明了气候成因的复杂性。

学生通过论证评析,得到教师的点拨,明确了事物的复杂性。

(3)倡导应用

总结进阶→发展创新,活学活用。

学生总结,教师补充——气候的成因除受纬度因素影响外,还受大气环流、地形、洋流、海陆分布等因素影响。尤其是地形、洋流、海陆分布等下垫面因素改变了水热分配,使气候类型更加复杂多样。倡导学生应结合区域差异,比较分析气候规律、气候成因,具体问题具体分析,活学活用。

【学业评价要点】

学生能够根据非洲气候类型分布图描述非洲气候分布规律,运用地图对地理事物的空间位置关系、空间形态、空间排列方式、空间制约关系、空间依存关系等做观察分析和有条理的概括与归纳(地理实践力);能够从区域差异的角度分析东非高原热带草原气候成因的特殊性,运用空间分析方法,在认识某区域特征的基础上,从自然环境各要素的物质运动和能量交换的角度,分析各要素之间的相互影响(区域认知、综合思维)。

【案例剖析】

本节教学内容探究了气候形成的因子——以东非高原热带草原气候为例。采用了“演绎法”,也有归纳法的辅助,同时结合“三阶六环四步”教学模式,引导学生思考非洲气候分布一般规律,根据图文材料中东非高原具体的环境特点进行推理思维,从而得出结论。运用地理一般规律再回到具体事物中去印证,从抽象到具体,使认识加深、提高,最后使学生的综合思维素养进阶,逐步形成区域认知、综合思维、地理实践力等核心素养,应用创新。

三、自然地理教学中归纳演绎的应用建议

1.归纳、演绎相互渗透,灵活运用

归纳和演绎不是独立的,没有归纳推理,就不可能有演绎推理。教学实践中归纳和演绎的施教应该相互渗透,灵活运用。引导学生学会运用科学的地理语言,来描述地理规律,验证地理规律是否具有普遍性、适用性。

教学实际中可以用归纳法来发现问题,用演绎法证实问题,也可以反过来进行。例如高中地理"热力环流"教学中通过归纳法引导学生探索热力环流的科学原理,再通过演绎法帮助学生建构在自然界中由局部受热不均所引起的热力环流,如海陆风、山谷风、城市风等。以上三种风既可以验证热力环流原理,又可作为热力环流的演绎推理。大气环流是全球性大尺度的大气运动,也可作为热力环流原理的演绎推理,该过程可以通过教师和学生共同探究完成。

2.重点培养演绎推理能力

在高中阶段,教师应继续培养学生地理演绎推理能力。演绎推理能力是指学生在掌握地理材料的前提条件下,运用地理知识推出地理原理为结论的推理能力,在这种推理中,前提与结论的联系是必然的。它的结论包含在前提中,只要前提是真的,推理形式正确,结论必然为真。可以借助数学三段论推理,包含一个一般性的原则(大前提),一个附属于大前提的特殊化陈述(小前提),以及由此引申出的符合一般性原则的结论。在教学过程中首先给学生呈现的一般地理概念就是大前提,地理概念是地理理性知识的基础。

例如 2018 年全国高考文综试题Ⅱ卷中,有一道关于龙卷风成因的题就考查了学生的演绎推理能力。

龙卷风是大气中强烈的涡旋现象,湿热气团强烈抬升,产生了携带正电荷的云团,一旦正电荷在云团局部大量积聚,吸引携带负电荷的地面大气急速上升,在地面就形成了小范围的超强低气压,带动汇聚的气流高速旋转,形成龙卷风。

(1)读"美国本土龙卷风发生频次图"(略),指出龙卷风多发区湿热气团的主要源地,抬升的原因,以及气流发生旋转的原因。

(2)分析美国中部平原在龙卷风形成过程中的作用。

(3)解释美国中部平原龙卷风春季高发的原因。

【解析】

大前提:对龙卷风建立概念,龙卷风是大气中强烈的涡旋现象。具体形成过程如图 4-5 所示。

小前提:美国中部平原春季龙卷风高发。

图 4-5　龙卷风的形成过程图

【结论】

美国中部平原龙卷风高发既具有龙卷风发生的一般条件,同时它独特的地理位置和地理环境特征(地形和气候)是龙卷风高发的特殊条件。具体思维过程如图 4-6 所示。

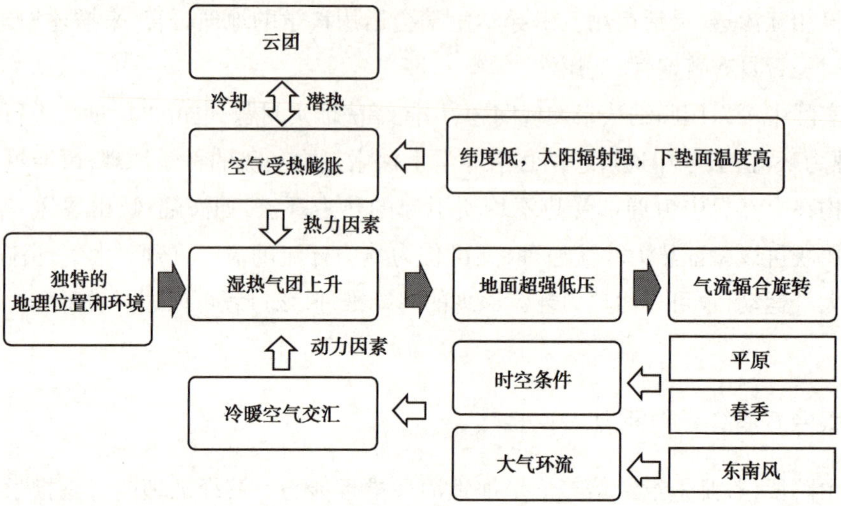

图 4-6　美国中部平原春季龙卷风高发原因分析思维结构图

3.转变教学观念,重视学法指导与探究性学习和过程的教学

归纳演绎策略对教师提出较高的要求,教师要转变教学观念,重视学法指导,从“灌输式”的教学转变为“探究式学习”的教学,从只重视结果的教学转变为重视过程的教学。

常言道,磨刀不误砍柴工。教学中对学生的学法指导要纳入常态化,据教学内容进行相应的学法指导,帮助学生学会学习。第一,传承经验。在教学中适时传承地理学习方法的经验。第二,引导总结。在教学中,有机渗透点滴学习方法,不断领悟,多思考“如何归纳演绎”“我怎样学习”,多总结、摸索适合自己的求实、灵活的地理学习方法,理清分析问题的思路,形成准确、简洁的表达语言,并内化为自己的知识等。

在备课时注重研究教材体系和内容,在组织教学时要充分考虑逻辑关系,尽力揭示个别知识之间的内在联系和客观事物发展的规律性。根据学生的学习状况和认知规律,利用感性材料,强化语言表达能力,培养学生的逻辑推理能力。地理教师要遵循由简到繁、由浅到深、由易到难、由已知到未知、由具体到抽象的一般规律,同时要结合地理学科特点,充分发挥图像作用,在形象思维与抽象思维的相互转化中,培养学生的思维能力。

4.挖掘适于归纳演绎法的教学内容

自然地理是整个高中地理课程知识和理论的基础,它集中了对高中地理课程学习有理论价值的基本原理、基本规律、基本过程和相互关系。

地理规律具有一定的普遍性，但因地理事物时空跨度广，多具有复杂性和多样性特征，因此地理规律也表现出一定的“地域性”和“差异性”。演绎法和归纳法是自然地理教学的基本方法之一，可以促进学生地理归纳、推理、预测等能力的养成，也能推进学生地理知识迁移和终身学习。

在人教版必修模块“地理 1”中，涉及基本原理的内容主要包括：太阳对地球的影响、地球运动的地理意义、地球的圈层结构、地表形态变化的原因、大气受热过程、天气系统的特点、全球气候变化、自然灾害发生的原因等；涉及基本规律的内容主要包括：气压带风带的分布和移动规律、气候带的分布规律、洋流的分布规律、地理环境地域分异规律等；涉及基本过程的内容主要包括：大气运动过程、全球气候变化、水循环等；涉及相互关系的内容主要包括：气候形成因子、洋流的成因，地表形态的影响因素等。这些内容都可以用“归纳演绎法”训练学生的归纳演绎推理能力。

5.注重通过读图训练提升学生的归纳演绎能力

在地理教学过程中，要把读图贯穿始终，把地理事物落实在地图上，使学生牢固树立地理空间概念。

掌握读图程序，培养读图技能。读图要注意地图的名称、图例及重要的地理界线，以确定地图的类型、范围等内容。对地图图像有目的、有重点地观察，多角度地对图像进行有效分析，提炼出地理事物的规律、特征以及各地理要素之间联系的来龙去脉，准确把握内涵，从而得出正确的结论。在教学时注意采用观察法、分解法、动态法等引导学生找出图中有关地理概念的关键点或要素，并加以识别、理解，然后分析它们之间的相互关系，从而深刻、准确理解图像所表达的地理概念和地理原理及规律。学会一图多思、一图多用，培养学生归纳和演绎思维能力。

第二节　综合分析策略

分析与综合作为一对辩证统一的科学思维方法，在科学方法论中占有着十分重要的地位。分析与综合相结合是地理思维和地理学方法的核心之一。

地理学中综合分析法就是把地理事物的整体分解成若干要素、方面、有机组成部分或时段进行研究，然后再把地理事物各个组成部分或不同特点、不同方面联合起来思考的一种思维方法。在地理研究中，分析与综合是缺一不可、互相补充的两种思维，这是由地理环境的复杂多样性和整体统一性决定的。在地理学的不同发展阶段，虽然分析和综合都曾起着重要作用，但有时以分析为主，产生学科分化，有时以综合为主，促进了学科的整体化，二者互相转化、矛盾运动推动着地理学的发展。尽管在地理学及其分支学科中以及它们的不同发展阶段上，分析和综合的地位和作用不同，但任何一种地理认识过程都包含着这对不可截然割裂的认识环节，因此，我们要将它们结合起来，灵活运用。

一、自然地理长效教学中综合分析的意义

教师在运用“三阶六环四步”长效教学模式指导自然地理课堂教学时，实施综合分析策略有着重要的意义和价值，充分利用好综合分析策略能够培养学生的综合思维，提高学生综合分析的能力，利于学生把握自然地理原理，深刻认识自然地理规律。

1.更好地理解自然地理特征，培养思维方法

一些比较复杂的事物，将它分成若干部分，分解开来研究，能帮助学生更好地理解和认识整体事物各部分的特征。如认识河流特征，可从水文特征和水系特征出发，而水文特征可进一步从流量、流速、含沙量、水位变化、汛期、结冰期等角度来分析，水系特征可从流域、流程、流向、形态、密度和弯曲状况等角度进行分析。如果不分析研究对象的各部分，认识会显肤浅、笼统。

分析法提供的只是对象的各部分特性，而不是整体概念，要获得事物的整体概念，还必须运用综合法。如，学习地中海气候的分布，可以分析地图，通过观察世界气候类型分布图，从南欧、北非、西亚等地中海沿岸地区和南非南端、澳大利亚南部和西南部、美国西南沿海以及智利中部沿海地带等都有地中海气候分布以及它们所在的纬度、海陆位置等，归纳总结出地中海气候的分布特点。

一个地区自然地理整体特征的形成都是各种地理事物和现象相互联系制约的结果，因此，通过对各个地理对象和现象的分层剖析，认清各部分的特性，再加以综合、总结提升，这样才能理解这一地区的自然地理整体特征，才能获得完整的知识。所以分析法和综合法相结合，可以更好地理解自然地理事物的特征，在这个过程中学生慢慢掌握这种分析自然地理特征的方法，进而推广到其他自然地理要素的分析中。

2.更好地把握自然地理规律，增强认知能力

地理学研究对象之一的自然地理环境是一个多层次、多要素、多过程的复杂的动态系统，在空间结构上是由不同层次尺度的地域单位组成的多级镶嵌系统。参与这一复杂系统的有地质、地貌、气候、水文、土壤、植被、动物等自然地理要素及其相应的自然地理规律。因此，认识自然地理可从分析方法入手，结合综合的方法把地理环境的圈层结构、组成要素及相应的过程分解为不同的部分和方面分别加以研究，能更好地把握自然地理事物的规律，增强认知能力，使掌握的规律更加深刻、全面和长久。

3.培养综合分析思维和能力，发展核心素养

分析思维是指经过仔细研究、逐步分析，最后得出明确结论的思维方式，包括归纳推理、演绎推理、证明等逻辑思维；作为地理学科四大核心素养之一的综合思维，是指人们运用综合的观点认识地理环境的思维方式和能力，其表现包括地理要素、时空、地方或区域综合。学生运用综合分析，需要从多个视角对地理事象进行分析，认识各要素之间相互作用、相互影响、相互制约的关系，并在一定程度上解释其发生、发展和演化的过程，从而较全面地观察、分析和认识不同地方或区域的地理环境特点，并且能够辩证地看待现实生活中的地理问题。地理知识从感性到理性，从分散到系统化，从理解到迁移运用，都需地理分析思维和综合思维；在长效教学中灵活利用综合分析策略能有效培养学生的综合分析思维的意识，提高学生的综合分析能力，发展核心素养，产生长远的效果。

二、自然地理长效教学中综合分析的实施策略

不同地域内地理现象、地理要素的特征以及地理过程的性质和强度都有明显差异，并具有一定的规律性，我们在采用综合分析策略的时候要充分根据具体的情境、知识特征和学情，从不同的角度选取不同的策略。

1.地域综合分析

【策略解读】

区域性是地理学的另一个显著特征，任何地理事象都存在于一定的空间范围之内，具有特定的地理位置，区域内的地理要素相互作用，综合成一个相对独立的整体，形成独特的区域特征。因而在特定的区域综合体内运用分析综合法，对复杂多变的地理空间要素和地理环境因素进行分析是地理学习的重要方法。区域的组成有自然、经济、社会三部分地理要素，它们相互联系、相互制约，要善于分析其主导因素，抓住该区域的主要特征。

地域综合分析的基本方法是从空间结构角度分析各种地理事物的分布，并用地图手段编制各种分布图，使地域分析更加直观化，划整体地域为局部“块块”地域进行分析，即先对组成整体地域的各低级地域单位（子系统）分别进行研究，在地域分析的基础上，研究各区域的相互作用，在地区相互作用的过程中，一个区域或其他区域，或整个地区受到一定的影响，最后进一步综合出整体特征。

【经典案例 1】

大气环流这一节，我们先分别探究北半球低纬度、中纬度、高纬度的环流形成，在中纬度地区我们也可以从大陆的东岸和西岸分别来探讨。“三圈环流”教学片段见表 4-1。

表 4-1 “三圈环流”教学片段

教学阶段	教学环节与步骤(师生活动)
引导发现	**创设真境** 教师展示一张在海(湖)边拍摄的身穿飘逸服装(或手牵纱巾)随风飘动的场景照,让学生观察图片,引导其回顾热力环流的形成过程,并迁移到讨论大尺度的大气运动。 **理解概括** 板画只考虑赤道和两极地区冷热不均形成的全球热力环流图,学生经思考,引导其发现、提出问题——这种热力环流现实中是否存在?少考虑了哪些影响因素?
指导探究	**分析综合** 指导学生思考影响大气环流应有哪些重要因素?让学生尝试绘图分析考虑地转偏向力的低纬、高纬、中纬地区的近地风和高空风,综合推导“三圈环流”规律及近地面气压带风带的名称、风向等,教师最后补充说明。 **论证评析** 学生通过上述活动,评论影响大气环流的重要因素、“三圈环流”规律及近地面气压带风带。
倡导应用	**总结进阶→发展创新** 师生共同总结“三圈环流”和近地面气压带风带的意义,倡导学生运用北半球“三圈环流”的综合分析策略,推导并绘图说明南半球气压带风带的形成与分布,学以致用。

【学业评价要点】

学生能够通过观察某地景观照和板画单个因素影响的全球热力环流图,发现、提出问题,综合分析影响大气环流的重要因素,并添加地转偏向力因素推导北半球“三圈环流”规律及近地面气压带风带的形成与分布;运用“三圈环流”的综合分析策略,推导并绘图说明另一半球的气压带风带的形成与分布(综合思维)。

【案例剖析】

从全球不同纬度分别做研究,有利于将复杂的、大范围的事物简单化和具体化,研究更加透彻,理解得更深刻,先学习北半球的状况,再加以迁移运用,自行绘制南半球的状况,分地区研究降低了知识掌握的难度,最后综合得出全球的大气环流分布图,这样,通过探究获取的知识原理会掌握得更牢固和深刻,有助于培养综合思维等素养。

【经典案例 2】

“黄土高原水土流失”教学片段见表 4-2。

表 4-2 “黄土高原水土流失”教学片段

教学阶段	教学环节与步骤(师生活动)
引导发现	**创设真境** 展示黄土高原水土流失的景观照或播放相关视频,让学生观察情境,感知问题。 **理解概括** 学生经思考,理解概括水土流失过程,发现、提出问题——黄土高原为什么会水土流失?会造成哪些影响?
指导探究	**分析综合** 师生共同寻找适合的材料,学生提出实验方案,尝试做水土流失实验。学生结合黄河流域示意图、黄河下游地上河示意图等进行探究,分析水土流失原因和对黄土高原(流出地)、华北平原(流入地)等地的影响。 **论证评析** 师生评析黄土高原水土流失成因和对当地及其他地区的影响。
倡导应用	**总结进阶→发展创新** 学生尝试总结水土流失成因和对不同地区、不同方面的影响,从个别上升到一般规律;倡导学生运用所学方法探究“东北平原黑土流失的形成过程及其影响”,学以致用。

【学业评价要点】

学生能够通过观察某地域水土流失的景观照或视频,发现、提出问题(区域认知);能够设计水土流失实验方案或做相关实验,结合地图综合分析水土流失的原因和影响(综合思维、地理实践力、人地协调观);能够运用所学方法探究其他地区生态破坏问题的形成过程及其影响(综合思维、人地协调观)。

【案例剖析】

本案例运用地域综合分析策略,引导学生分析黄土高原水土流失的影响,同时要综合考虑黄土高原水土流失和华北平原形成的关系,培养学生的区域大视野,不仅关注区域内部的要素和整体之间的关系,还要重视区域之间的内在联系,培养同学们思考问题的大局观,能从更大尺度和范围来分析和解决问题,培养学生的区域认知、地理实践力、综合思维和人地协调观等素养,利于学生终身发展。

2.要素综合分析

【策略解读】

地理环境包括各种自然和人文地理要素,任何地理现象都是各个要素参与并相互作用的结果,要认识某一地理现象的本质特征,可以从分析各个要素开始,分别对它们各自的性质、特点以及作用的方式和强度进行研究。要素分析和过程分析能提供各个要素和过程的特征与作用,但整体特征并不是各要素和过程机械叠加的结果,而是它们按一定相互作用形式有机结合的综合效应，这就必须通过相关综合思考，对要素与整体特征的把握才更加深刻。

理清地理要素之间的联系，可以综合其地理规律。自然地理事物之间的关系大量依靠地理分析综合来揭示。在教学中，遇到地理规律类基本理论知识时，教师要引导学生从要素因果关系方面进行分析推理，得出正确结论。通过要素分析、归纳综合，揭示事物的本质，使学生掌握教材的内在联系，得到培养思维能力的效果。

【经典案例 1】

在分析大气环流形成过程时，先考虑理想状况，再逐一叠加不同因素的影响。我们先假设只考虑冷热不均，此时全球的大气环流表现为单圈环流，再考虑地转偏向力的影响，单圈环流变为三圈环流，然后考虑太阳直射点移动的影响，此时三圈环流出现移动，最后考虑海陆分布的影响，全球性的大气环流变为三圈环流和季风环流两种形式。“大气环流的形成”教学片段见表 4-3。

表 4-3 “大气环流的形成”教学片段

教学阶段	教学环节与步骤(师生活动)
引导发现	**创设真境** 展示一张在海(湖)边拍摄的身穿飘逸服装(或手牵纱巾)随风飘动的场景照，让学生感知问题，引导他们回顾热力环流的形成过程，并迁移到讨论大尺度的大气运动。 **理解概括** 学生板画只考虑赤道和两极地区冷热不均形成的全球热力环流图(单圈环流)，经思考，让其理解概括已画内容，发现、提出问题：没有考虑到的重要影响因素还有哪些？
指导探究	**分析综合** 学生深入思考，分析需要考虑的影响因素，然后，分别叠加地转偏向力形成的大气环流状况、太阳直射点移动形成的大气环流移动状况、海陆分布影响的亚欧大陆的大气环流等，并展开探究。 **论证评析** 学生评论影响大气环流的重要因素和大气环流规律等。
倡导应用	**总结进阶** 总结大气环流的形成和影响，指导学生运用所学方法，绘制澳大利亚大陆的大气环流状况图。 **发展创新** 学生逆向思维，假设地球自转方向改为自东向西，并绘制假想的世界大气环流模式图。 实践：课后学生查找有关“大气环流的形成”的图文材料用于进一步研究，应用创新。

【学业评价要点】

学生能够通过观察某地景观照和板画单个因素影响的全球热力环流图，发现、提出问题，综合分析影响大气环流的其他因素，并分别叠加地转偏向力、太阳直射点移动、海陆分布等各种影响因素对大气环流状况进行分析；能够运用所学方法，绘制某区域大气环流状况图（综合思维）。

【案例剖析】

分要素进行分析，创造理想研究环境，逐一考虑要素带来的影响，有利于将复杂的事物简单化，降低思维的难度，便于学生加深对复杂知识的理解，培养学生面对复杂问题的能力，掌握复杂问题的综合分析方法，促进综合思维素养进阶，真正实现思维的长效。

【经典案例 2】

“自然地理环境具有统一的演化过程”教学片段见表 4-4。

表 4-4 “自然地理环境具有统一的演化过程”教学片段

教学阶段	教学环节与步骤（师生活动）
引导发现	**创设真境** 展示东北森林景观照，阅读“东北森林变化导致了环境的整体变化”材料。 **理解概括** 东北森林变化及其影响，发现、提出问题——有哪些要素发生改变？
指导探究	**分析综合** 教师追问曾经学习过的地理要素，如气候、水体、地貌等是否会随时间变化？各要素变化之间是否有联系？是一种怎样的联系呢？指导学生探究气候、水文、地貌、土壤的具体变化。 **论证评析** 拓展：“塞罕坝的前世今生”——展示塞罕坝过去与现在的照片并进行对比，学生观察思考，自主比较其主要的差异。学生综合评论整个区域的变化。
倡导应用	**总结进阶** 自然地理环境具有统一的演化过程，倡导运用所学方法，分析“修建水库对自然环境的影响”。 **发展创新** 自制模拟生态系统，查找模拟生态系统的资料，分析要素改变带来的影响。

【学业评价要点】

学生能够通过观察某区域景观照、阅读材料发现、提出问题，综合分析东北森林变化引起土壤、气候、水文、地貌等要素发生改变，导致环境的整体变化；能够运用所学方法比较分析另一典型地理事象发展变化和人类活动对自然环境的影响，以充分理解自然地理环境统一的演化过程，提升对自然地理环境整体性的认识（综合思维、人地协调观）。

【案例剖析】

“自然地理环境具有统一的演化过程”教学，动态性强，理解难度较大。本例中的综合分析是分层次进行的,先探究要素与要素之间的联系,再探究综合要素与整体之间的联系,最后上升并提炼出一些规律性的知识。本部分内容采用要素综合分析策略研究"东北森林变化导致了环境的整体变化"和"塞罕坝的前世今生"的材料,学生经过"三阶六环四步"的学习,可以得出:自然地理环境要素的改变会"牵一发而动全身"。

3.时间和过程的综合分析

【策略解读】

地理事物的发展是有若干阶段的,地理事物的特征往往随着时间发生一定的变化,一方面组成地理环境的各地理要素在随时间不断地变化,另一方面地理环境的结构也经历着由简单到复杂的演化。根据地理环境发展变化的阶段性和时间节律性,分时段进行分析研究,则能较为深刻地认识不同时段的特征和发展规律。通过充分分析不在同时段的地理事物特征,最后综合得出该事物的总特征。任何地理现象都是各个要素和过程参与并相互作用的结果,要认识某一地理现象的本质特征,不仅应从分析各个要素开始,还要从过程开始,分别对它们各自的性质、特点以及作用的方式和强度进行研究。时段分析仅仅是某一时段内地理要素或现象的研究,因此需要把时段分析的结果置于整个时间发展序列中进行动态综合,研究地理事象的前后承袭、演替关系和时间变化节律。

【经典案例 1】

"河流地貌的发育"教学片段见表 4-5。

表 4-5 "河流地貌的发育"教学片段

教学阶段	教学环节与步骤(师生活动)
引导发现	**创设真境** 展示一次河流地貌考察经历及不同河段河流地貌的景观图,让学生观察情境,感知问题,推测图片所属河段。 **理解概括** 学生思考后,寻找不同河段河流地貌的特点,发现、提出问题——不同河段为什么具有这样的特点,它们是怎样演变来的?
指导探究	**分析综合** 指导探究河流地貌的发育过程,综合分析不同阶段河流作用、形态特征差异等——初期,形成"V"形河谷,因为落差大,溯源侵蚀、下蚀强烈,一般位于河流上游;中期,形成凹岸凸岸,因为落差减小,下蚀减弱,水量增加,侧蚀增强,沉积开始明显,一般位于河流中游;后期,形成槽形宽谷,因为落差很小,下蚀停止,侧蚀为主,转为沉积作用,一般位于河流下游。 学生观察思考教材中"澜沧江上游'V'形河谷、冲积平原江汉平原、呼伦贝尔草原上的河曲和牛轭湖、密西西比河三角洲"等景观图,综合分析各个河流地貌的成因。 **论证评析** 学生评论河流地貌随时间变化的发展规律。

续表

教学阶段	教学环节与步骤(师生活动)
倡导应用	**总结进阶** 抓住不同河段的河流地貌特征,手绘不同河段的河流地貌素描图,进阶总结。 **发展创新** 做模拟小实验,模拟河流的侵蚀、搬运和沉积过程。 实践:课后择机前往学校附近某河,寻找河流侵蚀、堆积地貌的相关信息,运用所学知识研学河流地貌的发育,学以致用。

【学业评价要点】

学生能够通过对河流考察经历中不同河段典型河流地貌景观的观察,发现并提出问题,从时间、过程角度,综合分析河流地貌不同时间、空间的发展规律与地貌差异(地理实践力、综合思维);能够借助模拟实验,认识河流地貌的地质作用过程,借助实践活动研学河流地貌的发育(地理实践力)。

【案例剖析】

河流地貌比较复杂,将河流地貌的发育过程分解为不同地段、阶段,每个阶段的主导因素不同,利于学生掌握河流地貌的真正成因和形成过程以及河流地貌的时间内涵,利于培养学生用动态的观点看待地理现象的能力,用“三阶六环四步”长效教学模式指导该内容教学,让学生学会学习方法,能发展学生的综合思维、地理实践力等核心素养,利于学生长远发展。

【经典案例 2】

“全球气候变化”教学片段见表 4-6。

表 4-6 “全球气候变化”教学片段

教学阶段	教学环节与步骤(师生活动)
引导发现	**创设真境** 教师播放“冰河世纪”电影片段,学生观察情境并感知问题。 **理解概括** 学生思考,理解概括冰河世纪与气候的关系,引导他们发现、提出问题——这种现象可能发生吗?
指导探究	**分析综合** 学生结合材料综合分析地质时期、历史时期、近现代各个时期全球气候变化以及全球气候变化的自然和人为原因。 **论证评析** 学生评论,气候变化趋势从不同的尺度看有不同的结果和目前来看可能是人类活动导致全球变暖。

续表

教学阶段	教学环节与步骤(师生活动)
倡导应用	**总结进阶** 师生总结,预测全球气候的短期和长期变化。 **发展创新** 实践:学生尝试设计制作温室模型,注入不同气体介质,寻找温室气体对全球变暖的影响。

【学业评价要点】

学生能够通过观察电影片段理解概括冰河世纪与气候的关系,发现、提出问题,结合材料综合分析各个时期全球气候变化以及全球气候变化的原因(综合思维);能够通过尝试设计制作温室模型,寻找温室气体对全球变暖的影响(地理实践力)。

【案例剖析】

从不同的时间层面或者不同的过程由果索因分析,再由因到果综合得出更全面和客观的结论,这样不仅可以追溯它们的发生发展过程,更加深刻地认识现状特征,还可以预测将来的演变趋势,为人类更加合理地利用、保护自然条件和自然资源,提供科学依据,并从更加长远的时间来综合分析人类行为的影响。用“三阶六环四步”长效教学模式指导进行该内容的教学,利于培养学生综合思维、地理实践力等素养。

三、自然地理长效教学中综合分析的应用建议

综合分析是高阶的思维方法,在实际操作中师生都可能存在一定的误区或问题,为了更好地运用综合分析策略,在以下几个方面需加以注意。

1.深入钻研课标教材,剖析逻辑结构层次

地理知识复杂,但地理事物相互联系,应深入钻研课标教材,剖析教学内容的逻辑结构层次,在教学中引导学生建立知识网络结构,把零散知识变成有机整体,利于培养学生系统全面综合分析问题的思维习惯,逐渐养成其对综合性地理问题的探究方法,达到懂一点、晓一类、通一片之效。

2.增强学法指导,善抓主导因素,培养综合分析能力

自然地理环境是由地形、大气、水、岩石、生物、土壤等自然地理要素有机组成的一个复杂的自然综合体。这些自然要素通过水循环、生物循环、岩石圈物质循环等过程,进行着物质迁移和能量交换,形成了一个互相渗透、制约和联系的整体。在运用综合分析策略教学时,通过传承经验、引导总结等方式增强学法指导,引导学生多思考“如何综合分析”,多总结

相应的学习方法，学会学习；善于抓住主导因素开展教学，培养综合分析能力。

3.长效教学模式指导，灵活运用综合分析

“三阶六环四步”长效教学模式中第三环是“综合分析”，它对应第二步“思考”，说明了在教学中要理解问题实质，寻找事象的本质属性和彼此之间的关系，探索发现能够解决问题的主线，并以此解决问题；以及把分析过的事象的各个部分、各属性联合成一个统一的整体。分析法方向明确，思路自然，利于思考；综合法形式简洁，条理清晰，逻辑严密利于表达。我们在实施地理教学中，用长效教学模式指导，具体的操作中或以分析为主或以综合为主，灵活运用综合分析策略，以培养学生的综合思维等核心素养，着眼于教学的长远效益。

第三节　实验教学策略

实验教学是指通过有目的地控制一定条件或创设一定情境进行操作，引起实验对象的某些变化，从而在观察这些现象的变化中获取新知识或验证知识的方法。

一、自然地理长效教学中实验教学的意义

地理长效教学的策略多样，在自然地理教学中，实验教学是培养地理核心素养有效的途径之一，尤其是核心素养中的地理实践力与综合思维能力。教师在运用“三阶六环四步”长效教学模式指导自然地理课堂教学时，使用实验教学策略渗透科学探究，始终将科学探索和应用贯穿课堂，促进课堂教学方式和学习方式的改变，颇受喜爱。实施“实验教学”的意义主要体现在以下几个方面。

1.创设问题情境，激发求知欲

结合教学主题，用实验创设问题情境，或充分利用教具、地理器材配合导讲导问，能让学生获得生动而直观的感性认识，使大脑处于积极的思考中，激发学习积极性和求知欲，培养科学研究兴趣。如，在转动和不转动的地球仪上分别滴墨水观察其运动方向变化情况来学习“地转偏向力”；用铁架台固定一根水平铁丝（表示太阳光线），仔细观察记录地球仪位于铁架台不同位置时，铁丝指向地球仪的纬度位置，得出太阳直射点在南北回归线之间运动的规律等，以此教学“黄赤交角引起太阳直射点移动”等，这些实验都能帮助学生对抽象的知识加深认识与理解。

2.增强探究意识，促知能转化

地理演化过程是漫长而复杂的，用实验这种直观、形象的教学方法让学生参与到演化过

程中,从实验联系到自然现象、生活实际,指导学生主动探究,借助实验现象或结果,进行类比推理,在实验设计、操练、观察记录、分析研究的过程中主动获取知识、得出结论,既能突出重点,突破难点,使陌生难懂的理论通俗化,抽象的结论具体化,还能增强解决地理问题的探究意识,提高分析、解决问题的能力,密切理论与实际的联系,促进学生知识与能力的转化。

3.培养创造思维,发展实践力

实验教学是一个培养学生动手、动眼、动脑的过程,可以发掘学生较大的潜能,这一过程正是培养学生课堂内地理实践力的有效途径。

设计实验,能锻炼和培养学生的想象能力、创新能力;操作实验,能培养其观察能力;探究实验的原因、结果并形成概念,能培养其逻辑思维能力和归纳分析能力,使其养成科学的研究方法和严谨的科学态度。团队合作实验,能培养其组织能力、实际操作能力、解决问题能力。若针对学生的知识水平和特点,把实验的主动权交给他们,教师只参与指导,不仅能让学生深刻掌握相关知识,还能发挥其丰富的想象力,培养其敏锐的观察力和创造性思维,培养地理实践力素养,提升科学品质等。

二、自然地理长效教学中实验教学的实施策略

地理实验教学与物理、化学、生物等学科的实验比较,具有以下两个特点。

第一是地理实验教学以演示、模拟、观测为主,实验类型较少。根据实验主导人员(教师或学生)与知识主体的关系,实验类型可分为演示实验、模拟实验、观测实验(表 4-7)。

表 4-7　地理教学实验类型

<table>
<tr><th colspan="2">实验类型</th><th colspan="2">实验内容(名称)</th></tr>
<tr><td colspan="2" rowspan="4">演示实验</td><td>“河流侵蚀地貌”形成过程</td><td>山地坡度与水土流失的关系</td></tr>
<tr><td>地转偏向力实验</td><td>日界线演示实验</td></tr>
<tr><td>沉积物沉积实验</td><td>山前洪(冲)积扇形成</td></tr>
<tr><td>……</td><td>……</td></tr>
<tr><td rowspan="7">模拟实验</td><td rowspan="4">课堂模拟实验</td><td>密度流形成原因</td><td>温室效应实验</td></tr>
<tr><td>锋面模拟实验</td><td>水循环模拟实验</td></tr>
<tr><td>地表径流和下渗实验</td><td>模拟背斜形成实验</td></tr>
<tr><td>……</td><td>……</td></tr>
<tr><td rowspan="3">计算机模拟实验</td><td>板块构造学说</td><td>板块构造与运动</td></tr>
<tr><td>三圈环流</td><td>“三风四带”形成机理</td></tr>
<tr><td>……</td><td>……</td></tr>
<tr><td colspan="2" rowspan="2">观测实验</td><td>太阳高度角测量实验</td><td>锋面过境观测实验</td></tr>
<tr><td>……</td><td>……</td></tr>
</table>

第二是地理实验教学以宏观的自然现象和过程为主，大多属于天文、气象和地质等自然地理方面的抽象内容，如天体、大气、地壳、水体等运动，都是不便感知和难以用肉眼观察的，通过实验，能更好地使学生认识和理解。基于上述实验教学的特征，针对不同的教学内容、教学目标、参与主体、实施环境，有不同的实施策略。

1.演示实验

【策略解读】

演示实验是为了展示地理现象，揭示所研究问题的发生、发展过程，引导学生进行观察、思考，并配合教学内容而由教师操作示范的实验方法。因此演示实验应具备目的性、直观性、科学性、稳定性、启发性和指导性。演示实验包括实验演示、实验观察、实验解释三个过程。常规演示实验教学是教师演示实验，学生观察实验，教师对实验进行解释。教师紧扣教学环节演示实验，方式灵活多变，教学形象生动，能够提高学生的学习兴趣，利于学生对知识的理解和掌握。

在演示—观察—解释策略中，演示主要是教师操作表演实验，也可请学生充当教师的助手或在教师的指导下让学生在讲台上操作实验。观察是指在实验操作的过程中，学生在教师的引导下，对实验器材、实验方法、实验过程和实验现象等进行观察和记录。解释不单单是教师对实验现象的分析，得出实验结论，从结论中总结地理规律或理论，还包括对器材的选择、器材的使用、实验方法的选择进行必要的说明和讲解。用“三阶六环四步”长效教学模式指导演示实验教学，这三种活动一般都是同时进行的(图 4-7)。

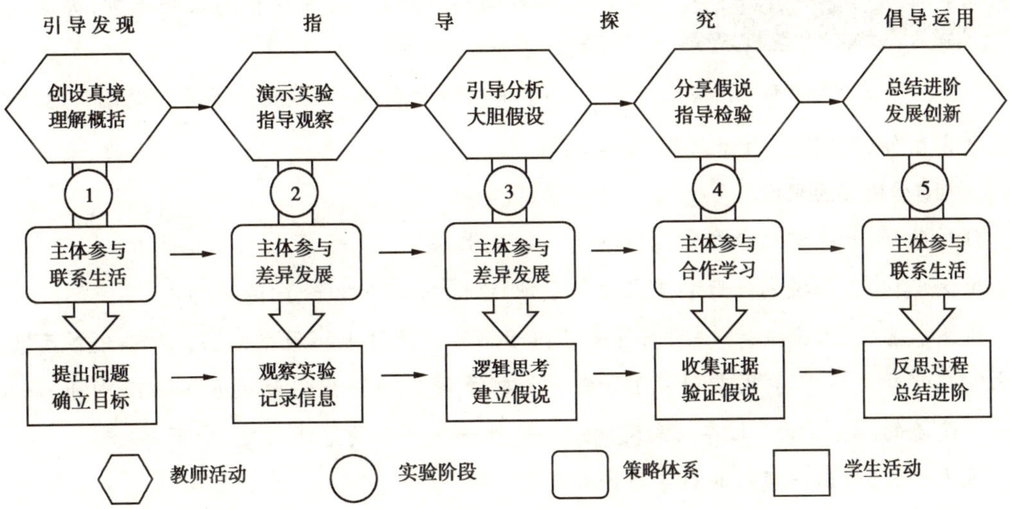

图 4-7　演示实验策略流程

【经典案例】

“河流侵蚀地貌形成过程”教学片段

(1)引导发现

①创设真境、激发兴趣。

教师呈现河流上、中、下游不同的景观图或播放《长江》河流景观视频片段,学生观察情境,感知问题。

②理解概括,提出问题。

学生领略长江不同河段的美,思考其区别。参与讨论,引导学生发现在不同河段河流地貌迥异,与外力作用密切相关;提出问题——为什么会形成这样的河流地貌?是哪些地质作用导致的?

(2)指导探究

确立目标,用实验模拟河流侵蚀过程。

①演示实验,指导观察。

A.首先介绍实验器材:两个泡沫盒(40 cm 长、30 cm 宽、15 cm 高)、土壤、清水、标志物旗子(也可用火柴、树枝)。

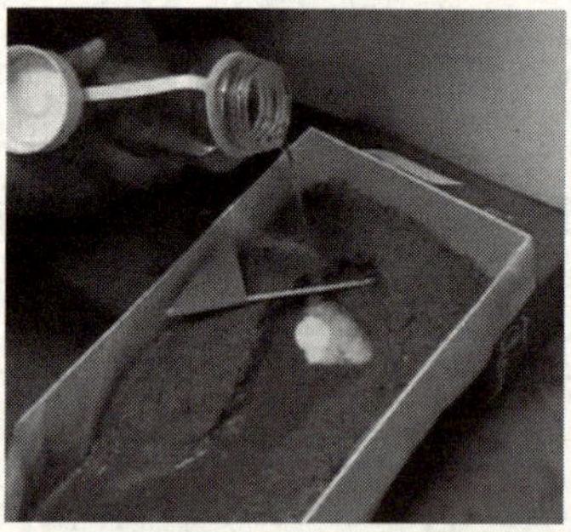
图 4-8 河流侵蚀地貌模拟实验

B.教师演示实验过程:第一步,将两个泡沫盒 30 cm 的边切去,对接起来。将土壤铺在两个泡沫盒里,土壤深度一致,约 10 cm。将一个泡沫盒的一头垫着,约呈 30°;另一个泡沫盒水平放置,在垫着的泡沫盒的顶端插一标志物。第二步,让水杯的杯口贴近土面,在标志物的下方,离其大约 3 cm 处倒水,让水缓慢流出。

引导学生观察并思考:土壤发生了哪些变化?为什么?标志物发生什么变化?为什么?(图 4-8)

②指导分析,大胆假设。

师生互动,指导学生分组讨论土壤发生的变化。

A.倒水初期,土壤向下部和流水方向侵蚀,流道向底部加深、向两侧拓宽。

B.倒水持续,土壤被持续侵蚀,标志物旗子倒了。通过观察现象,找到本质:侵蚀有几个方向?在何处发生?学生归纳:向源头——溯源侵蚀——标志物处(源头);向下——下蚀——垫着的泡沫盒处(上游);向两侧——侧蚀——平铺的泡沫盒处(中下游)。

再次验证,得出一般性的科学结论并反思、提高。

③分享假说,指导检验。

学生讨论,其间教师进行答疑、修正,得出河流侵蚀地貌形成过程。

A.标志物处受到侵蚀,标志物倒了,模拟溯源侵蚀。河流向着源头的方向变长。

B.垫着的泡沫盒代表河流上游,可见向下侵蚀得较深,模拟下蚀。河流上游下蚀强烈,河谷变深。

C.平铺的泡沫盒代表河流中下游，河谷变宽，模拟侧蚀。

举一反三，用案例进行检验。

……

期间，可指导学生阅读“瀑布与河流的溯源后退”（湘教版《选择性必修1 自然地理基础》），加深对溯源侵蚀的理解。

（3）倡导应用

①总结进阶。

对学生活动中的表现及思路给予表扬，并补充研究成果。强调演示实验河流地貌形成过程是自然环境各要素长时间、综合作用的结果，有其发生、发展的过程。

②发展创新。

课后择机研学当地河流，探究其河流地貌，运用所学知识推演过去与未来该河流地貌的发育状况并解释形成过程等。

【学业评价要点】

学生能够通过观察江河景观图或视频，发现并提出问题，通过设计、观察、动手做流水侵蚀实验，探究河流侵蚀过程，表现出理论联系实际的能力与求真务实的科学态度（地理实践力）；能够借助演示实验，说出流水侵蚀作用的类型及其对地表形态的影响，描述河谷的形成过程（综合思维）；能够结合本地或特定区域的河流地貌运用所学知识推演该地貌过去与未来的发育状况并解释形成过程等（地理实践力）。

【案例剖析】

“河流侵蚀地貌形成过程”教学，如果仅以多媒体、语言等形式展示，就会弱化地理原理的推导过程，知识牵引能力会大打折扣。而以实验的形式创设课堂情境，通过直观、形象的教师演示实验让学生参与到演化过程中，观察记录、实验分析，主动获取三种侵蚀作用的形成过程。通过模拟河流侵蚀实验，让学生理解河流侵蚀的三个方向，尤其是溯源侵蚀，这是教学中的重难点，运用“三阶六环四步”长效教学模式指导该内容的教学，利于培养学生的综合思维和地理实践力等素养。

演示实验的优点：现象明显、生动直观；能紧扣教学主题，利于突出教学重点，突破教学难点；便于操作示范，能够培养和强化实验操作的规范化；实验材料容易准备，实验操作省时，教学效率高。

通过上述实验，学生能够描述清楚河谷的形成过程。要想实现更高水平，需强化自然地理的实验意识，多动手。

2.模拟实验

【策略解读】

模拟实验是根据已知的事实或一定的理论（原型）建立模型，通过对模型的分析和研究，得到一定的结论，反推到原型中，以揭示研究对象（原型）的本质和规律的一种研究方法（图

4-9)。模拟实验是由教师指导,学生操作,模仿实验对象制作模型,或模仿实验的某些条件进行实验,通过操作实验、观察实验、分析实验得出结论。模拟实验法可包括课堂模拟实验法和计算机模拟实验法。

图 4-9　模拟实验操作流程

课堂模拟实验是地理实验较理想的形式,学生在教师指导下建立模型,根据实验目的、原理,设计实验步骤,准备实验材料,自己动手或小组合作完成实验过程,并对实验结论即模型进行分析和研究。课堂模拟实验的显著特点是学生亲历实验,更具真实性、直观性、生动性。某些地理现象的发生是漫长、宏观、多要素共同作用的结果,原型理论建立后,实验模型在现实教学实验中,受条件限制,不易实现,如大陆漂移模拟试验,就需借助 Flash 软件制作,让学生了解板块是如何运动的,理解褶皱山系、裂谷、海洋等的形成原因。计算机模拟实验可以将抽象的理论转换成动态影像,同时作用于学生的视觉与听觉,形成虚拟的真实情境,缩短演变时间,让学生直观感受,更容易理解。

(1)课堂模拟实验

【教师】

①创设真境:根据课堂教学内容创设真实情境,提出问题,归纳出地理原理,通过原理指导学生建立地理实验模型。

②指导实验:指导学生小组合作设计实验目的、原理、步骤,准备材料,进行组员分工等。

③组织实验:在课堂教学中,指导学生以小组为单位进行实验操作,观察、分析、研究实验现象,理解实验原理。

【学生】

①明确实验目的,设计实验原理、步骤,准备器材。

②进行组员分工等。

③操作实验过程,观察实验现象、理解实验原理。

课堂模拟实验运用灵活,可用于课程中较小知识点的突破,如教师创设沉积物分选模拟实验情境(河滩挖沙时会发现河滩上层为细沙,越向下颗粒越大,再向下甚至会出现卵石、砾石的堆积层,这种现象是如何产生的),学生分组将同样比例的碎石、粗砂和黏土完全混合,倒入饮料瓶中(不超过瓶容量的一半),将饮料瓶注满水,拧紧瓶盖后,将其剧烈摇动,然后平放塑料瓶,让瓶中物质自然沉淀,学生观察沉淀物的排列顺序,掌握水力、流水沉积物的分选性。

【经典案例】

"密度流形成原因"教学片段

(1)引导发现

教师创设真境,理解概括,讨论分析得出初步地理原理。

"二战"期间，直布罗陀海峡被英国封锁，但德国潜艇关闭动力隐蔽地来回穿过海峡，其原理何在？指导学生阅读材料，归纳出密度流流动的基本原理——表层从密度低的一侧流向密度高的一侧，底层则相反。让学生思考，可否通过实验的方式验证？学生提出实验假设。

(2)指导探究

学生提出不同实验假设，师生探讨，指导学生分组合作实验，验证原理(图 4-10)。

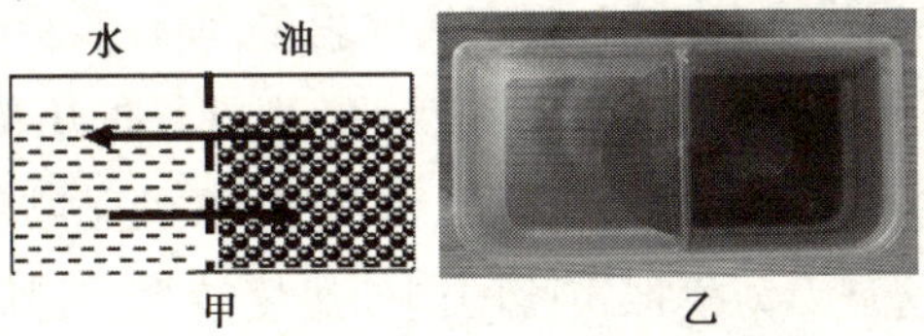

图 4-10 水油运动示意(甲)和模拟密度流实验(乙)图

①教师指导，分组实施——每组有实验器材：中间有隔板的塑料乐扣盒(提前在隔板上开上、下两个孔，上孔模拟表层海水流动，下孔模拟底层海水流动)，适量清水、颜色微黄且不溶于水的食用油，教师讲解实验步骤和注意事项，学生操作实施。

第一步，用透明胶带将隔板上的小洞密封。

第二步，往乐扣盒两侧加入等高的清水和食用油，且高于上部小孔。

第三步，小心撕开透明胶带，观察、记录，上下两孔水油流动方向，并记录时间。

观察并思考：

A.观察上、下两孔水油流动的方向，并分析出现此现象的原因。

B.如将两侧的流体换成冷水和热水、盐水和自来水，其流动方向是什么？为什么？

②指导分析，验证原理——其间教师进行答疑、修正。

通过实验，可观察出：

A.表层和底层水流方向不同。

B.表层流动方向是从油一侧流向水一侧，底层流动方向是从水一侧流向油一侧。

C.流动的速度和距离有差异，验证密度流的基本原理。

(3)倡导应用

①总结进阶：实验要注意细节，外部环境会影响实验的效果，需要充分讨论……

②发展创新：课堂上完成了水与油的实验，课后可择机完成盐水与自来水、冷水与热水的实验，掌握实验的原理和本质，用所学知识解决实际问题。

【学业评价要点】

学生能够通过故事了解密度流的含义；通过模拟实验探究并验证密度流的基本原理；运用密度流的规律解决实际问题；树立用科学实验去验证相关原理，并探究和发现新规律的意识等(地理实践力)。

【案例剖析】

通过模拟密度流实验教学，不仅让学生真切地理解了密度流的流向及其成因，而且培养了学生的实验能力、创造思维和科学态度,促进其地理实践力素养的养成。

(2)计算机模拟实验

【教师】

①设计实验:根据课堂教学内容创设情境,由教师通过软件设计模拟实验或利用互联网下载相关实验。②虚拟实验:在电子白板上播放实验,并讲解地理现象的产生过程。

【学生】

①明确实验目的。②操作实验过程,观察实验现象,理解实验原理。

计算机虚拟实验可以化抽象为形象,变静为动,把漫长的历史演变过程缩短在几分钟内,利于模拟大范围、长时间形成的地理现象。目前,计算机虚拟实验在高中地理课堂教学中应用还有一定的难度,这是因为模拟实验的制作难度较大;对师生的计算机水平要求高;制作计算机虚拟地理现象耗时长。因此建议加强教师间的互助合作、资源共享;加强地理教学与计算机学科的整合;建立学校计算机虚拟实验资源库。

3.观测实验

【策略解读】

观测实验是根据教学目的,组织、指导学生对地理事物和现象进行观测,以获得感性知识或巩固、验证已学知识的一种方法。它是高中自然地理实验的一种主要类型,也是当前地理实验教学的重难点。近年来对观测实验的运用,更多的是在考题,尤其是高考题中运用。运用地理观测法能调动学生学习地理的积极性,有助于学生理解、巩固和运用课堂知识,提高应试能力,发展地理实践力素养。观测对象主要包括地质地貌、气象气候、水文、土壤、动植物及天象等。观测结果可用地图、示意图、地理画片、照片、图表等形式表达。

实施策略:①要有明确的观察目的、任务、原理。②教师要求学生根据观测的目的任务,结合观测对象的特点,按一定顺序观测、记录。③引导学生做好数据记录,并能运用原理进行分析。④学生学会运用结论,能举一反三。

【经典案例】

“测量太阳高度”的活动片段

(1)指导探究

实验目的:利用活动课时间,测量太阳高度,理解太阳高度和正午太阳高度的含义,掌握太阳高度的计算方法。

预备知识:在课外活动之前,需在课堂内解决原理问题。

①太阳高度(太阳高度角),是指太阳光线与地平面之间的夹角;②夏(冬)至日,太阳直射北(南)回归线,北(南)回归线及其以北(南)正午太阳高度达一年中的最大值,太阳辐射最强;春(秋)分日,太阳直射赤道……

器材准备:分小组准备标杆、手表、卷尺、指南针、计算器。

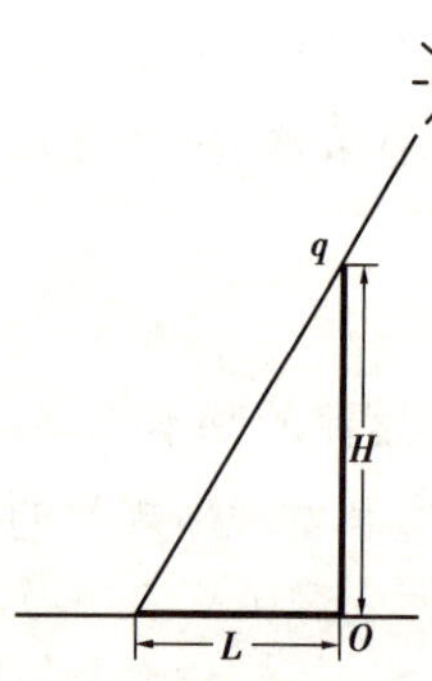

图 4-11　量算太阳高度示意图

实验步骤：

①实验可选择二分二至日中的某一天。

②将标杆立于空旷无遮挡之地(图 4-11)。

③在观测日北京时间 8:00、10:00、12:00、14:00、16:00 分别记录标杆影长(L)，并用指南针测定太阳方位。

④将数据填入记录表(表 4-8)。

表 4-8 太阳高度测量记录表

观测时刻	标杆高度(H)/m	标杆影长(L)/m	太阳方位	太阳高度	记录人
8:00					
10:00					
12:00					
14:00					
16:00					

实验分析、结论

①用观测表数据绘制太阳高度随时间的变化曲线图。读图表，说明一天中太阳高度是如何变化的？②探讨北京时间 12:00 测得的太阳方位是否为正南？为什么？

通过原理和数据记录分析可知：太阳高度角 $=H/L$，正午时太阳高度值最大，北京时间 12:00 测得的太阳方位不为正南。

(2)倡导应用

①总结进阶：总结测量太阳高度的方法和分析太阳高度的变化原理，透过现象看本质。

②发展创新：运用测量太阳高度的方法，去设计测量正午太阳高度方案和择时实地测量，并运用正午太阳高度的变化规律，解决楼距合理性和如何选居住用房等问题。

【学业评价要点】

学生能够学会实地测量太阳高度的方法，培养参与实践的兴趣和观察探究的能力(地理实践力)；能够通过观测，从太阳高度的数据差异中发现不同时刻太阳辐射的差异，学会收集、处理、分析数据的方法，训练测量、观察和综合思考能力(综合思维、地理实践力)；能够结合本地或特定区域，联系、分析生活与太阳高度角有关的现象，并尝试利用正午太阳高度的原理，解决人类生产、生活中的问题(区域认知、人地协调观、地理实践力)。

【案例剖析】

通过观测，获得感性知识，能对观测数据进行定量分析，得出定性结论，由此从感性认识上升到理性认识，学会太阳高度角的观测和计算方法以及收集、处理、分析信息的方法，培养参与实践的兴趣、观察探究的能力、科学态度和精神，提升地理实践力、综合思维、人地协调观等素养。

三、自然地理长效教学中实验教学的应用建议

实验教学在地理教学中运用十分广泛，尤其是在自然地理教学中。教师要根据教学内容、环节、授课环境、学生群体状态等，合理选择合适的方式。

1.所选实验简易、操作性强

实验的设计应从实际出发，用简易而预期效果好的器材做实验，难度不宜过大，不能为了做实验而设计一些高难度的复杂实验，以免弄巧成拙。同时，地理实验教学一般没有现成的实验器材，大多需通过教师自己准备或发动学生搜集，因此也要求实验尽量简易。

2.实验分工明确，注重实验和学法指导

分组实验教学过程中容易出现一些问题，如为了实验能够顺利进行，教师指导过多，不能充分发挥学生的想象力，扼杀学生的创新能力；小组分工不明，喜欢做实验、动手能力强的学生抢着做，其他学生则为看客；有的学生注意力过多地集中在实验过程之中，而忽视实验的目的和实验现象的观察，使实验成为一场“热闹”等。因此，我们建议：第一，指导学生做好分工，发挥每个学生在实验中的作用；第二，教师既要善于指导学生进行实验设计，又要鼓励学生积极动脑，勇于创新；第三，在实验中教师要认真巡视，指导、督促学生完成实验，及时掌握实验情况。

观测实验教学所需时间持续较长，因此建议做到以下几点：第一，资料搜集、器材准备、时间到位应有专人负责，确保实验正常进行；第二，该实验主要为学生操作实验，建议3~5人一组，不宜过多；第三，提前进行知识储备，如观测太阳高度之前学生学会北京时间和地方时（当地经纬度）的换算，也可现场教学。

教学中对学生的学法指导要纳入常态化，据教学内容进行相应的学法指导，帮助学生学会学习。例如，在教学中适时传授地理学习方法的经验，有机渗透点滴学习方法，让学生不断领悟，多思考“我怎样学习”，引导总结实验设计和做实验的方法，摸索适合自己的求实灵活的学习方法，理清分析问题的思路，形成准确、简洁的表达语言，并内化为自己的认知等。

3.增强实验的针对性、典型性、启发性

地理科学与物理、化学等自然科学相比具有自身的特性，多数地理事物和地理规律难以通过实验手段再现出来。地理实验教学不具有普遍性，因而在地理教学过程中应有针对性的选择那些通过地理实验能够更直观、更有效地理解、掌握地理知识的内容进行实验。

教师对实验内容的选择必须突出教学中的重点和难点。要设计一些不会干扰正确概念形成的实验，使学生对地理现象和地理过程具有深刻的印象，防止由于实验的不典型而造成学生对知识产生负迁移。

实验是人们认识世界和发现世界的一种重要手段,是进行直观教学提供感性认识的一种方式,是发展学生科学思维的一种方法,是培养学生创造能力的一条捷径。这就要求教师在设计实验时要考虑实验的启发性,并在实验过程中通过分析、启发性的提问引导学生得出实验结论。

4.长效教学模式指导,发展创新实验教学

"三阶六环四步"长效教学模式中第四环是"论证评析",它对应第三步"评论",第六环的"发展创新"对应第四步的"实践",说明了在教学中,应指导学生学会论证解决问题,评析成果,倡导学生应用学习成果,进行创造性实践,学以致用。

地理学科四大核心素养在自然地理教学中都有深刻的体现,实验教学中蕴藏着丰富的与核心素养相关的创新教学内容,可以通过各种方式的实验教学培养学生的创新能力。创新能力是个人心理品质和能力的复杂的高水平的结合,其中主要的心理品质和能力包含——创新意识、创新精神、创新思维和实践能力、动手能力等基本要素。通过设计探索性实验教学,可以把学生带入科学探索情景中,让学生在实验中探索新知识,亲历寻求并发现知识的过程,使他们的创新潜能得到开发,创新意识得以培养。

地理实验设计要遵循课程目标,让学生学会独立或合作进行地理实验,注重实验的开放性、多变性和创造性,培养学生的创新精神。例如"利用身边可以找到的材料(如透明塑料袋、塑料薄膜、玻璃瓶等)和温度计,做一次模拟大气温室效应的小实验",虽然课程标准中没有具体的实验内容,但在实验教学活动中,我们可以对实验教学的内容进行合理变化,通过改变器材、条件,变化数据处理方法,以及改变实验原理、目的来增强学生的创新意识,培养创新精神。最好能在校园内外等真实环境下选择局域空间进行模拟实验,体验动脑设计、动手操作、观察记录、研究分析的科研过程,在实践中内化,促进学生地理实践力素养进阶,发展核心素养,着眼于教学的长远效益。

主要参考文献

[1] 王向东,王海霞.演绎法和归纳法在地理规律知识教学中的应用与讨论[J].地理教学,2016(4):10-13.

[2] 张华.论学科核心素养:兼论信息时代的学科教育[J].华东师范大学学报(教育科学版),2019(1):55-65.

[3] 陈少玉,曾玮.地理概念教学新解[J].地理教学,2015(15):4-6.

[4] 童芳.浅谈培养学生的地理综合分析能力[J].太原城市职业技术学院学报,2012(7):117-118.

[5] 张海,王海燕.地理实验设计:观测实验[J].地理教学,2018(12):33-38+7.

[6] 朱永新,杨树兵.创新教育论纲[J].教育研究,1999(8):8-15.

[7] 谭正超.浅谈实验教学的意义及注意事项[J].南北桥·人文社会科学学刊,2014(2):106.

[8] 王宝琪,万红莲,石岩,等.高中生地理学科核心素养培养策略:以人教版"河流地貌的发育"一节为例[J].中学地理教学参考,2019(6):38-41.

[9] 陈健.高中地理实验教学与地理实验技能的培养[J].中学地理教学参考,2013(5):32-34.

[10] 左世前.让学生亲历知识呈现:关于实验教学在地理课堂中高效运用的探索[J].新课程研究(教师教育),2011(9):109-111.

[11] 胡立强.利用地理实验教学 提高地理课堂有效性[J].中学地理教学参考,2014(4X):27-28.

[12] 蒋浩军,张静.高中地理课堂模拟实验的策略研究[J].中国现代教育装备,2018(4):16-17.

[13] 胡轶群.模拟实验的教学策略[J].基础教育研究,2019(13):64-66.

[14] 杨丽.浅析实验教学法在地理教学中的应用[J].成才之路,2009(3):51-52.

[15] 朱翔,刘新民.地理.选择性必修1:自然地理基础[M].长沙:湖南教育出版社,2019.

第五章　人文地理长效教学策略

人文地理是探讨各种人文现象的地理分布、扩散和变化，以及人类社会活动的地域结构的形成和发展规律的一门学科，是地理学的主要分支学科之一。在地理学中，人文地理学和自然地理学是相互密切联系的两大组成部分，"人文"二字与自然地理学的"自然"二字相对应，泛指各种社会、政治、经济和文化现象。人文地理学的发展对于地理学的发展有着重要作用。

虽然人文地理学研究的内容广泛，但都注重区域和空间这一研究主线。人文的地理环境是人类社会、文化和生产生活活动的地域组合，所有的人类活动都发生在特定的区域内。人文地理现象的分布及其发展演化深受区域特征的相似性和差异性影响，人文现象的呈现还受区域空间尺度差异的限制。也可以说，人文地理只有放在一定空间尺度的区域中研究才有意义。人文地理环境属于地理环境的重要方面，而人类是引起各种人文地理现象分布及变化的主要原因。

人类社会的特点是个体难以脱离社会而孤立生存，因此人类活动所产生的各种人文现象都具有社会性。人文地理现象往往是多个因素共同作用的结果，并且与更大空间内的其他事物相互联系，而一切联系又随着时间不断演化，导致演化的因素随时间和空间也发生变化。因此"多因一果""多因多果""互为因果"的复杂关系在人文地理中很常见，人文地理也就显现出比自然地理更为复杂的综合性。

高中人文地理内容大都贴近社会实际与现实生活，要求教师在教学时应及时改变传统教学观念。本章遵循新课程理念，运用"三阶六环四步"长效教学模式，从教学目标的确定、教学内容的设计、教学方法的使用、教学过程的安排等，在教学中联系社会生产生活，深入探究人文地理知识，凸显地理学的社会价值、科学价值；尝试构建互动式的开放性课堂，激活课堂教学，重视课堂人文环境建设，创设民主、活泼的学习情境，保证学生自主学习、自主探究的时间，以体现地理学习的主动性、创造性，多给学生思考、发现的时间与机会。努力促进师生之间、生生之间的交流与沟通，形成师生情感交融，使学生的科学知识、技能素养和人文素质得到自由、充分、和谐的发展。真正做到以学生为学习主体，培养其人地协调观、综合思维、地理实践力等素养，发展学生核心素养，实现长效教学最终目的。

基于长效教学理念的人文地理长效教学策略很多，如情境教学、案例教学、合作探究等。本章重点分析情境教学与案例教学策略。

第一节　情境教学策略

情境教学是指在教学过程中，教师有目的地引入或创设具有一定情绪色彩的、以形象为主体的生动具体的场景，以引起学生一定的情感态度体验，从中发现问题，从而帮助学生理解知识，并使学生的心理机能得到发展的教学方法。

情境教学是较为适合中学阶段学生身心特点的一种教学方法，在当前人文地理教学中使用普遍。情境教学的核心在于激发学生的情感。情境教学，是在对社会和生活情境进一步提炼和加工后，呈现给学生的。诸如生动形象的语言描绘、课内游戏、角色扮演、诗歌朗诵、绘画、体育运动、音乐欣赏、旅游观光等，都是寓教学内容于具体形象的情境之中，其中也就必然存在着潜移默化的育人作用。

一、人文地理长效教学中情境教学的意义

教师在运用“三阶六环四步”长效教学模式指导人文地理课堂教学时，实施“情境教学”策略的意义主要体现在以下三个方面。

1.能激发情感，提高学生学习兴趣

地理新课程标准核心理念是提倡学习对生活有用的地理，这为课堂中情境创设提供了内在需求和外在驱动力。而中学生作为受众群体，思维敏捷而活泼，情感丰富而浓烈，且求知欲和好奇心极强，此时他们的形象思维能力在发展，理性思维能力也有较大的提高。将学生置于一种逼真的环境之中，使其亲历感受，从而达到在情境中获取知识、培养能力、升华情感的目的。

在课堂教学中围绕学习内容创设情境进行教学，既能够激活学生的情感体验，提高学生地理学习的兴趣，又能够加强学生参与课堂互动的意愿，从而更好地提高课堂教学效率。

2.能实现知识学习向能力培养的转变

适宜的情境不但可以激发学习的兴趣和愿望，促进学生情感的发展，而且可以不断地维持、强化和调整学习动力，促使学生主动地学习，更好地认知，能维持教学效果，对教学过程起到定向、导引、支持、调节和控制作用。

学习的过程不应只是被动地接受信息，更是理解信息、加工信息、主动建构知识的过程。这种建构过程需要新、旧经验为基础，需要通过新旧经验的相互作用来实现，适宜的情境可以帮助学生重温旧经验，获得新经验。教师提供丰富的学习素材和信息，有利于学生体验知

识的发生和发展过程，有利于学生主动地探究、发散地思考，从而有利于学生认知能力、思维能力的发展，使学习达到比较高的水平。

适宜的教学情境不但可以提供生动、丰富的学习材料，还可以提供在实践中应用知识的机会，促进知识、技能与体验的连接，促进课内向课外的迁移，让学生在生动的应用和活动中理解所学的知识，了解问题的前因后果和来龙去脉，进一步认识知识的本质，灵活地运用所学的知识去解决实际问题，增长才干。

3.利于达成新课标要求，落实学科核心素养

随着《普通高中地理课程标准（2017 年版）》的实施，问题式教学法再次被强调重视，“问题的设计，要依托情境”，以问题整合内容，以问题为引领，贯穿教学始终，让学生在发现问题、分析问题和解决问题的过程中掌握知识、促进思维发展、增进能力提升并促进学生全面发展。问题式教学法实施的关键就在于“知识问题化”，而知识问题化的关键则需要“问题情境化”，教师要善于在情境冲突与矛盾中设计问题，从而推动教学过程。

地理四大核心素养包含人地协调、综合思维、区域认知、地理实践力。人地关系是地理研究的核心主题，因此自然地理的学习是落实核心素养的基础，而人文地理的学习则是落实核心素养的关键。在人文地理中采用情境教学法，情境可以是来自具体的区域中发生的人文地理现象。由于人文地理现象具有区域性、社会性、综合性的特点，由情境引发的学习则必然涵盖核心素养的基本要求，在对情境的分析中，也就自然落实了地理学科素养，从而利于育成核心素养。

二、人文地理长效教学中情境教学的实施策略

运用情境教学，要先有“着眼发展”的教学观念，再提出教学任务，然后优选教学方案，根据教学任务、学情和教师情况及学生特点，选择创设真境的途径。

情境教学的实施策略初步归纳为以下六种。

1.生活展现情境

【策略解读】

学习对生活有用的地理是地理课程标准的基本理念，生活展现情境即把学生带入社会，带入大自然，从生活中选取某一典型场景，作为学生观察的客体，并采用实地观察、多媒体展示、教师语言的描绘等方式，将其鲜明地展现在学生眼前。生活化情境教学植根于学生的生活实际，借助实地考察、地理实验、现代多媒体技术等方式营造与教学内容相适应的生活化场景，让学生在情感体验中积极参与学习活动，培养学生发现、探究和解决地理问题的能力。生活化情境教学不仅源于生活，更高于生活，它是顺应社会发展和课程改革的新生事物，是构建地理课堂教学新模式的途径。

【经典案例】

“城镇内部空间结构”教学片断

(1)引导发现

创设真境

展示重庆市綦江区东部新城景观图(图5-1)(该地是学生生活之地或去过之地),学生观察情境,感知问题。

理解概括

思考新城规划与建设背后的地理知识,发现并提出城市土地利用类型和功能分区等方面的问题。通过系列问题设置引导学生在情境中学习本节内容。

图5-1　重庆綦江区东部新城俯瞰图

A.看图说出,这是哪里?这张图反映出的城市土地利用形式有哪些类型?

B.綦江区东部新城的商业用地、住宅用地、工业用地分别主要集中在哪里?其分布有何特点?

(2)指导探究

分析综合

学生联系日常生活中的经验,描述城市各类土地利用形式的分布,分析其特点。

论证评析

教师呈现图中建筑物所反映的城市功能区(图5-2),引导学生进一步探究。

图5-2　重庆綦江区东部新城功能区分布示意图

“綦江区东部新城的城市地域结构属于哪种类型?形成这种地域结构的原因有哪些?”

“綦江区东部新城的城市结构还将发生怎样的变化?依据是什么?”

学生通过读图,结合城镇空间结构相关知识解答以上问题。

活动:

①读材料“香港中心城区土地利用示意”图文,学生思考香港高级居住区和普通居住区为什么会这样分布?

②读材料“唐代长安城的内部空间结构”图文,说明唐代长安城西市比东市繁荣的原因,讨论东市和西市的布局特点,领悟唐代长安城规划的思想。

学生运用所学知识分析解答,论证解决问题,教师补充说明、修正。

……

【学业评价要点】

学生能够通过实地走访,熟悉本地城市主要功能区,通过景观图、城市地图,判断城市土地利用形式和功能区(地理实践力);能够通过城市地理现象(如人口变化图、交通流量图等)的统计图表,判断城市功能区布局,并概括城市各功能区的特点(综合思维);能够依据城市空间结构理论,解释不同城市功能区的形成原因,判断城市功能分区的合理性并分析原因(综合思维、人地协调观)。

【案例剖析】

在这一节的学习中,从学生身边的生活环境——重庆綦江区入手,以该城市东部新城建筑物作为情境,有利于学生根据生活经验建立起初步认知,并将身边感性的认识做一个理性的提升,从而学习用地理知识解决生活中的问题。然后,由近及远、回顾古代,分析香港和唐代城镇的内部空间结构特点等,培养学生迁移应用能力,促进地理实践力、综合思维、人地协调观等素养的育成。

当然,在实际教学中,根据各个学校的位置、学生的基本情况等,可以更加灵活一点,采用更加贴近学生生活中的情境来教学。有条件的学校,可以安排学生前往实地考察,以建立更为直观的认知。问题设置由简单到复杂,逐层引导学生总结出各类功能用地的布局特征及原因,以达成该节课标要求。

2.实物演示情境

【策略解读】

以实物为中心,略设必要背景,构成一个整体,以演示某一特定情境。以实物演示情境时,应考虑到相应的背景,激起学生广泛的联想。人文地理中的实物选择很多,最易获得的是各种农产品、工业品等,实物情境可以在生活中搜集,通过购买、拍照、拍视频等方式获取。尽量选择便于携带,同时和人文地理课程内容关联性高的实物品种。只要善于收集和挖掘,实物演示情境往往具有很高的教学使用价值。

【经典案例】

“工业的区位因素与区位选择”教学片断

(1)引导发现

创设真境

展示白砂糖、啤酒、矿泉水实物(图5-3)。将实物交给学生,让他们阅读这些工业产品包装上的产地、保质期等信息。学生观察情境,感知问题。

理解概括

学生思考实物背后隐藏的地理原理,理解概括,发现并提出某一类工业的分布及其区位因素的相关问题。如:

“白糖的主要产地分布在哪里?其分布主要受什么因素影响?”

“啤酒的产地主要分布在哪里?其分布主要受什么因素影响?”

图 5-3　实物商品图(白砂糖、啤酒、矿泉水)

"纯净水包装纸上列出的产地有哪些？这些产地对矿泉水生产有何影响？"

(2)指导探究

分析综合

对提出的上述问题进行分析,通过反向思考,进一步探究影响工业的区位因素。

论证评析

"为什么白糖不靠近市场布局,啤酒不靠近原料布局?""为什么有的纯净水产地靠近市场,有的靠近水源地?"

学生从经济因素、环境因素等论证解决上述问题。教师利用教材资料"宝山钢铁厂位置示意图""吉林省抚松县某泉眼及泵站"引导学生分析,以细化、强化影响工业区位的经济和环境因素……

【学业评价要点】

学生能够通过观察生活用品包装袋上的产地等信息,思考实物背后隐藏的地理原理,发现并提出相关问题,探究影响工业的区位因素,判断该生产工厂的主导区位因素(区域认知、综合思维);能够依据钢铁等工业布局的空间变化,理解工业区位因素的发展变化对工业布局的影响,运用国、内外案例说明经济、环境等因素对工业布局的影响,探究合理布局生产力的规律(综合思维、人地协调观)。

【案例剖析】

实物情境直观性强,容易激发学生的好奇心。工业区位因素本身是研究工业的布局,但对大部分学生而言,对工厂一般不熟悉,而对工业产品很熟悉。很多轻工业产品也非常容易获得,产品包装上的产地一般就是厂址,将厂址在地图上标注出来就可以得到工厂的位置,然后进行区位因素分析。采用实物情境法有利于培养学生观察生活和留意身边地理现象的能力,促进区域认知、综合思维、人地协调观等素养的育成。

3.图画再现情境

【策略解读】

图画是展示难以直接观察到的地理事物的主要手段,用图画再现课文情境,实际上就是把课文内容形象化。课文插图、特意绘制的挂图、剪贴画、简笔画等都可以用来再现课文情境。

随着网络和多媒体设备的普及，图画资料的获取和展示都变得容易，教师在教学准备过程中，只要善用搜索，很容易找到各种和知识内容相关的地理图画。通过图画，可以传达很多文字难以表达的信息，而一些典型的地理现象，通过图画也能够引起视觉上的冲击，从而吸引学生注意，增加课堂趣味。同一时间、不同地点的图像可以反映地理事物的空间变化规律；同一地点、不同时间的图像则可以反映出地理事物的时间变化规律。

【经典案例】

“城镇化”教学片断

（1）引导发现

创设真境

展示“深圳市三十年变迁组图”（图 5-4）或相关视频，学生观察情境，感知问题。

理解概括

学生从景观图中找不同，感受并思考三十年来深圳发生的巨变，理解概括深圳景观变化特点，提出问题。如：

“三十年前的深圳景观有何特点?”

“现在的深圳景观有何特点?”

“读图观察，深圳前后三十年，地理环境发生了哪些改变?”

“哪些地理要素受到了城镇化的深刻影响，城镇化对人居环境的改善，主要体现在哪些方面?”

“城镇化对哪些地理要素产生了负面影响?”

甲　深南大道变迁

乙　梧桐山上看深圳变迁

图 5-4　深圳市三十年变迁组图

（2）指导探究

分析综合

学生对提出的上述问题进行综合分析得出结论。

论证评析

结合中国城镇化进程和身边的城市化现象，评论城镇化对区域发展产生了哪些影响?

（3）倡导应用

总结进阶

城镇化的特点及影响。

发展创新

观察和收集当地城镇化过程中的问题，思考产生原因，提出解决措施。

【学业评价要点】

学生能够通过观察某区域景观图或视频、阅读地图，用准确的语言描述它们所反映的城镇化水平提高的表现（区域认知）；能够举出身边的案例，说明城镇化对地理环境的影响（地理实践力、综合思维);能够通过观察和收集当地城镇化过程中的问题,思考产生原因,提出解决措施(地理实践力、人地协调观)。

【案例剖析】

图像记录了很多过去存在但现在已经不存在的地理现象。通过图片(视频)再现过去的地理环境,直观反映出城市化对地理环境带来的巨大改变。通过"城镇化"教学,引导学生从时空角度分析地理事象的发生、发展演化,培养知识迁移能力和区域认知、综合思维、地理实践力等素养。

在实际教学过程中,教师收集和本地有关的各种图片资料,则更能够引起学生的共鸣;从学生熟悉的场景获取的图画资料分析基本地理原理,也更能体现地理在生活中的应用。

4.音乐渲染情境

【策略解读】

音乐的语言是微妙的,也是强烈的,给人以丰富的美感,往往令人心驰神往。它以特有的旋律、节奏,塑造出音乐形象,把听者带到特有的意境中。用音乐渲染情境,并不局限于播放现成的乐曲、歌曲,教师自己的弹奏、轻唱,以及学生表演唱、哼唱都是行之有效的办法。关键是选取的乐曲与教材的基调上、意境上以及情境的发展上要对应、协调。

在实际教学中,音乐往往是作为导入材料在课堂使用,而实际上,音乐能激发人们的情感、想象、思绪,如果对一些音乐做深度挖掘,则音乐能激发的教学元素也是多方面的。因此不应局限于把音乐作为导入材料,而是可以让音乐去诠释更多的地理原理。

【经典案例】

"交通运输方式和布局变化的影响"教学片断

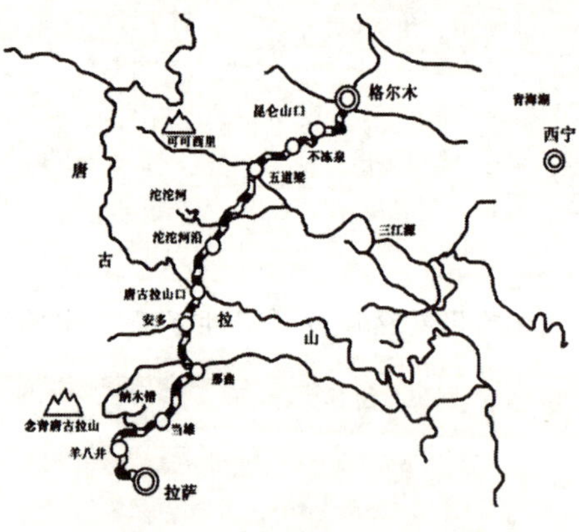

图 5-5　青藏铁路分布图

(1)引导发现

创设真境

展示青藏铁路分布图(图 5-5),以我国青藏铁路建设小插曲为案例情境,讲述歌曲创作背景引出歌曲《天路》。

(创作背景——2006 年建成的青藏铁路是世界上海拔最高、线路最长的高原铁路。2001 年,北京曲作家印青和另一位词作家屈塬,来到青藏铁路施工现场采风时发现,铁路工人和藏族群众都把青藏铁路形象地称为"天路",歌曲《天路》由此创作出来。2005 年春节前,歌手韩红出价 10 万元买下《天路》演唱权,接着请人编曲、配器,然后录音,最后成功进入了当年春节联欢晚会。)

播放歌曲《天路》,并展示歌词内容:"清晨我站在青青的牧场,看到神鹰披着那霞光,像一片祥云飞过蓝天,为藏家儿女带来吉祥。黄昏我站在高高的山冈,盼望铁路修到我家乡,一条条巨龙翻山越岭,为雪域高原送来安康。那是一条神奇的天路,把人间的温暖送到边疆,从此山不再高路不再漫长,各族儿女欢聚一堂。黄昏我站在高高的山冈,看那铁路修到我家乡,一条条巨龙翻山越岭,为雪域高原送来安康。那是一条神奇的天路,带我们走进人间天堂,青稞酒、酥油茶会更加香甜,幸福的歌声传遍四方。那是一条神奇的天路,带我们走进人间天堂,青稞酒、酥油茶会更加香甜,幸福的歌声传遍四方。"

学生观察情境,感知问题。

理解概括

学生思考歌词中蕴含的地理原理,理解概括,发现、提出问题。

据歌词,可设置下列问题:

"青藏铁路为什么被称为'天路'?"

"'天路'的称谓反映出青藏铁路建设中遇到的困难有哪些?"

"影响青藏铁路修建的因素有哪些?"

"青藏铁路的修建对青藏高原地区有何意义?"

(2)指导探究

分析综合

展示中国地形图,结合地图分析提出的上述问题,从歌词中获取部分答案,并进一步分析歌词中没有的答案。

论证评析

青藏地区的地理环境对交通运输方式和布局的影响、修建青藏铁路过程中遇到的困难、青藏铁路修建的区位条件及其意义。

……

在轻松的氛围中完成教学内容。

【学业评价要点】

学生能够通过青藏铁路建设案例和歌曲思考歌词中蕴含的地理原理,发现、提出问题,依据初中地理知识、生活常识,并结合地图,说出青藏高原地理环境的基本特征和铁路运输方式的优缺点(区域认知);能够依据青藏地区的地理环境特征,推测地理环境对交通运输方式和布局的影响,以及青藏铁路在修建过程中遇到的困难(综合思维);能够依据交通运输方式与布局及其对区域发展的影响,评价青藏铁路修建的区位条件及其意义,依据青藏铁路建设中的一些技术特征(如热棒、以桥代路等),推测其对环境的影响,训练联想和迁移能力(综合思维、人地协调观)。

【案例剖析】

该教学案例充分反映出,将音乐地理学中的"人—音—地"的研究方法应用于高中地理教学中是可行的。自然地理环境为音乐提供了物质基础,人文地理环境为音乐提供了精神基础,这使音乐在高中地理教学中成为连接自然地理环境和人文地理环境的纽带。恰当地将音乐应用于高中地理教学中,可以加深学生对区域地理的理解,提高分析人文地理的能力,培养学生的区域认知、综合思维、人地协调观等素养。

在地理学习中,不仅仅可以引用歌曲(词),还可以"借曲换词",将地理知识谱写成流行歌曲的歌词,然后在班级中传唱。教师也可尝试让学生以小组合作的方式选择音乐应用于地理教学,选用相关歌曲填写地理歌词,编写完后能在教学中激发学生学习的主动性。这样既能增强学生的参与度,又能激发其思考与探究。

5.表演体会情境

【策略解读】

情境教学中的表演有两种,一是进入角色,二是扮演角色。"进入角色"即"假如我是××中的××";扮演角色,则是担任材料中的某一角色进行表演。由学生自己进入、扮演角色,材料中的角色就不再只是存在书本上,而是变得生动、立体起来,这样,学生对材料中的角色必然产生亲切感,很自然地加深了内心体验。角色扮演活动中,容易出现学生角色意识不清、主题偏离的情况。教师在分配任务时,要强调"演员"一定要认真阅读"剧本",体验角色心理,使用角色语言。

【经典案例 1】

"城镇内部空间结构"教学片段

影响城镇空间结构最重要的因素是经济因素,要分析经济因素对城市空间结构的影响,对"付租能力"的理解是一个重难点,运用角色表演,是突破这一重难点的有效方法和手段。在学习各类土地利用的付租能力时,可以设置"土地拍卖"的活动,分别让学生或不同小组扮演商场老板、地产开发商、工厂厂长等角色,让他们分别根据自己行业的特点通过拍卖出价来获取合适的土地。

(1)引导发现

创设真境

"土地拍卖"角色扮演活动(表 5-1),学生观察情境,感知问题。

理解概括

学生思考角色特点和任务,理解概括,提出问题。

表 5-1 角色分配与角色任务

角色分配	角色特点	角色任务
商场老板	商业区特点:占地面积小 商业区位:人流量大、交通便利 商业特点:盈利周期短	考虑成本和收益,通过拍卖,选择一块商业用地

续表

角色分配	角色特点	角色任务
房地产开发商	住宅区特点:占地面积大 住宅区位:方便居民生活 房地产特点:盈利周期居中	考虑成本和收益,通过拍卖,选择一块住宅用地
工厂老板	工业区特点:占地面积较大 工业区位:便于原料和产品运输 工业特点:盈利周期长	考虑成本和收益,通过拍卖,选择一块工业用地

(2)指导探究

分析综合

各角色根据自己行业的特点,并结合图5-6和图5-7,分析付租能力的强弱对土地利用的影响,通过拍卖出价来获取合适的土地,理解产业活动会在空间发生集聚以及城市"同心圆"模式形成的原因。

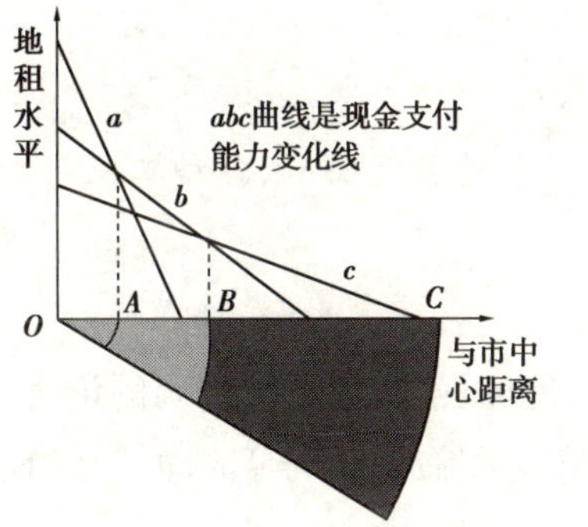

图5-6 城市土地利用付租能力变化图

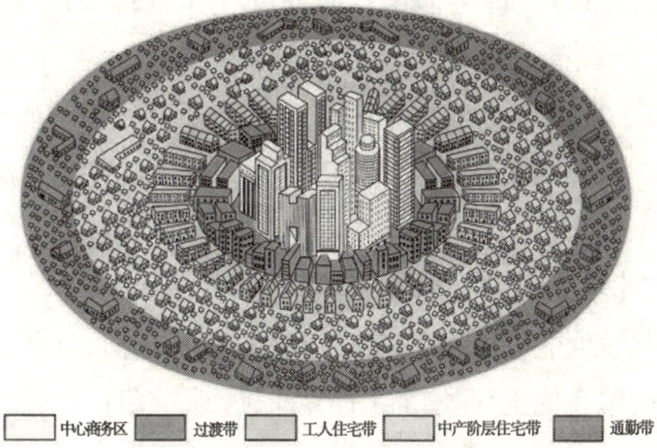

图5-7 城市"同心圆"模式图

论证评析

理解城市内部空间结构模型——"同心圆"模式的形成过程。学生评论城镇内部空间结构的形成。教师结合教材资料"北京市副中心与城区关系示意"图等,指导学生认识城市内部空间结构形成的复杂性。

……

【学业评价要点】

学生能够通过收集商业、房地产、工厂等相关信息,在角色扮演过程中,用较为准确的口头语言、肢体动作表现出商场老板、房地产开发商、工厂厂长等角色的特征,展现对角色的感知、语言表达和临场反应等活动能力(地理实践力);能够通过对不同角色扮演的观察,理解城市地租曲线的变化特征及其功能分区的形成原因与影响因素,并进一步理解经济因素对城市空间结构的影响,影响工业区位的因素与工业区位如何选择(综合思维)。

【案例剖析】

通过角色扮演完成“土地拍卖”活动,最终不同的土地会被不同的角色以不同的价格获得。这不但可以让学生理解付租能力的强弱对土地利用的影响,更能明白产业活动会在空间发生集聚的原因,也就更能理解最基本的城市内部空间结构模型——“同心圆”模式的形成过程。最后,教师结合教材案例指导学生分析相关问题,提高认识,培养学生综合思维、地理实践力等核心素养。

【经典案例 2】

“工业区位因素与区位选择”教学片段

引导发现

创设真境

某位朋友打算自己办一个工厂,学生根据该工厂生产方向以“如果我是该厂厂长,我将如何选址”角色扮演。学生观察情境,感知问题。

理解概括

学生结合工厂发展方向思考作为厂长应考虑的工业区位因素,发现、提出问题。

依据教材“工业生产的一般过程”图,可设问:

“最理想的建厂环境是什么?”

“理想的建厂地存在吗? 如果达不到理想的环境,怎么办?”

以此指导学生探析,理想区位和现实区位因素对工业区位选择的影响,各种工业导向型产生的原因。

【学业评价要点】

学生能够通过收集工厂等的相关信息,在扮演厂长角色过程中,用较为准确的语言、肢体动作表现出厂长角色的特征,展现对角色的感知、语言表达和临场反应等活动能力(地理实践力);通过对角色扮演的观察,理解影响工业区位因素与区位选择的关系(综合思维)。

【案例剖析】

角色扮演让学生以主人翁精神来提问题,从“心”出发,说出自己的真实想法,更实在。角色扮演的关键是选择内容和分配角色,对比较复杂的问题,教师可以指导学生课前做好必要的资料查询等准备工作。比如工业区位选择还可以设定具体工业部门的工厂厂长,让他们根据不同工业部门的特点,分析区位条件选择厂址,从而让学生多方面地理解“工业导向型”这一知识点。这就需要学生提前对要选取的工业部门进行了解,避免因为不了解而胡乱表演。

6.语言描绘情境

【策略解读】

以上所述创设情境的五种途径,都是运用了直观手段。情境教学十分讲究直观手段与语言描绘的结合。在情境出现时,教师伴以语言描绘,这对学生的认知活动起着一定的导向性作用。语言描绘提高了感知的效应，情境会更加鲜明，并且用带着感情色彩语言作用于学生的感官是一种非常有效的刺激。学生因感官的兴奋，主观感受得到强化，从而激起情感，促进自己进入特定的情境之中。很多时候，随着教师年龄的增大，直观手段逐渐减少，单纯地运用语言描绘将学生带入情境的情况增多。

【经典案例】

"人口迁移"教学片段

(1)引导发现

创设真境

展示某地人口聚集景观照和"中国人口的分布(2010年)"图(见教材)。用以下的语言进行介绍(教师或师生合作完成)。

中国国土上有一条看不见的线，你不一定知道这条线，但它却影响着你的生活。线的西北方向，是"大漠长河孤烟"，占国土面积的64%，却仅有4%的人口；而线的另一边，是"小桥流水人家"，仅有36%的国土，却聚集着另外96%的人口。那是一条清晰的、几乎骤然就从熙熙攘攘变得人烟稀少的分界线，就好像从南到北的中国人，在接近这条线时会意识到什么，于是不约而同停止了向外迁徙的步伐。这让胡焕庸忍不住感叹："其多寡之悬殊，有如此者。"

1935年，时任中央大学地理系主任的胡焕庸以1个点表示2万人，将2万多个点(当时中国人口约4.75亿)落在了地图上；再以等值线画出人口密度图；最后画出了中国的人口地理界线——"爱辉—腾冲线"，即现在的"黑河—腾冲线"，首次揭示了中国的人口分布规律。在这条线被发现后的几十年里，很多惊天动地的事情发生过：建设兵团垦荒戍边，支援大西北……国人一次次地大规模从线的东面迁往西面。然而，2014年4月11日，当即时通信软件腾讯QQ的同时在线用户数突破2亿时，有人发现，用户们依然从东北到云南画出了一条清晰的边界线，一边满是QQ在线的信号，另一边就是大片黑暗，一如1935年中央大学教授书桌上人口分布图的模样。

这条线如今仍被称为"胡焕庸线"。在2009年地理学界评选出的"中国地理百年大发现"中，它仅次于"珠峰测量"，名列次席。

学生聆听讲述，观察情境，感知问题。

理解概括

学生思考中国人口密度分界线——"胡焕庸线"，理解概括，发现、提出问题。

依据教材和资料，可设置下列问题：

"新中国成立以来，在'胡焕庸线'两边发生过哪些人口迁移？产生这些迁移的原因是什么？"

"为什么多次人口大迁移后，中国的人口密度界线仍然没有发生变化？这条线能够持续70多年不变反映了影响我国人口分布的因素是什么？"

(2)指导探究

分析综合:指导探析上述所提问题,在此基础上,学生进一步深入思考并探究:

“为什么这么一条看似简单的界线可以入选‘中国地理百年大发现’?”

“这条线的存在对我国人口政策有何启示?”

“从胡焕庸先生发现这条线的方法可以获得什么样的学习地理的启示?”

论证评析:学生评论人口地理界线对中国的地理意义,教师补充说明、修正。

(3)倡导应用

总结进阶→发展创新

总结人口迁移的原因与影响,倡导运用胡焕庸绘制人口地图的方法,搜集身边某地理事物的分布信息,绘制空间分布地图,通过网络等途径搜集反映中国人口分布特征的图表(如春节迁徙地图、淘宝网店分布图、大学分布图等),地理学家与地理发现的故事,并整理加工,以手抄报、黑板报或班会课等形式在全班分享。

【学业评价要点】

学生能够通过“胡焕庸线”的故事,发现、提出问题,探究我国人口迁移的原因,依据人口地理学知识,解释中国人口地理界线相对稳定的原因,并就“中国是否能够突破胡焕庸线”发表自己的观点,评析人口地理界线对中国的地理意义(综合思维);能够运用胡焕庸绘制人口密度图的方法,通过搜集身边某地理事物的分布信息,绘制相应的空间分布地图,并用文字概括其分布特征(地理实践力);能够通过多种途径搜集反映中国人口分布特征的图表,有关地理学家与地理发现的故事,并以多种形式分享,训练宏观战略布局思维(地理实践力、人地协调观)。

【案例剖析】

该教学案例可用于教学“中国人口分布与迁移”,通过这样的语言描绘,就构建起了一重“伟大地理发现”的情境,让学生更加深刻地理解人口界线对于中国地理的意义。这样“黑河—腾冲线”就不仅仅是一条地图上的人口界线,而是一条承载着历史、承载着地理方法、承载着情感态度和价值观的重要地理规律和原理。在介绍历史背景和发现历程中,合理的语言可以提升感染力,从而营造出一种带有情感的时空感。如果不用语言去介绍“胡焕庸线”的背景,通过幻灯片展示,学生自然也可以阅读,但体验不到教师语言介绍中的那种地理情感。

情境教学法不仅仅是依托情境去学习知识,也可以将知识点还原到它被发现的情境之中。而这个还原的过程,通过语言的表达,为知识点包裹上一种带有情感和想象的情境,有利于学生在学习知识的同时,体会到一种精神上的旅行。

三、人文地理长效教学中情境教学的应用建议

1.选用真实案例,创设生活化情境

学习知识的重要目的是解决现实生活中出现的问题,即学习服务于现实。知识的学习

与运用应紧紧围绕实际生活,生活中的真实案例是学习地理最好的素材。

生活中真实的人文地理案例比比皆是,取材也十分的便捷。比如,人口分布与迁移,可将班级学生的祖籍和户籍变化作为情境;城市地域结构和城市化,可将当地的城市功能区、城市发展、城乡规划等作为情境;城市等级与服务功能可将农村的赶集、家庭采购不同商品购物地的选择等现象作为情境;区位因素的分析可将校园周围的农场、工厂、商场、小区、医院等地理事物的分布作为情境;交通布局可将身边的某条公路、铁路的选线,或是某个车站、码头、公交站的选址作为情境。

只要教师善于观察生活、体验生活,就能从随处可见的生活场景中获取真实的地理案例作为教学素材。从实际生活出发,创设教学情境,让学生领会蕴藏在生活中的地理知识,不仅可以提高学生的学习兴趣,还能教导学生学以致用,提高学生运用知识解决实际问题的能力。在学习生活化的情境中,学生可以融入自己的生活经验,从而让学习有了基础;而真实的情境,则更能激发学生的求知欲,也更能体现地理学科的实用价值。

2.加工生活素材,形成课堂教学情境

情境的选择要真实,情境的创设要生活化,但又要避免情境使用的随意化。情境的创设不等于随口举例,举例只是让比较复杂的地理知识或地理原理变得通俗易懂,其随意性较强。而情境教学是通过对情境的剖析达成一堂课的教学目标,实现地理知识的系统学习,随意创设的情境,很难支撑起一堂真正的情境教学课。因此,在创设情境的过程中,必须要对真实案例进行加工,创设出符合学生生活实际的情境,才能让它更好地引领课程教学,让学生更快地融入课堂。

依据《普通高中地理课程标准(2017 年版 2020 修订)》,对于情境的创设有四个层次,分别是“简单、熟悉的地理事象”“给定的简单地理事象”“给定的复杂地理事象”和“现实中的地理事象”,这是情境设计由简单到复杂的思路。因此,创设生活化情境的过程,也是一个对真实案例的加工过程,教师必须根据学习内容、课标要求和学习阶段等因素,创设符合实际教学需要的情境。

生活中的案例,不一定符合生活化的情境,因为生活中的案例往往具有不良或不完全结构,有很多冗余或缺失的信息,这些信息可能会脱离学生的生活实际,也可能会干扰教学的主题。这样的案例若不经过加工,则可能使得课堂结构显得不紧凑甚至凌乱。而过多的冗余信息会干扰对主要问题的分析,让师生在细枝末节中纠缠,从而使一堂课的目标不清晰,重点不突出,过程不连贯。当然,在加工情境的过程中,也要避免将“枝叶”剔除得太干净,或将缺失的信息补充过多,这样会使真实情境变成了理想化的情境,也将失去生活化的特点。

对情境的创设与加工可以按照以下三个步骤进行。

(1)增删信息,使其与地理主干知识点相切合

从生活中直接获取的案例犹如刚刚开采出来的矿石,它含有许多的杂质,同时也可能缺少某些课堂中必需的重要元素,必须要经过加工、提炼、打磨,才能变成满足特定用途的课堂

情境。此时，就需要以一堂课的地理知识点作为模板，对案例进行加工，删除不符合或不属于本堂课内容的冗余信息，同时也要增添一些原始案例中所没有的素材进去，使其达到能在课堂中使用的标准。对原始素材的加工提炼，很考验一位教师的“工匠精神”，不断地重复这个过程，从粗略加工到精雕细刻，一位教师也就可以逐渐从学徒小工转变为能工巧匠。

（2）调整结构，使其与课堂教学目标一致

情境往往包含位置、时间、地理事物等要素，这些要素在生活中是叠加在一起的，没有拆分。但生活中的结构不一定符合课堂结构，即这些要素在实际生活中的呈现方式不一定满足课堂教学目标的达成。这个时候，就需要对一个情境按照构成情境的要素进行拆分和重组，使其符合课堂教学结构，从而顺利达成课堂教学目标。例如，地理事物发展的过程，是按照原有的发展历程进行研究，还是采用追根溯源的方式研究，就涉及时间结构的调整。人文地理现象形式多样，谁先呈现、谁后呈现就涉及地理事物结构的调整。

同样的情境，可以拆分和重组成不同的结构类型，而不同的结构类型所达成的课程目标不一致。例如，同样以德国鲁尔区的工业发展作为情境，可以作为工业地域类型中传统工业区的情境，也可以作为区域地理中资源开发利用的情境，而要达成不同的教学目标，对鲁尔工业区发展历程这一情境的解构也就会不一样。

（3）推演过程，使其不违背科学性

在经过以上两步之后，原来的情境发生了变化，它既来源于生活，又高于生活。它仍然真实，但却不是全部的真实。经过加工和调整之后的情境，虽然符合课堂的需要，但有可能为了符合课堂的要求，生硬地嫁接了其中的联系，从而违背了基本的科学性。因此，需要按照课堂的流程，运用地理学的基本原理和综合分析的方法，对情境进行推演，以验证其科学性。要让情境现象和地理知识在原理上进行充分的融合，既要符合事物发展基本逻辑，也要遵循地理基本原理。

在推演的过程中，也是对前两个步骤的验证，如果在推演中出现不合理的情况，则需要返回到前两步。一堂好的情境教学课，往往都是多次推演并修改的结果。情境创设的最高境界是“虽由人作，宛若天成”，越是生活化的情境，越是精加工的结果，但却看不出加工的痕迹。

另外，对情境的加工还包括对图片、视频等信息的处理，选取的图片和视频要清晰、典型。如果是实地拍摄，则需要注意拍摄的时间、方位、角度，拍摄完成后，进行适当的后期处理，使其符合课堂教学的主题。

3.注重巧妙设问，把握情境教学关键

设问是课堂教学中最为普遍的教学行为之一，而且是教学过程中师生交流的重要渠道，很多的课堂活动都是以问题为中心而展开的，可以说课堂设问浓缩了教师对课堂和学生的理解，是课堂教学艺术的精华所在。

传统的课堂是以知识的直接讲授为主，情境教学法则要求将知识隐藏在情境之中，然后

以问题的形式引导学生运用已有知识去学习新的知识。巧设问,第一步是将知识问题化,教师在备课时,要思考如何将一堂课的知识点通过提问的方式来呈现;第二步是变知识结构为问题结构,知识点之间具有联系,从而形成知识结构,这就要求问题之间也要有联系,从而形成问题结构。

巧设问是情境教学实施的关键。情境教学中的设问,重在巧妙,设问应该具备目的性、启发性、多样性、方法性、示范性和情感性这六个方面的特征。好的问题可以让教学效果事半功倍。巧设问的关键在于找到情境中的矛盾冲突点,从而将问题设置在每一个矛盾冲突点上,再以问题引导学生进入情境并引发思考,通过分析情境中的矛盾冲突,在解决问题的过程中达成教学目标。

情境教学还需要提高提问的有效性,提出具有较强目的性和启发性的问题,避免出现简单的是非问题、识记性问题或者无效的反问。效率低的问题,会使情境脱离主题,从而使课堂效率降低。同时,设问应兼顾全体学生的反应,而不是只有个别优秀学生的回答。问题要让每个学生都有思考的空间,从而实现解决问题的过程就是教学目标的达成过程,也是地理素养的养成过程。

4.渗透学法指导,灵活运用情境教学

教学中对学生的学法指导要纳入常态化,据教学内容进行相应的学法指导,帮助学生学会学习。例如,在教学中适时交流学习经验,有机渗透点滴学习方法,让学生不断领悟,多思考“我怎样学习”,引导他们总结如何从情境中发现问题、解答问题,理清分析问题的思路,形成准确、简洁的表达语言,并内化为自己的东西等。

“三阶六环四步”长效教学模式中第一环“创设真境”对应第一步“观察”,说明了在教学中,教师要创设真实的问题情境,引导学生观察,引发思考,发现并提出问题。在情境教学活动中,教师结合课题内容,选择适合的创设真境途径,灵活运用情境教学。创造条件,带学生走出去开展研学活动,在真实而复杂的现实情境中发现、探究、解决问题,获得真知识,提升真能力,促进学生的地理实践力、综合思维等素养进阶,发展核心素养。

第二节　案例教学策略

案例是包含问题和情境的真实而典型的事例,是指教材内容中重要问题的实例,即那些在日常生产生活素材中“隐含着本质因素、基础因素的典型事例”。案例教学是以案例为媒介、以问题为导向、以探究为基础的一种课堂教学策略,是教师根据教学目标和教学内容的要求,以真实的案例情境为基本教学材料,指导学生对案例进行分析、讨论、研究,提出问题、分析问题、解决问题,并运用案例个案来说明一般情况,归纳总结出通理方法,再用通理方法

解决同类问题，针对个例差异进行分析，使教学内容更加典型化，使学生从“个”推知“类”，由特殊归纳一般，通过典型案例理解普遍规律性的东西，掌握知识结构，进而深刻揭示学科原理和规律、有效训练学生能力的情境式教学法。

一、人文地理长效教学中案例教学的意义

教师在运用“三阶六环四步”长效教学模式指导人文地理课堂教学时，实施案例教学策略，不仅有助于增强学生的地理学习兴趣，还有利于激活思维，加深学生对抽象知识和原理的理解认识，升华情感，提高分析和解决实际问题、创新和团队协作等能力，发展学生综合思维等地理学科核心素养，促进中学地理教学改革。

1.激活思维，加深地理认识

（1）以案例传授地理知识

地理案例既是地理知识的一种载体和呈现方式，也是一种情境化的学习材料，具有直观性、形象性和典型性等特点，利于高效地达成传授地理知识的目的。例如，在教学“交通运输方式和布局”时，我国交通建设成果斐然，可用最近竣工通车的一条高铁线路为例设计教学案例，组织教学。在学习2017版新课标中图版地理2教材“运输方式和交通布局与区域发展的关系”一节时，可通过案例研究“石家庄的变化”，引导学生分析铁路的修建与石家庄每个时期的变化成什么样的关系，铁路的修建对石家庄的影响有哪些方面，使学生深刻认识交通运输线路和站点布局的区位因素，进而牢固地掌握交通运输方式和布局变化的影响。

（2）以案例揭示地理规律

案例教学从原理来讲，是由个别到一般的归纳与总结，是由具体个案到共同规律认识的过程，其显著特征是启发性。教学中可通过对某一案例或与不同案例的比较，分析其异同点，运用类比方法得出一般性地理规律。例如，在学习“农业的区位选择”时，借用2017版中图版地理2教材中我国“三江平原大豆种植”和“摩洛哥绿洲”典型案例，展示在不同条件下形成的两种农业地域类型，揭示影响农业地域类型的主要区位因素，引导学生深刻理解农业生产特点是随着区位因素而变化的，某一个因素的变化将会引起其他因素的相应变化，最终导致地理整体特征的变化这一规律。同时，依此引领学生分析探讨影响我国东北地区农业的区位因素，加深学生对其规律的进一步理解和运用。

（3）以案例论证地理原理

案例教学是运用典型案例来承载某种地理原理或思想方法，分析案例的过程就是要挖掘其反映的地理原理和规律。在地理课堂教学中，通过对具体地理案例的剖析、归纳，总结出普遍性的地理原理或者通过案例教学为某种地理原理提供支持和印证，从而加深对地理原理的理解。例如，在学习“城镇化（城市化）”时，利用“英国的城市化过程”的典型案例，分阶段呈现在“郊区城市化—逆城市化—再城市化”过程中分别出现的现象、存在问题和应对

措施，探究城市化的进程，并因势利导，进而分析和判断我们所在的城市将要经历的发展阶段、可能出现的问题等，强化学生对城市化发展过程及特点这一原理的认识。

2.升华情感，培育核心素养

（1）以案例升华情感、态度和价值观

地理教学案例具有良好的教育功能，通过对地理事象的分析，可以拓展学生的思维，使学生树立可持续发展的观点，并逐步形成积极向上的人生观、世界观和价值观。例如，2017版新课标中图版地理 2 教材“乡村和城镇内部的空间结构”一节，“合理利用城乡空间”的教学内容提到，合理利用城乡空间需要统筹城乡区域发展；从城乡实际出发，因地制宜；保护生态环境，合理利用自然资源；实现城乡可持续发展。教材选用了“四川成都新农村综合体”建设的案例，经过多年探索，四川成都在城镇规划区外的农村地区成片成带推进“小规模、组团式、微田园、生态化”新农村综合体建设，已经取得显著效果，并计划到 2025 年建成新农村综合体 500 个以上。如何看待农村地区建设新农村综合体的现象？新农村综合体是如何规划设计乡村内部空间结构的？新农村综合体是如何处理村民适宜居住、环境良好和节约土地之间的关系，并合理利用乡村空间的？可以引导学生收集、阅读资料或通过自己的调查，了解新农村综合体建设状况，分析新农村综合体建设对于合理利用城乡空间的作用，探讨新农村综合体建设与村民生活、自然环境之间如何平衡的问题。这样，既做到了理论联系实际，又升华了学生的情感、态度和价值观。

（2）以案例培养综合思维等素养

案例教学的首要目的是要“培养和发展学生的判断力，锻炼学生的问题解决技能”，运用案例教学是培养学生探究能力的重要手段。教学中，通过典型案例提出地理问题情境，让学生主动寻找结论，努力去解释这一地理现象，使学生形成问题意识，能找出问题间的联系，学会分析地理问题的方法和策略，并能制订解决地理问题的方案，从而培养综合思维、人地协调观等素养。例如，2017 版新课标湘教版选择性必修 2 区域发展“生态脆弱区的综合治理——以我国荒漠化地区为例”，可通过感受深刻的黄土高原水土流失为例进行教学，采用以图为线索，引导学生逐步深入思维的教学过程。首先，列举出学生已感知到的有关水土流失现象；然后，依次展示“黄土高原分布”“黄土高原千沟万壑的地表形态”“黄土高原地貌类型与降水特征”“黄土高原植被类型”等图片和相关资料，并层层设问，引导学生逐步分析水土流失的形成过程和原因，找出治理黄土高原水土流失的对策。

人文地理教学对学生能力培养的定位方向和自然地理明显不同。它要求培养学生对地理事物进行概括、描述和对地理事物间联系进行分析的能力；用地理规律原理进行认识、分析、理解、推导、阐述现象，解决实际问题的能力；对地理信息资料进行提取、认定、判断、反思的能力。因此，在人文地理的教学设计上重在探究、体验，贵在参与，注重过程，强调方法。与传统教学相比，在人文地理教学中运用案例教学法在上述能力的形成和培养方面体现出明显的优势，教师根据教学目标和教学内容的需求和学情，以地理案例为载体，组织学生进

行案例的阅读、分析，进而将学生带入特定的地理教学情境进行研究讨论，形成自己的见解或解决方案，从而培养学生综合运用地理学科理论和知识分析问题和解决问题的能力，发展综合思维等地理学科核心素养。

二、人文地理长效教学中案例教学的实施策略

人文地理研究的内容广泛，高中阶段人文地理知识主要包括人口、城市、工业与农业区位因素、交通、环境问题等。就每个研究内容而言，涉及空间分布、形成过程、发展规律和演变趋向等方面的问题。要研究这些问题，则需要结合具体的人文现象进行分析。同一类人文地理现象有大量可供研究的实例，但这些实例包含共同特征，蕴含的规律和原理是一致的。因此，选择恰当的案例进行研究是非常有效的方法，案例教学的操作步骤一般为"呈现案例—分析案例—案例结论—迁移应用"。在课堂教学中，选用合适的案例组织教学，实现由"个"到"类"再到"个"的归纳演绎，使学生自己去发现、归纳人文地理原理，真正理解人文地理现象、特征与成因之间的内在联系。这样，学生学到的知识扎实有效，并能灵活运用于解决实际问题。

案例教学法可分为归纳演绎式案例教学法、递进联动式案例教学法和自主合作式案例教学法等类型。不同种类的案例教学法具有不同特征，分别适用于不同的教学领域，实施策略也有所差异。

1.归纳演绎式案例教学

【策略解读】

归纳演绎式案例教学，是指教师在开端引课探究地理原理或课中进行概念讲解、理论分析的基础上，引入容量适度的案例对知识点进行归纳、演绎，深化学生对重要教学内容的理解与记忆。这种教学方法的特点包括：第一，案例容量相对较小但伸缩有度，可达到与知识点的多少及其重要程度的严格配比；第二，案例内容与实际情况密切联系，可以让学生产生学以致用的主观体验；第三，这种教学方法占用课堂时间相对较少，在教学中应用最为普遍；第四，教学过程以教师为中心，辅以问答式师生互动。

【经典案例】

"举例说明人口迁移的原因"教学片段见表 5-2。

表 5-2 “举例说明人口迁移的原因”教学片段

<table>
<tr><th>教学阶段</th><th>教学环节与步骤(师生活动)</th></tr>
<tr><td>引导发现</td><td>创设真境
呈现案例:播放“美丽广安”案例视频,学生观察情境,感知问题。
理解概括
①学生思考老师的“成长梦”,从中发现、提出问题。如“老师的追梦过程展现了什么地理概念?”……
②通过老师的成长梦引出人口迁移的概念和主题,再列举身边人口迁移的案例,关注人口迁移。</td></tr>
<tr><td>指导探究</td><td>分析综合
分析案例:
①梳理概念,认识人口迁移;对比分析,明确人口迁移的类型。
②推测去向,初识迁移方向。
可设问:难忘故乡情,儿时的小伙伴都去哪儿了?
大胆推测儿时小伙伴的去向,将推测地点标注在学案上,初识家乡的人口迁移方向。
论证评析
案例结论:
①合作探究,寻因探规。
探寻广安人口外迁的原因——带着好奇回到家乡寻根问底(资料呈现);展示现状,寻找原因(分析影响广安人口迁移的原因);对比分析评论,总结规律。
②归纳人口迁移原因。
引导提问——哪类因素对人口迁移的影响越来越强?为后续学习埋下伏笔。</td></tr>
<tr><td>倡导应用</td><td>总结进阶
知识总结,体系构建“人口迁移”。
发展创新
①回望家乡——家乡富裕梦。
视频播放,感受人口迁移对家乡的影响;为家乡的巨变兴奋,也为家乡的留守老人和儿童忧愁。
②为梦而迁,人地协调——中国腾飞梦。
为家乡发展建言献策,为梦而迁,人地协调!
③案例迁移——学以致用。
利用“美丽广安”案例得出的分析人口迁移的方法,展开对其他人口迁移案例的分析讨论。实践:调研身边人口迁移的案例,分析其原因,畅想未来,学以致用。</td></tr>
</table>

【学业评价要点】

学生能够通过教师或家人的亲身经历,从区域的视角认识人口迁移的概念和主要类型;能够正确看待人口迁移现象(区域认知);能够利用家乡图文资料,通过小组合作、探究互动等形式，开展多要素综合分析认识影响人口迁移的因素，并用动态的观点研究人口迁移现象发生、发展及未来的变化规律（综合思维）；能够通过实地考察、调研访谈等方式收集和处理身边人口迁移的有关资料，分析人口迁移的原因（地理实践力）；能够通过视频学习和实地走访，感受人口迁移对地理环境的影响，树立正确的区域发展观和人地协调观，培养学生热爱家乡、建设家乡的情感（人地协调观）。

【案例剖析】

本节教学活动主要通过呈现教师自身成长案例视频，引导学生掌握人口迁移的概念和分类，并通过案例学会分析影响人口迁移的主要原因，归纳演绎得出案例结论，并迁移应用，发展创新，为后面进一步学习人口迁移的影响打下基础，同时对"城镇化"等人文地理学习起到示范作用。对培养和提高学生提取信息、分析问题、解决问题等能力有着十分重要的意义。通过对人口迁出地区的探究，让学生关注落后地区，关注区域均衡发展，培养热爱家乡、热爱祖国的情怀。总之，用"三阶六环四步"长效教学模式指导人口迁移的案例教学，利于培养学生区域认知、综合思维、人地协调观、地理实践力等素养。

2.递进联动式案例教学

【策略解读】

递进，即按一定顺序由浅入深推进；联动，即相关联事物联合行动。递进联动式案例教学法的基础是对关联事物案例内容的分析，核心是对问题链条的递进式研讨，实质是实现对知识点的串接与应用。优秀的递进联动式教学案例必须具备鲜明的目的性、系统性和层次性，其中最具挑战性的一环就是问题设计。如果问题链设计失败，会破坏整个教学过程的系统性，教学目标与要求同样难以有效实现。我们认为，如果某些教学板块中不能就某个案例形成一串严密的问题设计，那么更为明智的选择是放弃此教学法，沿用传统讲解式教学。

【经典案例】

"交通运输方式和布局变化对城市空间形态的影响"教学片段见表5-3。

表5-3 "交通运输方式和布局变化对城市空间形态的影响"教学片段

教学阶段	教学环节与步骤（师生活动）
引导发现	**创设真境** 呈现案例： 猜城市——甲：曾经的北宋都城，曾经的河南省会，现在的普通地级市；乙：曾经的小县城，现在的河南省会，入选国家中心城市。学生观察情境，感知问题。 **理解概括** 学生思考两个城市的发展、比较其异同，发现、提出问题，引入课题，展示学习目标。

续表

教学阶段	教学环节与步骤(师生活动)
指导探究	**分析综合** 分析案例: ①开封的兴盛与衰落。 A.展示《清明上河图》,设问:开封城的粮食从何而来?汴河是一条怎样的河流? B.分析开封城走向衰败的原因。 C.探讨交通运输方式兴衰对城市空间形态的影响。 ②铁路托起郑州梦。 A.播放视频"郑州火车站"纪录片,展示课前作业。 B.绘制不同历史时期郑州城市空间形态演变。 C.阐述城市形态的演变与交通条件变化的关系。 D.深入探究: 1949—1989年郑州城市形态的主要拓展方向。 双"V"字形铁路内侧城市发展的特点及原因。 1989年至今,郑州城市空间形态主要拓展方向。 同一块土地利用类型发生了怎样的变化?为什么? 探讨交通条件的变化是如何影响城市空间形态的。 **论证评析** 案例结论: 评论两个案例,归纳交通运输方式和布局变化对城市空间形态的影响。
倡导应用	**总结进阶** 逻辑关联,体系建构"交通运输方式和布局变化的影响"。 **发展创新** ①从郑汴一体化,到郑开同城化,共绘美好未来。 大胆猜想,规划郑开两城之间区域的城市形态变化。 ②案例迁移——学以致用。 利用"开封与郑州"案例得出的分析交通运输方式和布局变化影响的方法,展开对其他相关案例的分析讨论。 实践:调研学校所在地,以当地为案例,探究交通运输方式和布局变化对城市空间形态的影响。

【学业评价要点】

学生能够分析不同历史时期交通运输方式和布局的变化对郑州聚落空间形态产生的影响,进而总结出一般规律(区域认知);能够通过对典型案例的分析,巩固阅读、分析、运用地理图文资料的技能,训练综合分析地理问题的能力(综合思维、地理实践力);能够以郑汴一体化为案例,增强关注城市发展规划的意识,加强对乡土区域的认知,培养家国情怀与责任担当,落实“立德树人”的根本任务(区域认知、人地协调观)。

【案例剖析】

本节教学活动主要通过开封和郑州两座城市的关系为切入点,激发学生的兴趣,然后讲述开封的兴盛与衰落和郑州的前世今生,最后又因为郑开大道和郑开城际公交、郑开城际轻轨的开通,使这两座城市现在又和好如初、相拥相融,带动中原城市群向前发展。用“三阶六环四步”长效教学模式指导该教学内容的案例教学,整个教学活动中设计了严密的问题链,通过学生实践活动和小组辩论,层层推进,联合行动,以案析理,迁移应用,激发学生的思维能力;同时,也关注学生综合实践能力,将地理核心素养的培养落实到课堂中,强化学生的区域认知、综合思维、地理实践力及人地协调观素养的育成。

3.自主合作式案例教学

【策略解读】

自主合作式案例教学必须严格遵循以案例为中心、以学生个人自主学习与小组合作探究为中心的教学安排。这种教学安排完全打破了教材式、框架式的传统教学结构,取而代之的是课堂案例讨论。因此,理论学习必须由学生在课前自主完成,案例内容也要在课前提前进行消化。这就要求参与学生具备过硬的功底,包括自主学习能力、沟通表达技巧和参与辩论的勇气。自主合作式案例教学法的核心作用在于实践性,这点尤其体现在案例内容上,案例资料应当来自真实世界中的现实问题。

选择性必修 2 教材用大量的案例引导学生了解区域,分析具体区域地理问题,学会分析案例,提取有用信息,提出解决具体区域地理问题的措施。这些都体现了中学地理学科核心素养的四大方面。研究具体区域需要构建区域认知,在研究具体区域问题的过程中需要综合思维,学会用辩证思维分析区域问题:分析出利弊与优劣;解决区域问题,实现人地和谐,体现人地协调观;一些具体区域问题需要学生实地考察,体现地理实践力。

【经典案例】

“地理环境为新加坡经济发展提供了哪些条件”教学片段见表 5-4。

表 5-4 “地理环境为新加坡经济发展提供了哪些条件?”教学片段

教学阶段	教学环节与步骤(师生活动)
引导发现	**创设真境→理解概括** ①呈现案例,预习准备素材。 学生:预习“新加坡”案例,观察情境,结合图文材料,感知问题,理解概括,围绕地理环境如何影响新加坡提出一些问题,并将问题交给老师。 教师:结合案例素材和教辅资料以及学生上交的问题,综合考虑,设计符合课堂要求的问题和课堂环节,预想课堂中可能出现的生成性问题…… ②研究方案,准备开展活动。 教师研究学生分组方案,以便顺利开展“小组合作探究”。

续表

教学阶段	教学环节与步骤(师生活动)
指导探究	**分析综合→论证评析** ①展示问题链(由师生共同提出)。 A.新加坡的地理概况会分析吗? B.新加坡地理位置的重要性体现在哪些方面? C.新加坡地理条件对农业和工业的影响有哪些?对不利条件是如何解决的? D.促进新加坡工业发展的外在条件有哪些? E.新加坡的地理条件如何影响服务业的发展? F.新加坡的哪些地理条件促进其向海外投资? G.中新(重庆)战略性互联互通示范项目,对新加坡有何影响? ②同伴互助,小组合作探究,分析案例。 小组人员的分工及分工标准是根据每个人的特长,善于组织活动的学生为组长、善于记录的学生为记录员,善于表达的学生为中心发言人。为了让每一名学生都得到锻炼,定期轮换主发言人,每人都有发言的机会,以便在主发言人表达之后,如有遗漏,其他发言人可以补充。 ③全班交流,小组汇报评论,案例结论。 各小组汇报,小组之间互相补充,论证解决问题,总结评析结果,教师进行适当的指导;或者由学生进一步根据案例探究完善问题的答案。
倡导应用	**总结进阶** 学生归纳地理环境为新加坡经济发展提供的条件等,教师补充说明;师生共同总结区域案例分析的一般思路和方法:了解区域→研究区域发展水平和发展方向→发现问题→提出解决问题的对策。 **发展创新** 案例迁移——学以致用。 利用"新加坡"案例得出分析地理环境为某地经济发展提供条件的方法,展开对其他相关案例的分析讨论。 实践:研学学校附近地区,以当地为案例探究地理环境为当地经济发展提供的条件,倡导在新情境遇新问题,会案例分析。

【学业评价要点】

学生能够从地理环境的视角认识新加坡的区域特征,并能分析优越的地理位置是新加坡经济发展的重要因素(区域认知);能够通过现代技术收集和处理与新加坡经济发展有关的信息,并能从地理视角提出地理环境影响新加坡经济发展的有关问题(地理实践力);能从要素综合的视角分析地理位置对新加坡经济崛起的有利影响,从时空综合的视角分析不同时期新加坡主导产业的发展变化,从地方综合的视角解释地理环境对新加坡经济发展的影响(综合思维);能够辩证地分析地理环境对新加坡经济发展提供的有利条件,培养正确的资源观、环境观和发展观（人地协调观）。

【案例剖析】

本节教学活动，师生通过课前的预习活动，共同提出供课堂合作探究的相关问题；教师再对班级成员进行分组与分工，让小组成员各司其职，根据问题相互合作探究，寻找答案；组织小组交流汇报，以案析理，教师做出适当解释与补充，并进行案例迁移应用。用“三阶六环四步”长效教学模式指导该教学内容的案例教学，整个教学过程开放自主，严格遵循以案例为中心、以学生自主学习和小组合作探究为中心的教学安排，打破了教材式、框架式的传统教学结构，能充分培养学生自主学习的能力、沟通与表达技巧和参与辩论的勇气，强化培养学生的地理学科核心素养。

教学实践表明，采用案例教学演绎教材、创新教法，提升了地理教师专业素养，强化了学生对地理基本原理的理解和掌握；并且学会了人文地理问题的研究方法，增强了创新能力，提高了解决人文地理实际问题的能力。案例教学的学习及其在人文地理中的实践探索，进一步加深了学生的认识。

三、人文地理长效教学中案例教学的应用建议

案例教学法与地理学科的结合，实现了让学生掌握地理基本知识和基本原理，获得地理知识技能，发展地理思维能力，初步掌握学习和探究地理问题的基本方法与技术手段的高中地理课程总体目标。依据新课标编写的新版高中地理教材注重与实际相结合，在教材中编入大量典型案例，这必将使案例教学法在教学中运用越来越广。案例教学法在为课堂教学带来无限生机与活力的同时也为教学带来新的压力和挑战。在此，对案例教学法在运用中的注意事项加以补充。

1.选用典型性、时代性、生活性和适切性强的案例

案例的选取应遵循一定的原则，不仅要具有地方性和典型性，还应体现时代性和生活性，以便学生既能诠释原理、分析解决问题，又能学习对生活、终身发展有用的地理。教材中的大部分案例虽然体现出较强的典型性，但时代性和地方性体现得不够明显。因此，教师在教学过程中对于教材中的案例不仅要合理化地选取和补充，将主案例和辅助案例相结合，同时也应积极开发地方课程资源。要想让课堂真正“活”起来，不断提高教学效果，就要选取鲜活的案例，关注时事新闻，做生活的有心人，善于发现和积累现实生活中的地理案例。对于过时的地理案例要及时更换，用具有时代特色和生活化的案例替代，让学生真正学习对生活有用的地理，对终身发展有用的地理。

同时，还应注意案例教学的适切性，以便更好地满足教学的需要。案例教学是通过案例让学生对知识点进行深入研究，在知识点上获得深刻的感性认识，因此所授知识是点状、片面性的，不能够向学生系统完整阐述知识的结构体系。案例教学这方面的局限导致并非所

有的教学内容都适合案例教学，在地理学科中理论性较强的自然地理部分（如地球运动、洋流运动规律）、地理基础技能培养（如读图能力、绘图能力）的教学并不适合采用案例教学法。所以，中学地理教学中不能从头到尾都采用案例教学，只能具体情况具体分析，选择那些合适的单元或章节运用这种教学方法。不同的教学方法有不同的特点，都有自己的适用范围。因此，在教学实践中，要根据具体的教学内容选定最合适的教学方法，不能盲目地不看对象随便应用某种教学方法，切忌生搬硬套某一种模式，多种教学方法的有效结合才能满足教学的需要。

2.建设高品质且紧扣课标要求的教学案例资源库

现阶段中学地理教师所使用的案例主要来自教材，教师从教材外选取编写的案例不足。被选进教材的案例都具有典型性，与教材知识内容联系是紧密的。但是只选用教材中的案例不足以充分发挥案例教学法的优势，难以满足教学需要，还需要从教材外广泛选取，才利于做到理论与实际的结合，学到真正对生活有用的地理。对教材外教学案例的选取、编写不是一件小事，选取的案例如不具备反映课程目标中的地理知识、地理特征，势必减弱案例教学的效果，不能够完全释放案例教学的能量。

选取科学合理的案例是一个费时耗力的系统性工作。选编案例的前提是要精通教材，熟悉课程标准，能将新课程标准要求的学科核心素养与每个单元、每节课的知识框架相结合，寻找教学中应提供案例的知识范围和能力培养要求，确定应提供的教学案例的数量、内容、形式和授课时段，从而在根本上保证案例教学的效果。

鉴于案例教学法对案例的种种高要求，为了能够积累足够丰富的高质量案例来保障案例教学的有效实施，解决教学中教材外案例选取不足的问题，可以组织专人编写案例，建立丰富的、富有时代气息、不断更新的教学案例库。

3.设计可操作性、针对性、层次性和逻辑性强的案例

在教学设计过程中，应对案例教学的各个环节做具体的说明，操作性要强。在当前大部分教学设计中，教师对案例的分析讨论环节不够重视，很少提到具体的讨论方法与教师指导，实际上此环节是案例教学中最重要、最核心的环节，在案例教学设计中应进行详细说明。

问题的设置也应遵循一定的原则，既要依据教学目标与材料紧密联系设置问题，充分体现其针对性和关联性，又要具有层次性和逻辑性。在案例教学中，教师要充分解析学情，设置的问题要具有层次性，符合学生的认知规律，从简单到复杂，从一般到特殊，靠近学生的最近发展区。同时，设置的问题要具有逻辑性，能注重地理综合思维能力的培养。此外，问题的表述要准确，要使学生能够快速明确问题目标，问题的数量一般以 3~5 个为宜。

4.依据长效教学模式，恰当、灵活运用案例

运用“三阶六环四步”长效教学模式指导，在引导发现阶段呈现案例，用真实案例创设问

题情境，让学生观察思考，理解概括，发现并提出问题；在指导探究阶段分析案例，教师指导学法，师生论证评析案例，得出案例结论，以案析理；在倡导应用阶段，案例迁移，应用创新，因为案例本身不是终极目标。在案例教学活动中，教师结合课题内容，针对“怎么办”“为什么”等问题，选择适合的典型案例，可“先案后理、先理后案”，也可“理案同步”，还可“改编案例”，以不完整的案例激发学生的创造想象，恰当、灵活运用案例教学。适当带学生走出去针对问题开展社会调查等活动，在真实而复杂的现实情境中发现案例、探究案例、解决问题，促进学生的地理实践力、综合思维等素养进阶，发展核心素养。

5.注重案例教学的学法指导

教学中对学生的学法指导要纳入常态化，据教学内容进行相应的学法指导，帮助学生学会学习。例如，在教学中适时交流学习经验，有机渗透点滴学习方法，让学生不断领悟，多思考“我怎样学习”，引导总结如何分析案例的方法，理清分析问题的思路，形成准确、简洁的表达语言，并内化为自己的知识等。

在案例教学法中，教师的职责和功能大不同于往昔。地理案例教学强调学生的主体地位，倡导学生自主探究学习，注重学生的自我修行。但是学生自我修行的前提，还是离不开教师的带路。因此案例教学中教师的地位、角色也发生了变化，教师不再是以往课堂的主导，统治者，而是变为学生自主学习的促进者、领路人。

教师地位的变化需要教师更新观念进入新角色。观念是行动的先导，思想是行动的灵魂。没有正确的教育观做导向，就不会有扎实有效的教育实践。要想地理案例教学取得良好的教学效果，教师就应该转变教育观念，以满足案例教学的需要。传统教学的惯性使教师习惯于站在讲台向学生灌输知识。案例教学中的教学则不仅是传授知识，还是组织、启发、引导学生自主学习。苏格拉底认为，真理存在于每个人内心之中，教师的任务就是要帮助人们去发现自己内心的真理。

教师在案例教学中就是要为学生服务，从课堂的主演转化为课堂的导演。先要设置问题启发学生思考；再要组织学生发言，围绕问题开展讨论；最后还要对案例学习中的学生表现情况进行评价总结，给出指导性和建设性意见。

教师地位的变化需要提高自身素质适应新角色。教学是一项要求很高的创造性活动。新课程目标体系下的案例教学对教师业务素质提出了新要求。第一，教育教学的改革，教师要不断地参加培训，提高关于新教学理念、新教学方法的理论水平。第二，创新教学手段，在教学中真正带入现代教学技术，要会使用 PowerPoint、Photoshop、Primer、Surfer 等软件支援教学。第三，与时俱进，更新知识。人类的知识正以前所未有的速度更新换代，教师一成不变的风格、老化的知识很难满足学生的需求。面对教学日新月异的变化，教师应该多关心、多了解学生关注喜欢的人和物，从他们的兴趣点出发去发掘素材作为教学案例，这才能让学生感到教师时尚、不落伍，拉近师生之间的距离，适应学生长远发展的需要。

主要参考文献

[1] 吴京梅,王新盼.核心素养视角下的人文地理教学思考[J].中学地理教学参考,2019(6):16-20.

[2] 徐冬阳,曾强.刍议“情景教学法”在中学地理教学中的运用[J].中学地理教学参考,2016(4):25-26.

[3] 吴善亮,凌峰.案例教学在人文地理教学中的运用[J].地理教学,2001(5):33-34.

[4] 陈寿国.问题引领—合作探究式案例教学的探索:以“区域发展阶段与人类活动”一节为例[J].中学地理教学参考,2017(22):19-20.

[5] 杨青,朱懿.基于综合思维素养培育的人文地理教学策略研究[J].地理教学,2018(18):15-17.

[6] 任秀燕.高中地理情境教学策略的研究[J].课程教育研究,2018(29):179-180.

[7] 苏晶晶.高中地理生活化情境教学的策略研究[D].南京:南京师范大学,2015.

[8] 齐彤.音乐地理学在高中地理教学中的应用:以高中区域地理为例[J].西部素质教育,2016,2(12):181-182.

[9] 李明.音乐在地理教学中的应用[J].中学地理教学参考,2014(4):49-50.

[10] 韩三洲.谁还记得“胡焕庸线”[J].中国经济报告,2015(3):122-123.

[11] 教育部基础教育课程教材专家工作委员会,普通高中地理课程标准修订组,韦志榕,朱翔.普通高中地理课程标准(2017 版 2020 年修订)解读[M].北京:高等教育出版社,2020.

[12] 王民.普通高中教科书地理必修 2[M].北京:中国地图出版社,2019.

[13] 李家清.新理念地理教学论[M].北京:北京大学出版社,2009.

[14] 李家清.中学地理教学设计与案例研究[M].北京:科学出版社,2012.

[15] 康小军.高中地理案例教学实践探索[J].中学地理教学参考,2013(7):35-36.

[16] 方莹,雷蕾.论大学课程中广义案例教学法的分类与具体应用[J].当代教育实践与教学研究,2015(10):187-188.

[17] 罗玉梅,基于案例教学的地理教学设计研究:以“工业区位因素”为例[J].中学地理教学参考,2019(10 下):37-39.

[18] 黄京鸿.新课程地理教学论[M].重庆:西南师范大学出版社,2011.

第六章　区域地理长效教学策略

区域具有四个特性:整体性、差异性、开放性、动态性。区域地理是中学地理教学的重要组成部分,它是实现自然地理和人文地理综合的最好切入点,它是学生在学习了自然地理和人文地理的相关原理和分析方法之后,对不同区域和区域发展问题进行的综合性分析,对培养学生区域认知、综合思维,形成正确人地协调观念具有重要意义。

区域地理教学的意义主要有:第一,有助于学生从自然要素(位置、地形、气候等)和社会经济要素(工业、农业和城市等)两方面综合认识区域特征,进而培养学生区域认知素养;第二,有助于学生理解人和物在特定地点和位置的相互作用,掌握空间分布、空间联系和空间差异等方面的知识,育成空间定位能力和综合思维素养;第三,有助于学生把握不同尺度规模区域内部人类活动与地理环境的关系,育成学生的人地协调观素养;第四,有助于学生全面深入认识中国及世界,树立全球相互依存与挑战的观念,提升全球意识。因此,区域地理教学要注意掌握正确的教学方法,助力实现长效教学目标,落实地理学科核心素养。

鉴于区域地理的特点,运用"三阶六环四步"的教学模式,可以帮助学生有效掌握知识,把握区域地理的学习方法,在长期的学习过程中受益。例如,对于某一地理区域,有很多地理现象,可以从学生感兴趣的角度去完成"引导发现"这一阶段,发现问题后能很自然地进入"指导探究"阶段,发挥教师的指导作用,充分调动学生的主观能动性去分析问题、解决问题,得出探究结果,总结探究方法,最后完成知识的迁移,选择另一个区域完成"倡导应用"的阶段。当然,"倡导应用"也可以是同一区域的案例,只是要注意结合核心素养的要求,进行总结进阶,进一步提高学生的能力。

区域地理的教学策略有很多,可应用比较教学、图像教学、自学辅导和案例教学等多种策略。新教材选择性必修2"区域发展"各个版本的教材内容大多以区域案例的形式呈现,因此,区域地理的教学本身就是一种案例教学。本章重点分析比较教学、图像教学、自主辅导教学策略,在此以区域地理长效教学为例来分析如何运用这些策略,帮助学生完成长效学习的目标。

第一节　比较教学策略

比较教学，是指在教学中探究和分析两个及其以上事物间的共同性与差异性的策略。比较法是自然科学、社会科学的一种重要研究方法。研究地理事物地域性的特点，一个很重要的方法就是把区域内和区域间的地理事物进行比较。通过比较，阐明地理事物之间的空间联系和空间差异，并揭示地理事物的空间变化规律。通过观察、分析地理事物之间的联系和区别，找出它们之间的共性和差别，有利于学生掌握不同区域的整体性和差异性。

一、区域地理长效教学中比较教学的重要意义

在区域地理教学中应用比较法，通过比较一地的诸多因素，找出影响该地发展的主导因素；通过比较多地的特点区分地理事物的差异，阐明地理事物的空间差异和空间联系。比较思维能力是思维能力的重要组成部分。教师在运用“三阶六环四步”长效教学模式指导区域地理课堂教学时，实施比较教学策略的意义主要有以下三点。

1.有助于全面认识环境，培养区域认知素养

区域认知是指“人们运用空间—区域的观点认识地理环境的思维方式和能力”。人对某区域地理事物的认识、分析、解释、预演能力，通过对区域间的自然、人文要素的比较分析，帮助学生建立新旧知识间的联系，使学生更深刻地了解区域特点，掌握该区域中地理事物的逻辑关系和发展情况。中学区域地理知识的组成结构是从自然地理、人文地理及两者关系的角度组成分类。区域自然地理环境包括地形、气候、水文、土壤、植被等要素，其中地形和气候是最重要的，它是区域景观最明显的标志和长期起作用的因素。区域人文地理环境包括人口、农业、工业、交通、聚落等要素，它是区域人类活动的表现。区域人地关系主要体现在区域自然资源与社会经济发展之间的复杂关系。通过比较，不仅可以使学生区分各区域地理事物和现象，更重要的是把握区域地理事物和现象间相互影响、相互制约的关系。很多区域特征现象具有相似性，但是成因又各不相同，通过比较能更好地分清区域地理环境的差异性。认清各部分的特性后再加以综合比较，才能理解区域地理环境的整体性，也才能获得正确完整的知识。

例如，在“中亚”和“西亚与北非”教学中，两个区域在地理环境上有相似之处：都存在着较大面积的荒漠，降水都很稀少。通过展示景观图或播放相关视频、结合地图比较分析发现，两地的自然特征、成因有很大区别。在气候特点上，中亚冬冷夏热，西亚和北非终年炎热。这主要是由两个区域位置差异和大气环流造成的。中亚，因地处中纬度，深居内陆距海

洋远，海上的湿润气流难以深入中亚，降水稀少，以温带草原和温带沙漠景观为主；西亚和北非，因地处中低纬度区的北回归线两侧的大陆西岸，主要受副热带高气压带的控制，盛行下沉气流，降水稀少，多为热带沙漠景观……借助比较法教学，让学生分清两者的性质与本质区别，使认识更全面。

在区域地理教学中使用比较法，有助于学生全面认识地理环境，把复杂问题简单化，从区域的角度比较分析和认识地理环境及与人类活动的关系，利于培养学生区域认知素养。

2.有助于增强比较意识，培养综合思维与人地协调观素养

区域地理是高中地理课程的重要组成部分，以区域为载体考查学生的地理知识和技能，是新课程标准指导下的高考综合地理命题卷的突出特点，这就要求考生对整个中学所学的区域地理知识、地理技能和区域地理有很好的把握。区域地理在高考中所占的分值大，考查内容比较多，命题角度灵活。

以最近几年全国新课标卷地理为例，试卷中多道考题涉及比较。例如，"根据剑麻生长的气候条件和用途，说明我国国内剑麻纤维产需矛盾较大的原因""据图指出与其他地区相比，中国公司在基洛萨附近兴建剑麻农场的有利条件"（2017 年卷Ⅰ36 题节选），"分析自然恢复的次生林比人工松林防止水土流失效果更好的原因"（2017 年卷Ⅱ第 44 题选修 6：环境保护），"分析这些地区人工种植的橡胶林比雨林湿度低的原因"（2017 年卷Ⅲ第 43 题选修 6：环境保护），"与岐阜相比，大连地下工厂的设计与施工较少考虑的问题是：A.防渗水　B.防噪声　C.防坍塌　D.防地震"（2018 年卷Ⅰ第 2 题），"对于极地科学考察而言，恩格斯堡岛所在区域的优势在于：A.生物类型多样　B.对全球变暖敏感　C.大气质量优良　D.人类活动影响少"（2018 年卷Ⅱ第 8 题），"与县城相比，中心集镇以当地优势资源为基础的加工企业活力较强的主要原因是：A.基础设施较完善　B.更接近消费市场　C.资金供应较充裕　D.更易招募劳动力"（2018 年卷Ⅲ第 3 题），"与安徽省相比，黑龙江省稻谷供需盈余的主要条件是：A.人均耕地多　B.农业劳动力多　C.复种指数高　D.淡水资源丰富"（2019 年卷Ⅲ第 4 题）等。从试题的命题角度来看，要求学生进行对比分析，能够运用比较策略解决问题，并形成答语或进行选择；再从试题选择的区域和区域事物来看，都需要学生对该区域有一定的认知才能作答。

在区域地理教学中应用比较策略，有助于学生掌握知识的同时，更能让学生增强比较意识，通过各地理要素、地理事物时空发展的综合比较，拓展思维空间，提高逻辑思维能力，培养综合思维等核心素养；还可在引导学生比较评析区域开发利用、决策的得失及区域可持续发展等教学活动中，培养学生人地协调观素养，使他们真正掌握用比较法去解决问题的要领，实现长效教学之效。

3.有助于提供更多实践方法，提高学生的地理实践力

地理实践力能够帮助学生运用所学解决实际问题，比较法可以提供给学生多一种开展

实践活动的方式方法，并通过此法比较活动过程、效果等环节，找出实践活动的最佳方案，呈现更真实和科学的实践结果。例如，考察一条河流污染状况，并提出治理措施的实践活动，需要长期观察、取样对比观察初期和近期河流状况，分析污染物质和来源，从而根据此结论提出合理的治理措施。当然，为了提高措施的有效性，更需要对各种措施的预期效果进行对比分析，找出成本最低、最有效的河流治理措施。由此可见，比较法不仅可以给综合实践提供一种方法，还能运用此法得出科学结论。

二、区域地理长效教学中比较教学的实施策略

1.实施比较时先明确比较思路

（1）地理事物整体到部分的比较思路

让学生先见到“森林”，再见到“树木”。在地理教学时，可以先从整体上比较不同区域地理事物的特点，再把地理事物的各个部分进行比较，沿着宏观到微观这一思路进行。

例如，在区域地理教学中，将亚洲和非洲的地理知识作比较时，可以先从宏观的地理知识入手，如位置、面积、人口、经济；再比较自然条件里的气候、地形，人文条件里的城市、工业等微观知识，这样的思路有利于学生系统地掌握地理知识。

（2）地理知识逻辑关系的比较思路

可从原因到结果或从结果到原因进行比较。因果类比思路是根据类比的两个对象各自的属性可能具有同一种因果联系而进行的一种逻辑推理方法，具有共同结果的对象也应有其发生的共同原因。

例如，中东地区的荒漠化和萨赫勒地区的荒漠化，其结果一样，成因也相同：都受到副热带高气压的控制，以下沉气流为主。但并不是所有具有共同结果的区域，其地理现象的形成都具有相同的原因。上面的地区与我国西北地区的荒漠化形成对比，我国西北地区荒漠化的主要原因是因为深居内陆，远离海洋，加之高大地形阻挡了太平洋和印度洋暖湿水汽的到达。

一般来说，从结果到原因较为简单，从成因到结果相对复杂。根据地理知识的逻辑关系，比较时可以按正向思维思考，先比较位置、气候、土壤等自然要素，然后比较农业、工业等人类活动。也可以按逆向思路，先比较人类活动，然后根据人类活动，逆推自然要素的特点。比较时要密切关注其中的逻辑性，一般来说，从原因到结果，对学生的思维能力要求稍高，老师可以根据学生的具体情况做选择。

（3）地理问题由已知到未知的比较思路

学生借助已掌握的地理知识进行比较来获得新知识。这种比较思维方法，是地理知识进行迁移和应用的前提，符合学生的认知特点，是学生应用能力的表现。

学习一个地区的气候时，如果我们已经掌握了一个区域的气候分布和成因，知道了分析气候主要从纬度、大气环流形式、下垫面等方面去把握，那么我们就可以分析另一个地区的

气候分布和成因了。这种思路要求学生须具备较强的演绎能力，在比较时教师可根据学生的情况做引导。

在比较教学策略的实施原则下，理清比较的思路，正确表达比较结果，可以有效提高教学效果，达到长效的目的。

2.把握好比较主要类别的具体运用时机和用法

(1)单项比较和综合比较的配合运用策略

【策略解读】

单项比较是选取地理事物的一种要素或属性作比较，综合比较是选取地理事物的多种属性作比较，单项比较是综合比较的基础。例如，比较成都与拉萨的自然环境特点，属于综合比较；只比较其中的气候特点，就属于单项比较。

【经典案例1】

我国最重要的地理界线"秦岭—淮河"一线两侧区域环境差异很大，其差异是多要素综合作用的结果，我们可以先对其地理要素进行单项比较。此处以气候特征的比较为例。

"秦岭—淮河一线两侧区域的气候特征"教学片段

(1)引导发现

创设真境

展示秦岭两侧不同地区的自然风光。学生观察情境，感知差异。

理解概括

学生思考差异，发现、提出问题：这些景观差异主要是由什么因素导致的？

(2)指导探究

分析综合

引导学生思考发现造成环境差异的主要因素是气候。教师提供秦岭为界南、北方地区的气候资料(除了文字和数据等资料，还包括实地景观和生产生活的场景)，指导学生运用资料探究分析出南、北方地区气候特征和差异，并直观感知这样的气候差异会对人们的生产和生活带来什么影响。

论证评析

学生评论"秦岭—淮河"一线两侧区域的气候特征，最后可形成表格(表6-1)。

表6-1 "秦岭—淮河"一线两侧区域的气候特征差异表

项目内容		秦岭—淮河以北区域	秦岭—淮河以南区域
气候特征	一月均温	<0 ℃	>0 ℃
	温度带	暖温带、中温带	亚热带为主
	年降水量	<800 mm	>800 mm
	干湿状况	半湿润为主	湿润为主
	灾害性天气	春旱、沙尘暴、寒潮	伏旱、台风、寒潮

(3)倡导应用

①总结进阶。

学生尝试总结分析气候特征各要素的思路和方法，教师点拨，学生自主先单项后综合地分析地形、水文、植被等方面的差异，最终得出我国南方地区和北方地区的主要差异。

②发展创新。

学生掌握了两地的气候差异后，再引导学生结合实际生产生活场景图（有条件的地区可以结合该地的乡土地理进行教学）分析南、北方的生产、生活方式的不同，从而让学生知道因气候的差异导致人类活动的差异，并进一步启发学生可以怎样利用这样的气候资源，从而让它更好地为人类活动服务。

【学业评价要点】

学生能够通过对秦岭两侧区域气候特征的比较，将熟知的地理事象置于特定区域中加以认识，并能归纳区域特征（区域认知）；在此基础上，学生能够运用综合比较法，分析气候特征对其他地理事象的影响（综合思维）。能够通过比较，认识并对如何利用当地自然资源为人类活动服务提出建议（区域认知、人地协调观）。

【案例剖析】

通过区域单项比较把复杂的地理现象和事物简单化，从要素入手，为后面综合呈现、分析地理差异作好铺垫。利于增强学生的比较意识、分析应用能力，培养区域认知、综合思维、人地协调观等素养。

在区域地理教学中运用综合比较法，可以全面地认识地理事物。不仅要找出区域特征的异同点，更重要的是要找出各要素间的联系，使学生对所比较区域的综合特征形成较明确的系统认识。

例如，学习完各种工业发达地区区位条件之后，由学生分别制作环渤海地区、长江三角洲地区和珠江三角洲地区工业发展概况的对比表格，由教师提供框架，对比条件可以是发展条件、存在问题和发展方向。完成后，学生不仅能够复习三个地区的自然资源、社会文化等知识，还能对三地今后的工业发展做出展望。

【经典案例 2】

“南、北半球的气旋特点”教学片断

指导探究

①分析综合

设问：近地面气旋的气压是如何分布的？水平方向的气流如何运动？垂直方向呢？

讨论回答：（引导学生画图）先画出水平气压梯度力，再画出风向（北半球右偏，南半球左偏），北半球气旋为逆时针方向辐合，南半球气旋为顺时针方向辐合，接着再画出垂直方向的气流运动情况。

观看 Flash 动画演示：气旋与天气。

教师总结：北半球和南半球低气压的水平气流运动都是由四周向中心旋转辐合，因此低气压的水平气流运动都是气旋。北半球气旋是逆时针辐合,南半球气旋是顺时针辐合。低压中心的空气在上升过程中温度降低,水汽容易凝结,成云致雨。所以每当气旋过境时,云量就会增多,常常出现阴雨天气。

学生活动:借助手势,强化记忆——左右手定则(左手表示南半球,右手表示北半球)。右手半握,大拇指向上,表示气旋中心气流上升,弯曲四指表示大气呈逆时针方向流动;左手相反。再让学生绘制气旋和反气旋的示意图。

②论证评析

学生评论气旋特点,归纳总结,列表比较南北半球的气旋特征和对天气的影响(表6-2)。

表 6-2　气旋特征和气旋对天气的影响

项目内容	北半球气旋	南半球气旋
气压状况	中心气压低,四周气压高	
水平气流	低空逆时针辐合,高空顺时针辐散	低空顺时针辐合,高空逆时针辐散
垂直气流	上升	
天气状况	多阴雨天气	
典型的天气	我国东南沿海的台风*	南半球台风现象
示意图	 图 6-1　气旋图(北半球)	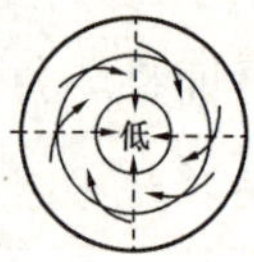 图 6-2　气旋图(南半球)

*可指导学生阅读"台风"图文材料(湘教版《普通高中教科书　地理选择性必修1　自然地理基础》),加深认识。

【学业评价要点】

学生能够结合时空变化,比较分析不同区域气旋产生、发展、带来的影响;在学习过程中,不仅能掌握事物发展的基本原理,还能准确使用地理语言描述发生经过(区域认知、综合思维)。

【案例剖析】

在学习气旋时,如果单纯采用讲述法,或是列表罗列知识点的方式,学生的学习效率很低,并且语言描述两个半球气旋多使用"顺时针""逆时针""辐合"等词,学生难以在头脑中形成准确的图像。通过科学设计表格,绘图列表比较,从气压状况到示意图等六个项目综合比较分析,对不同半球区域单项比较异同,能让学生对气旋形成深刻的认识,从而培养学生的区域认知和综合思维等素养。

(2)横向比较和纵向比较的配合运用策略

【策略解读】

横向比较是把同一时间不同的地理事物作比较。例如,长江三角洲和松嫩平原,地理环境的比较属于横向比较；把东亚季风和南亚季风在夏季时的风向作比较，属于横向比较。

纵向比较是把同一事物在不同时间的特点作比较，以此来揭示地理事物的发展变化规律。以美国田纳西河为例，19 世纪后期以来，流域内人口较少，人类活动对自然环境的影响不大，农产品丰富，山清水秀，森林繁茂。19 世纪后流域内人口激增，对流域内的资源进行大规模地掠夺式开采，带来土地退化、植被破坏和环境污染等问题。到 20 世纪 30 年代，田纳西河流域成为美国最贫穷的地区之一，年均收入仅为全国平均值的 45%。1933 年美国针对早期开发所带来的问题，开始对田纳西河流域进行综合开发和治理，成立了田纳西河流域管理局，使田纳西河流域环境和经济发展得到改善。对于上述材料而言，区域相同而时间不同，适合纵向比较，其关键是划分不同的时间段，以判断田纳西河流域在开发过程中所经历的两个不同时期。19 世纪后期和 1933 年是两个重要的时间节点，给田纳西河流域的开发和治理带来了关键的影响。又如，比较长江中下游地区不同时代地理环境对区域发展的影响，也属于纵向比较。

【经典案例 1】

“东北地区的地域差异”教学片段

(1)引导发现

创设真境

展示东北大米、人参、红肠等东北物产的图片，学生观察图，感受东北地区物产丰富、种类多样，除了有农作物还有林区特产及畜产品。

理解概括

思考东北地区物产丰富相关问题，理解概括，发现、提出问题“为什么有如此丰富多样的农产品呢？”

(2)指导探究

分析综合

①复习第一课时的内容，明确东北地区的自然地理特征。

②教师提供地形图和气候资料，指导学生重点分析它的地理条件；得出东北地区地形单元多样，有平原、高原、山地，气候特征地区差异明显。因此，该地适宜发展多样农业类型。

③比较总结区域内部要素差异，指导学生用因地制宜的思想推测该地农业布局，教师提供资料和图片印证学生的分析结果。

④学生读图完成教材上的思考题。

⑤学生完成比较探究后，整理成下面的表格(表 6-3)。

表 6-3　农业生产区域分布与产品类型

农业生产区域	耕作农业区	林业和特产区	畜牧业区
主要分布地区			
主要产品类型			

论证评析

重点分析其中的耕作农业区,明确东北地区是我国最大的商品粮基地。运用横向比较法分析,与我国商品粮基地中的太湖平原、江汉平原相对比,东北地区发展商品性生产有哪些突出特点?教师提供文字材料和图片,指导学生得出机械生产规模大、专业化生产的特点。通过图片展示,让学生直观感受几个商品粮基地的景观差异。

学生评论东北地区的地域差异性。

(3)倡导应用

总结进阶

归纳总结我国东北地区的区域差异和分析方法。

发展创新

①应用分析东北地区专业化生产的方法,简要分析对比其他地区的专业化生产,如新疆的棉花、云南的烟草、广西的桑蚕茧等。明确地区专业化是商品化的前提。

②对比分析美国农业生产专业化和我国东北地区的异同。

③展示东北地区的水资源和生态环境问题,引导学生明确东北地区今后的发展方向是什么?

(思维引导:确定一地的发展方向应扬长避短,发挥地区优势,解决制约可持续发展的问题;农业区的发展消除贫困是核心,要实现经济与生态的双赢;农村摆脱贫困,要提高优特产品的生产,发展农产品加工工业,延长产业链条。)

④总结东北地区可持续发展的措施。

⑤研学学校所在区域的农业发展,与东北地区比较,存在的地域差异性及可持续发展措施。

【学业评价要点】

学生能够通过对东北地区地域差异的学习,学会结合给定的复杂地理事象,从空间区域的尺度、特征、联系来认识区域(区域认知);能够通过比较分析东北地区不同的农业生产方式,理解人类影响地理环境的主要方式,明白人类活动要遵循自然规律,因地制宜,与自然和谐相处,理解人地协调发展的重要性(区域认知、人地协调观)。

【案例剖析】

东北地区包括黑龙江、吉林、辽宁三省及内蒙古东部地区,是一个相对独立的自然地域单元,由于区内的自然条件存在着一定的差异,因此在不同的区域表现出不同的地域类型,如呼伦贝尔草原、大小兴安岭和长白山,以及众多的河流冲积平原等,应根据不同的“地”确定生产类型。应用横向比较法可以明确东北地区的地理差异,依据这种差异及不同的“地”的类型,选择合适的农业类型,宜林则林,宜牧则牧,宜农则农。通过比较分析,了解东北地区农业布局特点,并深入探讨东北地区大规模专业化生产和商品粮基地建设的特色。最后结合具体发展模式,分析东北不同区域农业发展的方向,引导学生采用正确的方法认识区域,增强区域视角认识地理事物意识,培养学生区域认知、人地协调观等素养。

【经典案例2】

“地理环境对区域发展的影响”教学片段

(1)引导发现

创设真境

教师提供相关图文资料。学生观察情境,感知问题。

理解概括

①指导学生在中国地图上找到长江中下游地区的位置。

②在教材中找出长江中下游地区的气候条件,以及矿产资源分布,不同时期该地的发展情况。

学生思考材料,发现、提出问题:同一区域不同阶段的发展情况为什么不同?……

(2)指导探究

分析综合

①指导学生对区域的发展状况进行分析,找出发展阶段,明确变化的大致时间节点。

②利用纵向比较法,对比分析在区域不同发展阶段,地理环境对其产生哪些影响?

论证评析

地理环境对区域发展的影响,指导设计表格并填写内容。

①该地区地理环境对农业生产生活的影响及原因(表6-4)。

表6-4 地理环境对农业生产生活的影响及原因分析

开发时期	地理环境对农业生产生活的影响	原因分析
早期		
中后期		

②长江中下游平原粮食生产地位的变化(表6-5)。

表6-5 长江中下游平原粮食生产地位的变化

项目内容	总体地位	发展区位条件分析
农业社会		
工业社会		

(3)倡导应用

总结进阶

①总结分析区域发展的思路,先确定区域发展阶段,一般分为三个阶段:初期阶段、成长阶段和成熟阶段;再总结每个阶段的发展特点,最后分析发展变化的影响因素。

②结合区域发展的分析思路,引导学生总结归纳比较法的应用规律,指导学生针对不同内容选择合适的比较策略。

发展创新

给出其他区域，试着让学生进行对比分析，如美国的田纳西河流域、德国鲁尔区等。

【学业评价要点】

学生能够通过对长江中下游地区的区域发展比较，从时空综合角度分析地理事象的发生发展和演化，提高综合思维能力，会运用横向和纵向的比较方法（综合思维）；能够在学习过程中，既认识地理环境对人类活动的影响，又能理解人类活动影响环境的方式和强度（人地协调观）。

【案例剖析】

长江中下游地区自然环境复杂，不同时期区域发展差异较大，在教授地理环境差异对区域发展的影响时，可先用横向比较法分析得出该地基本地理特征，再纵向比较区域的不同发展阶段。在地理教学中，特别是遇到一些比较复杂的地理问题时，既要进行横向比较，又要进行纵向比较，从时空综合角度分析地理事象的发生发展和演化，这样才能全面认识掌握地理事物的现象与本质，理解人类活动影响环境的方式和强度等。

(3) 求同比较和求异比较的配合运用策略

【策略解读】

求同比较是在不同的地理事物中进行比较，找出共同的特点，以寻求发现地理规律。例如，南美洲和北美洲的西海岸都有地中海气候的分布，同一气候类型在两个不同地区存在，说明它们有着共同的影响因素。求异比较是比较两个相似的地理事物，找出其不同的属性，进一步揭示地理事物的特殊性。例如，马达加斯加东岸和澳大利亚西岸两地的纬度位置大致相同，都处于东南信风影响下，面临海洋，有洋流经过；前者是热带雨林气候，后者是热带沙漠气候。通过比较分析，可以得出马达加斯加岛东岸处于东南信风的迎风面，有厄加勒斯暖流，而澳大利亚西岸，位于东南信风的背风坡，有西澳大利亚寒流经过等原因。地理教学中，对地理事物既要求异比较，也要求同比较，才能发现地理事物的多样性与统一性。

对相似概念的比较，要突出不同点，如降水和降雨，水资源、水能资源和水利资源，地形与地势，汛期与洪水期，天气与气候，径流与径流量等，都需采用求同求异的比较方法进行教学。

相对概念的比较，通过选取典型的对立面进行比较，并归纳出共同的分析思路，既使这对相反的地理概念特征突出，又形成了对此类问题的同一分析方法。例如，冷锋与暖锋、冬季风与夏季风、外流河与内流河、寒流与暖流等都属于相对概念，教师可先重点讲清其中的一个概念，再引出另一个概念进行对照，注意引导学生自己得出另一个概念的属性和特征。

【经典案例】

“资源跨区域调配——以南水北调为例”教学片段

(1) 引导发现

创设真境

展示我国北方地区缺水的图片和视频，学生观察情境，感知问题。

理解概括

引发对水资源短缺的思考。发现、提出问题;解决水资源短缺的途径有哪些?

(2)指导探究

认识我国水能资源、矿产资源、森林资源等分布图,让学生感性地认识我国资源分布的地区差异,结合各地经济发展与资源配置间的矛盾,说明资源跨区域调配的必要性。以南水北调为例展开讲解。

分析综合

①确定分析思路——为何调(经济、生态),如何调(东线、中线、西线),何时调(先蓄后调),有何影响(调入区、调出区)。

②重点分析"如何调"这个部分。

教师展示南水北调地图,学生观察东、中、西三条调水线路。以中线工程为例指导学生探究得出水源区、路线、供水区、评价四个方面的内容。

学生讨论后回答,老师总结:从三峡水库引水,出丹江口水库,沿伏牛山、太行山东麓送水到北京、天津。优点是可自流供水;缺点是需挖掘渠道工程量大。

学生根据该思路,结合"南水北调线路分布示意图"让学生从工程难度、水量大小、调入区效益等方面对比三条线路的优缺点。在此基础上分析南水北调为何首先起动东线工程,并列表比较。

论证评析

在分析南水北调的影响时,可指导学生阅读分析教材"'南水北调'对区域发展的影响"图文材料(湘教版《普通高中教科书地理选择性必修2区域发展》)增强认识。既要分析对调入区的有利影响,也要分析对调出区的不利影响,这些影响应从资源、环境、生态等多方面剖析。分析不仅要关注调入、调出区,还应关注沿途区域。通过各种因素的比较,加深学生的认识,并提高比较分析能力。

(3)倡导应用

总结进阶

①总结分析南水北调工程中三条线路比较的方式,既有求同比较,也有求异比较,让学生学会多方面比较。

②用比较思路,完成对西气东输工程内容的学习;能说出我国西气东输工程的概况,如起点、终点、经过的主要省区;通过读教材中地图和教师提供的资料,分析西气东输的主要原因;理解西气东输工程对区域发展带来的深刻影响。

发展创新

了解其他跨区域调配工程的线路,运用所学方法探究该资源跨区域调配的特点及其对区域发展带来的影响;研学并尝试分析家乡资源状况,就发展过程中的资源问题提出调配措施。

【学业评价要点】

学生能够通过探究资源跨区域调配，认识南水北调的三条线路经过的地区，结合区域特征比较分析三条路线的特点，学会求同求异的比较方法（区域认知、综合思维）；能够评析南水北调带来的影响（人地协调观）；能够从区域的视角认识给定地理事象，收集整理区域重要的信息，并能够简单评价该线路的开发决策得失（区域认知）；在此基础上，综合各地理要素进行分析，理解区域中人口、资源、环境、发展之间的相互关系（综合思维、人地协调观），能够运用所掌握的基本分析方法和思路，探究其他资源跨区域调配的原因、方式及其对区域发展带来的影响，分析家乡资源状况，并针对其发展过程中的资源问题提出解决措施（地理实践力）。

【案例剖析】

就课堂内容而言，教学以学生读图、阅读资料为基础，从图上找出南水北调三条线路后，应用比较法分析三条线路特点中的相同点和不同点，可以加深学生的理解，提高综合分析能力和迁移能力。就课堂效果而言，不仅掌握了南水北调的知识，还掌握了比较法，并运用该方法和思路去分析其他资源跨区域调配的特点及影响。引导学生正确解释、评析区域开发利用、决策的得失，人地关系存在的问题，促高水平区域认知、综合思维、人地协调观、地理实践力等核心素养育成，达到长效教学的目的。

（4）定性比较和定量比较的配合运用策略

【策略解读】

地理知识既有识记和理解部分，又有计算和分析的要求，所以有时要对地理事物进行定性和定量的比较。

定量比较是对地理事物数量进行分析，以确定地理事物的变化。例如，两地的气候特征比较中，各月降水量、气温、气候大致分布的面积都属于定量比较。教材中的“定量”主要分为两大类：一类是客观的统计数据，如某地气温和降水统计数据，1 月、7 月等温线和海平面等压线分布等；另一类是以“定量”为载体来表达程度，如地震震级数、热带气旋等级划分等。

定性比较是指从地理事物的本质属性出发进行比较，如两地地形特征、气候特征、水文水系特征的比较。进行定性比较时，我们需要对各个地理事物的状态进行分析。例如，比较不同区域的农业地域类型时，应通过对各地农业生产方式、农业区位条件等方案的分析归纳，最终分出不同的农业地域类型。当然，有的定性比较，还需要通过量化分析，描述地理事物的状态。以发展中国家和发达国家的人口问题比较为例，通过对其不同年龄段人口比重的分析，描述其面临的问题，如老龄化问题，就涉及量化部分（65 岁以上人口超过 7%即出现老龄化问题）。

在中学教学中，定性、定量比较各有所长，地理事物有很多不能量化，只能定性比较，但在教学中不能没有定量比较的意识。

【经典案例】

"以种植业为主的农业地域类型"教学片断

(1)引导发现

创设真境

展示不同区域的农业生产(种植业)场景照,学生观察情境,感知问题。

理解概括

思考农业生产,对比分析景观照,发现其中农业生产的相同点和不同点,得出都是属于种植业,但是种植的对象、规模不一样的结论。提出问题,引出本节课的课题。

(2)指导探究

分析综合

①借助地图向学生展示世界各地的农业生产景观图,注意标出图片出现的地点,指导学生分析得出农业生产具有明显的地域性,随着时间的推移,在世界上形成了多种农业地域类型。

②运用横向比较法探究不同地区形成不同农业地域类型的原因。教师注意引导学生从自然和社会经济两大方面分析,可重点分析"季风水田农业"区位,再指导学生分析"商品谷物农业"区位,并比较二者区位的差异。

③指导学生运用资料,分析季风水田农业的突出特点,再自主探究和小组讨论相结合地完成商品谷物农业的特点探究。在小组活动中,学生要充分交流,认真总结,对比所学方法和知识,充分展示出自己的分析过程,形成较完整的结论。

论证评析

学生评论以种植业为主的农业地域类型的区位条件、特点等。

(3)倡导应用

总结进阶

总结农业地域类型的区位条件、特点分析思路。

发展创新

学生运用该分析思路和比较法,可完成"以畜牧业为主的农业地域类型"的学习,应用比较法对比各种农业地域类型的特点,说明成因,进一步理解自然条件和社会经济条件对农业生产布局的影响。

研学学校所在区域农业地域类型,探究其区位条件和生产特点;思考我国保障谷物生产的难度和重要性。

【学业评价要点】

学生能够通过案例定性分析,比较季风水田农业与商品谷物农业的区位条件、生产特点等,结合本区域特点,对农业生产的发生、发展进行分析(综合思维)。

【案例剖析】

在该案例中主要用到的比较法是定性比较法,先让学生通过图片和视频等资料形象感知不同农业地域类型的实际生产场景，通过图片比较突出农业地域类型的不同生产方式。然后，引导学生分析农业地域类型的分布、生产特点及其成因。最后，利用比较法分析各农业地域类型，让学生理解农业生产与自然环境之间的关系。在该案例中，注重利用素材，引导学生分析主要农业地域类型的条件、特点，提高比较分析和案例分析的能力；通过小组合作、自主归纳，提高分析解决问题的能力，体现团队协作的价值，促进他们综合思维等素养的养成。

通过对比不同区域的自然和人文特点，让学生更好地认识世界的广阔，感受地理的魅力。在地理课堂中传授我国的优秀文化传统，利于提高学生的文化素质，是新课程改革下对地理课堂教学提出的新要求。上述几种主要的比较法，可以在教学中着重使用一种，也可以几种综合使用，提高学习效率，提高课堂质量，达到发展学生地理学科核心素养的目的，有助于实现长效教学的主要目标。

三、区域地理长效教学中比较教学的应用建议

1.注重学法指导，遵循多项原则实施比较教学

(1)注重学法指导

教学中对学生的学法指导要纳入常态化，据教学内容进行相应的学法指导，帮助学生学会学习。例如，在教学中有机渗透点滴学习方法，让学生多总结如何比较的方法等，理清分析问题的思路，形成准确、简洁的表达语言，并内化为自己的东西。

(2)遵循多项原则

- 可比性原则

比较法实施前要选择比较的对象，比较对象确立后，要选择合适的比较内容。地理事物的可比性要满足以下条件：

第一，比较的对象是同类的地理知识，如地名、地理景观、地理数据、地理分布、地理演变等具体知识，或者地理概念、地理特征、地理规律、地理成因等抽象知识。

第二，比较的对象是同类地理现象或地理要素。可以把气候与气候作比较，但是不能把气候与地形作比较。

第三，比较的地理事物的描述尺度相近，地理对象层次大小范围相似。可以把中国和俄罗斯的气候作比较，但是不要把中国与重庆甚至更小的地方的气候作比较。

- 地理条件同一性原则

同一性包括同一条件、同一角度、同一时间、同一阶段或相同的其他条件等。例如，比较两个区域的自然环境对经济发展的影响，就必须是同一时代的自然环境。另外，比较对象需要在同一比较标准下进行。比较标准是一个评判维度，没有比较标准就不能对所比较的问题进行回答。又如，比较长江三角洲与松嫩平原的自然环境优越性时，如果没有比较标准，

就不能下定论。只有设定比较标准是自然环境对区域发展的影响时，我们才能进行比较，最后得出长江三角洲的自然环境比松嫩平原优越的结论。

• 地理属性全面性原则

让学生从多个角度对地理问题进行比较，才能使其深刻认识地理特点和规律。从横向比较入手，是注意地理比较对象的多面性和易混性；从纵向比较入手，是注意地理比较对象的层次性和阶段性。从整体到部分、从质量到数量、从现象到本质的全面比较更能让学生掌握地理事物的特点。

• 地理方法互相渗透性原则

在使用比较法时，要注意和其他方法互相渗透。判断和归纳需要推理，比较前后需要综合分析，综合分析的过程又离不开比较。在比较前，先要把知识进行区分，然后再组合，同中求异，异中求同，都需要综合分析能力；在比较后，又需要进行归纳、演绎、判断等。因此，在地理教学中除了培养学生的比较思维能力，还需要培养他们的综合分析、判断推理等其他思维能力。

• 地理认知循序渐进性原则

学生比较思维能力的训练，需要循序渐进，教师应根据学生的具体情况，制订不一样的教学方法。早期阶段，学生思维还比较弱时，老师可以适当多进行比较法的演示，并传授学生比较方法；学生有了一定的基础后，让学生多自主比较，逐步培养学生的比较能力。

比较原则可以帮助教师正确找出比较对象和比较内容。区域地理的各要素相互联系，相互影响，内容繁多，在具体实施比较法的时候，教师可以依据上述思路让教学更有效、更长效。

2.转变教学观念，恰当实施比较教学

(1)以学生为主体，适时传授科学方法

如果教师不注重向学生传授比较法的使用经验和使用方法，而是单纯利用比较法向学生灌输知识；或是没有考虑学生地理技能较弱这一客观事实，使用的比较法不恰当，都可能降低教学效果。另外，使用比较法后没有归纳其知识体系，只停留在问题表面，也不能让学生发现地理现象和地理事物之间的规律，也达不到教学效果。

因此，建议教师在日常教学中转变思想，灵活教学，引导学生从被动学习转为主动学习。教师应根据学生的知识水平、地理技能掌握能力等方面制订计划，有步骤地结合课堂授课，将比较法传授给学生。在课堂互动环节，引导学生进行归纳总结，帮助学生完成难以独自完成的任务，鼓励学生多做尝试，最终达到学生可以独立运用比较法，能对比分析较复杂地理事物或地理现象的效果。

(2)恰当选择比较教学，充分使用图表比较

地理教材的内容具有相关性、联系性。教师在使用比较教学时，要根据具体情况选择恰当的比较法，合理调整教材的顺序，充分准备图像、影像等课外资料，弥补教材的不足。同

时，加强教师教学技能的培训，使其能自如应用各种教学手段和多媒体。教师还应多方面阅读相关教育文献资料，开阔视野，学习最新教学方法，借鉴国外的教学经验。

地图是地理教学的第二语言，它的使用能培养学生的识图能力，从而帮助学生理解地理知识，尤其对于一些比较抽象，学生比较陌生的知识点，利用图表进行分析，可以达到事半功倍的效果。人类善于记忆图像和影像等具象化事物，而不善于记忆逻辑化事物。因此，在课堂教学中，教师应注意运用地图、图片、图像和其他视觉手段，可以多使用思维导图比较、图片比较、提取主导因素、比较罗列要素、比较列表等教学方式。

3.长效教学模式指导，灵活运用比较教学

运用“三阶六环四步”长效教学模式指导，在引导发现、指导探究、倡导应用的各阶段皆可以使用比较教学策略。在比较教学活动中，教师结合课题内容，选择适合的比较法类型，灵活应用比较教学策略。带学生走出去开展研学活动，在真实而复杂的现实情境中开展比较研究，解决问题，促进学生的地理实践力、综合思维、人地协调观等素养进阶，发展其核心素养。

总之，在区域地理教学中，教师要重视比较法的应用，通过比较教学，可帮助学生理清易混淆的地理概念、原理与规律，学会梳理不同地理事物与现象之间的关联与异同，培养其把握各种地理事物或现象的变化与发展趋势的能力，使其能掌握阐释地理原理与规律、论证探讨地理问题的常规方法。因此，在教学的过程中可以多运用比较法，并根据实际情况与其他教学方法有机结合。

第二节　图像教学策略

图像教学策略是在教学中运用各类图像资料，让学生从中自主寻找有效地理信息，通过合作学习，达到强化地理基础知识的效果，使学生能探究其内在联系及成因等，并能表达各种地理现象和规律的教学策略。图像教学是现象或过程的形象直观化描述。通过图像的比较，学生能够较容易地理解地理现象，发现地理规律，并能透过事物的本质，进行深入探讨和研究。它培养了学生综合思维和区域认知素养，达到长效教学的效果。在中学地理教学中，图、表、视频等资源十分丰富，地理图像载有丰富的地理信息，是地理学科的重要教学工具。应用图像解决问题能形成地理技能，发展地理思维，图像教学也是中学地理教学的重要内容之一。

一、区域地理长效教学中图像教学的意义

教师在运用“三阶六环四步”长效教学模式指导区域地理课堂教学时，实施图像教学策

略的意义主要有以下四点。

1.利于学生地理空间概念的建立

区域地理是中学地理教学的重要组成部分，从区域地理的内容来讲，主要包括地形、气候、河流、植被等自然地理知识，也包括农业、工业、交通、城市、人口等人文地理知识，它所反映的是地理综合现象，在其知识当中有独立的部分，也有相连的部分，所以表现出较强的整体性。近年来，区域地理也是高考命题的背景和基础。从高考命题者的角度看，区域地理可以融合高中与初中地理、自然与人文地理知识，将学科主干知识通过区域地理的形式体现出来，是考查学生运用地理知识分析、阐述、评价、解决实际问题能力的最好载体。而运用图像教学是区域地理教学具有的重要特点和独特风格，也是一种特有的教学手段。帮助学生建立地理空间概念，是图像教学的重要价值。在区域地理教学中，图像教学有着以下两方面的作用。

(1)图像能够准确定位各种地理事物的空间分布

地理事物是具有空间性的。在水平分布上有一定的范围、形状和大小，在垂直分布上有高低的差异。例如，某个区域都有其特定的地理位置、气候、地形、河流、湖泊、植被、土壤等自然和人口、工业、农业等人文地理事物。学习区域地理要求学生有清晰的空间概念和能识记重点地区的空间位置。区域的空间定位是一个综合过程，即应综合考虑经纬度、区域轮廓、相对位置以及地理特征、特殊地理事物、图例、注记、比例尺等信息并加以判断，这样才不会无从下手或判断失误。常见的区域空间定位方法有经纬网、轮廓形状、相对位置、地理事物的典型特征、图中信息辅助等，只有借助图像，才能准确地建立起这些地理事物的空间概念。

(2)图像能够系统地联系各种分散的、看似不相干的事物

地理事物的规律是地理分布和地理演变的感性认识的深化和发展而来的。例如，把自然带分布图和气候图相对照，可使学生清楚地看到气候对植被、土壤等分布的影响；再如，讲授聚落的分布时，若与交通路线、河流、自然资源、地形地貌相对照，就会使学生发现，城市是在交通较发达、地势较平坦、资源较丰富、靠近河流等自然和社会条件下，形成和发展起来的。借助图像就比较容易阐明地理事物的分布及演变规律。因此，图像不仅是连接地理事物和地理原理的纽带，也是认识地理特征、成因和规律的关键。地理图像能够对地理事物内部联系、空间关系、发展变化等做出直观化展示，实现复杂地理事物知识的系统化、科学化、规范化，实现丰富地理知识的信息传达。因此，地理图像法有利于提升学生的核心素养。

2.利于学生自主图像能力的培养

在区域地理教学中，如要掌握国家和地区具体的地理位置，或是了解地理事物以及地理现象，分析事物以及现象的成因，都需要从地理图像中进一步的获取、发现问题，得到更多信息。运用丰富的地理图表，有利于学生进行相关地理知识的自主性探索，从而提升学生的空

间想象、逻辑思维、信息分析、信息整合等能力，最终实现学生对相关地理信息的分析、整合及利用，使其能解决和总结地理问题，同时培养学生良好的学习习惯。学生自主图像能力的培养可以从优化和完善学生的识图能力、训练学生绘制和说图能力、提高学生图像分析和运用能力、培养学生图像迁移和转换能力、增强学生图文转换和结合能力等方面入手。

(1)优化和完善识图能力

识图能力既能反映学生记忆和理解地图图像、图表知识的能力，又是学生思维分析能力的重要体现。一方面，教师应不断地将地理图像和图表语言传授于学生，使其对地理图像、图表判断的基本程序进行掌握；另一方面，教师应将地理图像、图表题的解题技巧传授于学生，诸如在读图、识图过程中，从多个角度、发散思维、举一反三地认识其他相关图表；按照一定顺序对地理图像图表题进行审题、读题。

(2)训练绘图和说图能力

教学中要经常训练学生绘图能力，着重地理简图、示意图、统计图等的绘制。在说图训练方面，学生应结合积累的地理信息知识或经验，将新学地理知识充分运用其中，实现图像信息转换为自己构思图像，从而提高学生说图能力、创造思维能力以及抽象能力等方面。

(3)提高析图和用图能力

图像的分析和运用能力主要包括地图分析技能、地理统计能力以及地理教具使用技能等。通常可通过一图多思方法，对地图中隐含的本质信息进行挖掘。要掌握读图分析图像的一般方法，审清问题意图，从中找出已知条件或突破口，这是分解图和解答问题的前提条件。①读图：包括读图名、图例、注记、经纬度以及图中的组成各要素。②析图：分析图中的有用条件和迷惑条件，做到准确、全面而有效地从图示材料中提取显性和隐性的信息，为寻找和链接所学内容或考题相关的知识奠定基础。③作答：根据问题的设问，将图像、图表资料与文字资料有机结合，在弄清问题意图和设问指向后，先把问题回归教材，从知识体系中找答案素材；再把素材回归问题，结合具体要求和具体区域特点组织答案。

(4)培养图像迁移和转换能力

图像的迁移能力实际上就是图像的转化、知识的迁移能力，是由直观的图像引导出事物的原理及应用。另外，学生还应掌握在图像、图表处理过程中将陌生图像转换为已知图像的能力，并能通过对地理知识的扩展和对地理图像、图表相互转换，解决地理问题。

(5)增强图文转换和结合能力

在综合分析区域特征时，不能将区域的自然和人文要素进行简单的罗列，而是要系统运用地理基本原理来重新梳理知识内容，解释各种地理现象的成因，理解自然环境要素的时空演变规律，如气候特点成因、地貌特点成因、水文特征成因、土壤及生物与自然带分布原因、主要自然灾害的时空变化及成因等。为提高学生分析区域特征的能力，可采取多图并用、图文转化、图文结合的方法。多图并用在对某一地区植被特点进行推导时，可以结合当地的气温、降水、地形图等进行转换或叠加分析；在对某地区经济发展的分析时，可以结合当地地形图、资源图、交通图、气候图、水系图等转换或叠加分析。图文转换可以培养学生描述和阐释地理事物的能力，图文结合使学生对区域地理信息的获取与解读更加完整。

3.促进教师专业化发展

在区域地理教学中，图像展示的目的是理清知识和逻辑，所以教师在选择图像时要注意其关联性和代表性，要根据教学内容设计图像展示或绘制活动。课前必须对教学内容进行认真的钻研与分析，结合学情和实际状况进行选择、重组与融合优化教学内容，并清楚学生的兴趣点和薄弱点，综合多方因素进行图像的展示，这样才能提高教学的长效性。同时，还要根据学生的学习情况，懂得利用分层教学的策略，因材施教。可以设置不同难度的图像让学生阅读。尤其是对于能力较差的学生，教师可以将一张复杂的地图转变成几张内容简单的地图，通过学生观察后再逐次叠加、综合。这样既能帮助学生简化知识，又有利于培养学生循序渐进、有层次分析问题的习惯，逐步提高学生的学习能力。在这些教学中，教师应不断地反思和实践，逐步形成教师自我专业化的成长及提升。

4.利于教学行为的长效

教师和学生的参与是教学行为得以实现的基本前提，他们的热情与积极性对教学行为的长效性有很大的影响。就学生而言，能积极主动地参与到教学行为中，与教师的教学产生思维的碰撞与共鸣，才会有更多的收获，教师的教学行为才有意义。心理学研究表明，人的大脑通过不同渠道对知识的吸收比率大不相同：视觉 83%、听觉 11%、嗅觉 3.5%、味觉 1%、触觉 1.5%。由此可见，大脑中储存着的知识中，与视觉有关的“图形信息”占比最高。当遇到地理问题时，如果能提供一定的地理图像，使之与大脑中储存的知识一致或相近时，那么，就会使新旧知识处于“共振”状态，置身于地理情景之中，激活知识，思维也被最大限度地激发。因此，在教学中，通过图像的鉴赏、分析、绘制等活动会提高传授知识的趣味性、有效性、简洁性，利于学生在记忆时能具有画面感和主题性，促使他们对知识的思考和理解。在提高能力的同时，也增强了学生学习的自信心和成就感；帮助学生在大脑里较长时期地储存形象化的信息，实现教学的长远效益。

二、区域地理长效教学中图像教学的实施策略

地理图像是用于演示和解释地理概念及地理特征和规律的图形、表格、图片、影像的总称，是能直观解释和阐述复杂地理现象和地理信息的重要途径。图像教学法能使学生通过各类地理图像启发思维，在感知的基础上进行记忆、思维、想象，由表及里地得到比较系统的理性认识，较好地掌握地理知识结构及其内在联系。

根据“三阶六环四步”长效教学模式，地理图像教学实施策略可分为以下三个阶段（表6-6）。

表 6-6　地理图像教学实施策略

教学阶段	教学环节和步骤(师生活动)
引导发现	阅读或绘制图像,创设真境→理解概括:启发引导学生发现地理现象和问题……
指导探究	分析综合→论证评析:根据地理原理和图像变化趋势,指导学生阅读图像,获取信息,进行分析、推理……
倡导应用	总结进阶→发展创新:通过观察和分析图像,多角度、多层次总结归纳,提出解决问题的对策;倡导在实践中的灵活运用和创新培养。

地理图像有静态的也有动态的。具体而言,地理图像又可分为统计图表、示意图、景观图、区域地图、主题漫画、影像等。不同的地理图像各具特点,教学时要灵活设计及选用合适的教学策略,让地理图像各尽其“用”。

1.地理统计图表“定量析理”

【策略解读】

地理统计图表是根据地理数据资料绘制而成,借助数学工具(统计图、统计表等)来说明地理事物的数量特征(如比例、分布等)、相互关系、发展变化、地理信息量化处理的一种形式。地理统计图表“定量析理”是指在地理教学中主要通过数理方法,定量分析地理要素之间的相互关系,从而阐述地理现象及原理,为人地关系优化调控提供依据的策略。

统计图的最大优点是信息简明扼要、发展性强,往往能把抽象的内容形象化、直观化,其类型如图 6-3 所示。

统计图表类型
- 数据表格
- 坐标图
  - 平面直角坐标图:柱状图、折线图、曲线图等
  - 平面正三角坐标图
  - 三维立体坐标图
- 结构图
  - 扇状结构图
  - 饼状结构图
  - 柱状结构图
  - 矩状结构图
- 其他特殊类型:风(气温降水)玫瑰图、三维金字塔图等

图 6-3　统计图表类型图

(1)统计图教学判读方法

①认清图表名称,明确图表内容。

②看清图例、标记、横纵坐标(观察坐标设置是否严格)及其单位数值,读出数据。其中,平面正三角坐标图中数据只表示“比重”(“比例”),每个点共三个构成要素所占比重之和必是 100%,判读时可用箭头指向法或最小值法,如图 6-4 所示。

③判读同一地理事物现象的数量特征和变化趋势,分析成因,如数值的大小、极值、特征

值及随时空变化规律等。注意判读坐标的变化趋势时不能有思维定式，如平面直角坐标图的横坐标不一定总是向右增大。

④结合地理基础知识，找出图表中不同地理事物（现象）之间存在的数量关系，分析图中各要素之间相互联系，发现隐含信息并解释其成因。

⑤注意整体与局部、宏观与微观的分析。

⑥采用对比法对地理事物的结构特征进行对比分析。纵向可对同一地理事物在不同时间的结构特征进行比较，认识其发展变化；横向可对比不同地理事物结构特征的差异或联系。

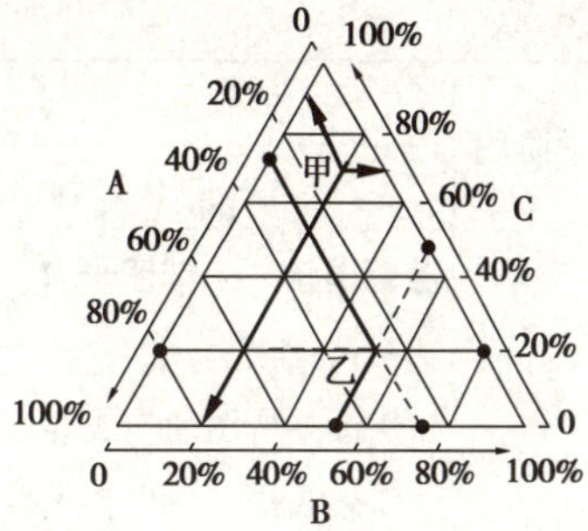

图 6-4　平面正三角坐标图

（2）图表运用和解读的注意要点

在教学中，统计图表展示的各项地理要素均是紧密相关的，展示的数据资料均要客观、真实、有效。

解读表格题要注意以下要点：

①抓主线要素，综合分析认识地理规律。表格中展示了多项要素，但有主次、轻重之分，主线要素往往体现了命题意图，是多项地理要素中的主要要素。

②对地理统计数据进行定性、定量分析研究。解读表格常重在认识表格统计中反映的地理原理和地理规律，也就是从理性上作定性认识。大多数表格可以直接观察分析地理事物的强弱、大小、多少等规律变化。若要求作定量计算，就必须要整理、计算数据，做出信息数量或等级的定量认识。

③注意对表格中地理事物进行横向、纵向类比分析，类比分析地理事物的相同、相异、相反、相似。这样可以更清楚认识地理事物的共性与特性，更深刻地认识地理事物的特点。

【经典案例】

“我国的土地资源”教学片段，见表 6-7。

表 6-7　“我国的土地资源”教学片段

教学阶段	教学环节与步骤	
	教师活动	学生活动
引导发现	**创设真境** 展示我国不同土地利用类型的景观照和“我国土地利用类型的构成图”（图 6-5）。	**理解概括** 学生观察情境，读图思考（通过观察饼状图，提高读图能力），发现、提出问题，如“我国土地构成有什么特点？”……

续表

<table>
<tr><td rowspan="2">教学阶段</td><td colspan="2">教学环节与步骤</td></tr>
<tr><td>教师活动</td><td>学生活动</td></tr>
<tr><td rowspan="2">指导探究</td><td>**温馨提示——读图步骤**
A.读图名。
B.读结构图的构成要素。
C.读数据。找出各土地类型所占比例。
D.分析数据。分析各种土地利用类型在利用上的比例是否合理。纵向比较不同时期各种土地利用类型比例,或者不同国家土地利用类型比例。横向比较各种土地利用类型的利用比例,关注它们之间的差异和联系。</td><td>**分析综合**
分组讨论。
结合“阅读材料”,综合分析评价中国土地资源的利弊。
(利:土地资源总量丰富,土地利用类型齐全;弊:人均占有量少;土地利用类型构成比例不合理;耕地、林地少,难利用土地多,后备土地资源不足。)</td></tr>
<tr><td colspan="2">论证评析:我国土地资源的构成特点及其利弊。</td></tr>
<tr><td>倡导应用</td><td colspan="2">**总结进阶→发展创新:**
提出对策,关注人口与耕地的矛盾,引发思考,形成关注可持续发展问题的意识。学生开展交流。</td></tr>
</table>

图 6-5　我国土地利用类型的构成图

【学业评价要点】

学生能够通过观察我国某区域土地利用类型景观图和我国土地利用类型构成地理统计图表等发现并提出土地开发与保护的相关问题,在探究中综合分析评价我国土地资源构成特点及其利弊,将地理信息融入学习活动中,学会学习,学会思考(区域认知、综合思维);能够初步建立合理利用和保护土地资源的意识,树立正确的资源观、环境观(人地协调观)。

【案例剖析】

该案例充分利用饼状结构图直观的特点,将枯燥的数字形象化、具体化,问题设置指导性强。读这类图时,要求从整体与部分的关系中,从一个事物各个组成部分所占比例的比较中,分析某一个自然现象或社会现象的优劣,发现其中存在的问题,从而进一步探求解决问题的思路。在教学中,运用地理统计图表可以图增知、以图增智,培养学生的探究意识,也培养学生获取信息的能力,比较、概括等思维能力,分析问题、解决问题能力,培养学生区域认知和综合思维、人地协调观等素养。

2.地理示意图“析图得理”

【策略解读】

地理示意图是反映地理事物成因、原理、时空变化过程及规律的图形。地理示意图“析图得理”是指在地理教学中分析地理示意图,用地理术语揭示地理事物的成因、原理、发展演变规律的方法。其特点是主题突出、清晰易懂、渗透地理原理,能提高获取新知、收集处理信息和分析解决问题的能力。最常见的有地理原理、地理过程、地理事物分布模式、地理剖面等示意图。

判读的基本方法:

①判断示意图反映的是哪种地理事物的变化过程或哪些地理要素之间的相互关系。

②根据图中的箭头方向、线段的关系及相关知识,分析、推理、归纳地理事物的变化规律或地理要素之间的相互关系。

③利用所发现的规律解决有关问题。

【经典案例】

“秘鲁上升流渔场的形成”教学片段见表6-8。

表6-8 “秘鲁上升流渔场的形成”教学片段

<table>
<tr><th rowspan="2">教学阶段</th><th colspan="2">教学环节与步骤</th></tr>
<tr><th>教师活动</th><th>学生活动</th></tr>
<tr><td>引导发现</td><td>创设真境
导语——秘鲁沿岸海域水产资源丰富,盛产鳀鱼(冷水鱼)等800多种鱼类及贝类等。
展示秘鲁渔场捕捞场景视频。</td><td>理解概括
观看视频,感受秘鲁渔场情境。
发现、提出问题,如“为什么秘鲁沿岸海域是世界著名渔场”……</td></tr>
<tr><td rowspan="2">指导探究</td><td>展示“地球上的风带和气压带”和“世界洋流分布图”。
设问:比较秘鲁渔场与北海道等其他三大渔场的成因有何不同?
引导学生推导太阳辐射、大气运动(盛行风)、海水运动与饵料、渔场之间的关系。</td><td>分析综合
自主探究。
动手绘制上升流示意图(图6-6)。
观察分析,得出结论。
(①海水的透光性很差,太阳光照随海水深度的增加迅速递减,即太阳光照集中分布在海水的表层。而营养盐会增大海水密度,容易下沉,下层海水的营养盐份含量高。②营养盐如何上泛到表层,利于鱼类繁殖?从海水运动来看,两种情况下营养盐会上泛:寒、暖流交汇,海水受到扰动,营养盐上泛;盛行离岸风的海区,表层海水被吹走,近岸海平面下降,下层海水上升补偿,带动营养盐上泛。)</td></tr>
<tr><td colspan="2">论证评析
用简图(图6-6)模拟上升流形成过程,评析秘鲁渔场成为世界著名渔场的原因等。</td></tr>
</table>

续表

教学阶段	教学环节与步骤	
	教师活动	学生活动
倡导运用	**总结进阶→发展创新** 归纳总结渔场成因的思路;展示非洲索马里半岛图,学生运用所学方法探析索马里半岛东部海域季节性渔场出现的季节和成因,用简图模拟该区域风向及上升流形成过程,掌握运用图像及理论知识分析洋流的地理意义和原理。学以致用,联系生活实际,解决现实问题,实现知识迁移和能力提升。	

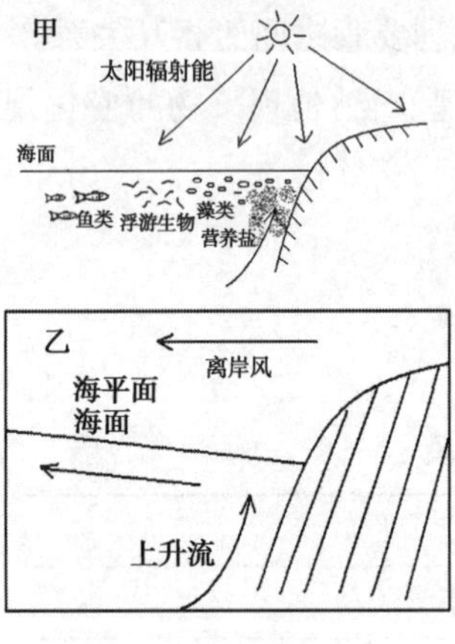

图 6-6　上升流示意图

【学业评价要点】

学生能够通过观看视频、观察地图发现、提出问题,比较秘鲁渔场与世界其他三大渔场的成因差异及推导影响因素(区域认知、综合思维);能够通过绘制上升流示意图和分析成因,参与判断知识的形成过程,用地理视角与地理思维去思考问题,加深理解(地理实践力、综合思维);能够通过变式到"寒暖流交汇形成的渔场"、其他区域上升流等情境,促进强化认知逻辑,学会学习迁移,进而学会和掌握洋流对地理环境影响的分析方法(区域认知、综合思维)。

【案例剖析】

此案例通过学生动手绘图,指导学生推导关系,让学生在思考过程中理解洋流对地理环境的影响、上升流的成因及地理意义。学生通过讨论、分析整理信息,得出地理结论,并运用于其他区域,使知识变得鲜活、有用,激发学生的学习动机,培养学生的区域认知、地理实践力、综合思维等素养。

3.地理景观图"由表及理"

【策略解读】

地理景观图"由表及理",是指在地理教学中使用直接展示地理事象的景观图像,通过学生主动观察景观图,引导学生发现并提出由浅入深的不同问题,做到纵向思考,能充分挖掘图中的隐性内容,透过图像的表象发现影响地理事象实质的因素。

根据景观所反映的地理事物所属领域分为自然景观图(地质、气候、河湖、生物群落、自然灾害等景观图)和人文景观图(聚落、农业、工业、建筑、名胜古迹等景观图)。根据景观图获得的技术手段,可分为摄影图、素描图、卫星影像图等。根据景观图所反映地理要素的多少,又分为综合地理景观图和专题性地理景观图。

地理景观图的判读方法如图 6-7 所示。

地理景观图把地理信息以图像的形式呈现出来,具有形象、直观、生动、亲切的特点,给人以身临其境的感觉。它反映地理事物的一般属性,是认识地理事物本质的基础,有着重要作用。

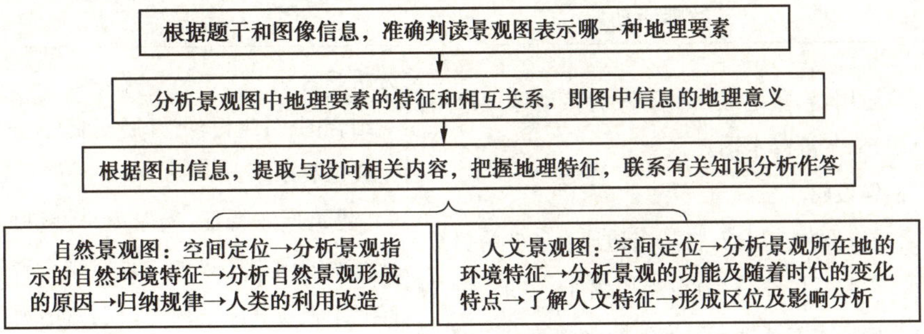

图 6-7　地理景观图的判读方法步骤图

通过对景观图的内容解读和信息提取,从图中找出标志性景观(如典型的植被和地形、标志性建筑等),调动和运用所学地理知识,深层探究,分析地理环境各要素之间的相互联系,使用地理术语对景观图进行描述,或者挖掘出景观图所隐含的主干地理知识,分析其成因。其具体步骤如下:

①利用地理景观图进行区域空间定位。抓住关键信息,获取地理特征,将地理现象与区域地理特征进行对照,判定景观图所在区域。

②利用地理景观图分析区域地理特征。运用地理环境的整体性原理分析图中信息与地理要素或地理原理的逻辑关系,利用景观图反映的某一地理要素推断该区域的地理环境,分析区域地理特征。

图 6-8　碉楼

③利用地理景观图分析地理事物成因。由于每一种地理景观都是在一定的自然环境条件或人文环境条件下形成的,可以根据地理景观与地理环境的一致性、适应性和指示性,分析判断地理景观的形成原因。

【经典案例】

“探究青藏地区独特的自然地理特征对民居的影响”教学片段见表 6-9。

表 6-9　“探究青藏地区独特的自然地理特征对民居的影响”教学片段

教学阶段	教学环节与步骤	
	教师活动	学生活动
引导发现	**创设真境** 展示青藏地区河谷农区独特民居碉楼图片(图 6-8)。 问题引导:碉楼的选材、选址及建造特点。	**理解概括** 观察情境,实景感知,用语言描述。 发现、提出问题。如“碉楼是用什么材料建的?为什么选在这里建?”……

续表

<table>
<tr><th rowspan="2">教学阶段</th><th colspan="2">教学环节与步骤</th></tr>
<tr><th>教师活动</th><th>学生活动</th></tr>
<tr><td rowspan="2">指导探究</td><td>运用《青藏地区分布图》《青藏地区地形图》《拉萨气温降水图》
指导设问
分析碉楼选材石料与当地地表条件的关系。
观察房屋建筑特点：墙厚窗小、屋顶为平顶及房屋大多选址在南方向阳避风的山坡，推导其与当地气候的关系。</td><td>**分析综合**
结合图，分组讨论，开展交流，合作探究。
成果展示。
（建筑形态特征：墙厚窗小、屋顶为平顶，选址在南方向阳避风的山坡。结合青藏地区，气候属于独特高原气候，气候特征：海拔高、气温低、昼夜温差大；降水少，地区差异大；太阳光照强，日照时间长，多大风天气……）</td></tr>
<tr><td colspan="2">**论证评析**
青藏地区独特的自然地理特征对民居的影响。</td></tr>
<tr><td>倡导应用</td><td colspan="2">**总结进阶→发展创新**
从当地气候条件的角度，请学生绘图推测青藏地区牧区民居的特点。学生分享设计，帮助学生形成空间思维习惯，强化地理信息的运用。
实践：研学学校附近特色居住建筑，探究其自然地理特征对民居的影响。</td></tr>
</table>

【学业评价要点】

学生能够通过读青藏地区的景观图、区域分布图、地形图、气候图等，学习认识区域的方法，“由表及理”，分析青藏地区的自然地理特征，理解青藏地区高寒对人们生活（民居）的影响，培养观察能力与直觉思维能力、分析和解决问题的能力（区域认知、综合思维）；能够从当地气候条件绘图推测青藏地区牧区民居的特点，研学某区域特色居住建筑，运用所学知识，探究其自然地理特征对民居的影响，培养运用地理知识解决现实问题的能力（地理实践力）。

【案例剖析】

本案例利用景观图，让学生观察并抓住关键信息，获取地理特征。通过层层设问，将地理现象与区域地理特征进行对照，归纳总结建筑形态特征。通过民居实景图进行情景联想、资料搜集等感性知识的积累，逐步达到分析、比较、归纳的学习目的，形成区域地理的学习策略。学生可以运用地理环境的整体性原理来分析图中地理要素信息或地理原理的逻辑关系，对知识的关联性有明确的认识，能透过现象看本质，培养综合思维素养。最后，展示青藏牧区民居的活动设计，前后联系有助于学生进行知识迁移。进行居住建筑研学活动，让学生学以致用，有助于培养学生的地理实践力素养。

4.地理区域图“识图表理”

【策略解读】

地理区域图“识图表理”是指在地理教学中，以某一区域为载体，找位置、描分布、归特征、探规律、析原因，由表及里地理解所含原理、发现地理事物空间联系的方法。区域地图是区域认知的基础，是后续所有问题分析的起点，强调基础地理（自然地理与人文地理）原理在区域的具体应用，强调空间定位和区域分析，是引导学生从空间去观察事物、认识区域的一种方法。

区域地图是教师课堂教学设计的重心，也是学生认识区域的直接工具和主要手段。区域地图可以将抽象或枯燥乏味的信息转化成生动具体的图像，能帮助学生更好地理解地理信息，培养区域认知素养。教师在教学中应注意选择精、优、简、典型的地图，让学生能准确、快速地寻找正确信息。

阅读分析区域地图的步骤：

①读图名、图例，它们往往能反映图示主要地理事项。

②定位，根据图中的经纬度、海陆轮廓、典型地理事物（城市名、山脉、河流）等信息对图示区域进行定位。

③区域特征分析，包括自然地理特征（气候、地形、水文、植被、土壤、自然资源等）和人文地理特征（人口、城市、农业、工业、交通等），评价一个地区自然和社会经济条件对该地区发展的优势与不足。

④注意地理事物和现象随时间变化的特征，地理过程类型多样，有自然地理过程、人文地理过程和区域发展过程。

⑤注意区域内部差异和认识区域间的联系。

⑥应注意利用图、表提供的各种信息，并能提取有效信息，判断和分析问题及解决问题。

⑦结合区域的自然和人文地理特征分析区域经济发展方向及可持续发展措施。

【经典案例】

“分析某一地区区域经济发展方向”教学片段见表6-10。

表 6-10 “分析某一地区区域经济发展方向”教学片段

<table>
<tr><th rowspan="2">教学阶段</th><th colspan="2">教学环节与步骤</th></tr>
<tr><th>教师活动</th><th>学生活动</th></tr>
<tr><td>引导发现</td><td>创设真境
展示“天津滨海新区区域图”(略)和文字材料:
材料一　南美白对虾原产于南美洲太平洋沿岸热带海域。其最适生长水温为 22～35 ℃,对低温适应能力差,对水质、盐度也有一定要求。1988 年引入我国,经培育可实现淡水养殖,在沿海多省推广。随养殖规模扩大,受养殖方法、气候、虾苗质量、水质等多因素影响导致减产,连续阴雨和强烈的天气变化可能诱发大规模虾病。
材料二　位于天津滨海新区的汉沽区是我国重要的南美白对虾养殖基地,其中“盐汪子虾”更是久负盛名,深受消费者的喜爱。“盐汪子”主要指盐场用来晒盐的池子或在沿海滩涂和盐碱地开挖的池塘,盐度较高,天然卤虫丰富。
设问:分析汉沽区常年养殖南美白对虾的有利自然条件。</td><td>理解概括
观察情境(阅读图文材料),找到关键信息。
思考后,发现、提出问题,如“汉沽区常年养殖南美白对虾的有利自然条件有哪些?”……</td></tr>
<tr><td rowspan="2">指导探究</td><td>指导探究方法,根据学情给予适当的温馨提示。</td><td rowspan="2">分析综合
①根据解题要求,以图像中的核心和关键为中心,展开联系,形成结构。
②以综合性为基础,对整体性的地理事物进行对比、分析、概括,根据设问要求,将分析结果归纳整理,组织语言进行描述。</td></tr>
<tr><td>论证评析
教师指导,学生探究南美白对虾为水生生物,其生长受到水域、水温、水质、食物来源等多因素的影响。
评析:
①结合图文材料定位,左图为汉沽区的位置图,根据经纬度位置可以确定天津滨海新区的汉沽区为我国北方地区。
②分析区域特征,结合区域的自然和人文地理特征分析区域经济发展方向及可持续发展措施。天津汉沽区属于温带季风气候,其特点夏季高温多雨,冬季寒冷少雨。夏季水温可以满足南美白对虾的生长习性,但冬季温度较低。
③看右图结合图例发现该地区地热资源丰富,将地热水注入水域,可提高水温,利于虾的越冬。
④根据海陆位置和图例,该地区滨海和湖泊众多,水域面积广,适合虾的咸淡水养殖空间广。从文字材料中可知“盐汪子”主要指盐场用来晒盐的池子或在沿海滩涂和盐碱地开挖的池塘,盐度较高,天然卤虫丰富。</td></tr>
<tr><td>倡导应用</td><td colspan="2">总结进阶→发展创新
汉沽区计划打造以南美白对虾养殖为基础的特色产业,请为此提出合理建议。学生各抒己见,能够运用图像,解释人们对产业活动进行区位选择的依据,树立绿色发展、共同发展、人地协调发展的观念。</td></tr>
</table>

【学业评价要点】

学生能够利用天津滨海新区区域图“识图表理”，通过对现实事例的分析，了解影响区域经济活动的因素，利用材料综合分析区域经济活动的区位选择，促进思维发展，培养学生判断、推理、建立联系和创新思维等能力（区域认知、综合思维）。

【案例剖析】

该案例注意引导学生将文字材料和区域地图结合起来，学会从所给文字材料中提取有效信息，进行归纳整理，准确表述；学会从地图上地理事物的分布中挖掘隐含的有用信息，与相关知识建立联系，将地图上的地理事物用文字表述出来，并做到条理清晰、要点全面、简明扼要；突出学生的主体作用，有效运用区域地图，提高对新区域情景的信息获取、解读、以及迁移运用相关的基础知识，培养学生的读图、分析、总结等能力，发展其区域认知、综合思维等核心素养。

5.地理关联图“联系推理”

【策略解读】

地理关联图“联系推理”是指运用文字框图和箭头、线条等连接有关地理事物，运用各地理事物间的相互联系，深入推导出地理事物的形成、内部结构、外部特征、发展趋势的方法。地理关联图考查内容如下：某种地理现象的形成过程与影响因素；某国或地区突出地理特征的形成过程与影响因素；某地区环境问题产生的原因、影响因素及发展趋势、治理措施；人口过度增长带来的粮食、贫困、能源、环境等问题……一方面从整体角度来构建地理事物之间的内在联系，另一方面反映了地理学科的综合性、区域性特征。区域地理涉及的知识点庞杂，且这些知识点间存在纵向和横向联系。地理关联图“联系推理”法是根据地理事物之间横向因果逻辑关系找出解决主要问题的最合适方法，并以一种较简单的图形表示众多的影响因素。它的关键在于地理原理、过程或规律的文字表述与关联图之间互译，要求学生能深入分析各部分的成图原理及因果推理，让图“动”起来，帮助我们从事物之间的逻辑关系中，抓住主要矛盾、找到核心问题，找出解决问题的办法，迅速解决问题。

在用地理关联图反映地理事物之间的联系时，需要注意几个问题。

（1）对每一种地理事物的熟练掌握是进行归纳分析的前提

只有做到能熟练分析一个地理事物的形成是由哪些因素影响的结果，以及会对其他事物产生怎样的影响，才能准确地把握地理事物之间的联系，从而建立因子之间的关联性。

（2）从整体上把握地理事物之间的联系

地理事物之间存在着广泛的联系，但要从众多的因子中找出对研究对象有直接影响的因子，需要我们从整体上把握各因子之间的关联性，培养推理、抽象、归纳、整体优化等思维意识，并由此从地理课的学习中形成良好的思想品质。

地理关联图“联系推理”法使用简单，它先把存在的地理问题和因素转化为短文或语言的形式，再用圆圈或方框将它们圈起来，然后用箭头符号表示其因果关系，借此来进行决策、解决问题。

【经典案例】

“青藏地区（小结部分）”教学片段见表 6-11。

表 6-11　“青藏地区（小结部分）”教学片段

<table>
<tr><th rowspan="2">教学阶段</th><th colspan="2">教学环节与步骤</th></tr>
<tr><th>教师活动</th><th>学生活动</th></tr>
<tr><td>引导发现</td><td>创设真境
所有地理事物都是在多种因素的共同作用下形成的，其发展也受这些因素的影响。做关联图，首先必须找到与该事物形成有关联的地理因子。
展示“青藏高原”景观照及其地形图。</td><td>理解概括
观察图，思考青藏高原的高寒气候，理解概括，发现、提出问题，如“青藏的气候总体特点是高寒，造成其高寒的原因是什么？”……</td></tr>
<tr><td rowspan="2">指导探究</td><td>引导探究点拨方法，根据学情给予适当的温馨提示。</td><td rowspan="2">分析综合
思考分析青藏高原高寒气候形成的原因，梳理知识，将各种因子转化为短文或语言的形式，尝试用圆圈或方框将它们圈起来，再用箭头符号表示其因果关系，做出关联图。分组展示、交流。</td></tr>
<tr><td>论证评析
一个地理事物的特征往往会影响到其他众多地理事物的形成和发展，如高寒的气候特征会对该地区植被、水文（河、湖）、生活、生产产生影响，这些地理事物的关系都可以用一个简单的关联图（图 6-9）来表示。</td></tr>
<tr><td>倡导应用</td><td colspan="2">总结进阶→发展创新
运用关联图，实现“如何通过区域要素学习来认识一个区域”的新课程目标，也指导学生将其运用在其他区域的学习，如西北地区总体特征“干旱”对其自然和人文事物的影响等。学生讨论探究，帮助学生理解自然环境是人类生存、发展的基础，辩证看待自然环境对人类活动的各种影响。</td></tr>
</table>

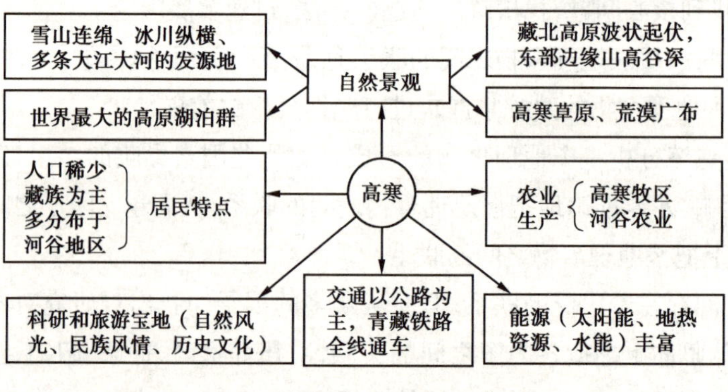

图 6-9　青藏地区

【学业评价要点】

学生能够利用关联图对青藏地区的自然和人文地理知识进行梳理，掌握青藏地区的主要自然地理特征，分析并理解其对植被、水文、生产生活等其他地理要素的影响；能够从全局性、主导性的角度深入理解地理事物的因果联系、结构特征及变化趋势（区域认知、综合思维）。

【案例剖析】

运用关联图将青藏地区的气候总体特点高寒与对其他众多地理事物如植被、动物、生产、生活习性的形成和发展的影响联系起来，对案例区域加工、整理、重组和联系，从而建立知识框架与体系，使学生完成对所学知识在新意义上的建构，做到举一反三、触类旁通。培养学生推理、抽象、归纳、整体优化等地理思维意识，并由此从地理课的学习中形成良好的思想品质，发展区域认知、综合思维等核心素养。

6.地理漫画“主题演绎”

【策略解读】

地理漫画“主题演绎”是一种用简单而夸张的手法描绘生活或时事的图画，揭示地理主题含义和表现的教学策略。它一般运用变形、比拟、象征等独特的表现方式，寓抽象于形象之中，构成幽默、诙谐的画面，以取得讽刺、警示的效果。地理漫画具有形象、寓意深刻、耐人寻味等特点，使人过目不忘，深受教育。它趣味性、可读性强，也能增强学生对知识的理解和掌握能力。

地理漫画的判读可从以下五个方面进行：

①解读标题。标题集中浓缩了主题内涵，解读标题是剖析地理漫画揭示现实问题的关键所在。

②明确问题。每幅地理漫画都反映了特定的地理现象和问题，仔细观察漫画画面内容和信息，挖掘漫画反映的主题。

③分析主因。分析漫画中反映的现实问题和相关的地理知识关系，用地理概念和规律分析产生问题的主要原因。

④推导影响。推导该问题带来的后果和危害。

⑤提出对策。提出解决问题的主要措施。

【经典案例】

“中国的自然资源及目前利用中产生的问题”教学片段见表6-12。

表 6-12　“中国的自然资源及目前利用中产生的问题”教学片段

<table>
<tr><th rowspan="2">教学阶段</th><th colspan="2">教学环节与步骤</th></tr>
<tr><th>教师活动</th><th>学生活动</th></tr>
<tr><td>引导发现</td><td>创设真境
展示 1~2 幅他人创作的相关资源问题的经典环保漫画。
设问:如何读懂地理漫画?
举例说明我国主要的资源问题并分析其产生的原因。</td><td>理解概括
观察漫画,悟道理。
发现、提出问题。</td></tr>
<tr><td rowspan="2">指导探究</td><td>指导学生判读漫画的方法。</td><td>分析综合
结合刚才所学课题“我国的自然资源及目前利用中产生的问题”,探究漫画,举例说明我国主要的资源问题,分析资源问题产生的原因。
分组合作,尝试创作设计符合今日所学课题的环保漫画。
成果展示(图 6-10)。</td></tr>
<tr><td colspan="2">论证评析
我国主要的资源问题及其产生原因。师生或生生评析学生的漫画作品。</td></tr>
<tr><td>倡导应用</td><td colspan="2">总结进阶→发展创新
总结环保漫画的绘制方法,倡导在今后的学习中运用所学方法尝试创作更多符合主题的漫画,养成节约和保护资源的行为习惯,并能与他人共同积极行动。</td></tr>
</table>

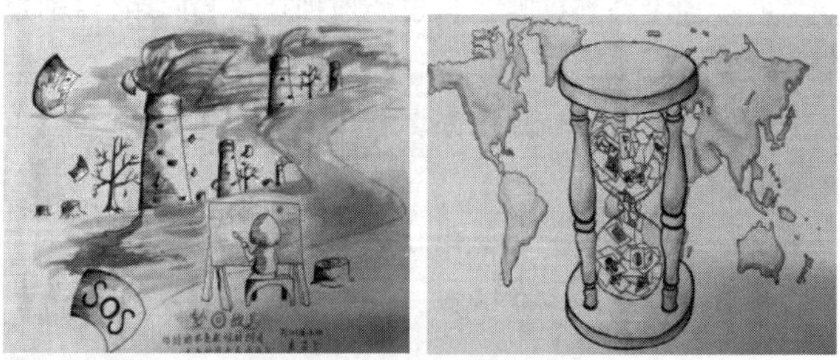

图 6-10　地理环保漫画

(重庆市南开中学校高 2018 级 唐芷兰等绘)

【学业评价要点】

学生能够通过构思和绘制地理漫画,对自然资源开发利用过程中出现的开发过度和保护不力等问题进行分析评价,树立珍惜、合理利用和节约资源的观念,增强资源保护意识(人地协调观);能够运用绘制环保漫画的方法,尝试创作更多符合主题的漫画,养成节约和保护资源的行为习惯，并能与他人共同积极行动（地理实践力）。

【案例剖析】

在讲授中国的自然资源及目前利用中产生的问题后，安排学生自己设计环保漫画的活动。通过绘制漫画，让学生更深层次地理解环境问题：资源短缺、环境污染、生态破坏等产生的原因及解决措施，懂得节约、合理利用和保护资源的重要性。通过漫画所提示的主题深解其含义，培养学生学习兴趣，拓宽学生创新思维。整个过程始终进行自主学习，交流合作，培养学生的信息收集、加工、处理能力，也培养学生的团队合作意识及语言表达能力。学生通过所思所绘，树立正确的环境观和资源观，培养人地协调观素养。加深对课程深度的理解以及教材的深度挖掘，不断激励、引导学生走向核心素养高级水平，从而趋向深度发展，养成自主学习和终身学习的品质。

三、区域地理长效教学中的图像教学应用建议

1.关注影响地理图像能力的因素

（1）学习习惯

学生空间概念建构困难，习惯于脱离图像学地理，基本上不从图像中提取相关知识点，缺乏深层次挖掘图像内容信息来分析问题、解决问题的能力。因此，教师在教学中要注意引导学生养成读图、析图的好习惯。

（2）学习兴趣

运用地理图像，能形象直观地展示具体内容，调动学生多种感官参与学习活动，提高学习兴趣，促进学生形象思维的发展。同时，图像信息量大，教师在教学中要注意引导学生认识地理学习的价值，培养学生学好地理、爱用图分析问题的兴趣。

（3）认知与成就感

由于学生的认知水平不同，一些图像较为抽象，如光照图、等值线图、坐标统计图、结构统计图、区域图、原理示意图、联系图等，部分学生不能正确地从图像中提取有效信息、解答问题，导致在读图问题上缺乏成就感。因此，教师在教学中要注意讲解读图、析图的方法，让学生学会读图、用图，激活思维，提升认知水平和成就感。

2.注重学法指导，发挥图像教学功能

据教学内容进行相应的学法指导，引导学生总结“如何读图、析图的方法”，养成良好的地图学习习惯，发挥学生学习主体作用，学会从地图中发现知识，自我发展，构建心理地图，增强地理信息意识，学会学习，提高地理素养。

为了适应现阶段地理图像的教学要求，教师也应充分发挥不同类型图像的教学功能，引导学生养成良好的地理素质及学习价值观，实现对各类地理知识信息的传达，实现学生地理

素质的综合性培养,如引导学生进行地图中地理事物空间分布信息的分析,进行图中地理规律、地理原理等知识的判读等。

3.善于提升图像教学的应用效率

通过优化应用地理图像法,有利于提升地理教学的效果。教师需要强化对相关地图的筛选,选择表现能力强的地图,实现地理图像与实际教学内容的贴近,确保学生进行相关地理知识的学习,实现学生读图能力、图像应用能力的提升。在地理图像教学中,教师需要进行图像信息量的优化控制,避免图像信息过载的状况,能有效提升学生的学习积极性。在图像教学指导中,教师需要根据实际教学状况,进行图像信息内容的针对性说明。

4.优化地理图像教学的组合模式

通过对各类地图的优化组合,有利于增强学生的地理核心素养,充分发挥地理图像的整体功能。在实践教学中,教师可以实现整体图与局部图的结合,实现地理景观图与原理示意图的结合,通过对不同图像的整合,有利于学生更深层次、全面性地理解地理事物,实现地理事物内在联系及外在特征的比较及分析。为了达到上述目标,教师需要实现图图结合、图文结合等模式的协调,实现学生综合能力的培养,提升学生的地理图像空间及逻辑思维素质。

5.注重图像与多种教学手段融合

随着现代教育体系的不断完善,各类教学方法不断得到应用,为了增强地理教学的整体效益,教师需要实现地理板书、地理图像、地理模型等方法的结合,使用多媒体教学方法,确保教学内容贴近学生的日常生活,实现传统教学艺术与现代教学技术的融合,增强学生的地理知识学习兴趣。在实践教学中,教师必须严格规范用图,根据教学内容进行相关类型地图的选择。

地理图像教学法要关注四个层次:一是地理知识技能教学层次,重在解决“是什么、怎样做”的问题;二是地理思想方法层次,重在解决“用怎样的思想与方法来做”的问题;三是地理思维教学层次,重在解决“怎样想到这样做、为什么要这样做”的问题;四是地理精神与文化教学层次,重在促进学生心智、个性、观念、精神等和谐发展。

6.长效教学模式指导,灵活运用图像教学

运用“三阶六环四步”长效教学模式指导,图像教学可用于引导发现、指导探究、倡导应用各阶段和各环节。在图像教学活动中,教师结合课题内容,选择适合的图像开展活动,灵活应用图像教学策略。如有条件,带学生走出去开展研学活动,在真实而复杂的现实情境中丰富空间概念,开展图像研究,解决问题。

地理图像教学应从短期走向长期效应,通过图像获取地理信息,探索和尝试解决实际问题,具备实际行动能力,要让学生想学、乐学、会学,最终实现学会学习,即产生教学的长期效

应，激发学生主体进取活力，增强学生学习和社会生活中的竞争能力。这样不仅能够促进学生长时记忆，而且还能够对学生的思维能力、价值取向、精神状态、行为养成产生强有力的渗透，发展地理学科核心素养，形成利于其终身可持续发展的长效教学。

第三节　自学辅导策略

狭义的自学辅导是指受教育者个体在教育者的帮助下独立完成的对知识的理解和构建过程。广义的自学辅导，是指受教育者群体在教育者的组织、指导、帮助、促进下自主地完成知识及意义的建构，形成完美人格的过程。受教育者群体既包括受教育者个人，又包括受教育者群体对象。因此，就广义而言，自学辅导法主要包含两层含义：其一，“自学”的过程，体现受教育者群体能学、想学、会学以及坚持学。即，自学的过程是建立在学生自我意识发展、内在学习动机、一定的学习策略以及学生的意志和努力基础上的；其二，“辅导”的过程，是教育活动中必不可少的重要组成部分，是教师帮助学生自主完成知识及意义建构或促成学生人格心智成长与道德成长的决定性教育手段。因此，在“三阶六环四步”长效教学模式中，自学辅导法是必不可少的一部分。

一、区域地理长效教学中自学辅导的意义

教师在运用“三阶六环四步”长效教学模式指导区域地理课堂教学时，实施自学辅导策略的意义主要有以下几点。

1.自学辅导是实现教学相长的主要手段

作为一种教学思想与智慧，自学辅导早已存在。早期，孔子主张“不愤不启，不悱不发”，朱熹则认为“读书是自己读书，为学是自己为学，不干别人一线事，别人助自家不得；某此间讲话时少，践履时多，事事都用你自去理会，自去体察，只是做个引路底人，做个证明底人，有难处，同商量而已”。这段话把自学、辅导说得通透明晰，甚至把自学辅导的方法都讲得很清楚。“同商量”三字将目前教育界所提倡的合作学习也表达得更具人情味。

自学辅导法其实就是将学生自学与教师辅导有机结合的一种教学方法。这种方法的主要特点，是把“学”放在教学过程里的中心位置，寓“导”于“学”，教学相长。而在区域地理教学中，学生在掌握部分地理知识的基础上自主学习探究区域的自然及人文环境特征，教师从旁给予辅导，更利于学生对该部分知识的掌握和运用。

2.自学辅导是培养学生学科核心素养的有效途径

从早期仅见于零散的观点及语言之中但不成体系到今天贯穿于所有学科的所有学段，

自学辅导法经历了长期的践行与证明。“自学辅导主义”研究者认为，所有教学法与自学辅导法都是并行不悖的，自学辅导法是所有教学法的核心。因此，自学能力从某种意义上说，也是各种能力的核心。在关注学生全面发展的同时，自学辅导法变“教学生学会”为“教学生会学”到“引导学生会学”，在促进学生自学能力、自学信心、自学习惯形成的同时，全面培养学生的综合能力和学科核心素养。其地理实践力、综合思维能力、人地协调观及区域认知等四大地理学科核心素养的培养也建立在学生自主学习理解地理知识的基础上，使学生在获取知识的同时，又能掌握地理学科的学习方法，培养和提高地理自学能力及地理素养。

3.自学辅导是体现长效教学的重要载体

叶圣陶先生提出“教是为了不教”，他明确指出“采用自学辅导主义”“务以养成其自身研修之习惯”。叶老先生对“自学”的理解是经典透彻的，他提出了“引导自学”的观点。他认为，引导自学，既是引导学生在知识、技能上自我充实，又是引导他们在思想、品德上自我修养，使之做到“疑难能自觉，是非能自辨，斗争能自奋，高精能自操”。这样的学生培养方式，恰好是立足长远促进学生发展，助力学生综合素养的提升。因此，自学辅导法是体现长效教学的重要载体。

二、区域地理长效教学中自学辅导的实施策略

1.选择适合自学的材料

在自学辅导策略运用的过程中，首要任务即为材料的选择。选择适合自学的材料，才能保证学生进行有意义的自主学习。在课堂教学中，适合自学辅导法的素材主要包括以下四大类。

（1）图文材料类

通过呈现图片或者文字材料，学生从中自主提取信息，完成对基础性知识的掌握，进而完成对后续知识的铺垫和伏笔，产生对新知识的期待。因此，在自学图文材料的选取时，需要精选优化，有针对性地舍取素材。在自学过程中，教师应着力实现对学生阅读能力、读图分析能力及地理思维能力的培养。

例如，在高中区域地理教学中，展示区域地图“黄河三角洲（甲）和珠江三角洲（乙）分布图”（略），以黄河三角洲和珠江三角洲为例，让学生进行对比分析影响区域差异的因素。

学生通过对比分析区域，根据经纬网定位、提取图中信息，从气候、水文、地貌、资源等自然环境差异对黄三角和珠三角进行比较，自主推测出两地人类生产活动、人口、城市、交通等人文环境的差异。从而得出结论：区域地理的学习方法，需要“区域定位+信息提取”的自学能力。

(2)音频视频材料类

随着现代技术的进步,音频、视频等现代化辅助手段的投入,使得教学更加直观生动,有趣形象。在自主学习的过程中,教师可以采用听声音、看视频等多种手段,在激发学生兴趣的同时,训练学生多方位获取信息的能力。

例如,在“地理信息技术在区域地理环境研究中的应用”的学习中,就可以采用视频的形式,让学生直接了解3S技术在人类生产生活中的运用。

(3)实验材料类

在地理课堂教学中,教师往往会设计实验操作来探索和解释地理原理。在这个自主探究的过程中,教师协助提供实验器材,学生独立思考,自行设计并完成实验。这种自学探索手段,既可以培养学生思维能力,还能培养学生的地理实践力。

例如,在探索区域洪积地貌的形成过程中,就可以借助实验材料,让学生自主设计实验,探索洪积地貌颗粒物沉积过程中的分选性规律。又如,在学习“区际联系与区域协调发展”中的“资源的跨区域调配”时,就可以让学生根据区域的资源分布状况,自行设计资源的调配线路,并分析可行性及带来的影响。

(4)信息材料类

现代社会是信息时代。现代地理教学也需要培养学生海量获取信息,并精准提取信息的能力。自主获取信息的途径有很多,通过网络、媒体、报刊书籍以及交流等途径都可以快速掌握信息。因此,信息材料也成为学生自主学习的素材来源之一,但提取关键信息能力应成为海量自学中的重心。

例如,在分析“自然环境对人类生产生活方式的影响”时,可以截取新闻网络中的相关信息(图6-11),让学生独立提取关键信息,从而引导学生分析内在原因。

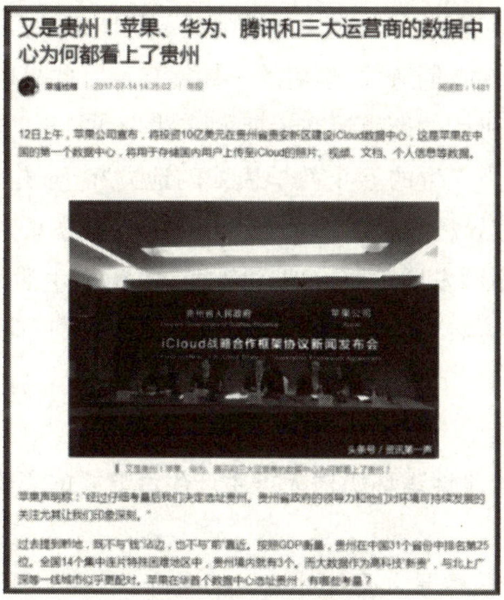
又是贵州!苹果、华为、腾讯和三大运营商的数据中心为何都看上了贵州

12日上午,苹果公司宣布,将投资10亿美元在贵州省贵安新区建设iCloud数据中心,这是苹果在中国的第一个数据中心,将用于存储国内用户上传至iCloud的照片、视频、文档、个人信息等数据。

苹果声明称:“经过仔细考量后我们决定选址贵州。贵州省政府的领导力和他们对环境可持续发展的关注尤其让我们印象深刻。”

过去提到黔地,既不与“钱”沾边,也不与“新”靠近。按照GDP衡量,贵州在中国31个省份中排名第25位。全国14个集中连片特殊困难地区中,贵州境内就有3个。而大数据作为高科技“新贵”,与北上广深等一线城市似乎更配对。苹果在华首个数据中心选址贵州,有哪些考量?

图6-11　新闻报道

2.善于结合自学与辅导方式开展教学

【策略解读】

狭义的自学是指学生个体不借助任何外力独立完成学习的过程;而广义的自学,是指学生自主形成学习团队,在相互帮助中自主完成对知识掌握的过程。自学辅导法中的“自学”是指广义的自学,它既包括独立自学,又包括同桌互助和小组合作等方式的互助自学。

(1)独立自学

独立自学是自学辅导法中的重要方式,它指的是在教师稍加指导甚至不加指导的情况下,学生按自己的学习计划进行学习的各种教学形式的总称。在此环节中,教师呈现自学提纲和自学材料后,学生独立阅读材料,思考问题和解决问题。在课堂教学中,常用于基础知识了解的初级阶段,学生能够通过独立阅读,来理解材料的内涵,并解决基本问题。

(2)同桌互助

同桌是班级教学中最小的合作单位。在自学过程中,也可以通过同桌互助来完成。利用同桌间互帮互学的学习形式既可以提高课堂自学效率,又能培养学生的讲解能力。在课堂教学自学环节中,同桌互助通常用于有异议问题的初步探讨阶段,学生通过表述自我观点,与同桌进行交流,从而快速达成共识,完成对自学任务的解决。

(3)小组合作

小组合作是当今课堂教学环节中的主流。在课堂教学中,学生以 4~6 人为一组,进行合作式自主学习。合作自学方式通过发挥小组团体的积极功能,提高个体的学习动力和能力,达到完成特定的自学任务的目的。这种自学形式往往用于对问题的深入讨论阶段,需要发挥集体思维力量去共同探索和解决,通过扩大学生思维碰撞的范围,来引导学生挖掘问题进行深度思考。小组合作式自学形式改变了教师垄断整体课堂信息源而学生处于被动地位的局面,激发了学生的主动性、创造性,学生的个体优势也因此得以充分地发挥。

中国科学院心理研究所卢仲衡教授在长期的实践中,总结了“启、读、练、知、结”五步教学模式。长效教学有别于卢先生的五步教学模式的地方在于,并非整堂课采用这种连续性的教学模式,而是将自学辅导法贯穿于课堂教学中的各个教学环节“三阶”中去实现。

下面通过区域地理“不同发展阶段地理环境对人类生产生活方式的影响”“产业转型地区的结构优化——以美国休斯敦为例”,分析自学辅导法在“三阶六环四步”长效教学模式中的运用。

【经典案例 1】

“不同发展阶段地理环境对人类生产生活方式的影响”教学片段

(1)引导发现

“引导发现”阶段的自学辅导主要针对问题提出阶段,教师引导学生从旧知识自主发现新知识,明确问题任务或者本节课的学习目标。该阶段自学辅导任务与卢先生五步教学模式中的“启”有异曲同工之妙。但在长效教学中,“引导发现”阶段的自学辅导不仅仅局限于整堂课的导入,更多地运用到每个教学环节中的问题提出阶段。该阶段可以通过给学生呈现自学材料,包括图文、音视频、实验素材、社会信息等,让学生从自主学习中理解概括,发现并提出问题,从而进行下一步教学。

创设真境

课前播放暖场视频"云贵高原旅游照片"。

教师:有这样一个地方,她有风花雪月的千丝柔情,又有古朴安闲的原始部落;

有这样一个地方,她有神奇迷人的自然风光,也有独具魅力的民族特色;

有这样一个地方,她有神秘古老的夜郎古国,还有阿诗玛的美丽传说;

有这样一个地方,她有喧哗都市的快节奏,还有悠闲自在的慢生活……

这就是我国第四大高原——云贵高原。

今天,我们将一起踏上这片沃土,去感知它从原始走向文明的跨越……

播放视频:在云贵高原偶遇一位老人,于是与之闲聊。

教师:来到云贵高原避暑,找到一家农家乐,白墙红瓦,甚是漂亮。农家乐里有一位老人,年过九旬,头发花白,却精神抖擞。闲暇之余,我便跟老人闲聊起来……

理解概括

通过随后四段视频的呈现,老人讲述不同时期的经历。发现、提出相关问题。

(2)指导探究

分析综合

自学辅导一:独立自学,观看视频1。

老人:我的奶奶告诉我,我们的祖先并不是本地人。那个时候到处打仗,我们的祖先是从外面避难来到这里的。我奶奶说,祖先刚来这里的时候,这里还很荒凉,到处是森林,还有野兽,当地人还住在山洞里,他们也只好躲在山洞里……

问题引导1:老人的祖先为何会选择这里躲避战争呢?

问题引导2:根据当时地理环境,推测当时人们的生产生活方式。

通过视频引导,学生自主听老人叙述的过程中,自主思考并分析问题。

"指导探究"阶段主要是指在学生明确问题之后,自主对其进行探索和分析,教师充当引导角色,辅导学生完成对问题的解决。该阶段的自学既包括独立探究,又包括同桌互助或者小组合作。

自学辅导二:独立自学,观看视频2。

老人:后来,来这里的人就越来越多了,大家一起用树木搭建房子,一起种粮食做衣服,自己种庄稼吃,自己做衣服穿。有时候马帮还会经过这里,大家把剩余的粮食、茶叶、草药拿出去跟马帮带来的东西进行交换……

问题引导3:从老人的话中,分析"后来"的云贵高原,人们的生产生活方式发生了怎样的变化?

问题引导4:在这样的环境中,他们又是通过什么方式和外界进行物资交换的呢?

小组合作探究：在当时的生产力水平下，分析地形、气候、资源等地理环境要素对人们生产生活方式的影响。

自学辅导三：独立自学，观看视频 3。

独立自学材料。

材料 1：20 世纪 60 年代的“三线建设”，东部地区的军工企业、机械制造业等大量厂家内迁至西北、西南地区，一定程度上改变了云贵地区工业布局，增强了综合经济实力，为云贵地区工业发展奠定了良好基础，促进了城镇化发展。

材料 2：1964—1975 年，贵州全省共完成建设投资 94.23 亿元；建成工业企业达到8 904户，比 1963 年增加 137.3%；1975 年全省工业总产值达到 24.97 亿元，为 1963 年的 3.41 倍。

问题引导 5：分析“三线建设”时期，以军工企业为代表的大量企业选址云贵高原的原因。

问题引导 6：以“三线建设”为代表的工业发展阶段，云贵高原发生了哪些变化？

自学辅导四：独立自学，观看视频 4。

独立自学材料。

材料 3：大数据产业对于电子信息技术的产业基础要求不高，但数据重心最大特点就是高耗能，电力成本占整个支出成本的 50%～70%，其中一半的支出是空调费，因为机器设备需要散热。

材料 4：贵州地处北纬 24°～29°，平均海拔 1 100 米。常年平均气温保持在 14～16 ℃，即使在最热的 7 月，平均气温也只有 23.7 ℃，是数据设备运行最适合的温度。同时，丰富的电力资源，是贵州大数据产业成长的另一大优势。作为“西电东送”的主战场，贵州电力水火互济，稳定可靠，电力价格优势让全国很多地区难以望其项背。

问题引导 7：为什么三大电信运营商、阿里巴巴、腾讯、华为以及苹果都会选择贵州作为大数据安家落户之地？

问题引导 8：在你眼中，今天的云贵高原是怎样的？

以上各个教学环节中，均采用了自学辅导法，学生以自主探究、同桌互助及小组合作等形式，自行分析图文资料，对自学任务力求解决。

自学辅导五：提出自学任务，进一步分析综合。

不同的历史发展阶段，随着人类生产力水平的不断提高，地理环境对人类生产生活方式的影响发生了什么改变？

根据老人的叙述为主线，学生通过观看视频，自主感知理解不同阶段的变化，从而综合分析随时间变化的发展规律，培养综合思维素养。

论证评析

在各自学环节中，教师着力创设情境，引导学生思考问题，论证评析总结讨论结果。

如，对自学辅导一中问题 1 和问题 2 的引导如下。

教师：老人的话不禁让我的脑海出现了这样的画面——在人迹罕至的大山中，一片片茂密的原始森林，各种千姿百态的古木奇树高耸入云，脚下杂草丛生，到处都是各种虫蚁猛兽……如此艰难的生存环境，我不禁纳闷了，老人的祖先为何会选择这里躲避战争呢？（学生自主思考后回答）

（展示答案）对了，虽然这里生存环境艰难，但这里易于隐藏。地理位置偏远，人烟稀少，山高谷深，地形崎岖，起伏大，与外界联系少。

教师：既然是来这里避难求生，当时人们如何生存下去的呢？请大家根据当时地理环境，推测当时人们的生产生活方式。（抽 1~2 位学生回答）

（归纳）生活方式——洞居，生食……

生产方式——刀耕火种，采集，渔猎……

教师：同学们这样的推测对不对呢？我忽然想到老人告诉我他小时候到附近山洞里玩，看到洞里有红色的画，也许那些画能告诉我们。于是，我就按照老人的指引，找到了那些保留在山洞岩石上的画——现代人把它们称作“岩画”。它们很好地记录了当时人们的生产生活状况。

以问题为导向的自学辅导模式中，教师加以引导和点拨，启发学生思维，鼓励学生采用独立或者合作的形式完成对学习内容的探索，从而实现学生独立主动的学习过程，强化培养其自学能力，使其学会学习，构建思维方式，促进其地理核心素养的培养。

（3）倡导应用

“倡导应用”阶段主要是学生完成对知识的理解后，能够独立运用知识的过程。该阶段的自学，更多的是对学生综合思维素养的培养，学生通过内化知识要点，构建知识框架。

总结进阶→发展创新

在完成每个环节的内容探究以及整堂课的构建之后，教师对课堂内容进行总结和深化，进阶核心素养。

例如，完成自学辅导，分别完成以下总结（图 6-12）。

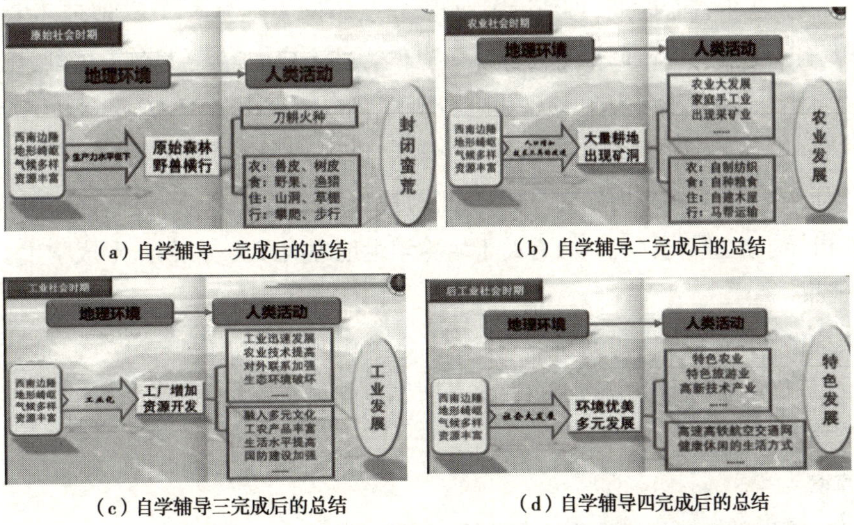

（a）自学辅导一完成后的总结

（b）自学辅导二完成后的总结

（c）自学辅导三完成后的总结

（d）自学辅导四完成后的总结

图 6-12　不同发展阶段地理环境对人类生产生活方式的影响图

教师：纵观人类社会的历史变迁，随着生产力水平的不断提升，从封闭蛮荒的原始社会，到农业、工业时代的大发展，再到特色发展的今天，人们改造利用大自然的能力在不断增强，而地理环境也深刻地影响着人们的生产、生活方式（图 6-13）。

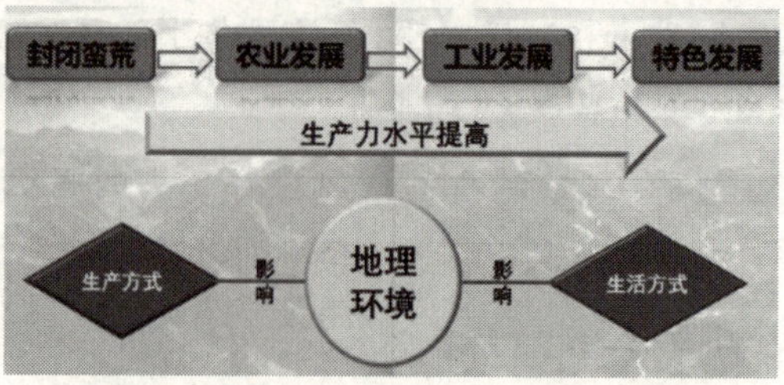

图 6-13　不同发展阶段地理环境对人类生产生活方式的影响关联图

课外自主探究

研学活动：研学学校所在区域的地理环境，认识该区域不同发展阶段地理环境对人类生产生活方式的影响。

【学业评价要点】

学生能够以时间为主线，通过倾听老人的回忆、观察图文资料等对不同历史时期的云贵高原地理环境进行归纳概括（区域认知）；能够通过自主学习描述不同生产力条件下云贵高原的地理环境发生的变化，分析不同的地理环境对人类的生产和生活两个维度产生的影响（综合思维和人地协调观）；体会人类文明在改变地理环境的同时，也深受地理环境的影响，只有人地协调发展，才能实现共赢的区域发展（人地协调观）。

【案例剖析】

区域地理“不同发展阶段地理环境对人类生产生活方式的影响”，该部分教材内容是以长江流域为例，分析在生产力不断发展的条件下人地关系的变迁。本案例脱离原始教材，选取了云贵高原为背景，教学过程以一位老人的回忆内容为主线，分析了从封闭蛮荒的原始社会，到农业社会、工业社会时期，再到后工业化时代，不同生产力条件下，地理环境对人类生产生活的影响。老人的四段回忆自述视频为“自学”的主要内容，通过创设情景，让学生在感悟发现中“自学”；通过问题引导，让学生在分析探究中“自学”；通过总结深化，让学生在迁移应用中“自学”……通过环环相扣的教学“辅导”设计，学生采用独立思考、同桌互助、小组合作等不同形式完成对知识内容的掌握，实现对地理思维的训练，促进地理学科核心素养进阶。最后，指导学生进行研学活动，有助于培养学生地理实践力等素养，形成学生发展素养，应用学习成果。

【经典案例 2】

“产业转型地区的结构优化——以美国休斯敦为例”教学片段

（1）引导发现

创设真境

播放“美国休斯敦自然环境及经济发展状况”的视频。

自学辅导一:独立自学,观看视频。

学生自主观看视频,自主学习提取视频中相关信息,引导学生思考:美国第四大城市休斯敦在哪里?

理解概括

问题一:分析休斯敦的区位特征。

自学辅导二:独立自学,培养区域认知意识。

学生通过自主学习,阅读教材,查找地图册等相关资料,描述休斯敦具体位置,分析其区位特征。通过此环节,培养学生在探索区域过程中的区域认知意识和能力。

(2)指导探究

分析综合

问题二:休斯敦为什么要进行产业转型?

自学辅导三:独立自学,知识回顾。

学生通过自主阅读教材,了解并掌握产业转型的含义及路径选择,影响产业转型的因素。

自学辅导四:小组合作,自主探究。

自主阅读教材,小组合作,自主探究以下问题:

探究一 归纳总结不同历史时期,休斯敦的产业发展状况。

探究二 简析休斯敦产业转型的根源。

探究三 分析休斯敦产业结构优化调整的措施。

学生通过小组合作自主探究的形式,探究休斯敦经济发展的条件及弊端,综合分析其衍生问题,从而培养学生综合思维能力。

论证评析

自学辅导五:独立自学,观看“休斯敦国家宇航中心”视频。

学生自主学习,观看视频,提取视频中出现的关键信息。

问题三:分析休斯敦产业转型的优势条件。

引导学生从视频中分析休斯敦产业转型的优势条件及对区域产业发展结构优化产生的影响,从辩证的角度看待区域产业转型,培养学生宏观思维意识和综合思维能力。

(3)倡导应用

总结进阶

自学辅导六:合作自学,深入探究。

通过总结本节课的学习,让学生了解区域产业转型的宏观背景和区位条件,进而引导学生探索衍生问题,并举例说明资源型城市产业转型过程中的发展方向。

通过学生小组合作自主探究的形式,从空间表述、动态观察世界及综合领域角度强调利用地理学看世界的视角,从而培养学生区域认知、综合思维、地理实践力及人地协调观四大核心素养。

发展创新

以你熟悉的一个产业转型地区为例,查阅有关资料,完成相关任务:

任务一:分析其转型缘由,制订转型目标。

任务二:从不同角度(地理条件、资源状况、产业基础、科技水平、劳动力状况等),分析不同因素对地区产业转型路径的影响。

【学业评价要点】

学生能够从休斯敦的区位特征以及区域发展背景,思考其区域发展方向,并通过自主查阅资料确定区域及地理事物位置(区域认知);能够通过视频及图文材料分析区域区位特征,并能利用地理条件及产业发展中存在的问题探索产业发展的方向,辩证地看待区域发展带来的影响(综合思维和人地协调观);能够以休斯敦为例对区域经济发展进行分析,掌握探索区域经济发展方向的重要思维方式,分析不同经济背景下不同区域的产业转型(地理实践力)。

【案例剖析】

本节课是以美国第四大城市休斯敦的产业转型为背景,以休斯敦为代表的资源型城市产业发展为主线,探索产业转型的原因、过程和方向。整个教学过程环环相扣,通过自学辅导在大容量的新旧知识中帮助学生提取重要知识点,帮助学生掌握探索区域发展的思维方式。同时,通过自学探究问题的设置,让学生在自主的教学活动中增强用地理眼光看世界的意识,树立正确的人地关系意识,从不同维度培养学生的地理核心素养。

"三阶六环四步"长效教学,正是基于立足学生长远发展的教学模式,而自学辅导法在区域地理课堂教学中的运用,通过"自学"赋予学生更多的时间去思考,利用"辅导"引领学生从不同维度去探索,在"自学"与"辅导"的融合下,提升学生的地理能力与核心素养。

三、区域地理长效教学中自学辅导的应用建议

1.遵循自学辅导的基本原则

(1)"以生为主,以师为辅"的原则

"授之以鱼不如授之以渔"。在课堂教学中,教师的"教"要与学生的"学"充分结合起来,明确学生的主体地位。教师的"教"以"辅导"方式呈现,引导其学习方法,点拨其学习技巧,授予学生地理学科思维方式及学习策略,彻底摆脱传统灌输式教学方法。

(2)"三阶六环四步"相结合的原则

在"三阶六环四步"长效教学模式中,自学辅导策略渗透所有环节。"三阶"即引导发现、指导探究、倡导应用三个阶段;"六环"包括创设真境、理解概括、分析综合、论证评析、总结进阶、发展创新六个教学环节;"四步"指观察、思考、评论、实践四个操作步骤。通过创设教学情境,教师引导学生在观察中理解概括、主动发现问题,并提出问题。与此同时,在问题

情境中，教师指导学生通过综合分析，以同桌及小组为单位进行讨论探究，从中发现规律、推导原因、解决问题，逐步形成正确的认知。最后，倡导学生在学习中总结进阶，寻找应用的规律性，从实践中巩固对知识的掌握。

自学辅导策略运用“三阶六环四步”长效教学模式，在精心设计的教学过程中，教师对学生的自我探究进行有针对性指导，培养学生的自主学习和独立探索的精神和团队合作的意识。在课堂教学中还原学生主体地位，发挥教师主导功效；在深度教学中，融合“三阶六环四步”的具体细节，培养学生地理学科核心素养，实现立足学生长远发展的目标。

(3)以“问题”为导向的原则

在自主学习的过程中，学习目标和学习线索是必不可少的导向。以“问题”为导向的学习任务设定有利于激发学生自学的兴趣，并唤醒学生发现问题、分析问题、解决问题的意识。在课堂自主学习中，教师以“问题”贯穿课堂，师生达成“问题”共识，形成“问题”思维，建立“提出问题—自学分析问题—解决问题”的课堂模式。教师在整个自学引导的教学行为中都在“问题”这一重要理念的指引下完成，凸显学生的主体地位，这种方式彻底改变以教师为中心的陈旧教学理念，实现课堂和学生的共同发展。

(4)自查与他查相结合的原则

自我检查评价能力也是自学能力的重要组成部分。因此，在课堂教学中，教师要有意识、有目的地培养学生的自查能力和自查习惯。除了自查，学生也需要他查来帮助自己完成自学目标；随着自查能力的提升，自查和他查的比重就会逐步发生变化。因此，自查与他查相结合是促进自学辅导的重要手段。

2.充分考虑自学的层次差异及教学内容的范围选取

高中区域地理在高二至高三学段进行课堂教学，主要要求在自然地理和人文地理的基础上对区域进行分析，这就要求学生具备较好的地理基础。教师在设计自学辅导策略时，要充分考虑区域地理的内容。在区域地理的学习中，区域定位、根据区域信息对自然环境进行分析、由自然环境特点推导人文环境等过程均可采用自学辅导法来完成；但是，学生的层次存在一定的差异，对不同层次的学生可以安排不同的自学任务。例如，基础较差的学生，可以安排其自学“区域定位”，让学生自行查阅地图册或者根据储备知识进行分析判断，从而确定区域的具体位置，着力培养学生地理核心素养之一的区域认知能力；基础中等的学生，可以安排“根据区域信息对自然环境进行分析，归纳自然环境特点”的自学任务，让学生捕获图文信息，从而归纳总结区域环境自然特征；基础较好的学生，则可以安排“由区域自然环境特点推导人文环境”或者“分析区域经济发展的问题、措施及方向”等自学任务，这部分自学内容综合性较强，需要学生具备较扎实的基础知识，通过自学任务的布置来培养学生地理核心素养中的综合分析能力。

因此，在自学辅导策略的实施过程中，教师应该酌情考虑学科内容特点和学情状况，进行教学设计，从而达到培养学生地理学科核心素养的目的。

3.自学辅导不等同于翻转课堂

众所周知,翻转课堂是指重新调整课堂内外的时间,将学习的决定权从教师转移给学生。在这种教学模式下,课堂内的宝贵时间,学生能够更专注于主动的基于项目的学习,共同研究解决本地化或全球化的挑战以及其他现实世界面临的问题,从而获得更深层次的理解。翻转课堂需要学生自主规划学习内容、学习节奏、学习风格和呈现知识的方式,教师则采用讲授法和协作法来满足学生的需要和促成他们的个性化学习。而自学辅导法也是以学生为主体,根据学生的需求进行辅导,从而获取知识培养核心素养。但是,自学辅导不同于翻转课堂,主要表现在以下几个方面:其一,翻转课堂充分利用课外时间进行自学,整堂课负责解决项目,而自学辅导主要在课堂教学中呈现;其二,翻转课堂的课堂教学部分依赖于课外的知识积累,否则无法实现,而自学辅导法尺度相对较小,可以在课堂各小环节中贯穿运用,也可以从整堂课进行课堂设计;其三,对于互联网时代的翻转课堂,学生可以通过互联网学习丰富的在线课程,不必一定要到学校接受教师讲授,而自学辅导法仍然保留在传统教室学习的模式,注重学生之间的协作互助,强化师生之间的面对面交流。综上所述,自学辅导不等同于翻转课堂。

4.注重学法指导,加强课堂教学的时效性

教学中对学生的学法指导要常态化,据教学内容进行相应的学法指导,帮助学生学会学习。例如,在教学中适时传承地理学习方法的经验,如何自学的方法等;有机渗透点滴学习方法,让学生不断领悟,多思考"我怎样学习",多总结、摸索适合自己的求实灵活的学习方法,理清分析问题的思路,形成准确、简洁的表达语言,并内化为自己的地理素养。

课堂教学的时效性体现并依赖于合理的预设性、课前的教学预设与课后的教学巩固。鉴于在自学过程中,学生自主学习占用时间较长等问题,笔者认为应有合理的时间预设。只有在合理时间预设内,学生才能在规定的时间范围内完成相应的自学任务,才能促进课堂教学的进行。当然,要在预设时间内高效完成自学任务,学生可以有课前预习的任务安排,从而保障课堂时效性。此外,自学辅导法要体现实效性,也与课后的教学巩固分不开,迁移训练加深对课堂内容的巩固,在强化学生知识体系的同时,培养学生的综合素养和能力。

综上所述,自学辅导是课堂教学中的常见策略之一。在"三阶六环四步"长效教学过程中,自学辅导策略将"自学"和"辅导"融合,在实现教学相长的同时,培养学生地理学科核心素养,是体现长效教学的重要基石。

主要参考文献

[1] 王向东.中学区域地理的主题选择、目标构建和教学策略研究[D].长春:东北师范大学,2008.

[2] 舒心.比较法在高中地理课堂的运用研究[D].大连:辽宁师范大学,2014.
[3] 翟春光.比较法在高中地理教学中的应用[D].福州:福建师范大学,2013.
[4] 袁书琪.地理教育学[M].北京:高等教育出版社,2001.
[5] 段玉山.地理新课程课堂教学方法[M].北京:高等教育出版社,2003.
[6] 黄京鸿.新编地理教学论[M].重庆:西南师范大学出版社,2011.
[7] 施菊萍.比较法在高中地理教学中的运用[J].教书育人(教师新概念),2012(6):42.
[8] 田丛江.表格比较法在地理教学中的妙用[J].黑龙江农垦师专学报,2002(2):106-107.
[9] 林宪生.21.地理教学如何培养学生的区域比较能力?[J].地理教育.2006(2):10.
[10] 白瑞敏,徐宝芳.地理比较法在高中地理教学中的应用研究[J].中学历史地理教与学,2009(1):36-38.
[11] 李学军.比较教学法在中学地理有效教学中的运用[J].文理导航·教育研究与实践,2012(9):139.
[12] 黎文虹,蔡向晖.比较与分类[J].教育学报,1995(5):17-20.
[13] 顾明远.关于比较教育学科建设的几个问题[J].比较教育研究,2005(3):1-4.
[14] 贺小燕.浅谈高中地理学科的“定量”与“定性”特点[J].地理教学,2017(4):7-9.
[15] 郝东,杨秋菊,鲁爱华.高考地理图表的分类与判读[J].试题与研究,2009(9):12-19.
[16] 冯中跃,李永全.中学生的地图素养与培养[J].地理教育,2006(2):65-66.
[17] 魏晓燕.浅谈图像教学法在初中地理教学中的运用[J].课堂内外(教师版),2017(6):82.
[18] 王民.地理新课程教学论[M].北京:高等教育出版社,2003.
[19] 李家清.原理·方法与案例:高中地理有效教学[M].北京:科学出版社,2015.
[20] 罗齐兵.地理关联图在教学中的应用[J].宜春学院学报,2011,33(12):186-188.
[21] 张福俊.初中地理教学中对学生地图技能培养方法研究[D].大连:辽宁师范大学,2011.
[22] 吕莹.初中地理教学中运用地图培养学生智能研究[D].长春:东北师范大学,2008.
[23] 中华人民共和国教育部.普通高中地理课程标准(实验)[M].北京:人民教育出版社,2003.
[24] 蔡广征.新课改背景下中学地理图像教学的实施策略研究[D].桂林:广西师范大学,2014.
[25] 刘清华.谈谈如何提高教师教学行为的有效性[J].剑南文学(经典阅读),2014(1):336.
[26] 孔云.经典教学理论与课堂教学应用[M].北京:海洋出版社,2017.
[27] 朱翔,刘新民.地理.选择性必修2:区域发展[M].长沙:湖南教育出版社,2019.

第七章　研学活动长效教学策略

这里所说的研学活动包括研究性学习和研学旅行活动，它们都是综合实践活动的主要活动方式。综合实践活动"是从学生的真实生活和发展需要出发，从生活情境中发现问题，转化为活动主题，通过探究、服务、制作、体验等方式，培养学生综合素质的跨学科实践性课程"，"是基础教育课程体系的重要组成部分"（《中小学综合实践活动课程指导纲要》2017年版）。而地理课程具有很强的实践性，通过实践活动运用综合思维和区域认知，是学生感悟、体验现实世界中人地关系的重要途径，所以《普通高中地理课程标准（2017 年版 2020 修订）》要求培养学生的地理实践力素养，培养学科核心素养。研学活动以"三阶六环四步"长效教学模式为指导，帮助学生学会学习和研究的方法，在自然、社会、生活等真实情境中开展丰富多样的实践活动，感悟社会实践的深厚内涵，学会从地理等学科视角"认识和欣赏自然与人文环境，懂得人与自然和谐共生的道理，提高生活品位和精神境界，为培养德智体美全面发展的社会主义建设者和接班人奠定基础"，形成正确的价值观，提升解决问题能力，培养地理学科核心素养，逐步养成"价值认同、实践内化、身心健康、责任担当"等意识和能力，进而转化为学生发展核心素养，落实立德树人根本任务。这是地理课程学习的宗旨与目标，也是长效教学的追求所在。

本章围绕研究性学习和研学旅行活动探析研学活动长效教学策略。

第一节　研究性学习长效教学策略

一、长效教学中开展研究性学习的意义

研究性学习，是指学生在教师的指导下，围绕一定的专题，通过模拟科学研究的方式去获取信息，应用相关知识和技能来分析其因果联系，并寻求解决方案的学习活动。

研究性学习要求学生在教师指导下，从自然、社会和生活中选择确定专题进行探究，训练学生主动获取知识、应用知识、解决问题。它作为一种学习方式，其基本内涵是：学生运用已经掌握的知识和方法，按照科学的方式提出问题、分析问题和解决问题，从而获取知识、提

高素养的学习行为；作为一种教学方式，其含义是“教师”作为指导者，组织、引导“学生”，按照科学的方式从实际的学习和生活中提出问题、分析问题和解决问题，学会学习、学会“研究”；而作为一门课程，是以学生的研究性学习为基本方式，以教师的研究性教学为基本途径的课程，是一门为了学生明天的课程，其目的在于改变学生以单纯地接受教师传授知识为主的学习方式，为学生构建开放的学习环境，提供多渠道获取知识，并将学到的知识综合应用于实践的机会，促成积极的学习态度和良好的学习策略，培养创新精神和实践能力。“实施以培养学生创新精神和实践能力为重点的素质教育，关键是改变教师的教学方式和学生的学习方式。”正是由于研究性学习有着极为丰富的素质教育功能，它作为学习方式（教学方式）和学校课程体系改革的一项重要内容，在我国的形成与发展是社会发展的必然，因而在地理课程标准中，增设了高中地理研究性学习的内容，并促使研究性学习成为当前地理教学研究的一个重要领域。

开展研究性学习，对于培养学生素养、促进师生健康成长等具有如下意义。

1.以生为本，培育素养

从所指导课题的问卷调查中得知，学生从一开始就喜欢研究性学习，初步调查结果显示，100%的同学表示有兴趣，其中12.5%的同学认为较有意义。课程结束后进行的调查结果显示（图7-1），96.2%的同学表示喜欢，3.8%的同学认为课题较繁杂，表示不是很喜欢，然而同学们都表示了参加研究性学习虽累但有收获的快乐。

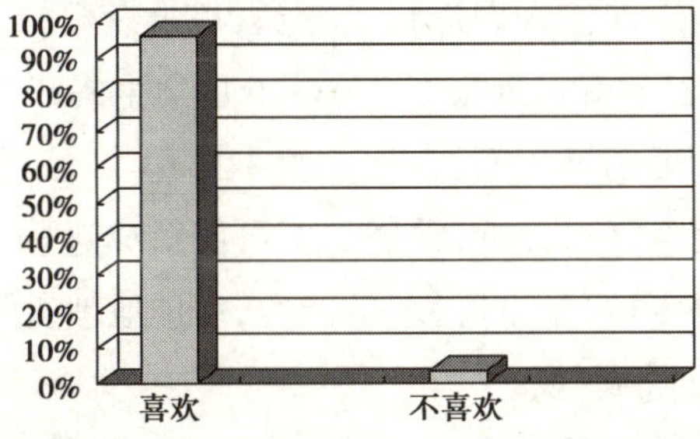

图7-1　对研究性学习的喜欢程度

（1）促学科综合，培育科研新苗

“实践是知识的母亲，知识是生活的明灯。”知识面是指记忆、创造和使用各个方面的知识、智力成果的范围。知识面宽的人，由于信息量大，看问题会更全面，受人尊重。

从指导的课题来看，都涉及两门以上学科知识（如地理、化学、生物、语文等学科），促进了学生对不同学科知识的综合运用。调查中，同学认为通过参加课题研究，发现了自己在相关学科知识方面存在的不足，95.2%的同学认为可巩固已学学科知识，90.5%的同学认为激发了学习相关知识和从事科学研究的兴趣。例如，研究“重庆市城市生活固体废弃物的污染与防治”课题的同学感叹：“发现自己对地理学科中环境污染的分布及表现认识不到位，对化学学科中有关有机物的降解知识掌握不好，让学习更贴近社会现实，增强我的社会意识，激发了我的求知欲。”

(2)兴探究之风,升地理实践力

读书是学习,实践是更重要的学习,培养学生的地理实践力是地理学科核心素养之一。《高中地理课程标准(2017年版2020修订)》指出:“地理实践力指人们在考察、实验和调查等地理实践活动中所具备的意志品质和行动能力”,具体目标之一是“学生能够运用所学知识和地理工具,在室外、野外和社会的真实环境下,通过考察、实验、调查等方式获取地理信息,探索和尝试解决实际问题,具备活动策划、实施等行动能力”。

开展研究性学习是一个动态过程。它是基于学生对现实生存环境的感官体验和理性思考,引导学生在考察、实验、调查等一系列实践活动中体验生活、感受人生、探究现实,有效拓展现有教育内容。学生走出课堂,深入社会,从周围的环境中去寻找问题,通过调研考察、问卷设问、专家采访、上网咨询等多种渠道获取所需信息,进而综合分析资料,提出可行的解决措施和建议,它将学生置于一种动态、开放、主动、多元的学习环境中,推动他们去关心社会、了解社会、体验人生,并积累一定的感性知识和实践经验。因此,开展研究性学习,有助于提升人们的行动意识和行动能力,更好地在真实的情境中观察和感悟人地关系,提升地理实践力素养。

“重庆市城市生活固体废弃物的污染与防治”课题中,学生考察沙坪坝区街道后,写道:“上街考察时,我们发现街上有许多分类垃圾箱,我们随手翻开看看,分类装置形同虚设,根本没有起到应有的作用。之所以这样说,是因为大家根本就不分类,环卫工人也不将垃圾分类就倒在一个垃圾车里,所以即使人们进行了分类,也没有效果。我们也采访了一些行人,有的不懂,有的没有注意,随手就扔进去了……”于是学生提出改进分类箱、宣传分类的好处、加快建设现代化垃圾处理场等建议。

由此表明,不经过实地考察与分析,学生是不可能形成这些有针对性的观点的,学生在研究性学习中,可以培养许多“可学不可教”的能力,促进地理实践力素养的育成。

(3)增学子之责,育人地协调观

开展研究性学习,能使学生了解父辈乃至祖辈的生存环境,深刻理解他们的生活方式,从同情到感动,再到从祖辈、父辈的生产生活方式中找到所蕴含的民族智慧。因此,可传承和发展传统文化,培养学生对家乡的感情,继而上升至对祖国的感情,增强社会责任感。

学生们说,在研究性学习中通过社会实践,“让我们更接近科学,更了解科学,培养了我们良好的科学态度”;“我体会到了科学真理背后,需要付出太多,但用自己的汗水,却锤炼了一种精神,相信对每个人都十分有益”;“调查垃圾填埋场是这次学习很重要的组成部分,当我们风尘仆仆地赶到目的地时,震惊了,那庞大的垃圾山给人摇摇欲坠的感觉……在深入调查研究中,我知道了其实人类可以阻止这一切的发生,垃圾分类、清洁生产等,这些都只是举手之劳,需要付出的只是爱心”;“不忘记关心社会,毕竟我们不是生活在真空,我们变得更优秀不是为了自己更优秀,而是让自己周围的更多东西更美好。我们是在一起做一件有意义的事……”

通过研究性学习培养学生们的社会责任感和使命感,使他们能更好地分析、认识和解决人地关系问题,发展人地协调观素养,其力度和效果在课堂教学中是不容易达到的。

(4)练社交本领,增强团队精神

研究性学习的开展创设了有利于人际沟通与合作的教育环境,使学生学会交流和分享研究的信息、创意及成果,增强乐于合作的团队精神。

在课题结题的总结中,许多同学谈到,课题活动大大培养了自己的社交能力,如"为了了解市民的真实想法,与他们交往是必不可少的,在我所了解的人中,既有滨江路开发公司的经理,又有工厂的普通工人,还有政府官员……在与这些形形色色的人们打交道的过程中,我的交际技巧有了不小的进步……"

课题活动以小组为基本的实施和评价单位,组长的威信、能力、责任心和小组成员之间的合作,对课题完成质量至关重要。由于分组和选举组长完全尊重学生个人的意愿,因此小组的团结和凝聚力从一开始就有了保证。学生在课题组最大的成绩之一是:"体会到了团队合作力量强大且增进了友谊";"明白了同学合作、伙伴间互相合作,既分工又协调才能获得更大效益的道理"……

(5)承受挫与败,享成长的喜悦

如何使学生具备承受挫折和失败的意志力,一直被家长、教师和社会所关注。

在课题调查中,87.5%的同学认为在设计课题研究方案时感到困难,在同学的体会中,许多同学都谈到在项目实施中曾遇到过失败,遭受过挫折,概括起来,学生所遇到的失败和挫折大约有这样几种:①觉得课题不易着手,对自己应该怎样操作感到陌生;②不知道具体应找哪些部门进行调查;③由于经验不足,课题研究进程不快,资料来源广泛,查阅时难以集中;④采访能力较差,在调查时浪费了一些时间;⑤实际情况与想象中总有距离,不易充分估计,不易准确把握研究方向……

学生们表示,"那次调查,对我们是很好的锻炼,我也切实感受到语言交流作用,尽管有拒绝,但我认为整个社会还是支持我们的";"我们明白了做任何事都要从一点一滴做起,一步一步地积累,在面对失败与挫折时,我们学会了坚强的面对,不再轻易说放弃"。

由上我们不难发现学生所经受的挫折与磨炼,但也能感受到他们的喜悦、欢乐和成长。

2.推陈出新,以研促教

开展研究性学习,本身就是一个教师参与科研的过程。在这个过程中,教师不仅要研究学校、学生、自己,还要研究课程理论、课程资源开发利用方法。研究性学习不仅可以使地理教师对当地的自然、人文地理环境有更多的了解研究,成为当地风土民情方面的专家,还可以运用地理学的原理规律,为当地的发展献计献策。这也有利于提高地理教师的社会地位。

(1)转变教育思想

观念是行动的风向标,而行动又可促进观念的转变。

在指导学生研究性学习前,教师应从报刊书籍中寻找有关研究性学习的文献并认真研习，作好思想准备，拟订研究方案；在参与指导研究性学习过程中，持续吸取有关研究性学习的成果并领会精神，使自己的教育思想随时代的前进、实践的发展而不断进步，树立终身学习的人才观、素质教育的教育观、学生主体处在发展中的学生观等，明白自己的角色定位。在研究性学习中，教师将成为学生学习的促进者、组织者和指导者，必须不断吸纳知识，更新自身的知识结构，提高自身的综合素质，并建立新型的师生关系。

（2）优化教育行动

德国文化教育家斯普朗格曾说过，教育的最终目的不是传授已有的东西，而是要把人的创造力量诱导出来，将生命感、价值感“唤醒”。《学会生存——教育世界的今天和明天》一书中也指出：教师的职责现在已经越来越少地表现为传递知识，而越来越多地体现在激励思考。除了教学职责外，还可成为一名顾问，一位交换意见的参与者。因此，要转变（变革）教育教学方式，构建研究性学习为主要学习方式的课程载体。

学生是有主观能动性的、有创造性思维的活生生的人，需要通过某种方式去唤醒学生的创新意识与创造能力，促进他们的思维发展。

指导学生开展研究性学习时，首先，对所指导的研究性学习课题作出具体、系统、整体安排和规划，但并不全盘托出，而是引导学生讨论设计课题开展的进程及具体内容并对其不断完善。其次，通过专题讲座（如何设计问卷、写作论文等）、提供生动事例、以身示范等方式来精心引导，展示具体的研究过程，传授科学研究方法、思维方法、选择方法，整理资料方法，撰写研究计划、研究总结、研究论文的方法等。再次，不论是外出考察、采访，还是听专题讲座，都鼓励学生先设想自己围绕课题需要提哪些问题，并拟出提纲，在实践中修正，引导学生质疑、探究和创新，每次活动后要求学生写活动感想，若外出考察还需要写调查笔录。最后，在研究性学习过程中，师生共同不断寻找、发现和利用校内外教育教学资源，以使研究性学习开展得更好。在研究性学习过程中，当学生遇到困难时，教师应循循善诱，恰到好处地点拨，耐心地帮助，把“研究”坚持下去；当学生发言时，教师善于发现其闪烁智慧光辉的观点，并及时给予热情的精神鼓励，既抓住学生思想的火花，输送氧气，让它燃烧起来；又运用老师的知识积淀、经验和智慧，给学生一些点拨和启发，将思考和想象的空间留给学生，以培养学生“实事求是”的科学态度和“知难而进”的可贵品格，让学生的研究科学有序地进行。

教师鼓励学生向书本挑战，向教材挑战，向教师挑战，成功的教育是帮助学生超越自己的过程，在这一过程中，平等对话，民主协商的师生关系至关重要。只有在这样的环境中学生的创新精神才能得到最充分的发挥，自主意识才能得到最大限度的提高，这就需要教师在教育教学中更好地发挥自身的积极性、主动性和创造性。

学生们说：“在学习中，老师很注意培养我们自己研究的能力，只把我们引向一个目标。具体的操作，都留给我们自己，这使我能更直接更具体地进行研究，也使我们的研究兴趣逐渐提高”。“这次（与上学期比）研究更加自主化，首先课题是由同学自己提出，这给我们很大的空间去自由发挥，做自己想做的研究，让我们能够充分地发展自己，充分地开发了我们的潜能；其次是指导老师和学校都全力支持我们的研究，让我们大胆地设想，着重培养我们的能力，让我们学会如何思考，真正地学会学习”。“没有了老师的全盘灌输，代之以师生的平等交流，真正实现了教学相长，没有了教室的约束，我们学习的脚步遍及大街小巷，天地间都是我们的课堂，一切的资料由我们自己寻找，一切的方法由我们自己探讨”。“课题的负责老师非常认真，一丝不苟，适时给我们提一些建议，在大的方面都尽可能地让我们自由发挥，培养我们的自主性、主动性，使研究性学习时间真正完全利用起来”……

从学生的上述感想可以看出开展研究性学习有利于转变教师的教育教学方式，以及教师改变了教育教学方式对学生的成长有多重要。

(3)实现教学相长

现代社会是要求不断学习的社会。研究性学习要求教师不仅要有扎实的专业基础和基本技能，还应非常了解本学科的内容，必须从新的角度来重新审视自己的课前准备工作，对研究性学习指导中可能出现的问题有比较全面的预测，并根据学生的表现进行适度调整，使得学生的主体作用得到充分发挥。与此同时，教师要不断进行知识学习和知识更新，能够随时解答学生可能提出的问题，能提供给学生解决问题的信息资料或解决问题的方法和思路，真正成为学生学习中的引路人。因此，教师的重要任务是参与到学生的研究性学习活动中去，与学生一起学习探索，发现自己的不足；同时，提高自身的素质，实现自己的专业化成长。在开展研究性学习过程中，教师不断激发学生的潜能，培养学生的研究能力，发展学生的综合思维、区域认知、地理实践力、人地协调观等核心素养；同时，也激发自己的潜能，实现教学相长。教学相长在研究性学习中可以得到最好的表现。

以研究性学习为开端，教师可从教育思想、教育教学方式、知识结构等方面，挑战自我、改变自我和完善自我。研究性学习是提升教师素质、促进教师专业成长的一个良好契机。

二、长效教学中开展研究性学习的实施策略

1.优化开展研究性学习的基本运作程序

以“三阶六环四步”长效教学模式为指导，结合研究性学习的特色，我们设计出研究性学习“三阶六环四步”的基本运作程序如图 7-2 所示。

【策略解读】

(1)准备阶段

①课题选择。

选题阶段是培养学生发现问题、优选项目的阶段，而强化学生的问题意识，正是培养学生创新精神的起点。其基本依据包括高中地理等学科课程标准中的内容要求，所在区域地理环境的优势、特色、问题，学生已有的学习基础等方面。

②方案设计。

设计课题方案，包括其研究目的、方法、步骤等，经课题组成员共同讨论并征求导师意见

后，形成书面材料。研究目的要明确；研究方法要科学；研究步骤要循序渐进，逐步深入。

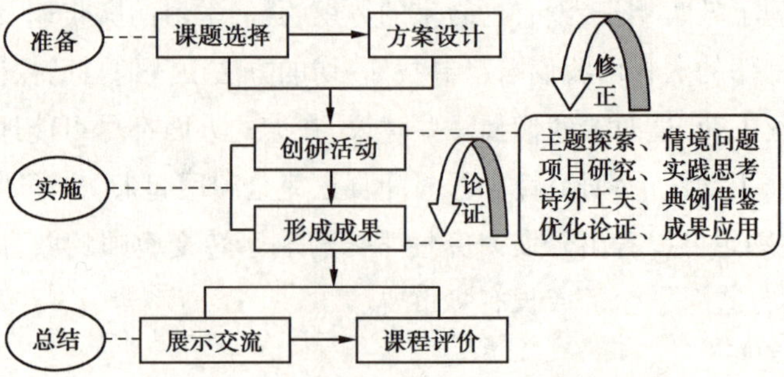

图 7-2 研究性学习的“三阶六环四步”基本运作程序

（2）实施阶段

①创研活动。

教师引导学生自主开展创造性研究活动，方式大致有观察、咨询、调查、查阅资料等，然后有条理、有逻辑地整理归纳资料，进行综合判断，不断修正课题内容，得出相应的结论。反思证据，进行必要的讨论交流，优化研究成果，培养科学精神与科学态度。

②形成成果。

学生根据自己的实践体验，归纳整理、总结提炼，形成调查报告、论文等研究成果，并在组内反复讨论、修改。教师要引导学生对结论进行检验、评价、反馈、论证，并在形成新的认知结构过程中，进行创新方法的指导。

在以上两个环节的实施中要扎实做好“四步”：①主题探索、情境问题；②项目研究、实践思考；③诗外工夫、典例借鉴；④优化论证、成果应用。

（3）总结阶段

①展示交流。

根据研究课题内容的不同，将研究的成果采用撰写调查报告、论文、倡议书、辩论会、展板、刊物等形式，向外展示，大家分享研究成果，提高课题价值。

②课程评价。

对研究性学习的评价，要将表现性、发展性和结果性评价相结合，特别要注重表现性、发展性评价，不仅评价学生的地理等学科能力的发展状况，更重要的是评价学生的核心素养形成等。

为更好地理解研究性学习的基本运作程序，下面以“重庆市城市生活固体废弃物的污染与防治”课题为例进行介绍。

【经典案例】

本课题涉及的教学内容有“城市化对地理环境的影响”“区域工业化和城市化进程”“固体废弃物污染及其危害”；课标要求“运用资料，分析我国固体废弃物污染的状况”；其研究目的是通过对目前重庆市的生活固体废弃物处理情况进行初步的调查，针对存在的问题，提出可行的改进意见与建议，培养生态环保意识和地理实践力、人地协调观等素养，明确自己应尽的责任与义务。以重庆市第一中学校研究性学习课题为例,其具体做法如图 7-3 所示。

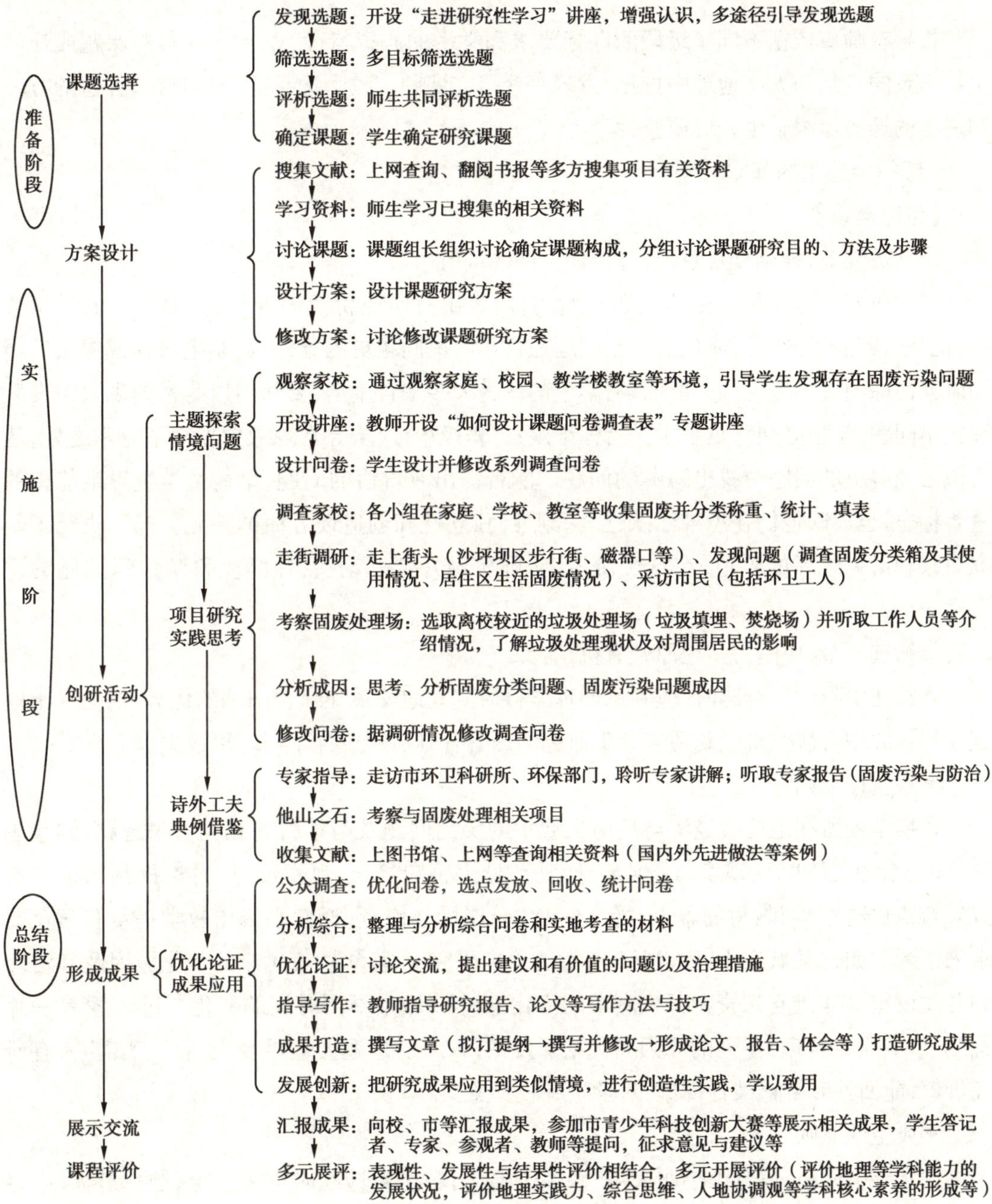

图 7-3 “重庆市城市生活固体废弃物的污染与防治”课题研究流程图

【案例剖析】

用具体应用实例流程图展现的研究性学习“三阶六环四步”运作程序清晰明了,操作性强,能起到示范引领作用。在实践中,能根据研究性学习的不同课题、研究内容、研究对象等灵活运用,并可产生多种变式。

2.切实做好开展研究性学习的指导工作

指导教师应依据不同年级段的课标要求和学生的心智特征,设计一些参考课题或让学生从家乡的自然和人文地理中挖掘、发现一些研究课题。教师选择适当的时机、合适的方法和适当的场所组织学生开展研究性学习。

(1)指导选题的基本策略

【策略解读】

①动员环节,强调立足乡土,分析评价课题价值。

科学研究的起点是从提出问题开始的,而提出有研究价值的课题,需要较高的科学素养,也是研究能力的重要体现。提出问题往往比解决问题更困难,而由学生选择或提出适当的研究性课题更不容易。一般而言,学生的课题大多来自生活,要从习以为常的现象中发现和提出问题,学生必须立足乡土进行仔细观察、积极思维,从寻常现象中发现不寻常之处,从看似已经解决的问题中找出隐藏的问题。能否提出有价值的问题,是衡量学生思维能力的重要标志,也反映他们在思维活跃性、深刻性、独立性和创造性方面的差异。选题决定了研究对象和研究结果的价值,在这个阶段,教师要做好选题动员,让学生科学认识选题的重要性。

②筛选环节,应坚持多项原则有机结合。

教师在引导学生选题时,应利用地理学科研究人地关系和综合归纳的优势,挖掘乡土地理课程资源中有研究价值和适宜学生研究的内容等开展研究性学习。可遵循以下原则:

• 现实性原则

根据学校所在地社会经济与环境发展中的突出问题及与学科的相关性来选题,侧重于热点(公众的关注度)、现实(学生亲身经历、身边感知参与、观察反思、讨论批判的事物焦点)、难点(学生学习教材的难点)等,还可结合课标必修、选择性必修中教学提示和学业要求来选题。如,"某城市小区人居环境品质差异研究""家乡某条河流的变化原因及其治理和开发设想""本地自然资源开发利用的变化探讨""城市不同时期的变化探讨""家乡一片荒废(或利用不合理)土地的原因和规划开发探讨"等。选题要立足乡土,有现实需要,有研究价值,能回答和解释某种现象,对学生有教育意义。

• 典型性原则

选题要少而精,适合于小题大做、触类旁通,力求避免选题时贪多求全,题目过大,内容过于抽象。

• 可行性原则

力求考虑学生的兴趣爱好、知识能力水平、人身安全、年龄特征、教师专长以及学校或周边为课题实施所能提供的必需条件(信息资料、实验设备、时间、精力、财力等),量力而行。

③定题环节,用科学流程确保课题质量。

由于地理学科内容综合性和区域性的特点,使研究性学习在内容选择上具有得天独厚的优势，教师可提供本学科知识背景，结合课程标准要求，通过各种途径（如开设讲座、组织参观访问等）打开学生的思路，激发学生探究动机，鼓励学生大胆想象，引导学生依托乡土就近发现与学科内容有关的实际问题。从多方面寻找课题，然后引导学生分类（地理调查类、规划布局类、野外科考类、理论研讨类等）整理，进行可行性论证，提出核心问题，筛选确定研究课题。指导教师可提供参考课题，学生也可积极提供自选课题，在充分尊重学生自我选择的基础上，帮助学生选择适合自身发展的研究性学习课题。学生在此环节，提升收集和处理信息的能力。

师生共同用心筛选确定研究课题后，进一步指导学生组建课题小组，选出组长，确定人员分工，制订研究方案，实施研究性学习。

在学生们充分商讨后确定研究课题，再经过一段时间的实践探索，若出现了难题，教师应适时进行帮扶，鼓励学生知难而进，引导学生修正自己的研究课题，更科学更符合实际地去开展研究活动。

【经典案例】

“研究课题选择”案例片段

笔者曾指导过的两个课题中，关于“重庆市沙坪坝区凤凰溪水环境保护方案探讨”课题的确定也不是一锤定音的。学生说：“我们在高一寒假到磁器口游玩时，发现凤凰溪的水特别脏。这是为什么呢？我们又能为它做些什么呢？开学后，我们在研究性学习中便提出了这个课题。在研究性学习的最初，我们选择的课题是重庆市水环境研究。但经过一个阶段的调查研究发现，我们的研究对象涵盖范围太广，不利于形成有效的治理对策。因此，我们便将研究范围缩小到了凤凰溪，正式确定课题为‘重庆市沙坪坝区凤凰溪水环境保护方案探讨’。”关于“重庆市雾霾防治对策探讨”的选题确定，学生说：“近段时间，环境空气质量引起全社会广泛关注。李克强总理曾说要消除人民群众‘心肺之患’。耳濡目染的雾霾现象也点燃了我的好奇心，于是，选定了重庆雾霾作为研析对象，探究家乡的雾霾情况。”

【案例剖析】

选择学校附近的河流、自己生活的城市中存在的现实问题、热点问题做为研究性学习的研究课题，符合选题的现实性原则、典型性原则、可行性原则，经过一个阶段的调查研究后修正课题，说明参与研究的学生们做事严谨，有科学的态度。

（2）指导实施的基本策略

【策略解读】

这个阶段是研究性学习的主要阶段，包括收集信息、分析归纳、提出对策、形成报告等，要求学生对所学知识灵活运用，训练他们收集和处理地理信息、设计地理实践力活动方案、实施地理实践活动等多方面的能力，在实践活动中培养地理实践力。其间，教师要注意引导学生运用学科原理去审视和探究发生在身边的地理问题，增强创新意识，学习科学研究的方法，发展综合运用知识的能力。

针对学生不知如何设计、发放问卷，撰写论文或研究报告等问题，教师可通过专题讨论、提供生动事例等来精心引导、示范,展示具体的研究过程,传授学生科学研究方法、思维方法以及如何选择、整理资料,撰写有创意的研究计划、总结、报告和论文等的方法,并随时提供必要的服务,如提示研究线索、方法、思路等。

①收集的课题相关信息与资料要多方印证,培养学生以事实为依据的精神。

丰富的资料可以帮研究者拓宽思路,注意借鉴前人的成果,在研究过程中少走弯路。全面科学地收集资料,是得出科学结论的重要前提。

②在研究进程中设计穿插专题交流活动,培养学生巧选活用研究方法的能力。

考察、实验、调查等是地理学科重要的研究方法,也是地理课程重要的学习方式。从课题开展中,我们不难发现,在研究性学习中实际使用的方法和途径主要有观察法、考察法、调查法、问卷法、文献法、实验法等(图 7-4、图 7-5、图 7-6),可根据具体情况选择使用。

图 7-4　下水道在吐什么?——观察清水溪排污口

图 7-5　在重庆国奥村小区观测地理位置和检测噪声、空气质量($PM_{2.5}$等含量)

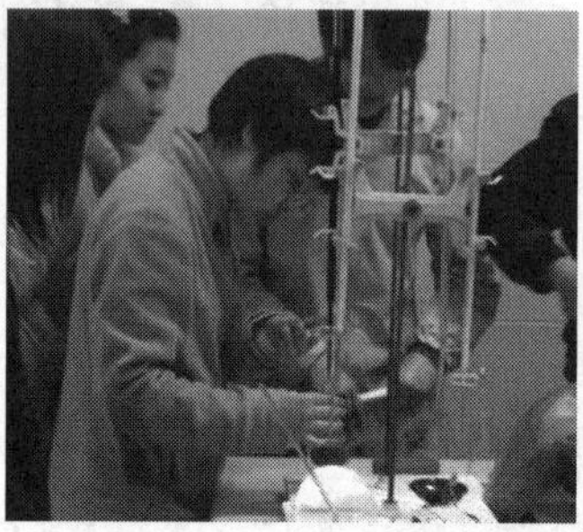

图 7-6　凤凰溪水质检测实验

观察法,就是指研究者根据一定的目的、提纲或观察表,通过感觉器官(眼、耳、鼻、舌、手、身等)及辅助仪器和手段(照相机、手机、录音机、录像机、显微镜、放大镜、望远镜等),有目的、有计划地对处于自然情境下的事物进行系统感知,从而获取资料并对其分析研究的一种研究性学习方法。观察法是最常用的方法,它贯穿研究过程的各个阶段,有着其他方法不可替代的作用。不论是问题的发现、课题的产生,还是一手资料的获得、对假设的验证等,都离不开对各种事物的观察。同时,观察法还是其他研究性学习方法(如调查法、实验法等)的基础。这种研究方法具有直接性、情感性、重复性、目的性等特点。观察法适用于搜集实证型资料、各种非语言性的信息、对同一现象进行持续的观察等,应遵循可观察性、客观性和典型性等原则。观察前,引导学生编制观察计划(包括题目、目的、内容、人员分工、采用仪器、观察途径、时间、次数、位置、方法等);观察时指导学生把握好以下几点:按计划(提纲),有步骤,动态、客观、全面、系统地进行观察;因人或事而异地通过各种途径(参观考察、列席会议、集体活动、个别谈话、座谈会等)进行有效的观察;观察任务复杂时可分组进行;观察时应详细记录并收集资料,记录时注意语言具体、清楚、真实,尽量采用定量记录方式,记录要完整确切;观察与思考、自我反思紧密结合。

《普通高中地理课程标准(2017 年版)》解读"地理实践力"素养中谈到,考察法包括:"对地理环境的观察、描述、欣赏;对自然事物或现象的测量、取样、论证;对人地关系的分析、判断、建议”。调查法是指“面对真实的社会现象，发现问题、提出问题，并通过问卷调查、采访、访谈、入户调研等社会调查的方法，客观认识与地理相关的社会现象，并发现其中的一些规律”。考察法和调查法在研究性学习中都会用到，教师把学生带入大自然，在探究实际问题时，指导学生善于观察、取样，积极调研，学会与他人交往，“综合分析、评判较复杂的人地关系”。

采用问卷法时，教师应先开设“如何设计地理问卷调查表”专题讲座指导学生设计并修改系列调查问卷。教师要注意提醒学生为消除被调查者的顾虑和与之建立初步的心理融洽，问卷尽量采用无记名方式并注意设计好开场白；为尽量少占用被调查者时间并反映其回答的真实情况，问题设计尽量简短，“封闭式”问题可多几个，“开放式”问题尽量少（1～2个），并对每个问题巧妙地设计几个相关问题，安排在问卷的不同地方；为保证问卷的高质量，问卷的设计和修改可通过读相关文献、实地考察、专家访问等方法进行。当问卷设计好后，可与学生商量如何发放（考虑数量、层面、方式等方面）更具代表性和真实性等，然后确定实施。发放问卷过程中，如果学生遇到挫折，教师要鼓励学生面对挫折，要努力克服。

学生在采用问卷法、考察法、专家访问法等方法与人交谈时（图 7-7），一般都能在自然、融洽的气氛中进行，并且能够明确谈话目的，基本不偏离主题，但有时会忽略对调查对象的引导，甚至会暗示他们的回答方向。教师应帮助、鼓励学生在谈话之前进行充分的准备（问题设计、交流技巧等），以使谈话有序进行，并在选择谈话的对象时应有各层次的代表，全面反映情况。

图 7-7　重庆市第一中学校学生在虎溪河畔和重庆大学虎溪校区附近与居民、餐馆老板、游客交流，开展虎溪河水环境问卷调查

③使用多种分析工具进行归纳总结。

当学生通过各种方法获得、积累了大量原始资料后，教师要引导学生统计问卷，及时对所有资料进行归类整理，筛选出有效资料，研究分析，透过现象看本质，找原因，归纳并推出结论。

在统计问卷时，封闭式问题要算出百分比，非封闭式问题最好把大家的看法汇总在一起。在筛选采集获得的原始资料时，教师要引导学生围绕课题目标，剔除与课题研究无关、不完整、不系统、不客观的信息，避免以特殊数据为依据进行分析；如果引用其他有关数据，一定要注明出处，考证其可靠程度和权威性。

筛选出有效信息后，对其中的大量数据需要选用分析工具，如通过列表绘图等来整理和分析。因为这些数据比较零散，不易看清它们的分布形态，也就不了解它们的特征和变化规律，数据间的关系含混不清；而数据通过图表统计等方法整理和分析后，比一般的文字说明更生动、形象、直观，更集中、简练，具较强的说服力和感染力，有时还可能会从中发现新的问题、新的线索，为进一步研究提供方向。

在收集信息、分析归纳的基础上，小组成员应反复讨论、研究，经过思维碰撞，进一步对课题进行论证，提出对策。

④按规范推进报告（论文）写作，力保研究结果的科学性。

一般而言，学生参加课题研究时，在论文、研究报告的撰写方面缺乏经验，不太了解其基本格式和规范。教师可作有关论文、报告写作方面的专题讲座（可提供相关范例），让学生体会。然后，归纳整理、总结提炼，提出论点和论据，形成研究报告或论文，此时教师最好不要直接为之修改，而是提出具体的修改意见和建议，并提醒学生要实事求是地从实践中总结出规律性的东西，安排好行文结构，注意论文应具有科学性、现实性、创造性，要体现从现象到本质的思考，要体现发现问题、分析原因的过程，并提出解决问题的对策，论文主题要鲜明，论据应有理，语言要简明、准确。然后，学生把自己的作品放在小组内反复讨论、修改，教师引导学生对结论进行检验、评价、反馈、论证，并在形成新的认知结构过程中，进行创新方法的指导。

【经典案例1】

“课题研究方法选择”案例片段

在“重庆市雾霾防治对策探讨”研究性学习中，从对雾霾的认识入手，通过上网查询、翻阅书报、收看电视等搜集有关雾霾的资料；走访了市环保局、市环境监测中心、市卫生局、市交委等相关机构；到重庆高家花园站、天生桥站、缙云山站等国家环境空气自动监测网站及其附近实地观测感知；统计了国家生态环境部重庆监测站连续数日空气质量数据；走上街头采访市民对雾霾的看法；听取专家报告并参与座谈；发放问卷。

学生就“重庆市沙坪坝区凤凰溪水环境保护方案探讨”课题，在“重庆市‘真广杯’首届高中综合实践（研究性学习）学生课题研究展示”中曾向大家介绍到“在实地调研过程中，我们采用了走访居民和实地取水的考察法等。首先，我们走进了凤凰溪，了解它的概况。其次，我们走访了当地居民以了解凤凰溪的具体污染情况和居民对此的看法。现在大家看到的这位居民，恰好是位校友，他热心地为我们介绍了凤凰溪50年来的变化及其原因。然后，我们采集了水样。我们发现，凤凰溪水气味腐臭，河面油污漂浮，河中有石块、塑料等垃圾阻塞河道。最后，我们将水样带回学校做了实验检测，并进行了分析归纳，得到了这样一组数据……"；"那么，到底是什么原因导致其污染状况如此严重呢？对此，我们又做了问卷调查，在调查过程中，虽然一开始有的居民和游客不配合我们的工作，但是我们用礼貌、真诚感动了他们，使调查任务得以顺利完成。"

【案例剖析】

从案例可看出，这两个研究性学习课题开展都采用了多种研究方法，如考察法、问卷法、调查法等，让学生走进大自然、走进社会，在研究性学习实践中训练感受力、想象力，触动保护环境的情怀。面对真实的自然、社会现象，学生能发现问题、提出问题、综合分析环境问题，培养学生与人交往的技能技巧，学习如何宽容客观地处理与他人的关系，并能用正能量服务社会。促进学生综合思维、地理实践力、人地协调观等核心素养的育成。

【经典案例2】

调查问卷

尊敬的各位朋友：

您好！水是生命之源，更是我们赖以生存的物质基础，可是我们身边的水环境正在一点一点受到破坏，我们身边的虎溪河也不例外。重庆市第一中学校的水环境研究小组正在对此方面进行研究，请您支持我们的工作，感谢您为水污染防治出一份力。

——重庆市第一中学校"水环境研究(虎溪河)"课题组

1.您是否是虎溪河附近的居民？

(1)是　那您在虎溪河附近区域生活了多少年？

A.10年以下　　B.10~20年　　C.20~30年　　D.30年以上

(2)不是

2.您是否了解以前的虎溪河？

(1)了解　那您认为以前(____年前)虎溪河的水质如何？

A.好　　B.一般　　C.不好　　D.不知道

(2)不了解

3.您觉得虎溪河的近况如何？

A.非常好　　B.较好　　C.有轻度污染　　D.污染严重

4.您认为虎溪河的主要污染源是什么？(可多选)

A.工业废水　　B.农业污水　　C.生活污水　　D.其他

5.您觉得虎溪河水的污染对您的健康有影响吗？

A.影响很大　　B.影响一般　　C.无影响　　D.不知道

6.您认为虎溪河是否有旅游开发价值？

A.有　　　　B.没有

7.您认为虎溪河目前的治理情况如何？

A.好　　　　B.一般　　　　C.不好　　　　D.不知道

8.您见过有人往河里倾倒垃圾或洗衣物等危害水质的现象吗？

A.有　　　　B.没有

9.以前是否有相关单位向您调查虎溪河的情况？

A.经常有　　　　B.偶尔有　　　　C.没有　　　　D.不知道

10.虎溪河的现状对您的（生活/日常工作/旅游）的影响程度如何？

A.无关　　　　B.不太相关　　　　C.有关　　　　D.关系密切

11.您认为是否应该整治虎溪河？

A.应该　　　　B.不应该　　　　C.无所谓

12.您认为虎溪河的污染有哪些影响？

A.影响经济　　　　B.危害人们健康　　　　C.危害环境　　　　D.其他

13.您认为政府正在积极治理虎溪河水污染吗？

A.很积极　　　　B.比较积极　　　　C.不太积极

D.不积极　　　　E.不知道

14.您认为如何增加虎溪河的旅游价值？（可多选）

A.改善水质　　　　B.增加水景　　　　C.改善周边建筑环境

D.种植花卉苗木　　　　E.其他

15.要治理好虎溪河，您认为以下哪些办法可行？（可多选）

A.流域系统规划，综合治理　　　　B.关停并转污染单位

C.建设生态防护工程　　　　D.强化公民环境意识

E.房地产开发带动环境治理　　　　F.建设污水截流工程

G.建立污水处理厂　　　　H.整治河道

I.固体废弃物的资源化、减量化、无害化

J.其他，如________________________

16.作为重庆市民，您有做过污染虎溪河的行为吗？

（1）没有

（2）有，如________________________

今后您怎样做才好？

【案例剖析】

这是指导学生设计的调查问卷。设计一份这样的问卷不是一蹴而就的，学生们先学习理论，后在思考与实践中不断修改，然后再调研、再修改而成。通过问卷调查可以获取有用的信息，信息经过统计分析后，又能成为学生论文（研究报告）的重要组成部分。在此过程中，学生学会如何设计并发放调查问卷、如何与陌生人打交道，如何统计分析问卷，提取有用

信息并处理信息等，既发展了学生的地理实践力素养，又能为生态环境建设、防治水污染尽绵薄之力，发展人地协调观素养。

（3）指导展示成果的基本策略

【策略解读】

①为学生创造条件，多途径多层次多形式展示成果。

研究性学习的成果既有有形的，也有无形的。学生对于某个专题的研究水平，包括知识理解的广度与深度、掌握的程度、研究方法的科学性，运用知识说明、解释问题及阐述观点的恰当性，制作、操作技能的水平精巧程度等，都可以通过各种形式（报告、论文、模型、倡议书、辩论会、展板、刊物、宣传活动、议案等形式）呈现。为此，教师可向学生指明研究成果呈现形式的多样性，让学生选择成果呈现形式，并对结题展示中学生有困难处进行悉心指导（如何写倡议书、举行辩论会、做展板、策划宣传活动等）。教师应积极地为学生的成果寻找展示和表达的机会，扩大影响面，以激发学生今后长期进行研究的兴趣和动力，强化成功的感受和不懈追求。

②引导学生从学科核心素养的维度进行提升，充分挖掘和肯定无形成果。

研究性学习对于培养学生的地理等学科核心素养是十分有用的学习方式，总结阶段是画龙点睛之笔，在成果展示方面要引导学生从地理等学科核心素养的几个维度进行提升。

学生们在研究性学习中会提升其创新意识、探索勇气、与人交往和协作精神，不同程度地激发对学习相关知识和从事科学研究的兴趣，增强责任心和使命感，提高社交能力和信心，培养区域认知、综合思维、地理实践力、人地协调观等素养，获得快乐体验等。虽然这些收获有的只能在有形成果中得到显示，更多收获是难以显现的，但比起有形成果来，无形收获或许更有价值。可让学生积极总结并体会研究性学习中的无形收获与成果，教师给予更多的肯定。

在研究性学习过程中，教师要及时了解学生开展研究活动时遇到的困难以及需要，有针对性地进行帮助。当学生遇到困难时，循循善诱，适时点拨，助力解决，把“研究”坚持下去，此时，教师常问的问题应是“你们有没有困难?”“我能帮你们什么?”“想不想听听我的一些想法（建议）?”当学生发言时，教师应及时发现其中闪烁智慧光辉的观点，并给予热情鼓励。既抓住学生思想的火花，输送氧气，让它燃烧起来；又运用老师的知识积淀、经验和智慧，给学生未来发展以启发，将思考和想象的空间留给学生，引导学生埋下质疑、探究和创新的种子，培养学生实事求是的科学态度和知难而进的可贵品格，使学生的研究精神科学、有序向将来延续。

【经典案例】

“研究性学习课题的结题展示形式”案例片段

“重庆市沙坪坝区凤凰溪水环境保护方案探讨”课题的结题展示除了形成报告外，还开展了环保宣传活动和提交议案，在“重庆市‘真广杯’首届高中综合实践（研究性学习）学生课题研究展示”中展示后（该课题研究获展示一等奖），影响面广，大家收获很大。正如学生所说:“为了让凤凰溪早日焕发出生命的光彩,为了让更多的人了解小支流的污染现状,并引发大家的关注和思考,我们课题组全体师生一致认为应当以我们的调研报告和实地调查的图片、影像资料为蓝本做一次环保宣传活动(图 7-8),用事实说话,激发大家主动规范自身行为。于是,在世界环境日,我们课题组及校环保协会在古镇磁器口展开了一次‘滴水思源,水,生命之源’的主题宣传活动,《重庆晨报》等媒体记者也加入到我们的行列中。那天,我们身着自制文化衫,不亦乐乎地向游客、行人进行环保知识的问卷调查,许多游人不但认真地回答了我们的问题,还与我们交流了他们的所见、所闻、所感,通过图文并茂的展板和调查报告,大家更深刻地感受到了身边小支流的累累伤痛。许多游人、市民还驻足在‘呼唤蓝天碧水’的倡议书前,看后纷纷表示自己不但要身体力行,还要带动身边的朋友去节约水资源,保护水环境。看着中外游人和市民在‘绿色的承诺’的倡议书横幅上奋笔疾书后那会心的微笑与坚定的眼神,我们感到更多的希望,追随心灵的呼唤,让生命之源长流心田!功夫不负有心人,我们的研究活动不仅受到学校和社会的广泛关注,同时也引起了媒体和政府环保部门的重视,这令我们感到无比的兴奋与自豪。我们的研究成果在当年被作为提案,提交到沙区人大,并引起了沙区环保局的高度重视。沙区环保局的崔局长专程来到重庆市第一中学校,和我们课题组的学生就凤凰溪治理的相关问题进行了面对面地交流。崔局长仔细耐心地给我们讲解治理凤凰溪所面临的一些重大问题。大家在认真听的同时,也十分活跃,不断地提出了自己的疑问和见解。崔局长不仅认真地回答了我们的每一个问题,而且对我们的一些想法也大加赞扬。对于崔局长的充分肯定,从未有过的成就感油然而生。”之后,指导学生研学撰写的“城镇小流域生态综合改善与提高——以重庆沙坪坝嘉陵江支流凤凰溪小流域为例”研究报告参加第 33 届重庆市青少年科技创新大赛荣获市科技实践活动一等奖(图 7-9)。

图 7-8 在重庆市沙坪坝区磁器口开展环保主题宣传活动片段

图 7-9 在第 33 届重庆市青少年科技创新大赛中展示研究性学习参赛作品“城镇小流域生态综合改善与提高”

【案例剖析】

从案例可看出,通过指导学生多种成果展示活动,既宣传了研究成果,增强了学生的成就感,又可起到督促有关部门积极改善水环境行动,发展了学生的地理实践力和人地协调观等核心素养。这样的研究性学习定能长效,影响深远。

三、长效教学中开展研究性学习的应用建议

1.选题与时俱进

随着时代、社会的发展,进入地理视野的乡土地理资源要不断更新,保持开放性,有时代意义、研究价值、教育意义……为研究性学习注入活力、灵性,让学生带着新奇、激情去捕捉、体验、探索、领悟身边的地理,培养人地协调观、地理实践力、综合思维等核心素养。

2.不受模式局限

在长效教学中开展研究性学习,其运作程序会在时代的发展中不断构建和完善。研究性学习不同于学科教学,只有在符合研究性学习活动规律模式指导下的研学活动才是积极有效的。除构建基本模式外,还可从中学地理教学内容和组织形式两个角度来构建研究性学习的教学模式,如发现、应用模式,合作、开放模式等。

3.融入学科教学

开展研究性学习,绝不是否定理解、记忆式学习和接受式学习的必要性和重要性;相反,它十分注重以学科学习为基础,力求激活学生已有的知识与经验。在课堂教学中,可渗透研究性学习,如引导发现法、问题解决法等,都是行之有效的教学方法。

地理等学科教学中所传授的知识和形成的学习能力是学生开展研究性学习的必不可少的基础和材料,地理等学科教学中的许多内容可以在研究性学习中拓展和延伸,而在研究性学习中学生所形成的能力,学生所得到的信息和新知识又由学生很自然地迁移到地理等多学科学习中。学生是一个完整的人,两类课程是互为弥补、相互促进的关系,其结果将同时在他身上发挥作用。

4.重过程与结果

“地理实践力”“人地协调观”等核心素养的育成不会立竿见影,需分层、渐进培养并提高水平。富有成效的结果对学生的学习能产生积极的推动作用。积极的研究性学习结果将对研究性学习的过程起到重要的促进作用,同时良好的研究性学习的过程也一定能在较大程度上帮助学生取得较好的结果。因此可以合理地提出:研究性学习注重过程,同时又强调以预期的良好结果推动研究性学习的过程。重视现实问题的“探究”与“问题解决”,增强“真实性学习”与“真实性学力”。

5.培养研究方法

研究性学习的成果既有有形的,也有无形的。根据研究内容的不同,可采用丰富多样的

成果形式,向外界展示、分享,提升成果价值,扩大影响面,以激发学生继续研究性学习的兴趣和动力。

学生对于某个专题的研究水平,包括知识理解的广度与深度、掌握的程度、研究方法的科学性,运用知识说明、解释问题、阐述观点的恰当性,制作、操作技能的水平精巧程度等,都可以通过多种成果形式得以呈现。

要取得良好的研究性学习成果,在开展研究性学习中教师要倡导实证研究之风,注重培养学生掌握研究方法,巧选活用观察法、考察法、调查法、文献法、实验法等,让学生在实践应用中学会研究,寻求问题解决之道。

6.不能支持乏力

开展研究性学习,需要家长、老师、学校、社会各方面的支持,包括时间方面的支持和资金方面的支持等。

7.不能有生无师

学校要组织学生开展研究性学习,需要培养一批热爱研究性学习指导工作,乐于研究课程理论,开发课程资源,钻研研究性学习并具有指导研究性学习能力的教师队伍,才能承担指导学生开展各项研究性学习活动的任务。

教师应引导学生自主开展探究活动。在研究性学习的开展中,教师应成为学生研究信息交汇的枢纽,成为信息交流的组织者和建议者。在管理上,教师所起的主要作用是帮助学生不离轨,实现中间目标,进而达到最终目标,达成长远的教学效果;使更多学生的学习"源于生活、关注乡土""高于生活、放眼世界";让学生在具体化、生活化的情境中,心动、手动、耳动、脑动、行动,运用地理原理研究多学科问题,学会科研方法,增强创新意识,正确阐明观点,发展核心素养,感悟经济社会发展,能在社会大家庭中健康成长。

第二节　研学旅行长效教学策略

一、长效教学中开展研学旅行的意义

研学旅行在我国历史悠久,古代将研学旅行称为"游学"。孔子周游列国将游学发扬光大,成为中国现代游学的典范。古人云:"纸上得来终觉浅,绝知此事要躬行。""读万卷书,不如行万里路。"著名教育家陶行知先生提出"社会即学校,生活即教育"的理念,也鼓励学生加强与社会和生活的直接联系。这些都说明了研学旅行的重要性。近年来,研学旅行再

次成为教育研究的一个热点。2016 年 11 月，教育部等 11 部门联合出台了《关于推进中小学生研学旅行的意见》，明确研学旅行的含义，即有计划地组织安排，通过集体旅行、集中食宿方式开展的研究性学习和旅行体验相结合的校外教育活动，是学校教育和校外教育衔接的创新形式，是教育教学的重要内容，是综合实践育人的有效途径，并提出将研学旅行纳入中小学生日常教育范畴；把中小学组织学生参加研学旅行的情况和成效作为学校综合考评体系的重要内容；学校要对学生参加研学旅行的情况和成效进行科学评价，并将评价结果逐步纳入学生学分管理体系和学生综合素质评价体系。由此可看出国家层面对研学旅行的重视。在以上国家政策和新课改、新高考招生制度改革等背景之下，全国各地的中小学校研学旅行活动纷纷开展起来，很多旅游景点、基地营地都可以见到中小学生研学旅行的精彩画面，成为我国教育界一道靓丽的风景。

开展研学旅行教育教学活动，具有现实、实践与理论意义。

1.适应新时代教育发展的需要

中国在世界上由经济大国逐步迈入经济强国的过程中，很多家庭的经济收入快速提高，外出旅游也逐渐变为许多家庭消费的常态。2019 年对江津中学初二年级 800 名学生作了问卷调查，有 83%的学生希望学校开展研学旅行活动，有 75%的学生希望研学旅行是一种寓教于乐的活动，有 35%的学生认为地理学科最适合开展研学旅行。由此可见，学生对学校组织开展研学旅行的需求较迫切。学生和家长希望学校组织开展研学旅行活动，使学生在旅行中拓宽视野、增长知识、提高能力，培养家国情怀。广大地理老师主动积极组织学生开展研学旅行活动，是学科优势使然，是一种高尚的教育情怀的体现。因此，开展研学旅行，"利于解决新矛盾，落实新定位"，是新时代教育发展的需要，具有现实意义。

在家长、社会的促动下，近几年，全国各地很多学校、地理老师纷纷行动起来，把课堂搬到大自然、真实的社会中，研学旅行这种具有时代标志的崭新的教育教学模式应运而生，得到学生、家长、社会的认可。

2.立德树人、有效推进素质教育的需要

党的十八大提出"把立德树人作为教育的根本任务"，素质教育是提高国民素质、促进学生德智体美劳"五育"全面发展与个性发展、培养创新精神和实践能力的教育。推行研学旅行，使学生有机会参与研学过程中，走进大自然，及时体验祖国的秀美河山、人民的安居乐业，对祖国的热爱之情会发自内心深处，远比说教效果好得多。看到贫困山区的一些家庭、一些儿童生活学习还非常艰苦，他们会发自内心地激励自己，一定要好好学习，将来努力工作，扶危济困，让全国人民早日走上富裕，成为人生的远大奋斗目标。研学旅行，是在真实复杂的自然、社会情景中，要求学生不断实践，自主思考、积极创新。在实践探究过程中，每个学生都会充分发挥自己的特长，如组织、沟通、联络、发现问题、动手操作、写作总结、信息技术、美术功底等方面，实现学生的个性发展。由于研学旅行是同学们集体活动，在没有父母

的呵护下,生活起居都只有依靠自己独立照顾自己,很好地培养学生的生活自理能力。研学旅行过程中往往会步行很长的路,甚至会爬山涉水、日晒雨淋,可培养学生团结互助、吃苦耐劳的优良品德。在研学旅行过程中,来到农村,同学们会帮助农民干农活;走在大街上,同学们会帮助环卫工人打扫卫生……学生能在劳动中增强体魄、磨炼意志、感受劳动的伟大,还能在劳动中运用科学文化知识创新劳动工具,为人们减轻劳动的辛苦贡献一份力量。研学旅行对落实"立德树人"教育根本任务、推进实施素质教育是一种非常生动、有效的教育教学活动,具有实践意义。

3.有利于学生学科核心素养的育成

高中新课程改革后,教育部2017年出台了《普通高中地理课程标准》,在课程性质中明确提出:"地理课程旨在使学生具备人地协调观、综合思维、区域认知、地理实践力等地理学科核心素养。学会从地理视角认识和欣赏自然与人文环境,懂得人与自然和谐共生的道理,提高生活品位和精神境界,为培养德智体美劳全面发展的社会主义建设者和接班人奠定基础。"在基本理念中明确提出"引导学生通过自主、合作、探究等学习方式,在自然、社会等真实情景中开展丰富多样的地理实践活动"。实践证明,研学旅行这一改革创新的人才培养模式是提高学生地理等学科核心素养的有效途径。

以研学"江南"为例,该活动由学校组织,在老师的带领下,学生们乘火车从重庆出发东行。学生沿途目睹紫红色的四川盆地、褶皱的川东平行岭谷、三峡库区清澈的湖水、满山坡亚热带植被的巫山山脉、粮田万顷的江汉平原、九曲回肠的荆江河段、红色大地的江南丘陵、河湖交错的江南水乡。学生在南京、苏州、上海的大街小巷穿行,将江南的民俗风情尽收于怀,看到的、摸到的、尝到的、听到的,书本上的一切认知在研学旅行中都是那么的真实,深入心中,达到了获得区域认知最佳效果。来到研学点,目睹秦淮河的繁荣,学生们会思考繁荣的原因;行走在苏州城古城墙上,学生们会思考古城墙的作用;品尝精美的姑苏小吃,学生们会思考为什么小吃多用大米为原料,为什么小吃多做成船形;雨天撑起油纸伞,学生们会思考油纸伞比塑料伞有哪些优点;听江南小曲,学生们会思考江南小曲与当地的地理环境有哪些联系;漫步上海外滩,学生们会思考上海能成为我国第一大城市的区位优势有哪些……学生们在研学过程中,在真实而复杂的情景中,即兴生成的一些问题,会用所学的课本知识,从自然的、人文的、历史的、现在的、未来的角度综合分析,合作探究,获得解决问题的办法。在研学旅行的过程中,学生们摸古城墙,探究获得大石头黏合牢固的原因;尝姑苏小吃,探究获得清香诱人的配方;走进传统民居,探究获得建筑特色与当地地理环境的关系;唱江南小曲,领悟传统艺术的魅力;嗨翻迪士尼乐园,感受到重力和失重的区别……学生们一路行、看、摸、闻、听、尝,调动全身所有感官来认识世界和社会,在亲身的体验中建构起知识、获得科学探究的方法和技能,学生的地理实践力得到有效提高。研学旅行过程中,学生们目睹山体滑坡、河水被污染、山林被砍伐、农药化肥在土壤中大量使用、城市废气弥漫、东海鱼的数量和种类在急剧减少……同学们心中难过之后陷入沉思,积极合作探究,提出科学合理的保护和治理的措施，科学正确的人口观、资源观、环境观潜移默化、悄无声息地融入每个学生的心中。

由以上案例，我们看到研学旅行具有计划性、实践性、整合性、开放性、趣味性、研究性、学思结合等特点，这一时兴的教育教学活动在地理教学中有着无穷魅力，它能实现拓宽视野、丰富见识，加深与自然和社会、文化的亲近感，增加对集体生活方式和社会公共道德的体验，培养自理能力、创新精神和实践能力，促进区域认知、综合思维、地理实践力、人地协调观等核心素养的育成，是一种多功能长效教学活动，可作为地理长效教学非常有效的教学方式，也能为学生的长效发展、终身学习奠定扎实的基础，具有可持续性。

另外，研学旅行作为"综合实践育人的有效途径"，需要学生综合运用各学科理论知识，在实践中检验既有理论知识的真伪与不足等。因此，开展研学旅行，利于"学生完善既有的理论体系""丰富和发展教育的理论形态"。

二、长效教学中开展研学旅行的实施策略

目前全国开展的研学旅行活动大多存在动少静多、只旅不学、学而不游、教育脱管、课程研发不足、保障不全等问题。针对以上这些研学现状，为了更好有效地实施研学旅行活动，让学生在研学旅行活动中有更大的收获，从中学地理实现长效教学的角度出发，以长效教学模式为指导，结合研学旅行特色，提出以下策略。

1.课程开发基本策略

浙江旅游发展研究中心研学旅行研究所邓德智所长谈到："研学旅行很重要的一块就是课程打造，好的课程开发是研学旅行活动高品质、高收效的保证，是研学旅行活动有效实施的魂。"因而，对地理研学旅行课程的科学深入研究和开发具有很深远的意义。

【策略解读】

通常研学旅行课程开发策略从学生研学收获方面考虑要达成以下三层次。

第一层——体验(即基础层)。

学生身体力行，肢体动起来，视觉、听觉、嗅觉等动起来。学生在研学旅行过程中，凡是可以实施体验活动的尽量让学生放开手脚，在实践体验中品尝职业的苦与乐，学习到生存技能和劳动技能。尤其可贵的是，在快乐体验中学会如何发现问题，积极探究，训练解决问题的能力，实现体验活动理想境界的升华。例如，在研学旅行中来到农村，看到农民们在忙碌地收割水稻，学生到农田体验收割稻谷，在劳动中，学生可以增强体力，在汗流浃背中感受种庄稼的辛苦，激发学生形成爱惜粮食、不浪费粮食的良好习惯，达到教育学生学会做人的道理，实现研学旅行的基础层。如果在老师的指导下，激发学生认真学习科学文化知识，用科学发明来减少农民的辛苦，可以让简单的体验活动得到升华，实现研学旅行的更高层。

第二层次——学习(即中间层)。

通过阅读、谈话、讲解等途径获得知识和经验。通过导游、老师、专家、农民、工人、教授等人的讲解及景区石碑上的景点介绍,学生们能获得书本知识的扩展和延伸,以此达到研学旅行的中间层目标。主张凡是在书本上或网络上能获得的知识,学生没有必要那么辛苦的记笔记,应该把更多的精力用于发现问题、探究问题上,以此在研学旅行高层次上获得更大的收获。

第三层次——研究(即最高层)。

在体验、考察过程中发现问题、探究问题并积极多途径训练解决问题的能力,并完成研学任务。不应该只确定一个研学主题,如红色之旅、岩石之旅、文学之旅等。研学线路应该呈线状,学生看到什么就问什么,大胆、大量地提出问题,问题的提出是全开放型的,不受任何学科的限制。北京大学生命科学学院昌增益教授在华中师范大学讲座中说道:"提出好的问题乃科学研究之关键所在。"鼓励学生善于全开放性地提出问题是培养学生创新思维的重要途径。对于产生的问题,鼓励学生采用多途径努力去通过综合因素分析问题和找到解决问题的有效办法;更加鼓励学生小组合作方式,用集体的智慧通过积极探究,寻找到解决问题的有效措施。对于当场不能解决的问题,允许后续探究,也允许把目前不能解决的问题暂放,等到高年级或进入社会后再思考解决。只要鼓励学生大胆提出问题并积极合作探究就达到了研学旅行的素养育成目标,不必对学生提出的所有问题全部解决。

课程开发可为每一次研学旅行的学生活动手册设计十个板块的内容:研学背景—研学目标—行前准备—研学线路—日程安排—安全提示—研学任务—行后推广—研学评价—拓展阅读。为了让学生在研学旅行过程中,快乐体验、拓展学习、合作探究三层次的收获和创意物化,研学目标明确提出体验、考察、探究、设计制作四个方面的具体目标,每一个研学点的研学任务中也明确要求学生完成这四个方面任务,强调学生在考察、探究、旅行、反思等系列实践活动中发现和解决现实问题。现场不能完成创意物化和解决的问题,可以在研学结束后,回到家里或在学校与同学们共同完成,以此保证研学活动学生在三层次都有丰硕的收获。

课程开发还要根据不同年龄段学生的生理、心理发育的差异,从"价值认同、实践内化、身心健康、责任担当"维度确定不同学段的研学目标。

初中阶段:以认知地方历史演变和现实发展中的革命传统和改革理念为重点,要求学生能够收集、处理相关信息、应用所学知识,发现其中较为简单的科学问题,初步运用科学研究方法和手段分析解决问题,完成较为简单的研学报告或其他形式的研究成果,形成初步的创新意识和能力;学会发现和欣赏大自然和社会中的美,形成生态文明意识,培养刻苦耐劳和抗挫折的精神和能力,理解地方实情和发展问题,自觉维护法制、保护生态环境。

高中阶段:以认知祖国大好河山、中华传统美德、光荣革命历史为重点,要求学生能够理解中华民族伟大复兴的光辉业绩和宏伟前景,培养家国情怀和人文底蕴;在复杂的真实情境中能制订科学研究计划和路径,运用适合的研究方法和设备,自主发现、分析和解决问题,完成研学成果的创作、展示和推广,提升实践意识和能力;理解生态文明、社会文明的美学实质，形成陶冶情操、创造美的意识和能力，在自然考察和社会调查中认知国情国力、国家发展前景和问题，树立可持续发展观念，形成积极参加生态建设的社会责任感。

【经典案例】

“双岛湖研学旅行课程开发”片段见表 7-1。

【经典案例】

“双岛湖研学旅行课程开发”案例片段

研学背景

双岛湖位于重庆江津双福街道西南部，缙云山麓，大溪河的上游。湖水清澈，湖泊周围水田旱地围绕，土肥地平，农家院落散落田间，田园景美，充满生机。缙云山位于双福街道西部边缘，南北纵贯，树木参天，藤萝绿草茂盛，虫鸣鸟叫不断。

研学目标

1.考察：查网络、问村民，培养自主获取知识的习惯。

2.体验：通过干农活、做农家饭菜等活动，在劳动中建构知识、掌握技能，享受乐趣，感悟职业。

3.探究：面对河流、湖泊、植物、昆虫、建筑、佛像、碑文等这些真实的自然人文情景，激发学生提出问题，小组合作，积极思考，多途径获得解决的办法，提高科学探究的方法技能，培养创新思维的习惯。

4.设计：通过用掉在地上的树叶在石板上或白纸上设计完成树叶拼图活动，培养创新能力、懂得尊重大自然，学会团队协作，增强自信心。

行前准备

1.研学特殊工具：测量长度用的软尺。

2.学会在手机上安装和使用形色 APP 认识植物软件。

3.知识储备。提前查阅，选取精简答案，填写在空白处。

安全提示(图 7-10)

(1)湖边山坡不要追逐打闹，以免掉入水中或摔伤。

(2)杂草丛生，建议穿长裤长袖衣服；路陡湿滑，建议穿防滑运动鞋。

(3)从事农耕、做饭等体验活动，注意工具的正确使用，安全用火。

杂草丛生，注意不要被草割伤

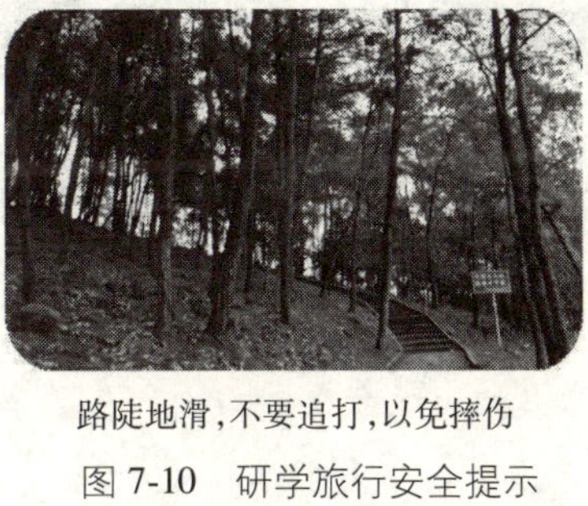

路陡地滑，不要追打，以免摔伤

水边考察，注意不要滑到湖水中

图 7-10　研学旅行安全提示

温馨提示

1.没有直达双岛湖的公交。路途不远,建议同学们步行前往。

2.山区多降雨天,建议带雨具。

3.不得带过多的零食,自备垃圾袋,不要乱扔垃圾。路途中看到垃圾,自觉捡拾起来,做到环保研学。

4.不要乱采植物和伤害小动物,不要在树干、建筑物上随意刻画,做到文明研学。

★研学旅行任务单

1.双岛湖

考察活动

面对公示牌(图 7-11),简要记录双岛湖的基本情况____________________

图 7-11 公示牌

考察过程中我想探究的问题有____________________

体验活动

双岛湖边用手机认识植物,我认识的植物有______

双岛湖边手捧湖水观察水质,湖水的水质情况是____________________

在堤坝上走动,感受堤坝的坚固度____________________

走进湖边售房部采访工作人员,了解双岛湖名称的由来____________________

体验活动中我想探究的问题有____________________

问题探究

(1)湖中出现的石头设施是"溢洪岛"(图 7-12),一般都建在什么地方?这种"溢洪岛"建筑有什么作用?

图 7-12 湖中的石头设施

(2)双岛湖中农家乐水中阁楼部分(图 7-13)为何如此设计?有什么好处?

图 7-13　农家乐水中阁楼

(3)我还想探究的问题有________

2.响水村

考察活动

采访民居内(图 7-14)的居民,简要记录。

学习过程中我想探究的问题有________

体验活动

砖房

土房

石头房子

图 7-14　民居

走进土房子、石头房子、砖房子,居住舒适度最好的是________

帮着农民干农活,我干的农活是________

我干农活的感受是________

体验活动中我想探究的问题有________

问题探究

(1)土房子的墙面为何容易出现裂缝?

(2)村落为何多出现在山麓?

(3)我还想探究的问题有________

3.乡村农家

考察活动

采访农家主人,当地的土特产有哪些?炒菜做饭的技巧有哪些?简要记录采访中获得的知识。

学习过程中我想探究的问题有________

体验活动

在山麓村落中选择一家农户，同学们共同做午饭（图 7-15）。

找菜　　切菜　　砍柴

图 7-15　体验农活

在做饭炒菜的过程中我们遇到的困难有________________

我们共同做好的饭菜最好吃的是________________

体验活动中我想探究的问题有________________

4.农家附近荒地

体验活动（图 7-16）

图 7-16　体验活动

测量石阶条石的尺寸，一块条石的体积是________________

捡拾路边林中的白色垃圾，其种类有________________

捡拾路边林中不同的树叶，其形状有________________

体验活动中我想探究的问题有________________

问题探究（图 7-17）

图 7-17　问题探究

（1）松树的种子掉在地上后都去哪里了？

(2)桉树树皮掉了很多,是怎么回事呢?

(3)我还想探究的问题有______________________________

设计制作

捡拾落叶和松果、在水泥地板或一张白纸上用落叶和松果拼出富有创意的图案(图7-18)。

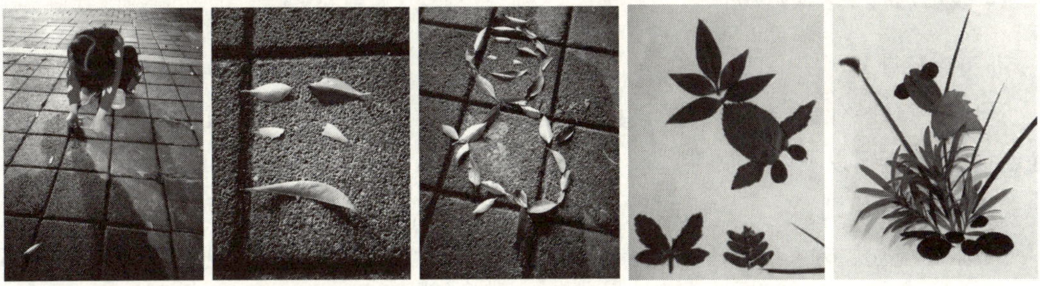

图 7-18 拼图

我创作的树叶美术作品含义说明______________________________

设计制作中我想探究的问题有______________________________

表 7-1 研学旅行双岛湖日程安排表

时间(一天)	任务具体安排
9:00—11:00	第一站——双岛湖。双岛湖边用手机认识植物,手捧湖水观察水质。登上堤坝,在堤坝上走动,感受堤坝坚固度。沿着堤坝到达双岛湖指示牌,记录双岛湖的概况。到湖边农家乐阁楼,仔细观察农家乐的建筑特点。 第二站——响水村。观察乡村不同房屋的特点,进到屋内感受其舒适度。选一乡村农家干农活(除草、挖地、浇灌庄稼等)。
11:00—13:00	第三站——乡村农家。共同准备午餐:挑水、拾柴、摘菜、烧火、做饭、炒菜等,品尝自己的劳动成果。
13:00—15:00	第四站——农家附近的荒地。创意设计制作落叶拼贴画。
15:00—18:00	安全下山。回到家中将落叶拼贴画上色美化。完善学习单内容、完成本次活动收获总结、感想及家长评语。

本次研学旅行活动通过在学校周边一个普通的农村水库双岛湖研学旅行一天,在农田里干农活、在农家里择菜做饭等体验活动,学生在开心玩耍中建构了知识、掌握了生产生活技能,还能增强体质,增进友情、感悟到职业的滋味;通过查信息、问村民和工作人员、阅读公示牌等考察活动,了解众多植物的名称和特点、有效保护湖泊的措施,拓宽知识面;培养自主获取知识的习惯。面对河流、湖泊、植物、昆虫、建筑等这些真实的自然人文景观,激发学生提出问题,小组合作,积极思考,多途径获得解决办法,提高科学探究的技能,培养创新思维。通过用枯枝落叶为材料创意设计制作出不同的落叶拼贴画作品,培养创新能力、懂得尊重大自然,学会团队协作,增强自信心。

【案例剖析】

以上研学旅行案例，实现了学生研学旅行在体验、考察、探究设计上都有丰硕的收获，全面培育人文底蕴、科学精神、学会学习、健康生活、责任担当、实践创新等利于学生终身发展的核心素养。老师的敬业爱岗、无私奉献精神和学校的办学理念一定会得到社会的认可。

2.线路选择的基本策略

【策略解读】

研学旅行线路的选择，要根据学生的学段、研学的时间长短、研学的主题、经费的多少来确定，通常要遵循以下四个原则。

(1)教育性原则

紧紧围绕立德树人根本任务，在研学旅行中加入地理的乡土乡情、县情市情、省情国情教育，促进学生形成正确的世界观、人生观、价值观，把思想道德教育、文化教育融入中学地理研学实践中。要真正让研学旅行落到实处，而不是空喊口号，将其依旧停留在带学生出游即为研学旅行的误解中。要强化学校领导的认识，重视研学旅行，安排实施研学旅行。要强化教师的认识，让每次地理研学活动都经过精心准备，能够立意高远长久、目的明确，使得研学旅行活动更具有教育性。

(2)趣味性原则

研学旅行教育教学模式之所以深受学生的喜爱，是因为学生能在校园之外的广阔天地里放开手脚，尽情地欣赏美、开心地玩，这是与学校教室内的学习最大的区别，也是研学旅行最大的魅力。所以，教师在确定研学线路时，一定考虑学生能开心游玩、开心劳动等的场地和设施。

(3)实践性原则

选择研学旅行线路，不能只把学生关在校园中听报告讲座，不能把学生局限在博物馆听导游讲解，不能把学生装入图书馆阅读图书……应该让学生爬山涉水亲近大自然，走进工厂在师傅指导下操作机床，走进田野在农民指导下耕地割草，走进社区服务居民，走进军营在战士指导下打靶操练……让学生在实践中体验劳动的乐趣、感悟职业的伟大，同时训练在实践活动中发现问题、运用所学解决问题的能力，在实践活动中培养社会责任感。

(4)整合性原则

①整合社会资源。

研学线路的设计，老师要加强与地方政府、地产、交通、信息媒体、金融保险、旅行社、研学基地等方面的合作，尤其需要将科技馆、博物馆、展览馆、动物园、游乐园、生态园、湿地公园、民俗实践园、养殖专业合作社、现代农业产业园、工业园等多种社会资源有效整合在研学线路中，更好地拓宽学生视野，同时也能大大降低研学成本，提高研学活动效率。

②整合学科内容。

研学线路的设计，老师需要多学科合作，在大自然、古城、现代都市、田野、厂房、建筑工地等地方，指导学生将多学科知识和技能综合运用于研学旅行的全过程，用多学科的整合来思考、探究问题，并寻求最优解决问题的办法，丰富地理学科的研学旅行内容，提高研学长久效果。

【经典案例】

“美丽乡村‘雨仙农谷’研学旅行线路选择”片段

研学旅行美丽乡村“雨仙农谷”行程线路：距离学校20千米，有公共汽车到达。第一站——花海；第二站——蓝莓园；第三站——雨仙农谷稻田设计师酒店；第四站——稻田；第五站——山顶草坪；第六站——亲子种植。

【案例剖析】

这条研学线路，充分利用了学校附近一个美丽乡村的资源，将山水田园、酒店建筑、拓展训练器材等资源进行有效整合，既有自然美景，又有人文风情；既有快乐体验，又有爱家乡、崇尚职业伟大的情感渗透；既有地理学习，又有文学、建筑、生物等多学科的整合。这样的研学线路的费用低，保证每一个学生的家庭都能承受，体现教育的公平，保证研学效果，很好地达到研学旅行目的。

3.课程实施基本策略

(1)课程实施过程全开放

陶行知针对中国教育“死读书、读死书、读书死”的现象，提出“六大解放思想”，其中最重要的便是解放学生的空间，使得他们能在大自然、大社会中取得更丰富的学问，使得课堂所学与真实世界联系在一起。要在研学旅行中做到这一点并不容易。研学旅行的每个环节对活动空间、学生思维、答案获得都要达到全开放的状态。研学导师(地理教师)和学生必须要具有“全开放”的理念陪伴全程。“全开放”也是评价地理研学旅行活动实施过程是否科学合理的重要依据。

①全开放的活动空间。

学生在研学旅行过程中，组织者为了保证学生的安全、便于对学生的管理，常常把研学活动全过程圈定在一个狭小的区域，如在有栅栏、有围墙的实践基地或游乐园，在基地教练或导游的保护下开展单一的拓展体验活动或游乐体验活动。这样的空间形式无异于是将有围墙的校园活动空间转移到有围墙的实践基地和游乐园中，都是属于封闭的空间，属于与自然、社会真实情景完全脱节的空间，在这样的空间中开展研学活动，学生的收获只局限在快乐、友谊等方面，不能实现教育部提出的“了解国情、热爱祖国、开阔眼界、增长知识、着力提高学生的社会责任感和创新精神”的总目标。所以，开展研学旅行活动，组织者必须为学生设计全开放的活动空间，选定真实的自然、社会情景，学生们在这些真实的情景中开展职业体验、知识学习、问题探究活动，才能达成研学旅行的目标。

②全开放的学生思维。

可以将研学旅行的线路设为研学旅行活动的标题，如“研学旅行安徽”“研学旅行苏州”

"研学旅行泰山""研学旅行长安街""研学旅行黑山谷"等。在研学旅行过程中,鼓励学生大胆提问,学生沿着研学旅行的线路,见什么、想什么、问什么,所提出的问题不受任何学科的限制,不受任何主题的限制,实现学生思维的全开放,以此培养学生敢于大胆提问、全开放提问的习惯,培养学生的创新精神。

③全开放的答案获取。

学校的研学导师面对学生的提问,常常可以见到导师立刻拿出小黑板如同在学校教室里上课一般详细解说,不辞辛苦,侃侃而谈。这样的做法,使得学生养成对导师严重依赖,对导师所说的内容也养成权威性的服从,思维变惰,科学探究能力得不到培养。所以,研学导师面对学生的提问,应该鼓励学生多途径去获得答案,如采访当地百姓或专家获得答案、取样回学校或科研所实验室实验、上网搜寻、利用手机 APP 查找、在现场小组合作探究等方式获得答案。通过开放的途径获得答案,培养学生科学探究的能力和团队合作的精神。

(2)课程实施六环节

根据中学地理长效教学的"三阶六环四步"教学模式,研学旅行课程实施也可遵循"六环节"。

环节一:确定研学主题。面对景象万千的大千世界,古韵悠长的人文气息,研学旅行的主题非常丰富,包括自然山水、人文历史、红色教育、经典传承、建设成就、国防军事、生命教育、科技成果、农耕农艺、地方非遗等板块,有体验之旅、探究之旅、文化之旅、播种之旅、成长之旅、追梦之旅、问道紫砂、灯耀中华、探寻丝路、田园乡愁等。通过对主题的确定,研学基地背景的介绍,激发学生想去研学的强烈愿望,实现主动学习的效果。

环节二:设计研学方案。设计科学合理的研学方案,能有效地实现研学旅行教育目的,很好地激发学生创新精神,将学生的自信和民族自豪感融化到血液里,绽放在笑脸上。还能让学生了解研学活动的整体框架,让他们对活动有所期待,也让学生做好物质和心理准备,知道自己可能面临的困难,保证研学旅行活动有效顺利实施。

环节三:有效开展研学。在研学旅行过程中,研学导师要不断激发学生积极参与到考察、采访、猜测、实验、分析、探究的学习活动中。研学导师需要引导各个学生都参与到实践活动当中,积极完成研学任务,并与同伴分享。除此之外,研学导师还需要在此过程中,调动学生不断发现问题、提出问题,对问题深入思考,开展小组合作,多途径去获得解决问题的办法。

环节四:总结研学成果。在完成所有研学任务之后,研学导师要引导学生对整个研学活动进行总结,总结主要是由学生自主完成。研学旅行过程中,学生在现场发现和提出的问题,如现场无法解决,在研学旅行活动结束后,可以将这些问题带回学校,作为小课题研究的专题项目,分配到学习小组,运用科学探究的方法继续深入探究。在完成这些项目的过程中,学生的知识和能力可以得到很好的拓展。研学过程中发现并及时找到解决的方案,研学结束后,学生们应该将这些科学、合理的建议书写成倡议书、给政府的一封信或研究报告的形式交给相关的政府部门,将我们的研学成果运用于社会、服务于社会,提高学生的社会责任感和自豪感。

环节五：展示研学成果。在研学导师的指导下，学生通过讲故事、作讲座、展标本、办影展美展、发抖音、表演情景剧、发表文章等方式将学生的研学成果进行展示交流，让学生享受成功的喜悦，增强学生的自信心、增进学生的学习动力。

环节六：多元研学评价。制订过程性评价和结果性评价的评价标准，多以鼓励性、肯定性、发展性评价为原则。结果性评价多以开展学生研学旅行成果展示汇报的方式进行评价，同时开展学生互评、教师评价、家长评价等方式，对学生参与研学旅行的过程及过程中的优秀细节作出科学全面的评价，更好地激发学生不断追求梦想，不断勤奋学习和探究，促使学生终身都在学习中、进取中，实现中学地理长效教学的目的。

通过研学旅行“六环节”的实施，有效推进多学科融合、主题式学习，鼓励学生养成发散思维与收敛思维相结合及辩证思维的习惯，注重培养学生思维的深度和广度，在实践中实现思维进阶。同时，鼓励学生对研学课程的资源共享、研学创意和成果分享，发扬团队合作精神，培育学生主动学习的态度和多样化的学习方式，为学生获得终身学习方式和习惯打下扎实基础，有效实现中学地理的长效教学目的。

4.课程总结基本策略

（1）展示策略

研学旅行的成果，可以以展板的形式作巡回展出，也可以以报告的形式向人们宣讲，利用精美的 PPT 和视频展示作为背景，通过情境再现、情景剧、快板、说唱、相声、小品等形式，将研学旅行一个个精彩画面、一个个打动人心的小故事、一个个还原教育真情的亮点和成果用 15~20 分钟的时间一一呈现，是研学旅行学生成果展示汇报最有效、最生动、最能打动身边人的形式，很值得在班会、校会、家长会及教育主管部门组织的课程改革交流会上展示、交流。

【经典案例】

“研学旅行成果展示”案例片段

江津区开展的研学旅行学生成果展赛活动，对学生的展示内容要求是：研学旅行线路设计、行程安排、出发前的准备、研学旅行过程中快乐体验、考察学习、问题的提出与探究、学以致用解决的问题、解决问题的方法途径、创意设计物化成果、活动结束后成果总结与反思、研学旅行过程中感人小故事等内容。

对学生的展示方式要求是：能清晰展示研学内容，鼓励形式多样，鼓励创新，建议用 PPT 作背景展示（图 7-19）。

【案例剖析】

这样的展示活动，不仅可以训练学生运用现代信息技术、成果汇总方法，还能提高学生的展示技能和艺术表现力，增强学生的自信心。形式多样的展示，可培养学生的创新素养。

泥塑作品展示　　情景剧表演　　茶艺展示

图 7-19　研学旅行学生成果展赛活动场景

(2)评价策略

①关注过程性评价。

研学旅行过程中的每一个活动点、活动项目、活动阶段、学生都有不同程度的收获。对于学生们的每一个收获,可以通过在研学旅行任务单的详细记录为依据,实现客观、公正、合理的过程性评价,这样的评价,会使每一个学生都看到自己的闪光点,真正体现出评价的价值所在。

②拓展结果性评价。

学生在研学旅行过程中,探究的问题形成的研究成果、创意设计制作的物化作品等可以参加青少年科技创新大赛等国家正规的评比平台获奖,使得学生的研学成果得到更好的社会认可的评价。

5.提升研学导师素养基本策略

研学旅行是全面培养学生地理核心素养、实现长效地理教学的重要途径。在这一新兴教育教学模式下,学校教师不能把学生的研学旅行活动完全交付给研学机构或旅行社,应该主动担负起中学地理研学旅行活动的课程开发者和课程实施指导者的双重角色。学生研学旅行收获的大小,与研学导师的素养高低关系很大。

地理研学导师素养主要有:热情友好、爱岗敬业;态度乐观、不惧困难;意志坚定、处事果断;待人诚恳、讲求信誉;文明礼貌、举止端庄;顾全大局、团结协作;身体健康、性格开朗;遵纪守法、依法办事;勤奋好学、不断进取。地理研学导师需要不断参与校内外相关内容的培训,在理论上不断提高自己的业务水平,更需要自己主动积极参与研学实践,不断总结自己和他人的成功经验,提高指导能力。

在具体的行动上,研学导师应该做到行前“六备”,即备问题、备知识、备研学点、备主题、备线路、备安全;行中“五感”,即用脑想、用眼看、用口述、用笔记、亲身做;行后“三评一展”,即评先进、评示范、评作品、展师生研学成果。

提升研学导师指导技能和素养,主要有以下两条策略。

(1)组织培训

中学地理教师可以积极参加同伴互助、教研组及其他专项培训,也可以参加研学机构组织的研学导师专业培训,并可以通过参加国家研学导师等级考试的方式来督促和激励自己在研学领域的专业指导技能和素养的提升。

（2）实践锻炼

中学地理教师只有积极主动参与到研学课程的开发中，与学生一起开展研学旅行活动，在真实复杂的情景中主动担负起激励创新、启迪思维、点拨方法、心理引导的作用，在不断的实践中提高个人的指导能力。近些年，一些出版社、地理专业杂志社或地理民间社团多次组织中学地理教师开展研学中国的实践活动，一群地理教育人聚集在一起，边旅行、边思考、边探究、边分享，这一实践过程对中学地理教师的研学指导技能和素养的提高也非常有效。

【经典案例】

"实践锻炼"研学旅行片段

老师带领学生到学校附近一公园开展研学旅行活动，来到陡峭的健身长梯前，同学们兴奋地欢呼，争先恐后地准备往上冲。这时，一位同学却着急地张开双臂拦住大家，这是怎么回事呢？原来这位热心的男孩怕同学们攀爬200多级长梯后对膝盖有损伤，便着急地想把自己的生活经验告诉大家。得知他的好意后，老师一边用手轻轻拉了拉他的衣角，示意他放下双臂，一边挥手让激动的同学们继续快乐体验。

【案例剖析】

这位研学导师认为，任何一次实践活动，在保证安全的条件下，要允许孩子去试错、去尝试、去经历过程，只有学生体验了失败，经历了酸甜苦辣，同学们才能更好地去反思、去探究、去寻找最佳的解决办法。研学旅行，结果不重要，学生经历的过程才是成长的过程，这样的研学旅行活动才印象深刻，这样的学习才是真正的深度学习。

（3）课题研究

积极申报和开展研学旅行专项课题的研究，是中学地理教师提高研学指导技能和素养的非常有效的办法。在课题研究的任务驱动下，老师们会主动组织开展研学旅行活动，并对每一次活动的每一个设计、每一个实施效果都进行深入的思考和总结，快速地提高研学旅行理论与实践方面的素养和技能。

（4）评选比赛

在教育部对研学旅行这一新兴的教育教学模式高度重视的大环境下，国家、地方的各级教育主管部门为了有效推进研学旅行活动，逐年增加对教师开展的研学旅行专项课题、论文、教学设计、优秀案例、优质课的评选比赛活动，也逐年增加对学生在研学旅行方面所取得的研学心得、研学见闻、研学成果展示等评选比赛活动。在参赛和指导学生参赛的过程中，教师的研学旅行指导技能和素养会得到有效提高。

三、长效教学中开展研学旅行的应用建议

1.正确认识研学旅行

(1)研学旅行不等同于跟团普通旅行

研学旅行与跟团普通旅行的差异见表 7-2。

表 7-2 研学旅行与跟团普通旅行的差异

项目内容	研学旅行	跟团旅行
组织单位	学校等	旅行社
线路选择	景点、非景点	景点
活动课程	有	无
活动目的	在旅行中欣赏美景的同时,学到相关知识,更多地发现问题、合作探究,培养学科融合、学以致用的能力,发展核心素养,促进价值认同、实践内化、责任担当等	主要是欣赏自然、人文美景
活动方式	研究性学习和旅行体验相结合,导师指导学生观察、学习、探究的方法	旅行体验,导游介绍景点的一般知识,游客是单纯的信息接受者

由于部分学校没有独立组织开展过研学旅行活动,为了省事,可以将报名参加研学旅行活动的学生完全交给旅行社或相关机构来实施。这些旅行社或相关机构就按照跟团普通旅行的模式来实施研学旅行,导致学生在活动过程中单方面的听导游讲解,学生的收获停留在体验层次,难以完成探究和创意设计等更高层次的收获,不易实现研学旅行活动,发展核心素养和促进价值认同、实践内化、责任担当等目标要求。

旅行社承办的研学旅行,线路上往往选择名胜、古迹,行程安排 5~8 天甚至国外游,研学旅行的费用高,导致研学旅行容易成为少数经济条件好的家庭孩子的专利。近些年,一提到"研学旅行",很多家长会提出"这是有钱人家孩子才能去做的事,家庭条件稍差一些的只能干看着"。这样的现象,违背了教育部对每一个学生实现教育公平的初衷。所以,每一所学校应该主动承担起开展研学旅行的责任,学校老师成为研学旅行活动的研学导师,旅行社或机构仅承担起研学旅行过程中的后勤保障和服务作用,学校与旅行社等共同合作,让每一次参加研学旅行活动的学生都有丰硕的收获,办出人民满意的教育。

(2)研学旅行不等同于课题研究

研学旅行与课题研究的差异见表 7-3。

表 7-3 研学旅行与课题研究的差异

	研学旅行	课题研究
空间	校外	室内外
目的	学生可以无限制地、开放性地提出很多问题，对问题可以当场探究解决，也可以留作今后探究。目的是激发学生发现问题、大胆提出问题的天性，激活思维，培养多元人才	学生提出一个问题开展探究，并提出解决办法。目的是培养学生以课题为方向的严谨的科学研究的方法，培养创新人才

一部分学校或老师将研学旅行做成了小课题研究，出发前给学生规定一个主题或一个问题，在研学旅行过程中要求学生关注主题或问题的相关内容，其他内容随意。这样的研学旅行，作为课题研究还行，但学生在研学旅行过程中可能会享受不到旅行的快乐，无法分享开放式研学成果的乐趣。

2.开发研学旅行乡土课程资源

面对研学旅行这一新兴的教育教学模式，在教育公平的要求下，家庭条件比较差的孩子也同样应该享受到这一教学模式。要想实现这一目标，那么对研学旅行的乡土资源开发尤为重要。例如，江津区的学校可以到四面山进行研学旅行活动，合川区的学校可以到钓鱼城进行研学旅行活动等。让孩子们在家门口、校门口的周边，花很少的钱甚至不花一分钱，也能开展研学旅行活动，也能实现让学生开阔视野、提高能力、增进友情、提高素养、获得快乐等这些研学旅行的目标，促进教育的公平。

3.加强安全保障

研学旅行开展困难的一大问题，就是安全保障。在研学旅行实施之前，一定要做好安全预案，与保险公司、旅行社等各部门进行协调，通过多种方式保障学生安全。最好能够让家长全程参与安全工作的落实，这样既能用上家长手中的社会资源，也能缓解家长对研学旅行安全问题的忧虑。另外，还可以让部分家长陪同参与研学旅行，看到学生在研学旅行中的表现和收获，反馈给其他家长，必定能够带动更多的家长支持研学旅行活动。

4.加大宣传力度

从研学旅行开展现状来看，大部分学生家长对研学旅行的认识不到位。只有家长们认识到研学旅行的重要性，知道快速发展的社会需要的是全面发展、综合能力强的人才，才会发自内心的支持研学旅行，能让研学旅行顺利开展。可以将研学旅行的案例通过召开家长会、宣讲、媒体宣传等方式进行讲解，最好能让参与过研学旅行的学生自己进行宣传，让家长们意识到研学旅行对于育人的重要作用，因此得到理解和支持。

生活就是教育，天地就是课堂。最好的课堂在生活中、在实践中、在研学旅行的过程中。

我国伟大的教育家陶行知先生提出了“知行合一”“生活即教育”等教育理念。广大中学地理教师积极思考如何践行研学旅行，让学生拓宽视野、丰富知识，加深与自然、社会和人文的亲近感。中学地理长效教学的追求，需要地理教师带领学生走出教室走出校园，到生活中到大自然中到社会中去学习、去实践、去体验、去探究、去设计和创造，培养学生的自立能力、创新精神和综合实践能力，抛弃功利，回归教育本源，让学生在中学地理课堂内外获得终身受益的科学思维方法和生存技能，达到立德树人等长效教育教学目标。

主要参考文献

[1] 中华人民共和国教育部.中小学综合实践活动课程指导纲要[M].北京:北京师范大学出版社,2017.

[2] 付申珍.依托乡土地理课程资源开展地理研究性学习的探究[J].地理教育,2016(11):43-45.

[3] 付申珍.基于“人地协调观”素养的研学旅行课程实践模式构建与思考[J].地理教学,2019(10):46-49.

[4] 教育部基础教育课程教材专家工作委员会,普通高中地理课程标准修订组,韦志榕,朱翔.普通高中地理课程标准(2017 年版 2020 修订)解读[M].北京:高等教育出版社,2020.

[5] 钟启泉.解码教育[M].上海:华东师范大学出版社,2020.

[6] 李兆智,刘春燕,赖家珍.龟峰地质公园研学旅行设计与实践[J].地理教育,2020(4):53-56.

[7] 熊建新,邹小燕,钱丽君.乡土地理探究性学习教学设计:以“常德市穿紫河水污染治理”为例[J].地理教育,2019(11):13-16.

[8] 王德明.项目式学习:痴迷比努力更重要[J].今日教育,2019(11):28-29.

[9] 王嵩涛.中小学生研学旅行课程指引[M].北京:首都师范大学出版社,2019.

[10] 朱传世.研学旅行设计[M].北京:中国发展出版社,2019.

[11] 彭其斌.研学旅行课程概论[M].济南:山东教育出版社,2019.

[12] 祝胜华,何永生.研学旅行课程体系探索与践行[M].武汉:华中科技大学出版社,2018.

[13] 胡才富,黄文山.江津地理[M].重庆:重庆出版社,2016.

[14] 福州市中学地理李文名师工作室.寻美福州[M].福州:福建人民出版社,2018.

[15] 广州教育出版社基础教育课程发展研究院.最美课堂在路上:研学旅行安全手册[M].广州:广东教育出版社,2019.

[16] 段玉山,袁书琪,郭峰涛,等.研学旅行课程标准(一):前言、课程性质与定位、课程基本理念、课程目标[J].地理教学,2019(5):4-7.

第三篇

地理课程长效教学范例研究

从教学实践来看，长效教学的领域十分广泛，无论是选用教学理念、制订教学目标、运用教学方法，还是组织教学过程、评估教学效果等，都可涉及长效教学问题。长效教学模式的运用不仅体现在课堂内，也体现在课堂外和校园内外。本篇内容着重从地理课堂和研学活动等方面进行长效教学模式应用的范例研究。

第八章　地理课堂长效教学范例研究

在对地理课堂长效教学进行理论分析、模式构建、实施策略研究时，我们积极开展了系列课例研究，探讨如何在地理课堂长效教学中实施归纳演绎、实验教学、情境教学、案例教学、比较教学、图像教学等策略，实现长效教学。本章选取部分长效教学课例设计，内容涉及自然地理、人文地理、区域地理三大知识体系，主要包括高中地理必修1~2和选择性必修1~3课标要求，既有新课教学设计，也有高考复习课（一轮和二轮）教学设计，范例丰富多样，可为促进长效教学及其研究提供借鉴。

第一节　自然地理长效教学范例研究

一、"常见的天气系统"教学设计

【指导思想】

近年来，随着高考改革的深入，学科核心素养立意时代逐渐到来。高考试题通过真实情境创设，彰显了地理新课程标准中联系生产、生活实际的要求。考查学生运用科学的思维方式与方法，有效组织必备知识，灵活运用关键能力，有效地认识、分析、解决问题的综合品质。心理学研究表明，越是抽象、概念化程度高的东西，越是接近规律。抽象、概念化程度高的能力和方法更容易迁移和扩展。为适应现代高考教学，在高三复习课中教学"常见的天气系统"，是基于长效教学和地理新课程标准基本理念。采用长效教学基本模式，以归纳演绎教学为主，实践和研究学生学习逐渐进阶的可持续发展要求，帮助学生进行知识迁移，形成地理思维，发展地理学科核心素养。

【课标要求】

①运用示意图，分析锋、低压（气旋）、高压（反气旋）等天气系统，并运用简易天气图，解释常见天气现象的成因。

②运用资料，说明常见自然灾害的成因，了解避灾、防灾的措施。

教材分析：

教材重点是天气系统的形成、结构和运动变化及影响。本课旨在让学生能够"运用示意图"来分析问题，本课提出了锋、低压（气旋）、高压（反气旋）三个重要的天气系统，以及各种天气系统的特点及在它们控制下的天气状况，可以从气温、气压、湿度（降水）、风等方面来描述，天气系统移动引起天气变化，这是运用天气图分析天气状况进行天气预报的关键。学生能利用简易天气图，分析天气现象的成因。重视影响我国的重要天气系统，如台风、寒潮等，有利于帮助学生建立防灾减灾的意识。

【学情分析】

本课是高三二轮复习课，虽然学生对天气系统的概念已具备初步的认识，但由于天气系统概念抽象，并占有三度空间，学生理解困难，大部分学生认识粗浅，对天气系统的概念本质认知不足，无法实现对不同天气系统成因、特征和影响等一类问题的分析迁移，没有将天气系统和大气运动等概念建立联系，缺乏对大气运动过程和地理环境的相互作用的认识。该部分内容是培养学生地理核心素养的经典素材，所以是二轮专题复习的重点内容。

【教学目标】

①学生能够通过思考天气预报的原理和体验天气预报过程，总结认识天气系统具有气象要素的空间结构特征和一定的时空尺度特征，激发学生科学探索的兴趣（地理实践力）。

②学生能够读懂天气图分析天气系统的成因，归纳天气系统的气流及其区域天气变化影响的规律（综合思维和区域认知等）。

③学生能够分析某地天气特征和天气过程，建立防灾减灾意识，树立人地协调的价值观（人地协调观）。

【教学模式】

"三阶六环四步"长效教学模式。

【教学方法和手段】

归纳—演绎法为主（教学方法），"常见的天气系统"教学软件（教学手段）。

【教学重点难点】

天气系统的特征、成因、天气特点和天气过程（重点）；天气系统的特征、成因（难点）。

【教学过程】

"常见的天气系统"教学过程见表8-1。

表 8-1 “常见的天气系统”教学过程表

<table>
<tr><th>教学阶段</th><th>教学环节与步骤(师生活动)</th><th>设计意图</th></tr>
<tr><td>引导发现</td><td>创设真境
播放“气象之旅—气象预报”视频片段创设真实情境,引导学生思考怎样做天气预报。(视频解说:1853 年沙皇俄国和英法两国爆发了克里米亚战争,1854 年 11 月 14 日,当双方在黑海作战时,风暴突然来临,风速达每秒 30 米,海面上掀起了万丈狂涛,毫无防备的英法联军舰队差一点全军覆灭。海战后,法国军队的作战部要求巴黎天文台台长勒佛里埃仔细研究风暴的来龙去脉。当时勒佛里埃分别写信给周边各国的天文、气象工作者,向他们收集 1854 年 11 月 12 日至 16 日 5 天内当地的天气情报。勒佛里埃先后收到 250 封回信,勒佛里埃根据这些资料,经过仔细分析、推理和判断,查明黑海风暴来自大西洋,自西向东横扫欧洲。在 11 月 12 日和 13 日,欧洲西部的西班牙和法国已先后受到它的影响。勒佛里埃望着天空飘忽不定的云层,得出了这样的结论:这次风暴从表面上看,来得突然,但实际上它有一个发展移动的过程,电报已经发明了,如果当时欧洲大西洋沿岸一带设有气象站,及时把风暴的情况电告英法舰队,就可以避免这次惨重的损失了。1855 年 3 月 19 日,勒佛里埃在法国科学院作报告说,假如组织气象站网,用电报迅速把观测资料集中到一个地方分析绘制成天气图,就可能推断出未来风暴的运行路径……由于社会上各方面的需要,在勒佛里埃的积极推动下,1856 年法国成立了世界第一个正规的天气预报服务系统。)
理解概括
学生观看视频,理解天气预报,引导学生发现、提出问题:①天气预报是如何诞生的?(天气预报的必要性)②如何获得或收集气象信息数据?(天气预报的发展)③如何绘制和分析天气图?(天气预报的工作原理)引出天气系统主题。
教师小结:气象信息系统如同一张覆盖整个地球的巨网,天上有气象卫星、气象观测飞机,地面有雷达、地面观测站,高山上有自动观测站,海面有自动观测浮标、海面气象观测船等。通过收集分析气象观测数据资料、推理判断大气运动规律便可以预测气象。随着观测手段不断拓展和计算处理能力的不断提升,数值天气预报使气象预报变得更加精准。具体过程为:收集数据→加工分析→推理判断→数值天气预报……</td><td>根据情境引导学生善于抓关键词,发现问题、提出问题</td></tr>
</table>

续表

<table>
<tr><th>教学阶段</th><th>教学环节与步骤(师生活动)</th><th>设计意图</th></tr>
<tr><td>指导探究</td><td>**分析综合**

天气系统的特征

1.绘图分析
读“春季T时刻亚洲部分地区的海平面气压分布状况示意图”(图 8-1),学生绘制等压线,描述图示气压分布特点,判断和分析有哪些天气系统,并将天气系统标示在图 8-1 中。
温馨提示:将各测点气压相同的点连成光滑的曲线就是等压线。从数值的递变规律、等压线疏密、极值(高低气压中心)三方面描述气压水平空间分布格局。
2.评价分析
展示学生绘图作品并进行评价,示范教师作品(图 8-2),学生描述图示气压分布特点、判断并分析天气系统类型等。

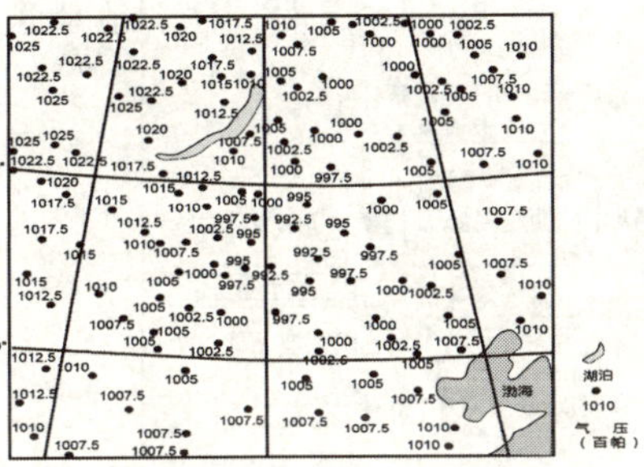
图 8-1　春季T时刻亚洲部分地区的海平面气压分布状况示意图

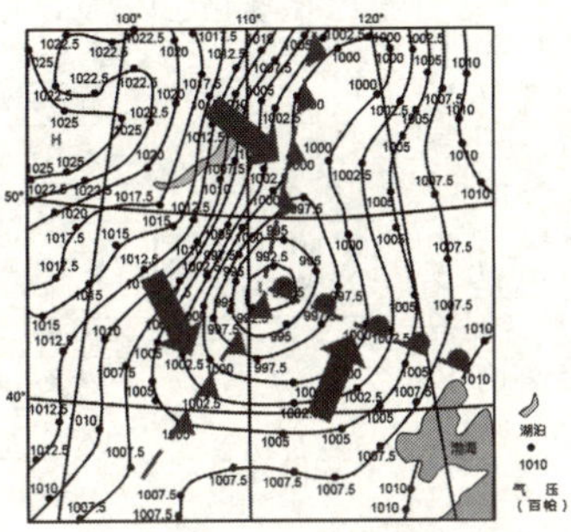
图 8-2　春季T时刻亚洲部分地区的海平面天气系统分布状况示意图

3.比较差异
展示各种尺度的天气系统图(图 8-3),说明其影响范围和持续时间不同,即尺度不同,比较天气系统尺度的差异。

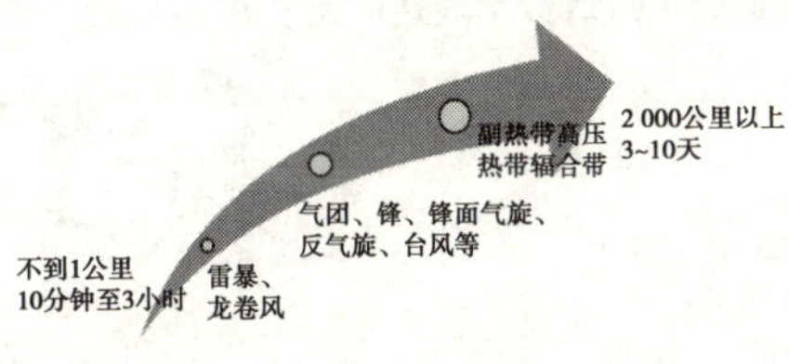

图 8-3　各种尺度的天气系统图

4.举例验证(2018 年全国卷Ⅱ)龙卷风是大气中强烈的涡旋现象,如美国本土龙卷风发生频次的分布图(略)所示。在美国龙卷风多发区,活跃着“追风人”,他们寻找、追逐、拍摄龙卷风,为人们提供龙卷风的相关信息。说明龙卷风被人们高度关注的理由。
学生思考并表达观点,然后教师强调天气系统尺度特征并小结解题思维结构(图 8-4)和观看龙卷风发生时视频感受其壮观情境。

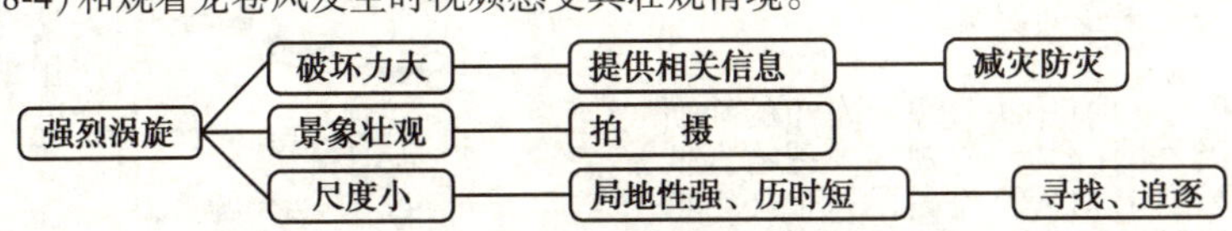

图 8-4　“龙卷风被高度关注原因”思维结构图

归纳总结:天气系统具有多要素组合的空间结构特征和一定的时空尺度特征。</td><td>让学生体验气象预报过程中天气图绘制和分析过程,指导如何判别天气系统,通过此活动认识天气系统具有一定的气压等气象要素空间结构特征,提高绘图分析能力,培养地理实践力素养。

引导学生认识天气系统具有时空尺度的特征,建立天气系统和大气环流两个概念的联系。

强化天气系统尺度特征的认识,同时帮助学生认识天气对人的影响,树立防灾减灾的意识,培养综合思维、人地协调观素养。</td></tr>
</table>

续表

<table>
<tr><th>教学阶段</th><th>教学环节与步骤(师生活动)</th><th>设计意图</th></tr>
<tr><td>指
导
探
究</td><td>

论证评析

天气系统的成因

1.演绎推理

设问:(2018 年全国卷Ⅱ)龙卷风是大气中强烈的涡旋现象,湿热气团强烈抬升,产生了携带正电荷的云团,一旦正电荷在云团局部大量积聚,吸引携带负电荷的地面大气急速上升,在地面形成小范围的超强低气压,带动汇聚的气流高速旋转,形成龙卷风。

①读图 8-4,指出龙卷风多发区湿热气团的主要源地,抬升的原因,以及气流发生旋转的原因。

②分析美国中部平原在龙卷风形成过程中的作用。

③解释美国中部平原龙卷风春季高发的原因。

分析:学生思考,尝试解答。教师补充讲解。

指导推理:利用三段论进行演绎推理

大前提——从龙卷风概念出发,龙卷风是大气中强烈的涡旋现象,分析形成过程如下:湿热气团上升→地面超强低压→气流辐合旋转。

小前提——美国中部平原春季龙卷风高发。

结论:美国中部平原龙卷风高发既具有龙卷风发生的一般条件,同时独特的地理位置和地理环境特征(地形和气候)也是龙卷风高发的特殊条件。师生共同探讨其具体思维过程如图8-5所示。

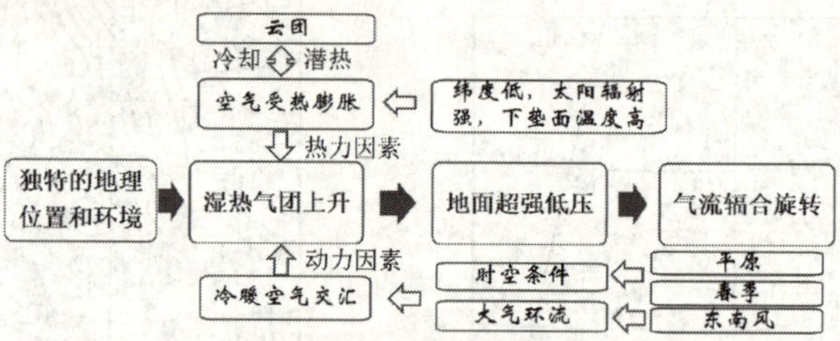

图 8-5 “美国中部平原龙卷风高发原因”思维结构图

2.实验验证

观看视频“火龙卷实验”,将 30 个烤盘放置在地上呈“L”形,用可燃液体庚烷点燃烤盘,随着冷空气流入,助长火势,并且火开始旋转,直至形成中空燃烧状态的巨大火焰。动态演示并归纳实验表达的龙卷风形成过程,感受如何运用实验模拟龙卷风的成因。

3.认识关联

设问:读图 8-6,分别说明锋面形成的原因。

分析:学生说明锋面成因后教师补充说明。(点拨:受低压中心的影响,四周空气汇集,北上的暖空气与南下的冷空气之间形成锋面,气旋逆时针旋转,形成冷锋和暖锋两个锋面。高压内的冷空气东移南下,形成冷锋。)

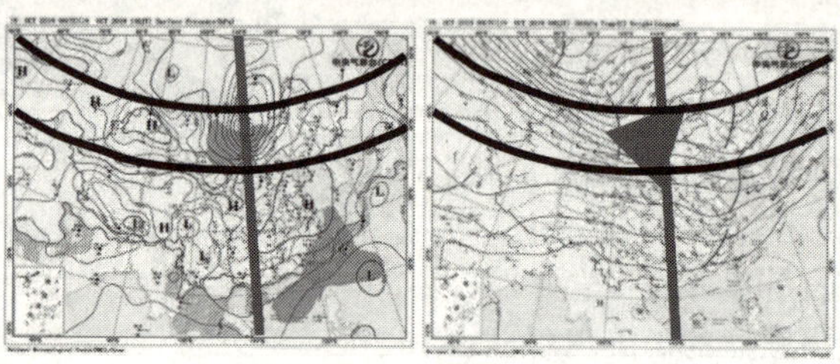

图 8-6 地面(左)和 500 百帕高空(右)天气图(2019 年 10 月 19 日)

反思:龙卷风和该气旋都是低压系统,龙卷风形成中低纬度,是因为地面大气受热膨胀上升。但该气旋形成在中高纬度,地面温度低,那么,是什么原因形成低压?

观察:教师指导读图 8-6,观察发现,认识高空天气系统和近地面天气系统的关系。

点拨:

对比 2019 年 10 月 19 日中央气象台发布的地面和 500 百帕高空天气图(图 8-6),观察发现蒙古低压(温带气旋)所在位置对应高空是西风带高空槽前。产生了一种类似于抽吸的机制,这将引起地面减压,从而产生上升运动,就相当于高空存在一个“抽气机”将地面的空气抽向高空,示意图如图 8-7 所示。

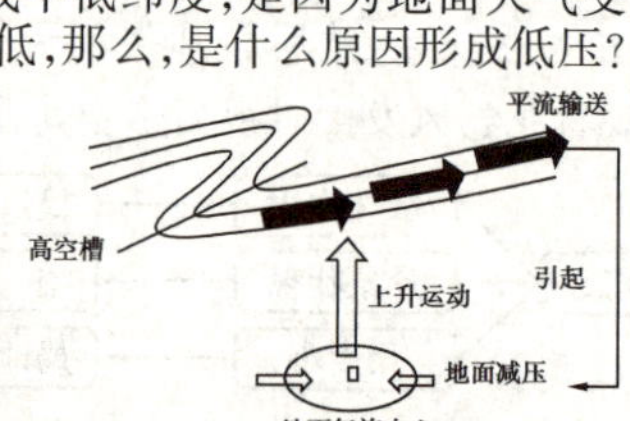

图 8-7 高空和近地面的天气系统关系示意图

</td><td>

引导学生分析天气系统的成因,从大气运动的原理出发,运用演绎法和逆向思维法,培养学生逻辑思维能力,发展综合思维和区域认知等地理学科核心素养。

验证龙卷风形成原理,认识大气运动的根本原因。

通过探究多个天气系统形成的原因,帮助学生理解并建构天气系统概念,认识天气系统是相互作用的,培养综合思维素养。

</td></tr>
</table>

续表

教学阶段	教学环节与步骤(师生活动)	设计意图
指导探究	【论证评析】 4.归纳总结 学生归纳教师总结天气系统的成因,简要表达为:天气系统成因←大气运动原因←热力环流。通过探究多个天气系统形成的原因,理解并建构天气系统概念,认识到天气系统就是大气运动系统,天气系统不是孤立的,而是相互交织、相互作用的。天气系统形成于一定的地理环境,反过来又会对地理环境产生影响。	
倡导应用	**天气特点和天气过程** **总结进阶** 展示评价: 设问:读图 8-8,预测 P 点将要发生的天气变化。 学生读图分析,教师适时点拨。(点拨:受高空西风的引导,温带气旋自西向东移动。P 点依次经过暖锋、暖气团、冷锋、以及冷气团。因此分别是暖锋过境,降水概率高,气温升高;暖空气控制,天气转好,气温较高;冷锋过境,气温下降,可能有降水,风力加强;冷空气控制,晴朗,气温低。) 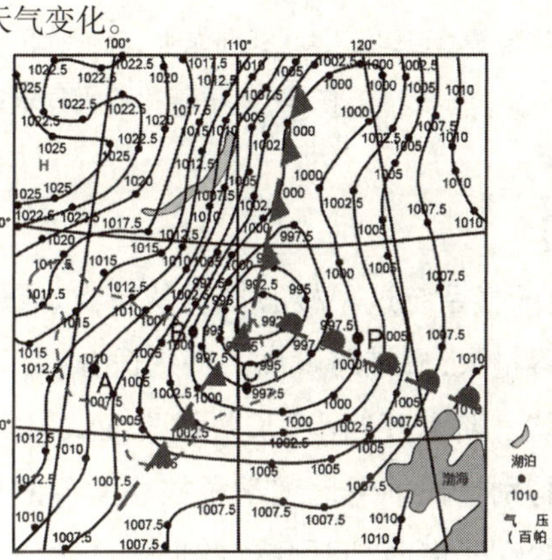 图 8-8 春季 T 时刻亚洲部分地区的海平面天气系统分布状况示意图 设问:读图 8-8,虚线范围内出现沙尘天气,A、B、C 三地最易发生沙尘暴的地点在哪? 学生运用所学知识与方法分析,教师适时温馨提示:从沙尘暴形成具备的三大条件即强风、沙尘和不稳定的气流(暖空气)角度来分析。(点拨:图示 A、B、C 三点都在虚线范围内,但 B 点的等压线更密,气压梯度力更大,风力更强,更易发生沙尘暴。) 点拨:展示图 8-9,强调气旋冷锋是引发强沙尘暴的主要系统。  图 8-9 锋面气旋卫星云图 归纳总结:为什么有天气过程?学生归纳后教师总结:大气运动过程及与地理环境的相互作用→天气过程(风、降水、气温等气象要素变化过程)。 总之,本节课围绕天气系统这一核心概念分析了天气系统的特点、成因、过程。天气系统都是在一定的地理环境中形成、发展和演变,都具有一定地理环境的特性。天气系统的形成、活动,反过来又给地理环境以影响(图 8-10)。加强天气预报工作的研究,可以提高社会公众防范与规避自然灾害的意识和能力,保障经济社会与自然环境良性循环发展。因此,准确预测天气,更好地为生产、生活服务。 **发展创新** 实践:研学当地气象台(局),探究学校所在地的常见天气系统及天气预报等。	引导学生运用所学天气系统原理预报天气,认识天气变化过程就是天气系统运动过程及与地理环境的相互作用,培养学生的时空、地方综合的综合思维素养。 引导学生深度理解天气系统,并会运用所学知识,培养区域认知和综合思维等核心素养。 总结深化,活学活用,提升知识迁移能力与强化人地协调的价值观。

教学板书设计如图 8-10 所示。

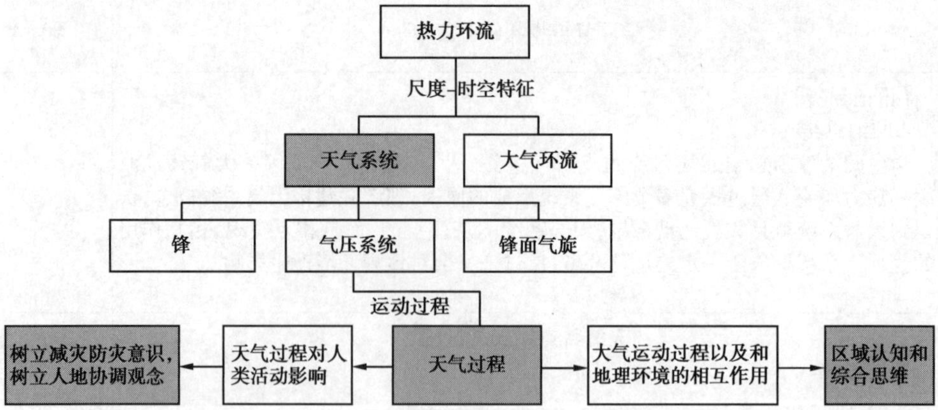

图 8-10 “常见的天气系统”板书设计

（重庆市巴蜀中学校　杨华）

【教学点评】

本节课围绕天气系统这一核心概念从特点、成因、过程三个方面进行了教学,课堂教学内容整合度高、容量大,思维跨度高。特别适合高三二轮专题复习。

该课运用了“三阶六环四步”长效教学模式,以归纳-演绎法为主,教学线索清晰,结构合理,教学过程特别重视学生地理学科核心素养的形成。以引导发现—创设真实问题情境为切入点,指导探究—借助“问题链”的形式科学巧妙地设置问题,注重地理知识的内在关联性,并将所学内容有逻辑地整合成可操作的学习链条。紧扣天气系统,展现知识的发生、发展过程,在进行问题分析时帮助学生搭设思维的脚手架,使学生能主动建构知识,形成结构化的思维模式,其中,问题链设计结合了高考真题,研究试题立意、情境、设问,深化学科概念认识,提升学生应考能力。倡导应用—迁移应用,实践,应用学习成果,解决生活真实问题为目的。引导学生深度学习,经历了感知活动、思维加工、形成结构、理解应用四个学习过程。将天气系统置于大气运动这一更为广阔、更为普遍框架分析中,抓住了天气系统的概念本质,突破将概念作为零散知识进行教学的局限,帮助学生形成地理概念思维,提高学生自主发现问题、分析和解决地理新老问题的能力,培养了地理学科核心素养,形成学生发展核心素养。

运用“三阶六环四步”长效教学模式需注意:在指导探究阶段,给学生留足探究的时间,归纳和演绎施教相互渗透,灵活运用,学会一图多思一图多用,提升归纳演绎推理能力。在倡导应用阶段,提示学生课后运用所学知识技能自主研究或教师择机带他们研学现实生活相关地理问题,应用归纳演绎策略提升地理认识,以进一步学以致用。

（重庆市巴蜀中学校 杨华
重庆市第一中学校 付申珍）

二、“河流地貌的发育”教学设计

【指导思想】

教学中应立足培养学生的学科核心素养，着眼于教学的长远效益，利于师生终身发展的教育理念和教学实践，即以“长效教学”为本课设计的指导思想。基于长效教学和地理新课程标准基本理念，“河流地貌的发育”一课采用长效教学基本模式，以实验教学为主，多种教学方法融合，内容包括：景观录像视频——创设地理情境；采用实验模拟不同河段侵蚀差异——注重问题探究；追因索果——渗透地理思想；灾难频发找解决措施——联系生活实际；学生探究贯穿始终——关注主体发展，使教学长效。

【课标要求】

结合实例，解释内力、外力对地表形态变化的影响，并说明人类活动与地表形态的关系。

【教材分析】

河流是自然界非常活跃的外力因子，河流地貌也是自然界中最常见的地貌类型。河流地貌是教材重点内容，本课以河流地貌作为典型案例，解释外力对地表形态变化的影响，以及落实“说明人类活动与地表形态的关系”这一“内容要求”。

本课内容主要包括两大部分：

第一部分——河流地貌的发育（河谷的演变和冲积平原的形成），既是本节内容的重点，又是难点。教材通过“河谷的演变”“冲积平原的形成”标题内容分别着重从时间角度、空间角度阐释外力对河流地貌的塑造。并在这部分内容之后设计了“活动”，目的是让学生结合所学的理论分析河道变化过程，并推测其未来变化情况，切实体会河谷的演变，这也是地理学以致用的一个体现。

第二部分——河流地貌对聚落分布的影响。教材重点讲述了聚落分布与河流的关系、河流冲积平原对聚落分布的影响，从而“从聚落分布的角度阐释河流地貌与人类活动的关系”。

另外，教材设计“自学窗”描述河流的生命史，让学生从学科理论的角度认识“河谷的演变”内容。

【学情分析】

通过前面的学习，学生已掌握流水的外力作用方式，已具备基本的读图能力、分析能力、归纳演绎能力、实验能力，但由于地理原理欠缺等原因，分析较深层次问题的能力有待进一步提高。

【教学目标】

①学生能借助流水侵蚀实验，说出流水侵蚀作用的三种形式及其对地表形态的影响，并描述河谷的演变过程，认识河谷在不同发育阶段的地表形态特点。通过设计、观察、动手做实验，表现出理论联系实际的能力与求真务实的科学态度（地理实践力）。

②学生能通过观看山前冲积平原、河漫滩平原、三角洲平原的景观图片和动画演示，认识不同河段冲积平原的形成原因和特点，用科学的语言归纳出堆积地貌的分布特征及形成过程，提升分析、归纳等能力（综合思维）。

③学生能从时间和空间的角度分析河流地貌的发育、河流地貌与人类活动的相互影响，能用全面、系统、动态的眼光发现并解决问题，培养学生跨尺度、穿时空、多要素的综合思维素养，树立物质是运动变化的辩证唯物主义观和人地协调观（综合思维、人地协调观）。

【教学模式】

“三阶六环四步”长效教学模式。

【教学方法和手段】

实验教学法、归纳演绎法、多媒体演示法（方法）；“河流的侵蚀地貌”实验器材一套，“河流地貌的发育”教学软件（手段）。

【教学重难点】

河谷在不同发育阶段的地表形态特点，不同河段冲积平原的成因和特点，河流地貌对聚落分布的影响（重点）；区分河流侵蚀的三种形式，理解河流在凹岸侵蚀、凸岸堆积（难点）。

【教学过程】

教学过程见表 8-2。

表 8-2 “河流地貌的发育”教学过程表

教学阶段	教学环节与步骤（师生活动）	设计意图
引导发现	**创设真境** 呈现河流上、中、下游景观图，播放《长江》河流景观视频片段。 **理解概括** 学生领略长江不同河段的美，感知理解，思考长江不同河段之美的区别。 参与讨论，引导学生发现不同河段河流地貌迥异与外力作用密切相关；提出问题，如：为什么会形成这样的河流地貌？是哪些地质作用导致的？ 引出课题“河流地貌的发育”。	吸引注意力，激发兴趣，促进思考，导入新课。

续表

教学阶段	教学环节与步骤(师生活动)	设计意图
指导探究	**分析综合→论证评析** **河谷的演变** 确立目标,用实验模拟河流侵蚀过程。 将水持续倒在泥沙上,仔细观察流水对沙侵蚀作用的方向以及对河谷形态的影响。 ①演示实验,指导观察。 A.介绍实验器材:两个泡沫盒(40 cm 长、30 cm 宽、15 cm 高)、土壤、清水、标志物旗子(也可用火柴、树枝); B.教师演示实验过程:第一步,将两个泡沫盒 30 cm 的边切去,对接起来。将土壤铺在两个泡沫盒里,土壤深度一致,大约 10 cm。将一个泡沫盒的一头垫着,约呈 30 度。另一个泡沫盒水平放置。在垫着的泡沫盒的顶端插一标志物。第二步,让水杯的杯口贴近土面,在标志物的下方,离其大约 3 cm 倒水,让水缓慢流出。引导观察并思考:土壤发生了哪些变化?为什么?标志物发生什么变化?为什么? ②指导分析,引导假设。 师生互动,指导学生分组讨论土壤发生的变化。 A.倒水初期,土壤向下部和流水方向侵蚀,流道向底部加深、向两侧拓宽。 B.倒水持续,土壤被持续侵蚀,标志物旗子倒了。通过观察现象,找到本质:侵蚀有几个方向,在何处发生?学生归纳:向源头——溯源侵蚀——标志物处(源头);向下——下蚀——垫着的泡沫盒处(上游);向两侧——侧蚀——平铺的泡沫盒处(中下游)。 再次验证,得出一般性的科学结论并反思、提高。 ③分享假说,引导检验。 师生共同讨论,学生评论,其间教师进行答疑、修正,得出河流侵蚀地貌形成过程。 A.标志物处受到侵蚀,标志物倒了,模拟溯源侵蚀。河流向着源头的方向变长。 B.垫着的泡沫盒代表河流上游,可见向下侵蚀的较深。模拟下蚀。河流上游下蚀强烈,河谷变深。 C.平铺的泡沫盒代表河流中下游,河谷变宽,模拟侧蚀。 举一反三,用案例进行检验。 期间,可指导学生阅读“瀑布与河流的溯源后退”材料,加深对溯源侵蚀的理解。 <承转>河流对不同地区河谷的影响是不同的,河流地貌的发育是有一个过程的。 自主学习:在教材里找出河流在不同时期以何种侵蚀为主,对地表的形态有什么影响。 师生对话讨论。 师:这三幅图分别表示河流上、中、下游,请你将其一一对应,正确排列。 生:河流发育的初期,以下蚀和溯源侵蚀为主,河谷不断加深,形成“V”形河谷;河流发育的中期,下蚀作用减弱,侧蚀增强,凹岸侵蚀,凸岸堆积,河谷展宽出现连续的河湾。河流发育成熟期,以侧蚀为主,河谷进一步展宽呈现槽形。 师:河流凹凸岸的判读方法为:陆地相对于河流中心凸出来的那岸是凸岸,凹进去的那岸是凹岸。 水流在流经弯道时,不断冲刷凹岸,将沙子输送到水流相对较缓的凸岸堆积。所以凹岸侵蚀严重导致坡度较陡,凸岸堆积较多使得坡度较缓。 师:如果聚落要在本区选择,应该选择 A 岸还是 B 岸?为什么? 生:B 岸。因为 B 岸为凸岸,坡度平缓,泥沙沉积,土壤肥沃等。 生:朗读唐朝诗人胡玢的《桑落洲》:“莫问桑田事,但看桑落洲。数家新住处,昔日大江流。古岸崩欲尽,平沙长未休。想应百年后,人世更悠悠。” 师:这首诗说明了什么道理? 生:说明了河流对聚落选择的影响和变化。	课堂中的地理实践活动主要用于突破难点,用直观的可操作性实验,让学生在实验中观察记录并分析河流侵蚀地貌在不同河段的发展、变化过程,尤其是溯源侵蚀,这是教学中的重难点。实验法为学生提供直接观察与动手的机会,将抽象复杂的知识直观化、简单化,便于教师教学。学生理解后,能在能力和情感上得到体验和发展,并培养学生的综合思维和地理实践力素养。

续表

教学阶段	教学环节与步骤(师生活动)	设计意图
指导探究	<承转>(展示河流上中下游侵蚀图片)河谷被侵蚀后的物质到哪里去了? 生:在地势较平坦的地方堆积起来。 **冲积平原的形成** 师:河流在不同的地区堆积会形成不同的地貌。它们分别是什么地貌? 师生探讨取名为:山前冲积平原、河漫滩平原和三角洲平原三种类型。(板书) 师:我们首先来探讨山前冲积平原,观察图片,回答下列两个问题。 堆积体的外形特点是什么?堆积体分布在哪个区域? 生:堆积体的外形呈扇形,主要位于山地向平原过渡的地带(山前)。 实验体验:利用实验解析"冲积扇"。 师:几条河流的冲积扇扩大联合形成广阔的山前冲积平原。 师:本图片为河漫滩,请观察该平原有什么显著特点? 生:枯水期出露,洪水期淹没。 师:多个被废弃的河漫滩连在一起形成宽广的河漫滩平原。 动画演示:河流"凹岸侵蚀,凸岸堆积",解析河漫滩平原的形成过程。 实验体验:学生登台再用与冲积扇相同的实验器材创新性改良该实验引出"三角洲",并判断地貌名称。 师:三角洲一般出现在河流的入海口,读图 8-11,并分析其原因。 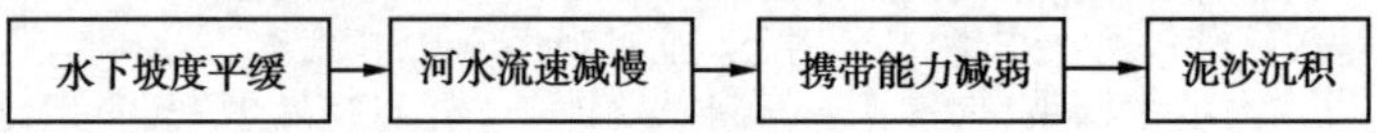 图 8-11 河口三角洲成因示意图 生:河流入海口的平缓地势使得河水流速减慢,河流携带泥沙能力减弱导致泥沙沉积下来,形成河口三角洲,发展成为三角洲平原。 师:(点评)——强调冲积平原主要分布区域的差异,山前冲积平原主要发育在山前,河漫滩平原主要发育在中下游,三角洲平原主要分布在入海口的滨海地区。	用两个实验(冲积扇、三角洲)开展情境体验活动探究冲积扇与三角洲的形成过程与原因,动画演示河流"凹岸侵蚀,凸岸堆积"以解析河漫滩平原的形成过程,可起到发展学生地理实践力和综合思维等素养的作用。
倡导应用	**总结进阶→发展创新** <承转>学地理要关注身边的地理,学以致用。 **河流地貌对聚落分布的影响** 师:播放《模拟城市》游戏宣传录像,如果你(游戏人)作为地区的领导者在区域中选择一个合适的地方建立属于自己的城市(聚落),请观察图中区域并思考哪种地形区最适合建立聚落?为什么? 生:平原。因为平原地区地形平坦、土壤肥沃、交通便利。 师:如果在高原和山地地区各自建立聚落,你又会选择哪里呢? 学生填写导学单,归纳其共同点:选择临近河流处,因为那里水源充足、水运交通便利。 师:总之,聚落往往沿河分布,一般分布于河流的冲积平原。地形越平坦,聚落数量越多、规模越大 <承转>河流对聚落只带来便利吗?先来看一段录像(选取重庆所在的长江、嘉陵江流域拍摄的灾害场景图)。 师(配合录像演讲):当肆虐的洪水来临时,人的力量显得很渺小;当无情的泥石流倾泻而下时,钢筋和水泥显得很脆弱;看着他们失去家园的痛苦,看着他们无助的双眼,请大声告诉我选择聚落应该把什么放在首位。 生:安全!	创设情境,用学生熟悉的游戏引入,建构学习身边有用的地理理念,激励学生用全局观念思考问题。 选取家乡的长江、嘉陵江流域拍摄的灾害图片,引发思考,提出质疑,引导学生思考聚落与河流的关系,探究聚落分布规律,对生活区域提出科学发展建议,培养区域认知素养。 充分运用与学生生活息息相关的地理景观,开发具有乡土元素的教学案例,这样不仅能帮助学生巩固知识,也能培养学生关注身边地理的意识。

续表

教学阶段	教学环节与步骤(师生活动)	设计意图
倡导应用	师:展示两幅图,请分析两图聚落布局是否合理?并说明理由。 生:第一幅,不合理,因为汛期河水上涨可能淹没河漫滩,不安全。第二幅,合理,因为冲积扇地区水源较足、土壤肥沃,利于聚落的建设和居民的生产生活。 师:但需要注意冲积扇地区泥石流等自然灾害。 河流附近布局聚落有众多有利条件,当然也存在诸多不利影响。请自主学习教材资料,看图回答,为避免或减弱河流对聚落的灾害,平原和山区怎么选择聚落? 生:地势低洼的平原聚落应加高和加固河堤;起伏较大的山区聚落应建在高于洪水位地方,并避开滑坡、泥石流地质灾害。 归纳总结: 教师对学生活动中的表现及思路给予表扬,并补充研究成果。 师:今天,我们以景观图和视频开启学习《河流地貌的发育》之门,在实验中探究地理原理,用游戏和录像探讨地理运用,以河流地貌为例,解释内力、外力对地表形态变化的影响,并说明人类活动与地表形态的关系。生活很美好,让我们学好地理,用好地理,健康生活。(播放视频)请大家跟着老师的镜头再一次去感受河川之美吧。 实践:收集有关戴维斯的侵蚀循环学说的资料,了解河流地貌的发育阶段。研学学校附近的河流,寻找河流侵蚀、堆积地貌的相关信息,识别河流地貌,描述其景观主要特点,探究河流地貌的发育状况及其利用情况,运用所学知识推演过去与未来该河流地貌的发育状况并解释形成过程等。	深化主题。培养学生关注身边地理、会用地理知识去趋利避害、协调人地关系的意识与习惯,促进其综合思维、区域认知、人地协调观、地理实践力等素养进阶。

教学板书设计如图 8-12 所示。

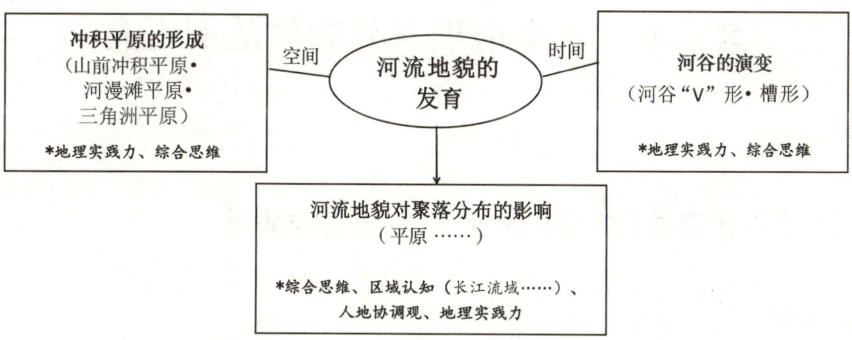

图 8-12 "河流地貌的发育"板书设计

(重庆市第七中学校　刘明炼)

【教学点评】

1.恰当选取素材,助力探究学习

本节课的主要教学内容与生活实际的联系十分密切,在教学过程中特别注意为学生选取、提供一些比较直观的图文素材,作为学生进行自主学习、探究活动的主要材料。善用长江、嘉陵江的素材,使学生能运用本土地理知识,学会从身边地理事物入手学习地理。

2.加强学法指导,培养合作精神

在教学过程中要注意加强对学生的学法指导,为学生提供更广阔、自主的学习空间和权力,使学生有更充足的合作探究、讨论的时间,培养合作精神。

3.巧设教学环节,发展核心素养

该节课的亮点是用“三阶六环四步”长效教学模式指导教学,主要采用实验教学,在以实验为铺垫、教师讲解重难点、学生合作探究下掌握河流地貌的发育;学生运用刚学的河流地貌发育的原理自主学习、探讨并掌握河流地貌对聚落分布的影响,形成“变化”“综合”两个观点,学以致用,解决身边的问题,提升学生分析、归纳、解决问题的能力,发展学生的综合思维、区域认知、人地协调观和地理实践力等素养,做到探究贯穿始终——关注主体发展,使教学长效。

运用“三阶六环四步”长效教学模式需注意:在指导探究阶段,给学生留足设计和操作实验的时间,让学生多探索,教师适时指导、答疑、修正,让学生亲历发现知识的过程,增强创新能力;倡导应用阶段,最好能择机把学生带到河边,在真实环境下探究河流地貌发育状况及其利用,在实践中内化,锻炼动手能力,提升科学品质,促进学生学科核心素养进阶,培育学生长远发展所需的核心素养。

(重庆市第七中学校　刘明炼

重庆市第一中学校　付申珍)

第二节　人文地理长效教学范例研究

一、“加利福尼亚州森林火灾中的天灾与人祸”教学设计

【指导思想】

新一轮课程改革实施以来,核心素养成为课堂教学新的指南,《普通高中地理课程标准(2017 年版 2020 修订)》的基本理念中提到:通过学生地理核心素养的培养,落实“立德树人”根本任务的要求,强化人类与环境协调发展的生态文明理念;提升地理学科方面的品格和关键能力。基于地理学科特点,情境教学是落实地理核心素养的重要教学方法。基于长效教学和地理新课程标准的基本理念,在高三综合复习中教学“加利福尼亚州森林火灾中的天灾与人祸”一课,采用长效教学基本模式,情境教学为主,通过情境创设与问题推进的方式,既能够激发学生兴趣,也能体现用地理知识和地理思维解决现实问题的关键能力,让教学效果从有效走向长效,促进学生学科核心素养的提升。

【课标要求】

①运用资料，说明常见自然灾害的成因，了解避灾、防灾的措施。

②运用图表并结合实例，分析自然环境的整体性和地域分异规律。

【教材分析】

高三后期复习往往讲究“回归教材”，找到每一个知识点和每一道试题与教材之间的联系。本节课所涉及的教材内容包括“自然地理环境的整体性和差异性”“自然灾害对人类的危害”“人口迁移”“城市化过程对地理环境的影响”“生态系统与生态平衡”等。自然和人文地理环境本身是一个综合体，教材将这一综合体拆解成各个要素，其目的是便于学生学习。而高三后期复习的关键在于知识的运用，因此将自然与人文相结合，把这些分散在必修和选修教材多个章节的知识点整合到一堂课中，相当于将各个要素重新还原到现实地理情境之中，可以培养学生运用综合思维分析和解决问题的能力。

【学情分析】

高三综合复习一般都在高三下期，此时，学生处于高中三年的最后阶段，也是迎接高考的冲刺阶段，经过前期的复习，学生对单一知识点的掌握程度已经提高，对知识的应用能力也得到了加强，常规的做法往往局限在通过大量习题的训练以达到熟练掌握各个知识点，并提高成绩。然而，经过一段时间的考题训练，学生进入了提升成绩的瓶颈期。经过分析发现，学生的瓶颈主要集中在综合答题部分，对于一题之中涉及多个要素的综合运用时，学生往往缺乏合理的思路。显然，要突破这一瓶颈，光靠做题是不够的，教师在这个阶段也不能只做命题和“查漏补缺”工作，而是需要以现实中典型情境为素材，设计综合地理课程，教会学生将各个单一知识还原到具体情景中，以提高学生综合思维能力，才能从根本上提高高三后期复习的效率。

【教学目标】

①学生能以美国“加利福尼亚州森林火灾”为例，运用自然地理环境的整体性原理，通过分析森林火灾的主要原因与危害，建立灾害问题的分析方法(区域认知、综合思维)。

②学生能以“森林火灾”为例，运用地理综合思维，说明地理环境各要素的相互作用，形成地理关键能力(综合思维)。

③学生能以相应高考试题为例，分析试题情境中所呈现的灾害发生原理，体会高考试题中的地理观念(人地协调观)。

④学生能通过对“森林火灾”的学习，深入理解人地协调观在人与自然相处过程中的重要意义(人地协调观)。

【教学模式】

“三阶六环四步”长效教学模式。

【教学方法和手段】

情境教学法、问题教学法(方法);“加利福尼亚州森林火灾中的天灾与人祸”教学软件(手段)。

【教学重难点】

森林火灾中的天灾与人祸。

【教学过程】

教学过程见表 8-3。

表 8-3 “加利福尼亚州森林火灾中的天灾与人祸”教学过程表

教学阶段	教学环节与步骤(师生活动)	设计意图
引导发现	**创设真境** 展示“加利福尼亚州森林火灾”新闻稿摘录,创设真实情境。 “加利福尼亚州森林火灾”新闻稿摘录 2018 年 11 月 8 日,美国加利福尼亚州发生森林大火。截至 11 月 25 日,大火造成近 90 人死亡,249 人失踪,15 万人被紧急疏散,数百人失踪,14 000 多栋建筑毁于一旦。好莱坞电影中的天堂小镇付之一炬,经济损失超过 200 亿美元。 11 月初美国加利福尼亚州发生的这场森林大火久扑不灭,所造成的生态灾难和重大人员损失震惊世界。11 月 10 日,美国某领导人表示:“……不该有这么大规模、这么致命且代价巨大的山火,唯一原因是森林局管理太差劲。每年给他们数以十亿美元计的资金,造成这么多人命损失,全都是森林局严重失误造成的。”这番话,激怒了不少美国民众。 **理解概括** 学生阅读材料,理解概括这次森林火灾灾情,发现、提出问题,引出课题。 1.为什么他的话会激起民众不满?——学生思考并回答,教师补充说明。 (点拨:从地理角度讲,森林火灾发生的原因可能是自然的,也可能是人为的。把这里的森林火灾发生原因完全归咎于人为因素,有失公允。) 2.这次加利福尼亚州发生森林火灾的原因究竟是什么? ……	以加利福尼亚州森林大火新闻材料作为事实情境,呈现时间、空间和地理现象,为课程的展开提供区域载体。基于事实情境,需要一个“矛盾点”来引入课堂,因此选择具有争议性的美国某原领导人关于加州森林大火的言论来引发情境中的“矛盾点”,既可激发学生兴趣,又引出课题探讨。

续表

<table>
<tr><th>教学阶段</th><th>教学环节与步骤(师生活动)</th><th>设计意图</th></tr>
<tr><td>指导探究</td><td>

加利福尼亚州森林火灾中的“天灾”

分析综合→论证评析

情境添置:

森林火灾,是指失去人为控制,在林地内自由蔓延和扩展,对森林、森林生态系统和人类带来一定危害和损失的林火行为,是一种突发性强、破坏性大、处置救助较为困难的自然灾害。全世界每年平均发生森林火灾 20 多万次,烧毁森林面积约占全世界森林总面积的 1‰以上。美国加利福尼亚州是全世界森林火灾的高发区(图 8-13)。

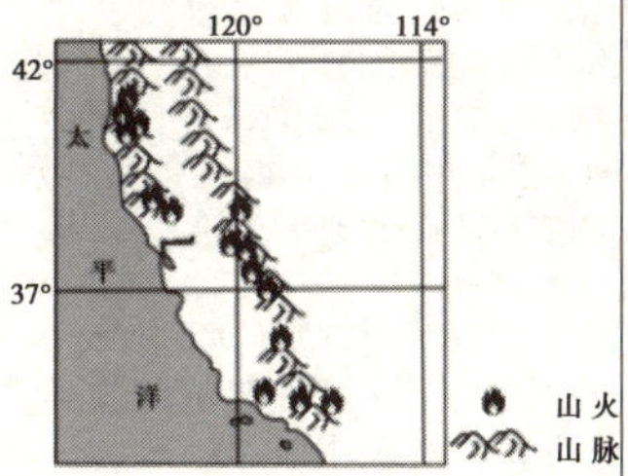

图 8-13　美国西部部分地区 2013—2015 年山火的分布(2017 高考地理海南卷 24 题配图)

探究 1:森林火灾是一种自然灾害,依据自然地理环境的整体性(图 8-14),分析加州森林大火产生的自然原因。

学生尝试分析原因后,教师从气候、植被、地形等方面导问进行探讨分析,促进深思。

[问题导学 1]　据图 8-15 分析:加利福尼亚州是什么气候?形成这种气候的原因是什么?气候对大火有何影响?

点拨:地中海气候(图 8-16);夏季受副热带高气压带控制,气流下沉,高温干燥;易诱发森林火灾。

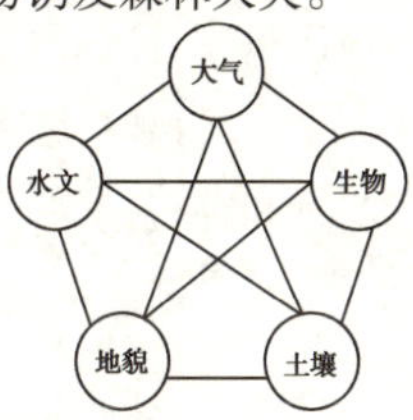

图 8-14　自然地理环境的整体性

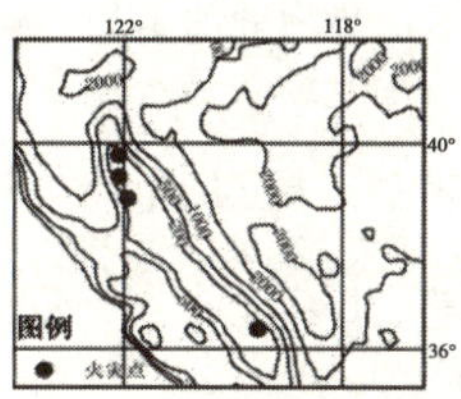

图 8-15　加利福尼亚州火灾点分布图

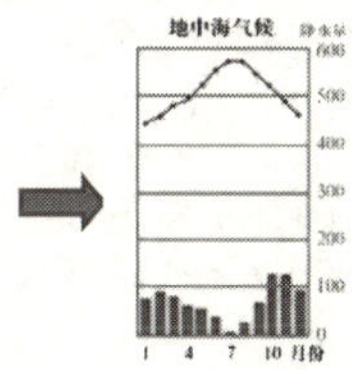

图 8-16　地中海气候气温曲线降水柱状图

[问题导学 2]　结合图 8-17 判断:加利福尼亚州的植被类型是什么?这种植被有何特点?为什么容易着火?

点拨:加利福尼亚州的植被类型是亚热带常绿硬叶林,叶片富含蜡、油脂,容易着火。

[问题导学 3]　读图 8-18,分析加利福尼亚州的地形有何特点?它对火灾有何影响?

图 8-17　加利福尼亚州植被图

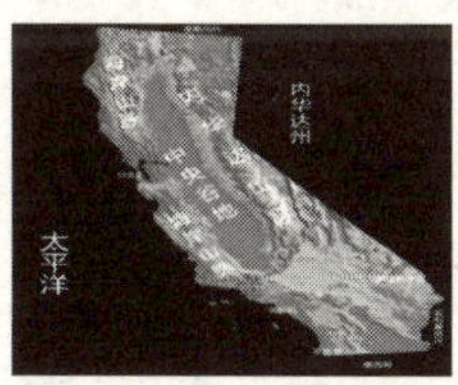

图 8-18　加利福尼亚州地形图

点拨:加利福尼亚州多山地地形,山脉呈南北走向,中央谷地狭长;无论是来自海洋还是内陆的风,在谷地地区均处于背风坡,气流下沉,“焚风效应”显著,加剧背风坡地区的高温干燥。

印证材料:美国农业部 2016 年 11 月 18 日发布的最新航测调查结果显示,在加利福尼亚州干旱的森林里,枯树数量已飙升至 1.02 亿株。农业部官员称,干旱、高温和树皮蛀虫构成了破坏加利福尼亚州全境内森林的致命“杀手组合”。特别是在内华达山脉的南部和中部地区,树木枯死现象尤为突出。

[问题导学 4]　加利福尼亚州可能存在哪些自然着火源?(可展示板块构造示意图)

</td><td>

森林大火不是教材中的案例,学生仅具备一些常识,缺乏系统的了解,大多数学生对森林大火的直观感受是人为灾害。因此需要引入森林大火的概念,清晰地界定森林大火是一种自然灾害,然后才能应用自然地理环境的整体性原理进行分析。

通过四个问题探讨,引导学生分析森林火灾的自然原因,并进行归类,从而完成森林大火是一种自然灾害的原理分析,培养学生的区域认知和综合思维素养。

</td></tr>
</table>

续表

教学阶段	教学环节与步骤(师生活动)	设计意图
指导探究	点拨:加利福尼亚州地处太平洋板块和美洲板块消亡边界,多火山、地震,火山喷出的高温炽热的岩浆可以成为自然着火源。受地形和气象条件影响,会形成雷电天气,雷电也可以成为自然着火源。 师生共同从气候、植被、地形三方面探析森林火灾的自然原因,结合“燃烧三要素——可燃物、助燃物、着火源”进行归类。 探究 2:加利福尼亚州森林大火对自然地理环境会产生哪些影响? 学生尝试说明影响后,教师从生物、大气、水文、次生灾害等方面导问探讨分析,促进深思。 [问题导学 1]　火灾对生物有何影响? 点拨:弊——森林火灾导致森林植被及其森林生态系统遭到破坏;利——草木灰烬为土壤提供肥力,大火能控制病虫、鼠害等,促进森林物种自然更新。 追问:南加利福尼亚州气候干旱,且多野火,但生物多样性非常丰富。为什么?请根据下面一道高考试题的题干材料,思考并分析其中的原理。 情境添置: (2017 年新课标全国卷Ⅰ37 题)山地垂直带内部的分异规律,日益为地理学研究所重视。在山地苔原带,植物多样性存在随海拔升高呈单峰变化的规律:在山地苔原带下部,少数植物种类通过种间竞争获得优势,植物多样性较低;随着海拔升高,环境压力变大,种间竞争减弱,植物多样性升高;在更高海拔区域,适宜生存的植物种类减少(图 8-19)。 点拨:试题材料中显示,环境压力变大,种间竞争减弱,植物多样性升高。因此,南加州干旱且多野火的自然环境,压制了优势物种的生长,使得该地区植物种间竞争减弱,使得植物多样性升高。 [问题导学 2]　火灾对大气环境有何影响? 点拨:森林燃烧会产生大量的烟雾,其主要成分为二氧化碳和水蒸气,这两种物质约占所有烟雾成分的 90%~95%;另外,森林燃烧还会产生一氧化碳、碳氢化合物、碳化物、氮氧化物及微粒物质,占 5%~10%。 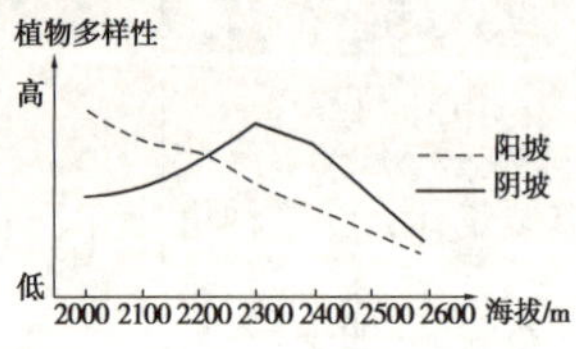 图 8-19　植物多样性分布图 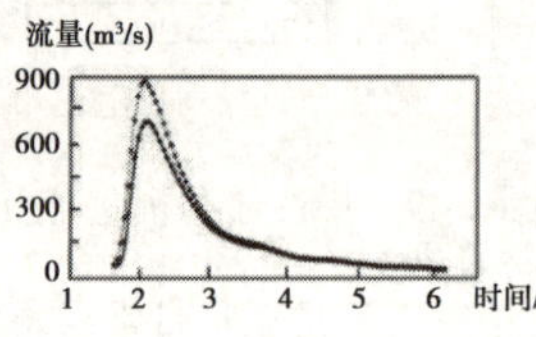 图 8-20　某流域河流两次流量过程线图 [问题导学 3]　火灾对水文环境有何影响? 情境添置:(2016 年江苏卷)图 8-20 为某流域森林火灾后第 1 年、第 6 年两次相同降雨条件下河流流量过程线图。读图回答问题。 ①关于两次径流过程,说法正确的是(D)。 A.第 6 年的流量峰值大　　B.第 1 年的流速峰值小 C.第 6 年的河流含沙量大　　D.第 1 年的河流径流量大 ②导致图示径流差异的关键环节是(C)。 A.蒸发　　B.蒸腾　　C.下渗　　D.地下径流 点拨:由高考题得到启示——森林大火导致植被遭到破坏,涵养水源能力下降,下渗减少,地表径流增大。 [问题导学 4]　火灾可能引发哪些次生灾害? 情境添置 1: 2018 年 11 月,美国北加利福尼亚州山火持续燃烧数周,成为加利福尼亚州历史上伤亡最惨重的火灾。致命火灾才过去 1 个月,加利福尼亚州马布里遭遇了大规模的泥石流,导致南加利福尼亚州高速公路多路段被关闭。 情境添置 2: (2017・海南卷)(环境保护)阅读材料,完成下列问题。 美国西部森林频发山火。检测显示过火林地水土流失加剧。图 8-13 示意美国西部部分地区 2013—2015 年山火的分布。	充分应用“牵一发而动全身”的整体性基本原理,同样以四个问题,分析加利福尼亚州森林火灾是如何影响自然环境的。其中关于“南加利福尼亚州气候干旱,且多野火,但生物多样性非常丰富”的探究,是该环节中的难点。一般的认知中,自然环境优越的地方,生物多样性丰富,而自然环境恶劣的地方,生物多样性低。而实际上,生物多样性与自然环境的优越与恶劣之间并非线性关系,2017 年的新课标全国卷Ⅰ关于“长白山生物多样性”的试题设计就是在纠正“一般认知”。因此在高考试题基础上,再引入南加利福尼亚州生物多样性的分析,可进一步让学生建立对生物多样性与环境关系的正确认知。 森林大火毕竟不同于地震、火山等自然灾害,因此它的确可由人类引发。而此次加利福尼亚州森林大火火势凶猛且持续时间长,远远超出一般自然引起的森林大火的燃烧程度,因此通过此问,引出森林大火的人为因素。

续表

教学阶段	教学环节与步骤(师生活动)	设计意图
指导探究	分别指出该地区山火与水土流失易发的季节,并分析过火林地水土流失加剧的原因。 点拨:该地区山火易发生季节集中在夏季。水土流失易发生在冬季。过火林地地表植被覆盖低,植被对地表保护能力减弱;地表径流增大,加剧地表侵蚀,从而导致水土流失加剧,甚至诱发泥石流等次生灾害。 归纳小结:森林火灾是自然环境各要素演化的结果,同时森林火灾又会反作用于自然环境的各个要素。 **加州森林火灾中的“人祸”** 探究 3:野火年年都有,以前烧起来很快就能扑灭,现在却为何久久无法控制呢?人类在加州大火中扮演了什么样的角色? 情境添置: 有 2.6 万人的天堂镇居民的房屋被烧毁,小镇焚毁殆尽,天堂沦为了地狱。 [问题导学 1] 明知道加州多火灾,为什么这么多人靠近森林居住?读图 8-21,分析其原因。 点拨:人口不断增长,城市化水平不断提高,山区多、平原少,城市不断向山区扩展。 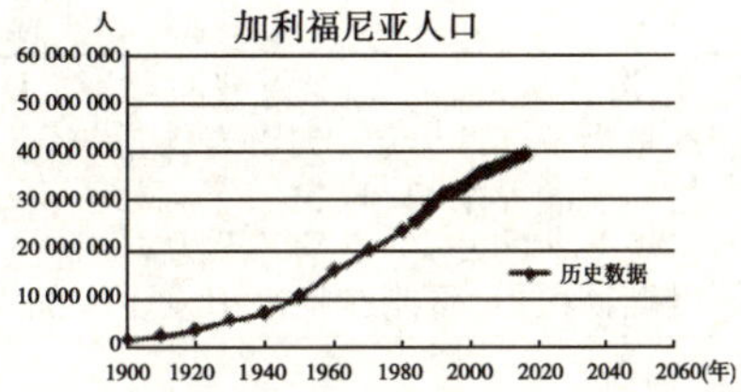 图 8-21 加利福尼亚州人口增长图 追问 1:读图 8-21 思考“加利福尼亚州人口增长的主要原因是什么?”引导学生结合读“美国人口迁移图”和“世界现代人口迁移图”分析原因。 (点拨:国内人口迁入:阳光地带,新兴经济发达区,吸引美国东北部老工业区人口迁入。国际人口迁移:美国经济发达,吸引世界各国人口迁入。) 追问 2:“加利福尼亚州吸引人口迁入的因素有哪些?” (点拨:经济因素和环境因素。) 情境添置: 随着加利福尼亚州人口的增长,很多原本不适合居住的山地也都盖了房子,增加了人为引发山火的可能性。2017 年,加利福尼亚州超过四分之一的人口居住在中等或高风险的消防走廊附近。 [问题导学 2] 居住地向林区扩展对火灾有何影响? (点拨:增加了人为着火源:烟头、电线短路、野营、汽车刹车火星等。据统计,加州山火 90%以上都是人为火源。) [问题导学 3] 居住在山区的人们面对自然引起的野火,会是什么样的态度? (点拨:及时扑灭。火灾扑灭三原则:打早、打小、打了。) [问题导学 4] 根据下面两道高考试题,思考:“打早、打小、打了”这种对野火“零容忍”的态度对火灾起到了什么样的作用? 情境添置: (2010 年新课标全国卷Ⅱ)某段高速公路(G)经过单面山(顺向山)地区,地质剖面如图 8-22 所示。为防止滚石、滑坡等灾害,对施工立面 H 进行了加固,还在 L 坡面上打入“岩锚”,以固定表层岩层。2010 年春,该单面山的上部山体大规模滑落,导致约 200 米长的公路被毁。 分析这次地质灾害发生的原因。 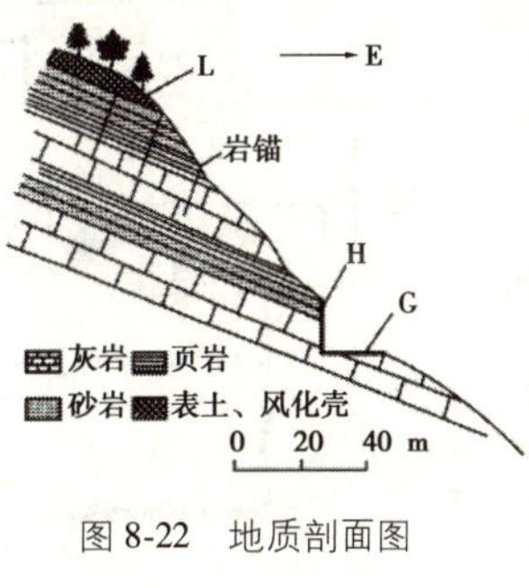 图 8-22 地质剖面图 (点拨:顺向岩层因公路施工失去稳定性。“岩锚”加固使得单面山上部岩层形成整体。(降水、地震等因素导致)深处地层松软(层面松动),使得该单面山上部山体滑落,对公路产生巨大推力,导致该段公路被毁。)	人为因素首先从人口入手,再到城市化,通过三个问题可以起到对人口迁移和城市化两个知识点的复习,同时人口增长也是人为因素的根本起点。 通过四个问题的导学,完成对人为因素的分析。其中“对野火零容忍的态度对火灾起到了什么样的作用?”是其中的重点和难点。该问设计旨在引出人地协调观中一个关键性的理念——人类干预自然的阈值(临界值)。传统的环境观中,人们普遍关注人类对自然不合理的干预若超过阈值,会引起生态失衡,引发环境问题和灾害。而新的环境观中,人类对自然看似合理的干预也要注意阈值问题,这样的环境观,在高考试题中也有体现。因此,借助两道高考试题,能够充分理解新的环境观,从更高的理念和角度理解人地协调,发展了学生区域认知、综合思维和人地协调观等核心素养。

续表

<table>
<tr><th>教学阶段</th><th>教学环节与步骤(师生活动)</th><th>设计意图</th></tr>
<tr><td>指导探究</td><td>(2018 年新课标全国卷Ⅱ)地处黄土高原的汾川河流域多年来植被覆盖率大幅度提高,2013 年 7 月,汾川河流域降水异常增多,下表为当月 6 次降水过程的时长、降水量和汾川河洪峰情况。第 5 次降水形成的洪水含沙量低,第 6 次降水形成的洪水含沙量极高。据此完成问题。
第 6 次降水产生的洪水含沙量极高,其泥沙主要源于(D)。
6 次降水情况表
<table>
<tr><th>降水序号</th><th>降水历时/天</th><th>降水量/mm</th><th>汾川河洪峰情况</th></tr>
<tr><td>1</td><td>2</td><td>53.0</td><td>无明显洪峰</td></tr>
<tr><td>2</td><td>4</td><td>80.3</td><td>无明显洪峰</td></tr>
<tr><td>3</td><td>5</td><td>100.1</td><td>无明显洪峰</td></tr>
<tr><td>4</td><td>2</td><td>73.2</td><td>无明显洪峰</td></tr>
<tr><td>5</td><td>2</td><td>90.7</td><td>洪峰流量 346 m^3/s</td></tr>
<tr><td>6</td><td>2</td><td>54.4</td><td>洪峰流量 1 750 m^3/s</td></tr>
</table>
A.河床 B.沟谷 C.裸露坡面 D.植被覆盖坡面
归纳总结:岩锚本是为了加固岩层,防止岩体滑坡,最终却导致了更大规模的滑坡;植树造林本是为了涵养水源,减少洪灾,最终却又导致了更大的洪灾。因此“打早、打小、打了”这种对火灾“零容忍”的态度,虽然暂时减小了火灾的危害,但枯枝落叶等可燃物积累,可能在将来引发更大的火灾。</td><td></td></tr>
<tr><td>倡导运用</td><td>总结进阶→发展创新
通过本节课的学习,我们可以看出,森林火灾作为一种自然灾害,其产生的原因既有自然因素也有人为因素,森林火灾既危害人类的生命与财产安全,也会对整个生态环境造成很大的影响。人类是森林火灾的受害者,但很多的时候,也是森林火灾的制造者。由于自然地理环境的复杂性,人类在防止森林火灾的过程中还需要采取更加科学和谨慎的措施。
最后引用恩格斯的一段话,希望能带给我们更多的启示。
“我们不要过分陶醉于我们对自然界的胜利,对于每一次这样的胜利,自然界都报复了我们。每一次胜利,在第一步都确实取得了我们预期的结果,但在第二步和第三步却有了完全不同的、出乎意料的影响,常常把第一个结果又取消了。”
实践:研学学校附近的自然灾害,探究其形成原因,提出改善措施。</td><td>以恩格斯的语录作为结束,表明新的环境观并不是凭空产生,前人已经注意到这样的问题。这段话也起到画龙点睛的作用,他是对本堂课所要传达的价值观的高度概括;也留给学生思考的空间,起到余音绕梁的作用。</td></tr>
</table>

教学板书设计如图 8-23 所示。

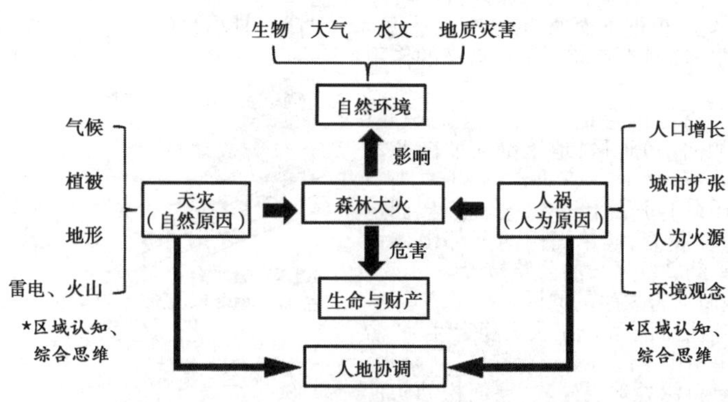

图 8-23 “加利福尼亚州森林火灾中的天灾与人祸”板书提纲

(重庆市第十八中学校 熊俊卿)

【教学点评】

本堂课运用“三阶六环四步”长效教学模式，以“加利福尼亚州森林大火”为案例和情境，通过情境教学法与问题教学法，深入分析了森林大火的成因以及对自然和人类的影响与危害，是一堂集时效性和知识性于一体的优质高三复习课。整堂课结构紧凑，层层递进，知识容量大，思维含量高，既对自然地理和人文地理的知识点进行了复习与应用，又对高考试题作了深度解析，学生的收获会很大，能发展学生区域认知、综合思维、人地协调观、地理实践力等核心素养，传递正确的环境观。在高三的后阶段，这样的课既是对高三综合复习的创新性设计，也是让学生终身受益的地理课程，有助于形成学生未来发展的核心素养。

运用“三阶六环四步”长效教学模式指导教学，需注意：一堂课中一个主情境，围绕主情境可有多个小情境为之服务；尽可能选择或步入真实问题情境（蕴含问题的真实背景材料），厘清情境、问题、任务三个教学要素的关系。情境为发现、提出问题而生，任务为探究、解决问题而设。运用中注意“精心设‘境’”“用心入‘情’”“以‘情’引‘情’”“情知结合”。着眼于教学的长远效益，创新情境教学，引导学生观察真实情境，引发思考，在不良结构的情境中发现、提出问题，巧妙设问并探究、解决问题，提升真能力，促进学生的地理实践力、综合思维、区域认知和人地协调观等素养进阶。

（重庆市第十八中学校　熊俊卿

重庆市第一中学校　付申珍）

二、“水资源与农业”教学设计

【指导思想】

水是生命之源，是地球上人类和一切生物赖以生存的物质基础，人类的生存一刻也离不开水，水作为资源来说，是其他任何物质所不能代替的。然而随着社会的发展进步，世界各地出现了不同程度的水资源危机，有的甚至威胁到了人类生存，因此合理利用和保护水资源，已经成为当今世界性的重大课题。以农业为例，水是农业生产的命脉，水是重要的农业生态环境资源，水是农民的基本生存条件。全球水资源时空分布不均的特征决定了水资源禀赋状况对不同区域的农业生产有着不同程度的影响，“水资源与农业”一课基于长效教学和地理新课程标准基本理念，采用长效教学基本模式并结合案例教学法，认识我国水资源空间分布等概况，水资源的数量、质量、空间分布对人类活动的影响，以水资源丰富与短缺区的农业生产活动为例，探寻水资源与农业的关系，认识人地协调观思想，以期达成课标要求和长效教学目的。

【课标要求】

①结合实例，说明自然资源的数量、质量、空间分布与人类活动的关系。

②运用资料，说明我国水资源概况。

【教材分析】

课标要求学生学习自然资源对人类活动的影响,侧重以水资源为案例深刻认识包括水资源在内的自然资源对人类活动的影响,并且进一步从时、空两个角度,以发展的观点看待自然资源数量、质量对人类活动的影响,让学生树立环境意识与可持续发展的意识。本节课教材主要介绍水资源的概念、水资源的分布、水资源与人类社会、合理利用水资源等几个问题。教材对水资源的概念从广义和狭义两个方面作了解释。通过水资源丰歉衡量标准引出世界以及我国水资源分布的特点,并且侧重以"水资源"作为一个案例,突出自然资源的数量和质量对人类社会发展的重要性。因此,为了让自然资源更好地促进人类社会发展,必须从开源、节流两个方面措施入手,促进自然资源的可持续发展。

【学情分析】

本节的授课对象为高二学生,教学中所涉及的知识点学生在高一已学过,但仍然较为零碎,所以本节课的学习主要是以案例教学的方式,将水资源的开发利用置于具体的区域中,引导学生对相关知识进行整合,梳理并发现问题,再以合作探究的形式对知识加以应用,从而解决水资源如何利用的问题,亦可使学生树立珍惜和保护水资源的意识,强化人水关系、人地关系的认识,进一步落实课程标准的要求。

【教学目标】

①学生能够通过自主学习了解水资源概况;能够运用图表数据,并结合所学知识,从区域的视角认识全球和我国的水资源分布特征(区域认知)。

②学生能够全面分析水资源缺乏区以及水资源丰富区的水与农业的关系,并能正确解释、评析区域水资源与农业开发利用过程中呈现的问题及解决措施(区域认知、综合思维)。

③学生能够通过水与农业关系的案例分析,评析现实人地关系问题,理解协调人地关系的措施与决策,感受人类的智慧和不断演化的人地关系,树立可持续利用水资源的观念(人地协调观)。

【教学模式】

"三阶六环四步"长效教学模式。

【教学方法和手段】

启发式谈话法、案例教学法(方法),"水资源与农业"教学软件(手段)。

【教学重难点】

全面分析水资源丰富区和水资源缺乏区农业生产与水资源的关系问题(重点);说明在不同生产力条件下,水资源是如何影响农业生产的(难点)。

【教学过程】

教学过程见表 8-4。

表 8-4 “水资源与农业”教学过程表

<table>
<tr><th>教学阶段</th><th>教学环节与步骤(师生活动)</th><th>设计意图</th></tr>
<tr><td>引导发现</td><td>创设真境
播放《中华诗词大会Ⅱ》总决赛“飞花令”视频片断。
设疑:如果我们以“水”为主题字接飞花令,你们会想到哪些诗句?
学生回答后教师展示图片:“上善若水,水善利万物而不争”,“问渠那得清如许,为有源头活水来”,“山重水复疑无路,柳暗花明又一村”。
理解概括
感知诗句,理解概括水的含义,发现、提出问题:什么是水资源?它分布在哪里?它与人类社会有什么关系?……</td><td>通过视频和设问创设情境,调动学生积极性,激发学习兴趣。</td></tr>
<tr><td>指导探究</td><td><承转过渡>我们循着这些美丽的诗词去探寻水资源与人类社会的关系。上善若水,水善利万物而不争。正是因为有了水的润泽万物,地球才变得丰富多彩,充满生机。
分析综合
拜水——水资源与人类社会
诗句展示:上善若水,水善利万物而不争
设疑:地球上都有哪些水体?什么水体才称为水资源?
概念解析:水资源——水“资源化”
(点拨:水资源是指可资利用或有可能被利用的水源,具有足够的数量和合适的质量,满足某一地方在一段时间内具体利用的需求。从这个角度理解水资源,是水“资源”化了。)
图片展示:较易利用水资源类型
图片展示:四大文明古国的分布
归纳小结:今天,水资源是人类在生产和生活中广泛利用的资源,不仅广泛应用于农业、工业和生活,还用于发电、运输、水产、旅游和环境改造等。
<承转过渡>诗句展示:问渠那得清如许,为有源头活水来。
南宋大文豪朱熹的名句表达了只有通过不断观察、学习,才能达到新境界的读书感受。请结合地图思考,人类较易利用的水资源的分布状况。
问水——水资源的分布
设疑:
①全球水资源的分布特点?
②衡量一个国家或地区水资源分布状况的指标是什么?
③我国的水资源时空分布特点?
教师点拨:
①全球水资源分布特点可从大洲尺度和国家尺度进行归纳。
②多年平均径流问题是一个国家或地区降水量与蒸发量之间的关系。对于一个地区或国家多年平均径流问题来说,降水量占据主导地位。因此,可以说降水量空间分布不均,是水资源的分布具有明显地域差异的根本原因。
③我国降水量的时空分布不均,是我国水资源分布地区差异显著的根本原因。
归纳总结:
水资源分布是不均衡的,人类活动的频繁程度与水资源的丰歉程度关系密切。
论证评析
探究活动一:
图示区域(图 8-24)的沿海地区年降水量约 50 mm,东部山地雪线高度在 4 480~5 000 m,自 20 世纪 90 年代起,该地区开始种植芦笋(生长期耗水量较大),并发展成为世界上最大的芦笋出口区。</td><td>将学生兴趣点聚焦在水资源与人类社会关系上。

用耳熟能详的诗句激发学生对水资源的感性认识。
概念解析,理性认识水资源的内涵和人类较易利用的水体。

从水与人类文明史关系的角度认识水。

用诗句蕴含的“格物”精神承上启下。

通过读图分析和层层设问,让学生理解水资源的分布特点,培养区域认知素养。

通过概念解析,让学生理解自然地理要素间的相互关系。</td></tr>
</table>

续表

教学阶段	教学环节与步骤(师生活动)	设计意图
指导探究	①图示沿海地区芦笋种植用水的来源最不可能的是(　　)。 A.雨水　　B.地下水　　C.河水　　D.冰雪融水 ②有人认为图示沿海地区不应该大力发展芦笋种植,请说明理由。 学生探讨后,教师补充说明。 归纳小结:有限的水资源对人类的生产活动影响很大。 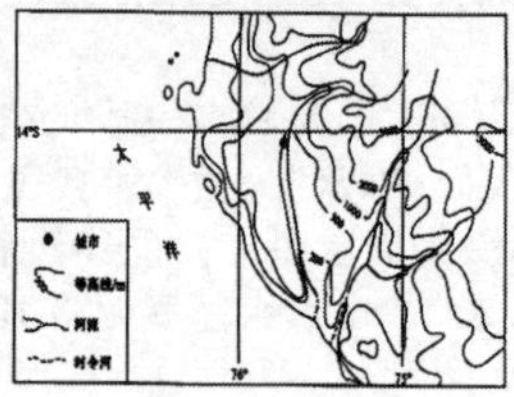 图 8-24　世界某区域图 <承转过渡> 诗句展示:山重水复疑无路,柳暗花明又一村 人类社会的文明史,某种意义上是人类与水的关系史。从农业文明时期的逐水而居,临水设城,到工业文明时期的冷却、空调和产品用水;从溇港圩田润泽鱼米之乡,到以色列人在沙漠中创造的农业奇迹。不论是水患成灾还是久旱无雨的山重水复之惑,总有妙手至柳暗花明之法。下面我们以农业为例,一起探讨在农业生产中怎样合理利用水资源的问题。 **“活水”——水资源的合理利用** [呈现案例] 1.水资源丰富区的农业生产(见探究活动二) ①PPT 展示古诗《戴表元·湖州》,引出“溇港”话题。 ②播放《溇港圩田》视频,铺垫知识背景。 2.水资源缺乏区的农业生产(见探究活动三) 案例一 [分析案例] 探究活动二: 学生合作探究,完成学案活动 1。 ①读材料一,说出溇港的主要功能。 ②读材料二,指出“溇港圩田”农业生产模式布局的优点。 ③分析太湖南岸溇港闸口通常朝向东北的原因。 [案例结论] 教师点拨: ①从溇港的形态和水闸的位置及闸口朝向可知,溇港具有防洪、排涝(水闸开关)、灌溉、航运的功能。 ②结合剖面图和材料中的信息可知,溇港圩田农业生产模式属于混合农业。 ③播放《溇港圩田》朝向设计视频。 图示区域冬季盛行西北季风,此时正值枯水期,湖水较浅,湖底泥沙较多,如果闸口朝向西北或正北,湖水更易倒灌,导致太湖泥沙在入湖溇港口淤积,因此避开此方向,朝向东北。 师生总结: 溇港圩田利于因地制宜提高土地生产效率,桑基—圩田—鱼塘模式的发展,形成桑、稻、鱼相互依存、相互促进的良性生态系统。 教师补充:2016 年 11 月,太湖溇港入选世界灌溉工程遗产名录,这正是对这项因水制宜、因水利导的具有极强实用价值和历史价值的开创性工程最好的肯定。 溇港圩田模式是水资源丰富区因水制宜充分利用当地优势条件,是发展农业生产的成功案例。水资源缺乏区有没有发展农业生产的成功经验呢? 案例二 [分析案例] 探究活动三:	通过案例分析法,展示水资源数量对人类生产活动的影响。同时培养学生获取和解读地理信息、调动与运用地理知识的能力。 名篇名句承转,吸引学生继续探究学习的兴趣。 优美的诗句辅以精致的背景图片,引出太湖溇港圩田的话题。以视频的方式呈现,有助于学生直观认识溇港的形态。 案例教学。为学生的主动探究和思维构建创设问题情境,通过案例引入、讨论、分析总结,突出重点,培养学生的发散、迁移等综合思维,培养学生思维的广度和深度。 背景知识延伸,有利于学生树立正确的人地协调观。

续表

教学阶段	教学环节与步骤(师生活动)	设计意图
指导探究	水资源缺乏区的农业生产——以色列的农业奇迹 学生独立思考,完成学案中活动二的相关内容。 ①指出以色列发展农业生产的限制条件有哪些? ②以色列是如何把水资源由“少”变“多”的? ③以色列的沙漠奇迹对水资源短缺区农业生产有哪些启示? [案例结论] 教师点拨: ①根据以色列的自然环境特殊条件可知,农业发展的限制性条件是水资源匮乏与土地贫瘠。 ②以色列人把水资源由“少”变“多”,主要是从开源和节流两个方面展开的。 ③以色列发展农业的措施中,值得其他水资源短缺区借鉴的措施,首要的便是因地制宜,加大科技投入,改进灌溉方式和提高水的利用率等。 <承转过渡> 我们分别选取了水资源丰富区与水资源缺乏区的案例来探究农业生产活动与水资源的关系,从中我们可以发现生产活动中合理利用水资源的重要性。我们能否总结出农业生产中促进水资源的持续利用的措施都有哪些呢?	案例教学。整合教材(人教版必修 1)中的相关材料,引导学生关注教材中的活动内容,通过创设问题情境,培养学生的区域认知素养,促进生态文明建设,形成可持续发展的观念,培养人地协调观素养。
倡导运用	**总结进阶** 归纳总结:水是宝贵的资源,但水过少或过多时,也会给人类带来旱、涝灾害,人类在开发利用水资源的同时,必须注意灾害的防治,严格按照自然和经济规律办事,综合并合理利用水资源,以达到兴利除害的双重目的。以农业为例,丰水区重在“排—转—控”,即防洪排涝,因水制宜,充分利用当地优势条件,发展立体、生态农业等。少水区重在“引—节—控”,即开源—节流并举,增加水资源获取渠道,节约用水和提高利用率,发展节水农业等。 构建思维结构如图 8-28 所示。 **发展创新** 迁移应用,解决问题: 随着人口的增长和经济的发展,人类对水的需求越来越大,人类在生产生活活动中的水污染现象日益严重,造成水资源日益短缺。水质对农业也会产生影响,如果灌溉水源受到污染,就会污染土壤和农作物。 请同学们结合今天所学的方法,完成课后的一组试题。 (2015 年·新课标全国卷Ⅱ)阅读图文材料,完成下列要求。 下图示意河套平原地区(图 8-25)。当地将黄河水通过引水渠引入区内灌溉农田,农田灌溉退水经过排水渠汇入乌梁素海。近年来乌梁素海出现污染加重趋势。 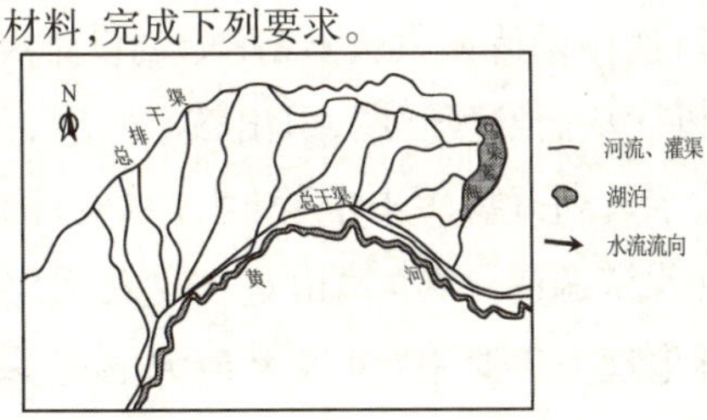 图 8-25　河套平原地区示意图 ①指出长期维持河套灌渠功能必须解决的问题,并简述原因。 ②分析近年来乌梁素海污染严重的原因。 ③提出治理乌梁素海污染的措施。 情感升华: 回扣导入:我们循着优美的古诗词一起探寻了水资源与人类社会的关系。我们崇拜于水资源滋养万物、上善若水的恩泽;用“问渠那得清如许,为有源头活水来”的格物精神解开了水资源分布的奥秘;意识到不论遭遇水患成灾还是久旱无雨的山重水复之惑,只要秉承“水能载舟,亦能覆舟”的理念,因水制宜,趋利避害,终能找到妙手回春至柳暗花明的“活水”之法。 实践:研学学校附近水资源分布与利用状况,探究水资源的合理利用。	对两则案例内容进行归纳总结及转换升华,给学生精要、深刻的印象,以起到整理知识、加深理解、巩固记忆、建构思维的作用。 思维拓展,引导学生立体地看待地理现象,进一步培养学生的综合思维素养。 课后拓展,案例迁移。培养学生结合所学知识,学会运用材料获取和解读信息,调动与运用地理知识,发现问题,分析问题和解决问题的能力。 通过总结概括提高学生的综合思维能力,运用诗意化的文字升华主题,培养学生人地协调观素养。

教学板书设计如图 8-26 所示。

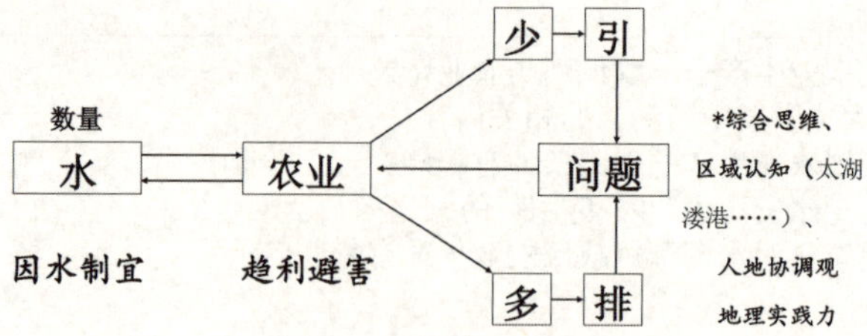

图 8-26 “水资源与农业”教学板书设计

（重庆市渝中区进修学院　许方林）

【教学点评】

传统文化在地理课堂中的有效渗透

“水资源与农业”一课基于长效教学和地理新课程标准基本理念，采用长效教学基本模式并结合案例教学，达成教学目标，凸现了以下三大亮点。

1.紧扣课程标准，有效整合教学内容

本节教学内容的课程标准是“结合实例，说明自然资源的数量、质量、空间分布与人类活动的关系”和“运用资料，说明我国水资源概况……”。教师通过解读课标、比对教材、分析学情后，确定了本节的教学目标，即引导学生运用图表数据，结合所学知识归纳全球和我国的水资源分布特征；运用相关案例，分析水资源丰富区及水资源缺乏区农业生产与水资源的关系。同时，根据课程标准重新整合教学内容，选用教材中的相关素材并收集与本节教学密切相关的其他教学素材，作为本节的教学内容。

2.紧握教学主线，巧妙设计教学环节

本节课的成功还与清晰的教学主线、巧妙的教学设计有关。本节课以古诗词串联，巧妙借助热播综艺节目《中国诗词大会》飞花令创设真境导课激趣；用三句描写“水”的著名古诗词让学生理解、概括从而发现问题，引出教学内容，并逐一引导探究——分析综合、论证评析诗句“上善若水，水善利万物而不争”拜水（水资源与人类社会），“问渠那得清如许，为有源头活水来”问水（水资源的分布），“山重水复疑无路，柳暗花明又一村”活水（水资源的合理利用），用诗意学地理。该课用“世界上最大的芦笋出口区”案例探讨导出水资源丰歉程度与人类活动的关系，后分别以“溇港”“以色列农业奇迹”两个案例比较探究水资源丰富和缺乏区的农业生产相关问题，巧妙地以农业生产为例引导学生深刻认识如何合理利用水资源；再后结合板书指导学生思维建构“水资源与农业”总结进阶，并指导学生用所学方法学以致用解决相关问题，发展创新。课题结尾再抛出问题，让学生在课后以“水”为主题字接飞花令，首尾呼应的同时，也让学生在感悟我国优秀传统文化的同时，从诗句中领略人与自然的和谐共处。

整节课线索清晰，教学环环相扣，层层递进，学生通过独立思考、合作探究、逻辑推理的方式，师生共同参与到活动中去，共同享有已有的经验，共同体验新知的形成，共同感悟人与自然和谐共处的意义。更重要的是，在活动中品读古诗词，由学生归纳出全球和我国的水资源分布特征，老师更多的是扮演了一名顾问和交换意见的参与者，引导学生形成观点、指导学生验证猜测，倡导学生运用，活动的目的与结果实现了契合。

3.紧跟教改方向，注重培养学科核心素养

价值挖掘是一节课的灵魂。本节课除了培养学生区域认知、综合思维素养外，特别注重培育学生的人地协调观素养。教学中通过指导探究“拜水”“问水”两个教学环节，解决了“地对人”即地理环境（水环境）对人类社会的影响；通过“活水”的教学过程，很好地体现了“人对地”即人类合理利用水资源的思想，教会了学生学习和研究人地关系应秉持的正确的价值观，即人地协调观。

教师对课标和教学内容的深刻解读并据此设计出主题性、活动性强的教学环节，引导学生在课堂40分钟通过讨论、交流、展示等形式，共同达成教学目标。

运用“三阶六环四步”长效教学模式指导教学，需注意：教师要善于调控课堂，把控好课堂时间。在指导探究阶段，给学生留足思考与探究的时间，所选案例典型、贴合需探究的问题，既可诠释原理、分析解决问题，又能学到对终身发展有用的地理，可主案例和辅助案例相结合，把案例教学的一般步骤“呈现案例—分析案例—案例结论—迁移应用”融入长效教学模式中创新运用，多种教学方法有效结合；充分分析学情，基于学生兴趣点、社会现实等发掘素材整合为教学案例，设问有针对性、层次性和逻辑性，不把案例本身作为终极目标，不仅以案析理，在多种解决方案并存的案例分析中着重学生讨论的思路和质量，还要注意迁移应用，针对问题开展社会调查，以保证学生有效参与案例教学，促进学生的人地协调观、区域认知、综合思维等素养进阶，发展核心素养，着眼于教学的长远效益。

（重庆市第一中学校　付申珍）

三、“走向人地协调——可持续发展”教学设计

【指导思想】

发展是人类社会的永恒追求。环境与发展问题是当今世界面临的严峻挑战。如何解决人类面临的主要环境问题，怎样协调好人类发展与地理环境的关系？人类在深刻反思以往的社会经济行为与发展道路之后，积极探寻人与自然和谐共生的可持续发展之路。实现可持续发展是一项长期而艰巨的任务，需要政府、企业和公众的共同努力。对中学生开展可持续发展理论与实践教育是完成这一任务的重要环节。基于长效教学和地理新课程标准基本理念，在高一教学“走向人地协调——可持续发展”一课，采用“三阶六环四步”长效教学模式，渗透研究性学习的思想，优化组合多种教学方法，培养学生可持续发展观念，培育核心素养，落实“立德树人”根本任务，促进教学的长效性。

【课标要求】

运用资料，说明协调人地关系和可持续发展的主要途径及其缘由。

【教材分析】

协调人地关系和可持续发展的主要缘由是“人们的自然观、发展观的变化。当人们提高对生态环境的质量要求，提升对自然万物的关爱，扩大自然审美对象的种类时，都会带来新的生态环境议题，特别是人们把对发展的理解扩展到经济平稳、社会和谐后，也会带来新的生态环境议题”。可持续发展观来源于生态环境保护问题，但它一经形成便迅速超越了环境领域，成为一种经济社会发展观和发展趋势，具有丰富的内涵。培养人的可持续发展观念是实现可持续发展的动力。

在高中地理(必修·人教版)的论述中，贯穿着可持续发展的观点，而必修第二册第五章则上升到理论高度，较完整地阐述了“可持续发展的内涵”“走可持续发展道路”和“人地关系思想的历史演变”等问题。其中，“可持续发展的内涵”包括可持续发展的概念、内涵和基本原则。生态、经济、社会持续发展是可持续发展的内涵，也是“协调人地关系的重要方面”，可持续发展的三个原则“暗含着人地协调观的核心素养，也和生态、经济、社会三方面密切呼应”，并通过活动“理解‘共同但有区别的责任’”加强对概念的理解，体现对综合思维的指向；而“走可持续发展道路”部分，教材先分析政府—企业—公众在可持续发展实施中的关系，后提出几条途径，并分别对其进行较具体的阐述，再以活动“在学校中进行闲置物品交换”加强理论和实际的联系；“人地关系思想的历史演变”部分，教材以自学窗形式拓宽学生视野，体现对人地协调观的指向。

因此，“走向人地协调——可持续发展”课题既是对高一地理全书的理论概括、总结升华，对人类面临的主要环境问题的一个回答，也是对我们赖以生存和发展的环境作一个总结，指明了发展方向。该部分教材内容是全书教学的重点之一。

【学情分析】

高一学生，通过学习人口、乡村和城镇、产业区位因素、交通运输布局与区域发展、人类面临的主要环境问题等地理知识，已具备一定的地理能力，对目前存在的一些环境问题有了比较清晰的认识。因此，提出“走向人地协调——可持续发展”水到渠成。但可持续发展的内涵比较抽象，学生对走可持续发展道路的“发展绿色经济”的具体内容比较陌生，导致在理解时可能会有障碍，因此，针对学生的已有知识基础和认知能力，利用身边的生动实例，引导发现、指导探究、倡导应用，帮助学生理解可持续发展的内涵和如何走可持续发展道路，促进学生由感性认识上升到理性思维，从理论走向实践。

【教学目标】

①学生能通过观看短视频、自主学习教材，辨识出现的人地关系问题和人地关系思想的历史演变，认识人地协调发展和走可持续发展之路的必然性和紧迫性，理解人地协调发展的重要性(人地协调观)。

②学生能结合真实的材料，判断实现可持续发展需遵循的基本原则，指出协调人地关系和

可持续发展的主要途径，培养读图、析图、灵活用图、分析处理地理信息的能力（综合思维）。

③学生能通过多种探究活动和案例分析的方法，理解可持续发展的内涵，说明实现可持续发展在农业、工业和生活中的主要措施与方法，提升综合分析、解决问题的能力，逐步树立科学的可持续发展观，培养对环境负责的意识（区域认知、综合思维、地理实践力、人地协调观）。

④学生能主动地用可持续发展观审视美的地理事物，结合身边地理事象，提出实现可持续发展的措施，在实践中坚持用可持续发展观去创造美（地理实践力、人地协调观）。

【教学模式】

“三阶六环四步”长效教学模式。

【教学方法和手段】

优化组合启发式谈话法、发现探究法、情境教学法、案例教学法、自学辅导教学法、比较法等（教学方法），渗透研究性学习思想；“走向人地协调——可持续发展”教学软件（含视频短片“梦开始的地方”、贵州省某喀斯特山区石漠化景观图、“告别悬崖村”视频和相关景观图文材料等）、花生（比作鱼）、布料、校园生活学习产生的废弃物、自制布袋等实物（教学手段）。

【教学重难点】

可持续发展的概念、内涵、基本原则，协调人地关系，可持续发展的主要途径（重点）；理解“可持续发展系统示意图”（难点）。

【教学过程】

教学过程见表 8-5。

表 8-5 “走向人地协调——可持续发展”教学过程表

教学阶段	教学环节与步骤（师生活动）	设计意图
引导发现	**创设真境** 播放自制短视频“梦开始的地方”（以歌曲《梦开始的地方》配表现人类面临的自然资源枯竭、生态破坏、环境污染等主要环境问题的真实事件移动插图）。 学生观察情境，感知问题。 **理解概括** 学生思考，理解概括歌词和真实的环境问题事实，说出短片反映的目前人类所面临的环境问题。 现场采访班上学生：再过二十年，我们来相会，未来会怎样？ 学生接受采访后，简单分析学生的期望并分类（生态、经济、社会），结合刚才的短片“梦开始的地方”，发现、提出问题，如：“歌中唱到‘能不能把碧绿还给大地，把蔚蓝还给海洋，把透明还给天空’为什么要这样唱呢？”“我们如何才能实现歌中所唱和我们所期望未来的愿望？”…… 教师小结并深化问题：关于环境问题及其产生的原因、环境问题的表现是什么，我们已经在前面学习和探讨了，从这节课起，我们共同来探究：怎样解决人类面临的环境和发展问题？其主要解决途径有哪些？…… 引出课题：走向人地协调——可持续发展。	利用歌曲复习旧课导入新课，给学生创设一个艺术氛围和真实问题情境，使学生情趣横生，如临其境，激发学生的思想情感世界，披情以入课。 而且情境问题还可呼应后面即将探讨的可持续发展的内涵和实践途径，渗透可持续发展的观念。

续表

教学阶段	教学环节与步骤(师生活动)	设计意图
指导探究	**分析综合** 回顾:人地关系思想的历史演变。 这部分知识虽然不是教学重点,但可通过学生自主学习,了解各个历史时期人地关系的特点以及人类对人地关系认识的逐步深化,认识到走可持续发展道路的必然性和紧迫性,理解人地协调发展的重要性。在学法上对重视读图、归纳总结等方面进行方法指导。 可由复习“环境问题的产生”提出问题—“环境问题的历史演变过程是怎样的?人类对人地关系的认识与环境问题有关吗?”等,引入话题。 然后,学生自主学习教材“自学窗”(“人地关系思想的历史演变”图文材料),可用教学软件展示相关图,引导学生观察、想象,归纳四个历史时期人口增长的速度及其原因,人地关系特点,人类对人地关系的认识和环境问题的程度,并将有关内容依次投影(图 8-27)。 人类文明时期　采集渔猎时期　农业社会　工业社会　后工业化时期 人口增长　缓慢——————————→迅速 生产力水平　低下——————————→空前提高 不同认识　崇拜自然——→改造自然——→征服自然——→协调自然 环境问题　轻微————→趋于恶化——→矛盾激化——→普遍关注 人地关系特点　崇拜依赖——→基本和谐——→全面不协调——→谋求协调 人地关系思想　出现萌芽——→出现交锋——→“和谐论” 图 8-27　人地关系思想的历史演变 设问:人与自然关系失调的根源在哪儿?(人类对人地关系的错误认识和对自然的错误行为。)环境问题如何解决取决于谁?该怎么办?(人类不是大自然的中心,应把大自然看作人类生命和价值的源泉,尊重自然、善待自然、与自然和谐发展、协调共生。不走传统的以高消耗、单纯追求经济数量增长和先污染后治理为特征的发展道路……) 小结:环境问题产生于人类的生产和生活活动,与人地关系一样,随着社会生产力的发展而发展,面对人地关系日渐紧张,必须改变发展观念,寻求一条人口、资源、环境和发展相协调的道路。发展是人类永恒的追求,一部人类史,就是人类不断适应自然、认识自然、利用自然、改造自然、协调自然的演变史。人类在不同岗位、从不同角度提出了闪烁智慧光辉的真知灼见,对人地关系的研究逐步走向系统化和科学化,人们基于人地协调的思想,形成了可持续发展的理念。 **可持续发展的内涵** 这部分知识理论性强,较为抽象,是教学重点之一,也是教学难点。教师可采用游戏活动和分析国内外特别是身边发生的案例、图(动画)以及讨论等多种方式把学生的注意力集中到重难点问题的探究上,造成矛盾焦点,使学生的情感、思维都处在积极活跃的状态,以突出重点,突破难点。在学法上重视地理形象思维和类比思维的方法指导。 活动:“捕鱼”。先宣布活动规则、使用工具等,再开始活动。 规则: ①每 5 人为一个大组,其中 1 人为计时、计分员。每大组又分为 2 个小组(每小组 2 人),2 个小组在同一片“海域”捕鱼,每片“海域”共有 12 条鱼。②捕鱼比赛进行三轮,每轮比赛时间 10 秒钟。③每轮赛后,“海域”中剩下多少鱼就补充多少鱼。但是最多一次只能补充 12 条。④每捕获 1 条鱼计 1 分;每轮赛后“海域”中剩下的鱼和补充的鱼每条计 1 分,为两组共有。⑤下一轮“海域”的鱼数为:上一轮剩下的鱼和补充的鱼的和,如其和超过 12 条,也只能为 12 条。⑥比赛结束时,按大组统计,以总分高者为获胜队。	培养学生的自学、读图、处理简单地理信息、归纳等能力。 帮助学生更好地理解教材,承上启下,在已知和未知之间搭建桥梁,保持知识的连贯性,使学生认识到走可持续发展道路的必然性和紧迫性,可持续发展思想来之不易,值得珍惜并应贯彻实施。引导学生树立正确的自然观、发展观、环境观,培养人地协调观素养。

续表

<table>
<tr><th>教学阶段</th><th>教学环节与步骤(师生活动)</th><th>设计意图</th></tr>
<tr><td>指导探究</td><td>

工具:花生(鱼)。

记录:见下表(以笔者上课记录的数据作参考)。

活动数据表

<table>
<tr><td></td><td colspan="2">A 组</td><td colspan="2">B 组</td><td colspan="2">C 组</td><td colspan="2">D 组</td><td colspan="2">E 组</td></tr>
<tr><td></td><td>1</td><td>2</td><td>1</td><td>2</td><td>1</td><td>2</td><td>1</td><td>2</td><td>1</td><td>2</td></tr>
<tr><td>第一轮</td><td>5+3</td><td>4+3</td><td>0+6</td><td>0+6</td><td>3+6</td><td>3+6</td><td>2+6</td><td>4+6</td><td>5+0</td><td>7+0</td></tr>
<tr><td>第二轮</td><td>2+0</td><td>4+0</td><td>0+6</td><td>0+6</td><td>3+6</td><td>3+6</td><td>1+6</td><td>5+6</td><td>0+0</td><td>0+0</td></tr>
<tr><td>第三轮</td><td>0+0</td><td>0+0</td><td>0+6</td><td>0+6</td><td>3+6</td><td>3+6</td><td>4+6</td><td>2+6</td><td>0+0</td><td>0+0</td></tr>
<tr><td>总分</td><td colspan="2">21</td><td colspan="2">36</td><td colspan="2">54</td><td colspan="2">54</td><td colspan="2">12</td></tr>
</table>

学生观察、思考并分析问题:

参与活动的哪个小组得分最高?请其介绍捕鱼经验。为什么要在每轮活动之后新增补与所剩余的鱼数量一致的鱼?这与自然条件中的什么条件比较相似?

各小组讨论后,引导学生思考“我发现最优的捕鱼策略是……”并简要分析(适度开发,在实现可持续收获的前提下,追求最大产量或最佳经济效益……以保护人类赖以生存的自然环境)。

引伸问题:什么是可持续发展?

【论证评析】

1.可持续发展的概念

呈现案例一:“2030 年可持续发展目标”,学生观察情境,感知问题,并思考。

分析案例:结合“环境与发展国际大事件”图抓关键事件,介绍 1972 年人类与环境会议通过的《人类环境宣言》标志着可持续发展的思想开始形成。1987 年世界环境与发展委员会在《我们共同的未来》报告中对可持续发展下了明确的定义,1992 年召开的环发大会标志着可持续发展从理论探讨走向实际行动,2015 年联合国发展峰会通过的《2030 年可持续发展议程》,2019 年联合国可持续发展目标峰会……由此分析出“2030 年可持续发展议程”的由来(软件显示会场、图片、会徽以增强实感)。还可结合案例中 2030 可持续发展的 17 个目标引导学生将其分属三类(生态、经济、社会持续发展),让学生从感性认识上升到理性认识,为“走可持续发展道路”的学习埋下伏笔。

案例结论:可持续发展的思想逐步得到公认,并推动着全球的可持续发展。

呈现案例二:“重庆市长寿湖拆网养生态鱼”(配实地调研长寿湖景区及其湖水水质恶化和变好后的对照景观图),学生观察情境,感知问题,并思考。

分析案例:学生找关键词,分析评论长寿湖的变化(从 20 世纪 90 年代网箱养鱼导致 21 世纪初湖水黑臭,后经治污行动、拆网养生态鱼,使长寿湖从“一潭死水”演变为独树一帜的生态鱼养殖基地,如今已成为美丽的 AAAA 景区)。

案例结论:长寿湖拆网养生态鱼的举措可持续,既环保又提高了效益(生态、经济、环境效益)。

由上述案例,体会可持续发展的概念:既满足当代人的需求,而又不危及后代人满足其需求能力的发展。

迁移应用:用长寿湖拆网养生态鱼的案例分析法,迁移至以钢铁工业生产系统的可持续发展模式为例分析可持续发展的内涵。

</td><td>

利用游戏,让学生在主动参与中进行细微观察,获取信息,引发思考,发现最优捕鱼策略,感悟可持续发展及其内涵和实现可持续发展需遵循的基本原则,培养地理实践力素养。

从可持续发展概念的形成、长寿湖变化真实事件中领悟,深刻理解可持续发展的概念,突出教学重点,从区域、时间综合的角度分析地理事象的发生、发展和演化,培养学生区域认知、综合思维、人地协调观等素养。

</td></tr>
</table>

续表

教学阶段	教学环节与步骤(师生活动)	设计意图
指导探究	2.可持续发展的内涵 可持续发展的内涵包括生态、经济、社会系统的持续发展三个方面,它们相互联系、相互制约共同组成系统。“可持续发展系统”是教学难点。首先可通过以钢铁工业生产系统的可持续发展模式为例,指导学生探究生态、经济、社会三大系统的可持续发展的关系(用教材中的“可持续发展系统示意”图制作成软件动态显示)。例如,设问“图 8-28 中的 A、B、C 分别代表什么?并说说你的判断理由。”教师点拨学生可根据箭头上的流动要素:资金、劳动力、生活、生产、环境资源判断;追问“基础、条件、目的分别是哪个持续发展?”然后学生讨论、代表发言和教师补充来启发学生理解生态持续发展是基础、经济持续发展是条件、社会持续发展是目的,并说明各自强调的作用…… 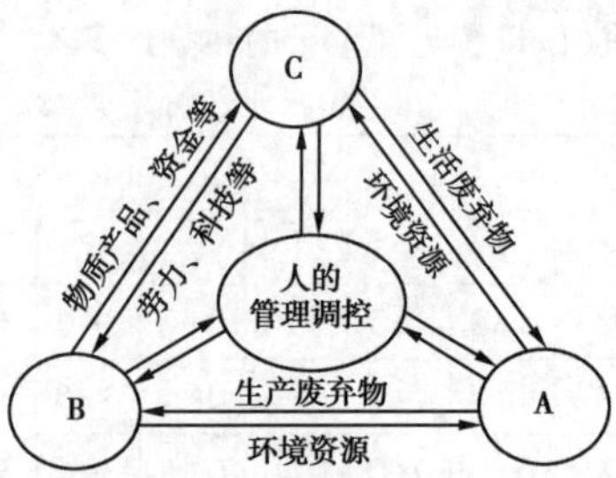 图 8-28　可持续发展系统示意图 小试牛刀:“既要金山银山,也要绿水青山”的口号反映了可持续发展的哪些方面? 教师简介口号产生背景后点拨“既要金山银山”反映了经济持续发展,“也要绿水青山”反映了生态持续发展。 教学中可根据实际情况请学生谈可持续发展的范畴,教师拓展点拨:由于可持续发展概念最初是从生态学范畴中引申而来,当它应用于更加广泛的经济学与社会学范畴时,则有更多的认识和理解,例如可持续发展除包括生态、经济、社会可持续发展外,还可包括人口、区域可持续发展等。 3.实现可持续发展需遵循的基本原则 通过学生自学相关课文,案例教学理解“实现可持续发展”需遵循的三个基本原则。 呈现案例:莱茵河如何从“下水道”变为“生命之河”(显示软件和扼要介绍资料内容)学生观察情境,感知问题,并思考。 分析案例:学生分析莱茵河“下水道”变为“生命之河”的原因,及其是否遵循了实现可持续发展的基本原则。 案例结论:莱茵河的变化说明莱茵河沿岸国家的人们行为遵循了实现可持续发展的共同性原则。 学生结合前面展示过的“长寿湖拆网养生态鱼”案例,比较长寿湖和莱茵河事件,思考问题:“人类行为是否遵循了实现可持续发展的基本原则”,并分别说明理由来理解基本原则,教师抓住每个原则的本质内容进行补充。 公平性原则的核心内容是共享资源和环境,持续性原则是指资源和环境的永续利用,其前提是必须保持在资源环境承载力之内,共同性原则的核心内容是发展经济和保护环境,这也是世界各国共同的任务,解决全球性环境问题,要求地区的决策和行动,有助于实现全球整体的协调。	对给定的简单地理事象,从多个地理要素相互影响、相互制约的角度进行分析,学生从感性认识上升到理性认识,突破教学难点,培养学生迁移应用能力和综合思维素养。 训练学生的发散思维。 中外案例的比较教学使学生从感性认识上升到理性认识,增强判断力,加深对基本原则的理解,引导学生结合时空变化对莱茵河发生、发展进行分析,给出简要的地域性解释,培养综合思维素养。

教学阶段	教学环节与步骤(师生活动)	设计意图
倡导应用	**总结进阶** 师生共同总结可持续发展的内涵,深化主题。 **发展创新** 小试牛刀: (1)判断 判断以下行为、主张和观点,哪些符合可持续发展需遵循的基本原则: ①发达国家的大量工业垃圾和生活垃圾向发展中国家转移。②“竭泽而渔,岂不获得,而明年无鱼”。③发达国家与发展中国家在保护全球环境中具有相同的责任和义务。④2001 年美国放弃实施《京都议定书》所规定的义务。⑤盛世滋丁,永不加赋。⑥解决全球性气候变暖、酸雨蔓延等跨国界问题必须进行国际合作。⑦建立野生动植物保护区。⑧子孙后代共享资源与环境。 (2)选择 ①读图 8-29,说明“光盘”行动在节约食材的同时,减少了浪费,体现了可持续发展的(　　)。 A.生态持续发展　B.经济持续发展 C.社会持续发展　D.生活持续发展  图 8-29　今天你“光盘”了吗? ②若我们每个人都响应号召,加入到“光盘”行动中,我们就在践行可持续发展的(　　)。 A.公平性原则　B.持续性原则 C.共同性原则　D.发展性原则 ③2019 年 4 月 28 日,中国北京世界园艺博览会开幕式,国家主席习近平发表题为《共谋绿色生活,共建美丽家园》的重要讲话。强调中国愿同各国一道,共同建设美丽地球家园,共同构建人类命运共同体。习主席的讲话,体现出可持续发展的(　　)。 A.公平性原则　B.持续性原则　C.共同性原则　D.发展性原则 学生运用所学知识判断、分析,结合日常生产、生活中的观念鼓励学生进行批判性评价,加深理解可持续发展,学以致用,追求创新。教师点拨可持续发展内涵和原则的判断方法。 师生共同重点分析上述(1)中的判断②(结合前面的“捕鱼”活动分析)、③(学生易判断错)、④的三个问题,在全球环境治理的国际合作中,应遵循“共同但有区别的责任”。 可开展“理解‘共同但有区别的责任’”的讨论活动,强调在共同性原则中应体现公平性原则。 强调目前国际合作已取得了成就,但存在的问题具有复杂性,以引导学生关注国际合作的动态和发展。 〈承转〉在可持续发展系统中,谁处于核心地位?我们怎样才能实现人地协调和可持续发展?	通过运用所学知识判断、选择,培养学生发现问题、解决问题、迁移应用的能力,培养学生区域认知、综合思维、人地协调观等素养,形成教学高潮。

续表

教学阶段	教学环节与步骤(师生活动)	设计意图
引导发现	**走可持续发展道路** 这部分内容,师生可通过我国案例或是列举发生在身边的真人真事,通过谈感想、大胆设想和讨论等,发现问题、分析问题、解决问题,以激活学生的思维,进阶到能说明实现可持续发展在农业、工业和生活中的主要措施与方法,培养学生的综合应用能力、创新精神和参与意识(学生参与分析与评价),以促使学生形成由知识到观念、能力和行为的转化,核心素养进阶。 **创设真境** 呈现案例:(2015 · 新课标Ⅱ卷环境保护)贵州省某喀斯特山区石漠化严重。农民在山上放牧、砍柴、找土种玉米,当地农民反映,山上的土一年比一年薄,一发大水,土被冲走了,玉米也被冲走了,石头越来越多,最后连玉米也无法种了,生活越来越困难。并配景观图。 学生观察情境,感知问题。 **理解概括** 学生思考图文材料中,发现存在的关键问题(生态破坏环境问题和贫困问题),引出“走可持续发展道路之消除贫困”话题,提出系列问题,如:“这里为什么会出现环境问题?”“如何消除贫困?”……	使学生明确在学习的思维过程中究竟要达到什么目的(赋予解决任务的性质)。
指导探究	1.消除贫困 **分析综合** 结合课文和刚才展示的新材料,找关键词“石漠化”研究分析问题。 学生分析图文材料后发现并探明该乡村环境恶化的根本原因是贫困,环境恶化又会阻碍该地的发展。期间,教师点拨:该地区因经济贫困在山上过度开垦、放牧、砍柴,暴雨冲刷造成水土流失,基岩裸露,发生石漠化。 探讨“假如我是该村村民、我是县领导、……我会如何消除村庄的贫困问题,实现可持续发展?”找寻隐藏着的因果联系和规律性,找寻消除贫困的途径及其作用,尽可能提出多种解决方案。 **论证评析** 案例结论: 代表发言,分享观点,智力激励——学生代表说明研究分析结果,表达肯定或否定的观点,相互启发,并举例说明如何消除贫困,实现可持续发展;明确消除贫困的措施,即开展教育扶贫;结合乡情发展特色产业;建设基础设施和生态环境;…… 分析这些措施对消除贫困起到的作用。其间,教师联系已学“交通运输布局对区域发展的影响”中的案例“陕西省武功县发展交通脱贫致富”,启发学生加强基础设施建设的作用;后点拨:对消除贫困的作用可从贫困人口素质、数量、收入、生活水平、生存环境、就业状况等方面思考。关于教育扶贫,更加强调“依教育扶贫”(将教育作为扶贫的工具或手段),启智育人,发挥教育阻断贫困代际传递的根本性作用。 迁移应用: 播放“告别悬崖村”视频(图 8-30,据教学需要分段播放)和展示相关景观图文材料,学生观察并思考,探讨四川凉山“悬崖村”贫困的原因(地势险峻、交通制约、教育落后等),寻找资源优势(土地肥沃、旅游资源丰富如大峡谷、大裂缝、山顶平台等,有着广袤的原始森林和多样化的生态系统),探究消除悬崖村贫 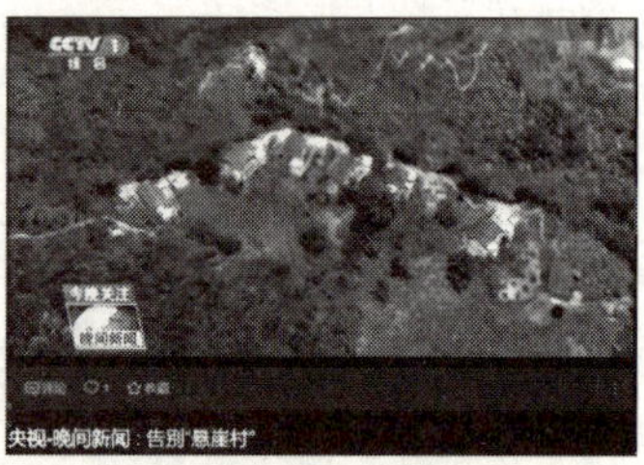 图 8-30　悬崖村	通过案例探究,提高学生发现、分析、解决问题能力,培养学生区域认知、综合思维、人地协调观等素养。

教学阶段	教学环节与步骤(师生活动)	设计意图
指导探究	困的措施。除教育扶贫、建设基础设施外,还要发展特色产业,如旅游产业,并带动现代农业、特色农业、观光农业和旅游产品等相关产业的发展,还有让村民从“藤梯→钢梯→楼梯”,告别悬崖,走出大山,实现易地搬迁,从农民转变成其他角色以转移就业等,从而提高贫困人口的素质,减少贫困人口数量,增加贫困人口收入,提高生活水平,改善生存环境,增加就业人数等。 最终水到渠成,使学生认识到,从公平性原则看,消除贫困是实现可持续发展的重要目标,今后也会积极为消除贫困尽力。 **分析综合→论证评析** 〈承转〉除了消除贫困,人类社会在追求可持续发展的过程中还有哪些尝试已经在世界范围内广泛践行?(还有哪些途径来实现人地协调和可持续发展?) 学生思考后谈看法。 活动:命名与谈喜好——图8-31表示我国某地的一种农业生产模式,请为它命名,请问你会喜欢吃这种生产模式的农产品吗?为什么?(循环农业生产模式……) 学生思考后分析,教师出示几个选项供学生选择并说明选择的理由。 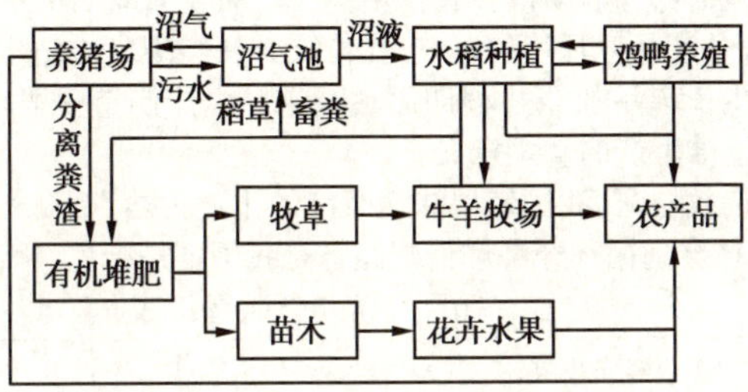 图 8-31 请为某地农业生产模式命名 单选:(2015·福建卷)该生产模式的农产品深受消费者青睐是因为( )。 A.品种丰富 B.减耗保鲜 C.价格低廉 D.绿色优质 点拨:生态农业的生产以资源的永续利用和生态环境保护为重要前提。通过食物链网络化、农业废弃物资源化,充分发挥资源潜力和物种多样性的优势,建立良性物质循环体系,促进农业持续稳定地发展。在整个生产过程中,减少化肥、农药的投入,使农产品绿色无污染。 教师借题发挥,引出“循环经济”→“发展绿色经济”话题,并分析其原理。 2.发展绿色经济 教师指导学生区分“褐色经济”与“绿色经济”。指出:绿色经济追求经济发展、环境保护、社会包容三方面的平衡,强调节能减排、资源高效利用和社会公平。 活动:“对号入座”与分析意义——请在图8-32的a、b、c、d中找到“①污水处理厂、②棉纺织企业、③服装生产企业、④创意产业”各自对应的部分;并分析该图所体现的意义(从生态、经济、社会等方面思考)。 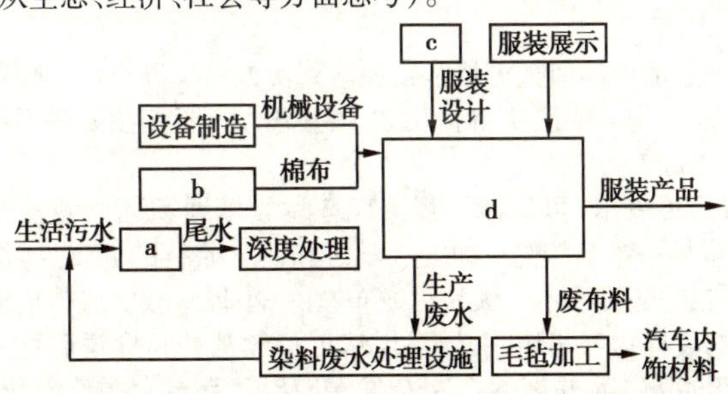 图 8-32 我国某地生态工业园循环经济模式图	两个活动都可吸引学生注意力,激活思维,以案析理,提高学生分析问题的能力,培养学生综合思维、地理实践力和人地协调观等素养。

续表

<table>
<tr><th>教学阶段</th><th>教学环节与步骤(师生活动)</th><th>设计意图</th></tr>
<tr><td>指导探究</td><td>
点拨:指导学生判读循环经济关联图的技巧,抓住循环经济关联图中生产活动之间的内在联系,并从生态、经济、社会三方面分析其意义。
成果展示:a-①、b-②、c-④、d-③。
生态意义——减少污染和废弃物排放;经济意义——综合循环利用资源,提高资源利用率,延长产业链,增加附加值;社会意义——扩大就业,增加收入。
强调:在农业、工业经济结构调整中,实现循环经济的基本途径分别是生态农业、清洁生产。
关于清洁生产,可强调清洁生产是一种可持续的生产,它包括清洁的能源、清洁生产过程、清洁产品,是与现行的技术和产品相比较而言的。推行清洁生产本身就是一个不断完善的过程。
可结合刚才的探究活动,利用“清洁生产产品生命周期示意”(软件显示)让学生观察得出“评估产品对环境的影响,在传统方法与现代方法上的不同点,根据此图概括出清洁生产产品的全过程即原料开采—生产制造—消费使用—废物处理”,并强调推行清洁生产的重要意义。
指导学生读教材图“我国发展绿色经济的主要内容”,区分“循环经济”“低碳经济”(下表),体会到循环经济和低碳经济是我国推进绿色经济的生产模式。
循环经济与低碳经济表
<table>
<tr><th>我国的绿色经济发展</th><th>循环经济</th><th>低碳经济</th></tr>
<tr><td rowspan="3">主要内容</td><td>控制污染物排放</td><td>改善能源结构</td></tr>
<tr><td>提高资源利用效率</td><td>提高能源利用效率</td></tr>
<tr><td>减少资源消耗</td><td>减少碳排放</td></tr>
</table>
迁移应用:
大部分蔬菜品种都不耐严寒和夏季的高温多雨,这种习性与各地气候条件结合,形成了蔬菜生产和供应的季节性“淡季”。“本地菜”多利用天然条件“露地种植”,通常“客菜”在六七成熟时采摘,“本地菜”可以做到九成熟采摘。特别是低碳食品类蔬菜不仅得到政策的支持,而且也深受消费者的喜爱。
请结合上述材料说明重庆是否有必要大力发展“露地种植蔬菜”。
学生感知情境,思考发现并提出问题“什么是低碳食品?”师生探讨得出它是指生产、运输和消费环节中,耗能低、二氧化碳及其他温室气体排放量少的食品,然后学生议论材料,发表见解,教师适时点拨。成果展示:与客菜比,本地菜减少了运输所排放的温室气体,更低碳;九成熟采摘,积累的营养物质更多,口感更好;在本地露地种植蔬菜更适应当地自然条件,较少投入额外的生产设施、能源……
<承转>中学生作为公众、消费者时能为实现可持续发展做什么?
3.提倡可持续消费
议论:作为中学生,在日常生活中如何把可持续发展落到实处?反思自己的哪些主张、行为不符合可持续发展?个人或班级等做出过哪些努力?还存在哪些不利因素需学校、政府采取哪些措施?……
学生发表观点。其间,教师可展示“重庆沙坪坝凉风垭垃圾填埋场”和“重庆丰盛垃圾焚烧发电厂”(重庆市第一中学校高中研究性学习和研学旅行的调查点)图片介绍情况,学生谈感想。教师还可展示一大块尼龙布料、一小桶从教室或楼道取来的学生们生活学习丢弃的废弃物等实物,引导学生从可持续消费角度说明尼龙布料的用途(可做购物袋、鞋套等)后并展示自制布袋、鞋套等,登台分类废弃物,结合上海、重庆推行的垃圾分类要求和状况加以点拨。
</td><td>
学会比较方法,加深认识与理解,培养观察、归纳和理解能力,提高学生获取、处理信息和迁移应用能力。
领悟低碳经济,并承上启下,利于进入“提倡可持续消费”的探讨。
身边事例、实物探究,接地气,易激发学生积极情感、促进主动学习。使学生认识到实现可持续发展意味着一场深刻的变革,其必要条件是公众认识、愿意接受并积极参与。
</td></tr>
</table>

续表

教学阶段	教学环节与步骤(师生活动)	设计意图
指导探究	归纳总结: 城市生活垃圾的分类处理已成为我国发展循环经济、实施可持续发展战略过程中必不可少的一个重要环节。实现可持续发展必须依靠公众的支持和参与。提倡可持续消费旨在通过每个人负责任的行为建立简约适度、绿色低碳的生活方式,反对奢侈浪费和不合理的消费。在衣食住行等日常生活中本着“减量、重复使用、回收、再生”的原则,选择本地的应季食物,用节能灯、节水龙头,多步行和采用公交出行,使用布袋购物,向别人宣传选购带环境标志的产品,垃圾分类,交换闲置物品,减少废弃物等,做一个可持续消费的践行者。	培养学生的综合判断能力、创新精神以及主动参与意识、对环境负责的自觉行动,促进其综合思维、地理实践力、人地协调观素养进阶。
倡导应用	**总结进阶** 教师展示图“政府—企业—公众在可持续发展实施中的关系示意”(图 8-33)学生根据图中箭头内容推断 A、B、C 分别代表谁。(A 公众,B 企业,C 政府) 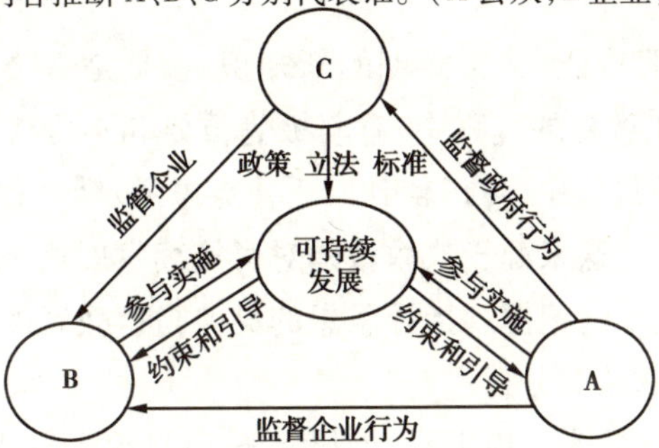 图 8-33　政府—企业—公众在可持续发展实施中的关系示意图 教师深化总结:实现可持续发展任务长期而艰巨,需要政府、企业和公众的共同努力。政府为主导、企业为主体、公众齐参与。消除贫困主要靠政府的政策指导,也需要企业和公众的积极参与,力图实现社会的可持续发展;发展绿色经济主要靠企业的参与实施,也需要政府的监管和公众的监督,力图实现经济的可持续发展;提倡可持续消费以公众的参与为主,也需要政府的指导和企业的参与,力图实现生态的可持续发展。我们只有建立起实现可持续发展的世界观、价值观、伦理观,进而用符合可持续发展的方法来改变我们的生产、生活方式,才能实现可持续发展。因此,掌握可持续发展的理论,并能用理论解决实际问题以适应未来发展的需要是摆在同学们面前的神圣责任。 用软件播放音乐“善待地球”,并深情地说:“总之,实施可持续发展战略是人类的明智之举。尽管人类发展经济、保护环境的道路还很漫长,还会遇到种种一时无法解决的难题,但是我们相信,坚定不移地走可持续发展道路会功在当代利在千秋。未来世界将人地和睦,子孙后代的生活会更加美好。” **发展创新** 实践:开展相关研学活动,如,调查当地实施可持续发展的典型案例,总结其经验,采访居民对可持续发展的认识等;做三件符合可持续发展观的小事。 形成学生发展素养,应用学习成果,进行创造性实践。	引导学生细致读图,领悟其含义。 概括、深化知识,深度理解政府企业公众、可持续发展内涵与可持续发展主要途径三者之间的密切关系,帮助学生树立科学的可持续发展观,学会从可持续发展的视角思考问题,可持续发展地看待问题,明确自己的责任,培养其人文精神,责任心和使命感,催人付诸行动,促进地理实践力、人地协调观素养的进阶。

教学板书设计如图 8-34 所示。

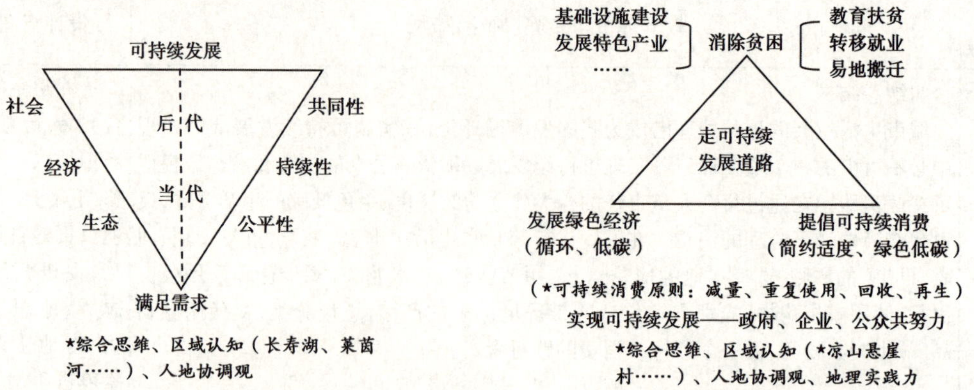

（重庆市第一中学校　付申珍）

图 8-34　“走向人地协调——可持续发展”板书提纲

【教学点评】

可持续发展不仅是一个内容广泛、含义深刻的新知识点，更是一个充满激情、饱含思想教育内容的“富矿”，在推进素质教育的过程中，有着极为重要和不可代替的作用。从“走向人地协调——可持续发展”教学设计中，可以得到以下几点思考、借鉴和启示。

①教学指导思想正确、明确。这来源于执教教师对可持续发展这一概念的深刻领会、深厚感情，以及对深入浅出教学艺术的把握。指导思想的灵魂是执教者的教育观念，基石是对教材的驾驭和对学生综合情况的认真分析。

②教学过程的主线条清晰、系统。板书设计独特，知识与观念有机融合，富有启发性。执教教师在“可持续发展的内涵”和“走可持续发展道路”两部分内容皆采用“三阶六环四步”长效教学模式，“引导发现、指导探究、倡导应用”层层递进，“创设真境、理解概括、分析综合、论证评析、总结进阶、发展创新”环环相扣，“观察、思考、评论、实践”步步为营贯穿在三阶、六环之中。该两部分内容教学皆实在、落地，后者是前者的深化，从理论走向实践。具体表现在，首先，通过自主学习、简要分析环境问题与人地关系思想历史演变的基础上，得出环境问题的本质是发展问题，基于人地协调思想形成可持续发展的理念，要解决环境问题必须走可持续发展道路；然后，重点探析了可持续发展的内涵和走可持续发展道路之消除贫困、发展绿色经济、提倡可持续消费等内容，突出了教学重点，突破了教学难点；还得出实现可持续发展是人类的共同责任（关系到每一个人），又要求人们的生产、生活、思维方式都发生根本变革并落实到行动上。使全过程具有明显的系统性、针对性和实效性、长效性。

③在发展学生核心素养方面进行了大胆而有富成效的探索，按“活动探究或案例分析→明地晓理→树立观念→明确责任→积极参与→落实行动”的层次逐步深入，开展的教学活动和使用的案例丰富、恰当、富有层次，在方法和效果上做到有的放矢、注意实效；有机结合、实事求是；纵横对比、正面教育；深入浅出，以理服人；以趣激情，以情动人；爱憎分明、落实行动。让学生经历地理知识、观念的形成过程，促进了学生人地协调观、区域认知、综合思维、地理实践力等核心素养的进阶。

④教学方法上给学生以广阔的自学、思索、创新的空间，注重学法指导，课堂上充分体现学生主体、教师主导、师生协力的和谐，成为教学目标得以顺利实现的坚实基础。

应用“三阶六环四步”长效教学模式教学“走向人地协调——可持续发展”内容需注意：让学生深度探究，充分分析重点案例得出结论，指导其学法，让学生学会发现，学会迁移应用创新。该部分教学内容理论性强，在课堂上，优化组合多种教学方法，让学生懂得可持续发展的内涵，明确协调人地关系和可持续发展的主要途径，倡导学生从理论走向实践，到现实复杂世界中去践行，为实现可持续发展尽微薄之力。

（重庆市第一中学校　胡熙时　付申珍）

第三节　区域地理长效教学范例研究

一、“能源资源的开发——以我国山西省为例(二)”教学设计

【指导思想】

在区域地理教学中使用比较法，先从整体上把握教学内容，关注知识的全面性和相关性；再从具体知识点入手，对比不同区域或案例，找出地理事物和现象之间的异同。运用教材案例，并补充拓展材料，把山西煤炭的合理开发和利用放置于世界和中国能源利用的背景下，借鉴资源枯竭型城市鲁尔工业区发展之路以及通过分析山西的案例尝试去分析另一区域，对开阔学生视野、学会理解局部和整体的联系、生成学习方法和培养核心素养有着重要作用。基于长效教学和地理新课程标准基本理念，“能源资源的开发——以我国山西省为例(二)”一课采用长效教学模式，以比较教学法为主，与案例教学法等相结合，引导学生深入研究地理原理，形成观点，最终实现培养地理学科核心素养，达到长效教学的目的。

【课标要求】

①以某种战略性矿产资源为例，分析其分布特点及开发利用现状。

②以某资源枯竭型城市为例，分析该类城市发展的方向。

【教材分析】

煤炭是我国战略性矿产资源之一，充足的能源供应是保证区域经济发展和居民生活水平提高的重要条件。“能源资源的开发”选择以我国煤炭资源最有代表性的山西省为例，合理开发和综合利用煤炭资源直接影响到山西省乃至全国的可持续发展。“能源资源的开发”主要包括资源开发条件、能源基地建设、能源综合利用、环境保护与治理等内容，其中“能源的综合利用、环境的保护与治理”是“能源资源的开发”的重点内容之一。山西省在可持续发展道路上探索出了自己的路子，应认识到山西能源的综合利用是一个正在发展完善的过程，煤炭基地出现的环境问题需要认真对待和解决，很有必要深入探究。

【学情分析】

本节课的授课对象是高二年级的学生,具备区域地理的基础知识和一定的分析能力,从学习动力看,本部分知识在生活、生产上具有现实意义,学生对此具有新鲜感,求知欲强,积极性高。但学生对能源综合利用相关工业生产及其环境的保护与治理接触少,了解并不深入,因此要求教师运用案例、图文材料比较分析,学法指导,提升学生分析、解决问题的能力,培养地理学科核心素养。

【教学目标】

①学生能依据问题分析材料说明山西省能源利用现状中存在的问题,掌握能源的综合利用,培养运用区域的观点或方法认识某区域的能力(区域认知)。

②学生能应用纵向比较法分析山西省产业结构变化过程及原因,提高综合分析问题的能力(综合思维)。

③学生能应用横向比较法对比资源枯竭型城市,简要分析山西省发展的方向,使学生学会方法,生成自我学习方式的长效教学效果(综合思维)。

④学生能结合视频和实例,说明能源资源开发利用过程中的环境保护与治理是如何做的,正确看待地理环境与人类的相互影响,认同人地协调对可持续发展具有的重要意义(人地协调观)。

⑤学生能通过调查实践,了解重庆钢铁产业的发展历史,培养热爱家乡的情感,树立建设家乡的目标(人地协调观)。

【教学模式】

"三阶六环四步"长效教学模式。

【教学方法和手段】

比较教学法、案例教学法、启发式谈话法(方法),"能源资源的开发——以我国山西省为例(二)"教学软件(手段)。

【教学重难点】

能源的综合利用,山西省产业结构变化过程及其对环境的影响,环境的保护与治理。

【教学过程】

教学过程见表 8-6。

表 8-6 "能源资源的开发——以我国山西省为例(二)"教学过程表

教学阶段	教学环节与步骤(师生活动)	设计意图
引导发现	**创设真境** 播放视频和照片:改革开放初期,山西省煤炭资源开采场景和煤炭加工场景。 温故:山西省借助资源开发的有利条件,充分发挥其煤炭资源优势,大力发展煤炭经济,成为我国重要的煤炭基地,也是世界上最大的煤炭基地之一。我国现阶段以煤炭为主的能源结构奠定了山西省煤炭开采和利用的地位。我国加快建设山西能源重化工基地。	

续表

<table>
<tr><th>教学阶段</th><th>教学环节与步骤(师生活动)</th><th>设计意图</th></tr>
<tr><td>引导发现</td><td>导入山西能源话题。
展示图文材料:①“西气东输”和“西电东送”工程建设进展、新能源和可再生能源开发利用情况、山西煤炭开采困境等图文;②山西省主要煤炭和煤矿分布图、煤炭生产对环境的污染图。
理解概括
学生观察图,阅读文字材料,感知理解:
①资源跨区域调配可以缓解区域的资源短缺问题,能源结构多样化使得对传统能源的依赖程度降低,山西煤的开采技术和加工业亟须改进。
②了解山西煤炭资源分布范围广等特点和开采加工带来的环境压力等。
学生结合材料,发现山西省煤炭市场面临挑战的问题:
①山西省煤炭工业将面临市场缩小、其他能源竞争的压力大和自身缺陷等问题。
②能源资源开发利用过程中的生态环境问题。
提出问题:
①面对挑战,山西省如何发挥煤炭资源优势,找到合理利用能源的出路?
②面对环境的巨大压力,应该怎样应对?引出课题。</td><td>展示图和视频,利于学生直观认识区域资源利用状况,采用比较法对比山西煤炭资源开采盛况及其带来的影响,创设针对区域发展的条件、问题与发展方向的情境,让学生意识到可持续发展必须经济和环境相协调。</td></tr>
<tr><td>指导探究</td><td>能源的综合利用
分析综合→论证评析
探究一:山西省的产业结构问题及其带来的影响是什么?解决这些问题的对策又是什么?
①山西省的产业结构问题及其带来的影响。
展示材料:改革开放初期山西省农业发展状况和煤炭资源利用的资料。
(山西省人均耕地 0.14 公顷,高于全国平均水平,但土地质量不高,有效降雨少,无霜期短,抵御自然灾害的能力较差,土地的综合生产能力较低,种植业是“好的不多,多的不好”。
煤炭工业是全省经济的核心部门,全省铁路运力的 98%用来运煤,财政收入的 70%来自煤炭,煤炭工业的产值及上缴利税占全省工业总产值和上缴利税的 37%,农民人均收入的 1/6 来自煤炭。)
探究:目前山西省的产业结构存在哪些问题?山西省的产业结构给该省的发展带来了什么影响?
讨论:学生讨论得出结论,为后面应用比较法分析产业发展状况做铺垫。
小结:山西省产业结构中以第二产业为主,而第二产业效益不高,第一产业基础不牢,第三产业发展不足。产业的低效益,严重影响着山西省的经济增长,影响了山西在全国的经济地位;山西省以煤为主的单一产业结构,首先对运输形成了巨大的压力,更对生态环境造成了严重威胁;国内能源市场竞争激烈。
②对策。
设问:针对这些问题,怎么解决呢?
让我们先来了解一个资源枯竭型城市发展的典范!
呈现材料:德国鲁尔区位于德国西部,是世界著名的重工业区和最大的传统工业地域。它不仅为德国在二战期间提供物质基础,在战后德国经济恢复过程中也发挥了重大作用,被称为“德国工业的心脏”,鲁尔区在 19 世纪中叶进入最辉煌的时期。
播放视频:鲁尔区发展历程
学生观看视频、浏览材料,思考鲁尔区发展历程,总结出“繁荣→衰落→新发展”的过程并在下表中填写关于鲁尔区的内容。</td><td>用他山之石——“鲁尔区发展历程”,探寻山西经济发展之路。

培养区域认知能力,使学生能够收集整理区域重要信息,能够简单解释区域开发利用方面决策的原因。</td></tr>
</table>

续表

<table>
<tr><th>教学阶段</th><th>教学环节与步骤(师生活动)</th><th>设计意图</th></tr>
<tr><td>指导探究</td><td>

德国鲁尔区和山西能源基地的比较

<table>
<tr><th></th><th>德国鲁尔区</th><th>山西能源基地</th></tr>
<tr><td>存在问题</td><td>(20 世纪 50 年代以后)
产业结构单一、煤炭地位下降、世界性钢铁过剩等,致使传统产业衰落。
以煤炭为主的能源结构和重化工业为主的产业结构导致环境恶化。</td><td></td></tr>
<tr><td>生产结构</td><td>煤炭、钢铁、机械、电力、化学</td><td></td></tr>
<tr><td>整治措施</td><td>(20 世纪 60 年代起)
调整工业结构与布局。
发展新兴工业和第三产业,实现产业结构多元化。
治理环境污染,加强环境管理,营造绿色空间。
拓展交通,发展科技。</td><td></td></tr>
</table>

小结:鲁尔区利用自身优势,多措并举成功走出了“繁荣—衰退—振兴”之路,其经验对我国资源枯竭型城市转型具有借鉴意义。

设问:这种经验对于山西省有什么可以借鉴的呢?

学生分组讨论,教师指导学生明确问题,引导学生有针对性地讨论。

小结:为实现山西煤炭工业的持续发展必须进行产业结构调整,提高能源的综合利用程度和附加值。

展示材料:运用多媒体呈现地图及材料,展示“山西省产业结构图”。

学生阅读材料,指导得出能源综合利用的内涵。

小结:能源综合利用的核心是围绕主体能源,调整相关产业结构,延长产业链。

探究二:山西省应怎样综合利用能源?

展示图——“山西及邻近各省的矿产资源分布图”。

指导学生读图并了解山西本省及邻近各省的矿产资源分布情况。

学生讨论:针对这样的资源状况,山西省可以怎样综合利用能源。

小结:山西针对产业结构单一,进行产业结构调整,结合矿产资源优势,围绕能源开发,主要构建了三条产业链。

展示图:“山西省煤炭的综合利用图”(图 8-35)和“山西省工业增加值结构图”。

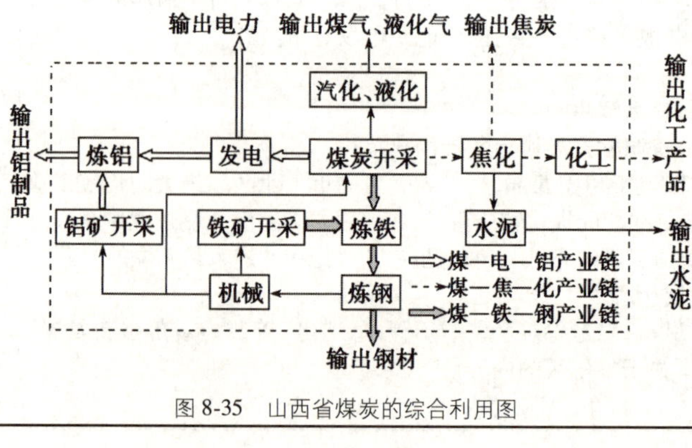

图 8-35 山西省煤炭的综合利用图

</td><td>通过案例分析,指导学生掌握方法,能够从时间的角度综合分析能源的利用,意在让学生学会分析问题的方法,培养综合思维素养。让学生能够结合给定的较复杂的地理事象和各要素,系统分析,并找出初步的解决方案。</td></tr>
</table>

续表

<table>
<tr><th>教学阶段</th><th>教学环节与步骤(师生活动)</th><th>设计意图</th></tr>
<tr><td>指导探究</td><td>
学生思考讨论：
①山西构筑的三条产业链分别是什么？
②山西省构筑三条产业链依赖哪些资源条件？
③煤炭的综合利用使山西省输出产品发生了什么变化？这种变化是否有利于提高经济效益？
印证:出示图片和文字资料,用实例来印证刚才讨论的结果。
小结:山西省构建的三条产业链和综合利用的成效分别为：
“煤—电—铝“产业链。在工业炼铝中,主要采用电解法,需要消耗大量电能,山西省铝土矿资源丰富,有了电能保证可大力促进炼铝工业发展,输出铝制品。
“煤—焦—化”产业链。山西省有优质的主焦煤基地,发展炼焦业可以为省内外的钢铁工业提供燃料,炼焦的副产品如焦煤油、煤渣等还是化学工业、建筑材料工业的原料。
“煤—铁—钢”产业链。山西省有丰富的煤炭,附近省(区)有丰富的铁矿,可建立移铁就煤型的钢铁工业基地,一方面可以输出钢铁,另一方面又为本地煤炭开采和冶金工业提供机械制造原料。
山西省构建三条产业链依赖本省丰富的煤炭、铝土矿资源及附近省(区)的铁矿资源,同时还依赖水资源、土地资源等。
煤炭的综合利用使山西省输出产品由单一煤炭为主转向多元化,也使山西省产业结构由以煤炭开采业为主的单一结构转变为能源、冶金、化工、建材为主的多元结构。在冶金、化学、建材等部门的推动下,原料工业逐步超过采掘工业而占主导地位,实现了产业结构的升级,增加了能源的综合利用程度和附加值,有利于提高经济效益。
引导学生小结综合利用山西能源前后的变化,并形成下表。通过纵向对比掌握山西能源综合利用前后的变化。
山西能源综合利用前后的变化
<table>
<tr><th>对比项目</th><th>能源综合利用前</th><th>能源综合利用后</th></tr>
<tr><td>产业结构</td><td>单一结构</td><td>多元结构</td></tr>
<tr><td>主导产业</td><td>煤炭工业（采掘工业）</td><td>原料工业（冶金、化工、建材）</td></tr>
<tr><td>能源综合利用程度</td><td>低</td><td>高</td></tr>
<tr><td>输出产品</td><td>原煤为主</td><td>电力、煤气、液化气、焦炭、钢材、铝制品、建材、化工产品</td></tr>
<tr><td>结果</td><td>经济效益低下,生态环境问题严重</td><td>提高了能源的综合利用程度和附加值,实现了产业结构升级</td></tr>
<tr><td>产业链</td><td>煤炭生产-原料输出</td><td>“煤—电—铝”“煤—焦—化”“煤—铁—钢”</td></tr>
</table>
山西省通过这样的方式找到了能源工业的出路,但是它的发展和鲁尔区还是有一些区别。指导学生继续完善下表,通过两个不同区域的横向对比掌握两个地区发展的异同。
</td><td></td></tr>
</table>

续表

<table>
<tr><th>教学阶段</th><th>教学环节与步骤(师生活动)</th><th>设计意图</th></tr>
<tr><td>指导探究</td><td>
德国鲁尔区和山西能源基地的比较(续表P240页)
<table>
<tr><th></th><th>德国鲁尔区</th><th>山西能源基地</th></tr>
<tr><td>存在问题</td><td>(20世纪50年代以后)
产业结构单一、煤炭地位下降、世界性钢铁过剩等,致使传统产业衰落。
以煤炭为主的能源结构和重化工业为主的产业结构导致环境恶化。</td><td>产业结构单一,煤炭运力不足。
水资源短缺,环境问题突出。</td></tr>
<tr><td>生产结构</td><td>煤炭、钢铁、机械、电力、化学</td><td>煤炭是主导产业,正向多元化发展</td></tr>
<tr><td>整治措施</td><td>(20世纪60年代起)
调整工业结构与布局。
发展新兴工业和第三产业,实现产业结构多元化。
治理环境污染,加强环境管理,营造绿色空间。
拓展交通,发展科技。</td><td>适当压缩原煤的生产规模和数量,推动煤炭深加工,延长产业链;
引进新兴产业,协调三大产业的发展;
增设道路网,改善交通条件;
增加科技投入,加强生态建设,走可持续发展道路。</td></tr>
</table>
强调:山西省除围绕煤炭资源进行了能源的综合利用和深层次开发外,还进行了交通和水利等基础设施建设,既发挥了全国能源基地的作用,又促进了该省社会经济的全面发展。
拓展:
除了德国鲁尔区和我国山西省,世界上许多地区的产业结构都经历了转型。
展示图文材料:阜新市煤炭资源枯竭、伊春市停止伐木等地区前后对比图像和文字介绍材料。
学生观察后,结合文字材料介绍思考它们转型的原因是什么。
学生交流想法后小结。
小结:这些城市的发展曾严重依赖某种资源,它们的共同特点大致如下:其一,资源逐渐枯竭或资源价值下降,产业效益下降;其二,产业结构单一,资源产业萎缩,替代产业尚未形成;其三,经济总量不足,地方财力薄弱;其四,大量居民收入低于全国城市居民人均水平。
目前我国许多地方都在大力推进产业结构的调整和转型,其核心是转变经济增长的“类型”,即把高投入、高消耗、高污染、低产出、低质量、低效益产业转为低投入、低消耗、低污染、高产出、高质量、高效益产业,秉承绿色发展的理念,把粗放型转为集约型,这对我国的经济发展意义重大。
<承转>经过这样的调整,山西省能源基地的问题都解决了吗?经济效益提高了,但是环境压力还在,环境问题又是怎么产生的?应如何保护与治理环境?
环境的保护与治理
探因一:山西省生态环境问题产生的根源
展示——“山西能源基地(1986—2000年)工业投资结构情况图”(图8-36)。
</td><td>通过案例分析,借助鲁尔区的发展、振兴措施等,分析我国资源型城市发展之路,指导学生掌握方法,能够从空间和时间综合的角度分析能源利用过程中问题的发生、发展。对掌握的方法进行实践应用,意在让学生学会分析问题的方法,培养地理实践力、区域认知和综合思维等核心素养。</td></tr>
</table>

续表

<table>
<tr><th>教学阶段</th><th>教学环节与步骤(师生活动)</th><th>设计意图</th></tr>
<tr><td>指导探究</td><td>
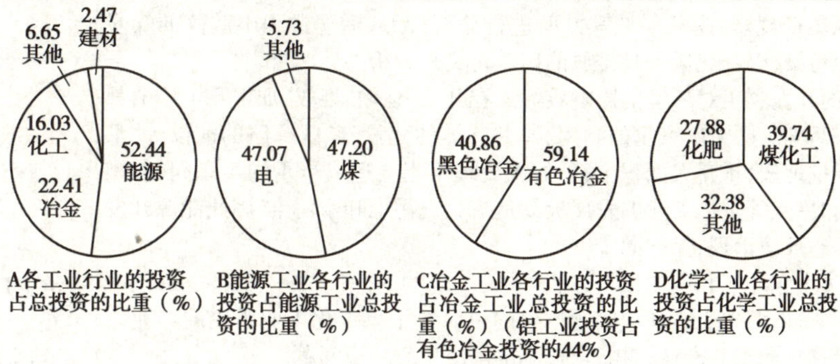

图 8-36　山西能源基地(1986—2000 年)工业投资结构图
学生读图分析山西能源基地当年经济发展特点和山西省生态环境问题产生的根源。
小结:山西能源基地经济发展的特点如下。
①能源工业的投资比重最大,体现其主导产业的地位。
②电力工业投资比重已接近煤炭工业的投资比重。
③高耗能的有色冶金投资比重大,尤其向铝加工工业倾斜。
④煤化工在化学工业中投资比重较大。
由上述四个特点分析得出当年山西省生态环境问题产生的根源在于以重化工业为主的产业结构。
探因二:以煤炭的加工生产为例,分析整个生产过程中产生污染的原因。
播放并展示:煤炭开采、运输、堆放、加工等方面的视频和图片。
展示典例:(2017 年新课标全国卷Ⅱ)阅读图文资料,完成下列要求。
山西省焦煤资源丰富,其灰分和硫分含量较低,所生产的冶金焦供应全国并出口。据调查,1998 年山西省有 1 800 余家小焦化企业。随着国家相关政策和法规的实施,山西省逐步关停这些小焦化企业,至 2014 年已形成 4 千万吨级焦化园区和 14 个 500 万吨级焦化园区,极大地改变了该产业污染严重的状况。图 8-37 示意 1994 年和 2014 年山西省焦化厂布局的变化。

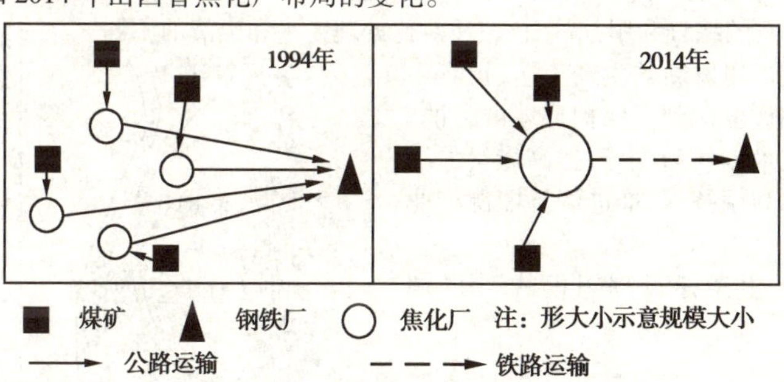

图 8-37　山西省焦化厂布局的变化示意图
①分析 20 世纪 90 年代山西省焦化产业生产过程中污染严重的原因。
②指出 20 世纪 90 年代山西省焦化产业运输过程中存在的污染问题。
引导学生分析煤炭开发利用各环节产生的污染。
</td><td></td></tr>
</table>

续表

教学阶段	教学环节与步骤(师生活动)	设计意图
指导探究	(点拨:①从工厂规模、技术水平等方面进行分析;②从运输过程中散落的煤炭及带来的扬尘污染,以及交通工具排放的尾气污染来分析。) 小结:能源的开发利用对环境的影响较大。在开采、运输、堆放、加工几个环节都会对环境造成污染。露天矿表土的剥离、矿井巷道的建设、矿区道路的铺设等,都需要大面积开挖地表,排弃大面积土石,如果处理不当会造成严重的生态问题;燃煤发电,洗煤和炼焦等重化工业的发展极易造成大气污染和水污染,因此能源开发利用必须与生态环境治理、保护同步。 探法一:解决生态环境问题的根本方法 引导学生探讨,山西省生态环境问题产生的根源在于以重化工业为主的产业结构,针对这一情况,调整其产业结构,从根本上解决生态环境问题。 小结:①对原有的重化工业进行调整,提高生产技术水平,使其产品向深加工、高附加值方向发展;②大力发展农业、轻纺工业、高新技术产业和旅游业,降低重化工业的比重。 <承转>针对出现的问题,山西省在煤炭资源的开发利用过程中,总结出了许多有效的环保与治理的方法和手段。除了调整产业结构之外,还有哪些举措呢? 展示加拿大维多利亚岛上的布查德花园、我国山东枣庄尝试将中兴煤矿建为国家矿山公园的图片。 引导学生应用比较法学习这些地区发展经济的相同点和不同点,交流学习成果。 小结:维多利亚岛和山东枣庄这类地区走出资源枯竭困境的措施是积极开发新的自然资源,提升原来资源的利用价值、产业转型、制度创新等,大力发展旅游业。同样值得借鉴和学习。 探法二:针对采煤、用煤过程中的环境污染的对策 教师补充阅读材料《洁净煤技术》,学生阅读课本材料,自主归纳交流。 展示图:“废水的回收利用图”。 分析工业废水回收对山西省及周围省区带来了哪些益处?学生交流,教师点拨。 小结:工业废水的回收利用,在山西省尤为重要。一方面解决了山西省洗煤、清扫、绿化、灌溉等用水,缓解了水资源紧缺的矛盾;同时缓解了山西省的水污染,减少了引黄用水,缓解黄河下游缺水状况。自身受益同时造福他人。 展示材料:《“三废”治理之一例——煤矸石的综合利用》。 学生阅读了解煤矸石的综合利用,应用比较法对比处理废水和废渣的不同。 小结:除了治理废水,研发新的生产工艺,提高生产技术,循环利用废渣,也达到了保护环境的目的。山西省煤炭基地以技术创新为先导,提高煤炭的综合利用技术和废弃物利用技术,推进清洁能源产业发展。 展示“露天采煤区生态建设理想模式”图(图8-38)。 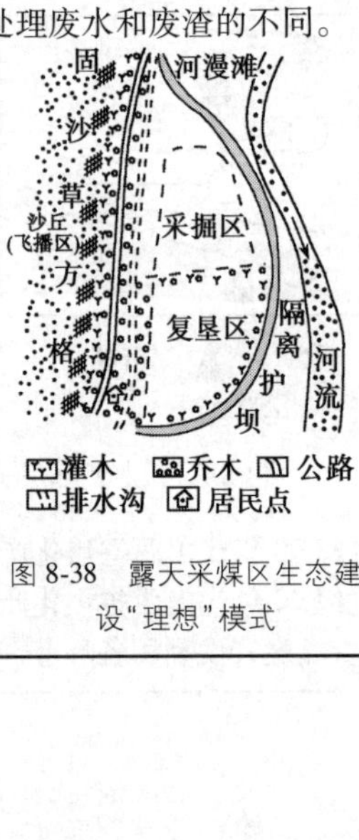 图 8-38 露天采煤区生态建设“理想”模式 小组合作探究: ①图中各种工程及生物措施的作用是什么? ②对此方案提出更好的建议。 小组讨论,学生代表展示,师生评价。 小结:山西煤炭工业走循环经济之路。	学生自主探究污染产生的过程,结合题目,提高知识的应用能力。学生能认识地理环境和人类活动相互影响的关系,深入认识两者相互影响的方式、后果,形成尊重自然、和谐发展的态度,培养人地协调观素养。 指导学生结合给定的地理事象,理解人类影响地理环境的主要方式,阐述人类活动对地理环境的积极和消极影响;认识人类活动要遵循的自然规律,做到与自然和谐相处。 补充课外材料,紧跟时代步伐,博文长识。

续表

<table>
<tr><th>教学阶段</th><th>教学环节与步骤(师生活动)</th><th>设计意图</th></tr>
<tr><td>倡导运用</td><td>

总结进阶

本节课我们主要探讨山西省能源基地为寻求可持续发展,以发展科技为先导,以产业结构调整为突破口,提高能源的综合利用程度和附加值,同时保护与治理生态环境,探索出行之有效的新路,实现经济效益与环境效益的统一。本世纪初,山西省对未来发展方向提出“深化经济结构调整为主线,以提升经济运行的素质和效益、增强区域经济竞争力、加快‘中部崛起’为中心,以传统产业新型化和新兴产业规模化为方向,大力推进优势产业的发展,形成多元化新型支柱产业,进一步扩大对外开放,大力发展循环经济,努力将山西省建设成为国家的新型能源和工业基地,实现经济、社会、生态可持续发展。”经过多年的努力,山西省能源基地建设取得很大的成就,山西的明天会更好。

师生共同总结区域资源开发与资源型区域可持续发展的分析思路(图 8-39)。

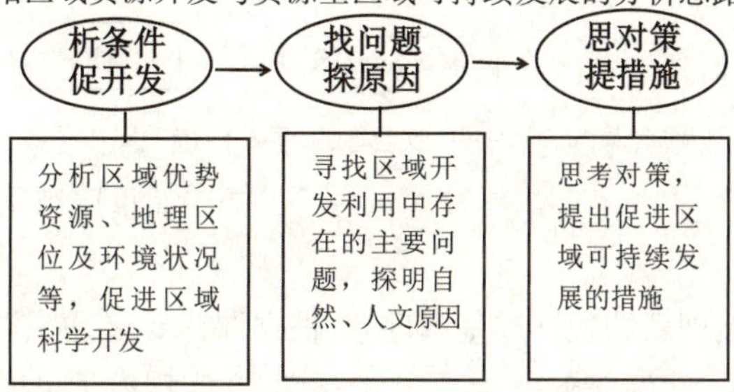

图 8-39　区域资源开发与资源型区域可持续发展的分析思路

发展创新

实践应用一:比较分析内蒙古东部地区与山西省煤炭资源的开发和综合利用

能源资源的蕴藏状况、与其他矿产资源的组合状况、区位条件以及产业结构等因素都决定着区域能源资源的开发利用方向。内蒙古东部地区也是我国重要的煤炭基地之一,由伊敏、霍林河、元宝山等煤田组成,探明储量 640 多亿吨,占全国煤炭总量的 10%,全国褐煤总量的 76%,是全国褐煤资源最集中的地区。褐煤主要作为燃料及气化原料用,优质褐煤可作为化工原料(配“内蒙古东部地区矿产资源分布图”)。

①应用比较法,从煤炭资源蕴藏量和品种看,内蒙古东部地区与山西省有何异同?

②比较分析内蒙古东部地区与山西省煤炭资源的开发条件。

③内蒙古东部地区还有哪些矿产资源?山西省煤炭综合利用的经验可供内蒙古借鉴吗?

实践应用二:调研重庆钢铁产业和重钢企业的发展方向

调研重庆钢铁产业的发展历程、重庆钢铁集团搬迁的原因和发展方向。运用山西能源基地建设模式,给重庆钢铁产业的发展出谋划策。(从经济效益和环境效益两方面分析)

(温馨提示:通过对山西能源基地建设和环境整治与保护的学习,要培养学生综合思维,通过地理实践,提高人地协调观素养。因此,结合乡土地理,设计重庆钢铁产业发展前景调查,对重庆钢铁集团的发展方向提出合理建议的课题。此课题涵盖知识面广,对学生地理素养要求高,富有挑战性,由于结合了乡土地理知识,又能激发学生的探究兴趣。相对于分析山西能源基地建设,此课题没有现成的活动设计方案,重庆钢铁发展的问题也没有前者突出,因此需要学生查阅资料,了解钢铁行业的发展现状,结合重庆的特点,运用纵向对比法分析出重庆钢铁产业的问题,从而分析该产业的发展前景。再运用综合分析法和横向比较法对重庆钢铁集团的发展提出建议。鉴于课题的复杂性,教师可以提供资料查阅方式或相关文献,带领学生走访相关部门,听专家讲座,对课题实施起到引导、指导等作用。)

</td><td>

前后呼应,升华主题,激发爱国情感。

借助实践应用,对所学知识的复习和巩固,利用学到的方法,实现对区域发展的综合分析,知道运用要素综合、时空综合等思路来综合分析问题。

实践应用二的设计,可以培养学生获取和处理信息的能力,通过设计和实施简单的地理实践活动,让学生在体验和反思中学习。让学生走出去,实地观察和调研,鼓励他们发散思维,激活思维和激发热爱家乡、建设家乡的热情。培养学生地理实践力、区域认知、综合思维、人地协调观素养。

</td></tr>
</table>

板书设计如图 8-40 所示。

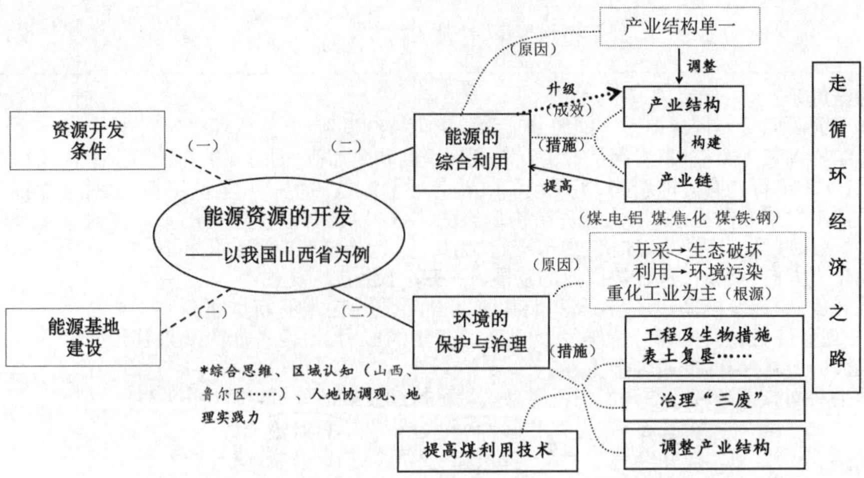

图 8-40 “能源资源的开发——以我国山西省为例”板书提纲

（重庆市第一中学校　陈娟）

【教学点评】

本课例基于长效教学和地理新课程标准基本理念，根据课标要求，采用“三阶六环四步”长效教学模式并结合比较教学法、案例分析法、启发式谈话法，在实现教学目标中具有突出特点。

1.采用多种媒体，激发兴趣

教学中采用相关视频、景观图、地图，形象直观，利于激发学生学习兴趣。

2.教学深入细致，逻辑清晰

本课以山西省为例，重点探究能源的综合利用和环境的保护与治理，通过“区域优势—优势产业—优势丧失—区域调整”为线索，着重从析条件促开发、找问题探原因、思对策提措施等方面探究，层层递进，环环相扣，逻辑清晰；教学中充分运用比较分析法，简洁明了，易学易会。例如，把鲁尔区与山西能源基地的发展从存在问题、整治措施等方面进行横向比较，山西省能源综合利用从产业结构、主导产业、综合利用、输出产品、产业链、效果的前后变化进行纵向比较等，引导学生深入研究。

3.注重能力培养，素养立意

课标要求“以某种战略性矿产资源为例，分析其分布特点及开发利用现状；以某资源枯竭型城市为例，分析该类城市发展的方向”，本课根据教学时长、学情等，选取部分课标要求并整合教材内容进行教学。在探究山西省能源的综合利用和环境的保护与治理中都注重用案例摆事实，讲道理，从时空综合、要素综合等方面比较分析区域发展，正确看待地理环境与人类的相互影响，由“过去—现在—未来”跨时代角度传授给学生区域认知的方法和用发展的观点来认识事物的理念，教会学生比较分析方法，提升学生分析、解决问题的能力，培养学生区域认知、综合思维、人地协调观等核心素养。在课尾，倡导学生走出去，实地调研重庆钢铁产业发展历程和搬迁原因与发展方向等，激发探究问题的兴趣和热爱家乡、建设家乡的热情，培养地理实践力、人地协调观等核心素养。引导学生形成观点和综合能力，达到长效教学的目的。

运用“三阶六环四步”长效教学模式指导教学，需注意：遵循可比性、地理条件同一性、地理属性全面性、地理方法互相渗透性、地理认知循序渐进性等多项原则实施比较教学，在“三阶”各环教学中皆可选用比较法。关键是教师要结合教学内容，恰当选择比较法类型，并适时传授科学使用比较法的方法，在指导探究阶段，让学生能积极探因寻果。还可把学生带出去开展研学活动，在真实而复杂的现实情境中开展比较研究，发展学生核心素养。

（重庆市第一中学校　付申珍）

二、“区域经济发展—以攀枝花地区为例”教学设计

【指导思想】

依据地理新课程标准关于“重视对地理问题的探究”的理念，创设情境让学生在自主学习中学合作，在探究中找快乐，在探析的过程中认识到地理环境与区域发展的相互关系，建构起关于区域研究的知识结构与方法体系，培养综合的、辩证的、动态的地理思维品质。“区域经济发展—以攀枝花地区为例”一课基于长效教学和地理新课程标准基本理念，采用长效教学基本模式并结合图像教学法，教学中运用各类图像资料，让学生从中自主寻找有效地理信息，从时间和空间两个尺度，分析自然环境对区域发展的影响，体现了辩证地、动态地、联系地看待和分析问题的地理思维方法。最终实现培养学生人地协调观、综合思维、区域认知、地理实践力等地理学科核心素养，并利于师生终身可持续发展的长效教学效果。

【课标要求】

①结合实例，说明区域的含义及类型。

②结合实例，从地理环境整体性和区域关联的角度，比较不同区域发展的异同，说明因地制宜对区域发展的重要意义。

③以某资源枯竭型城市为例，分析该类城市发展的方向。

【教材分析】

该教学内容没有现成的教材，是针对高三二轮复习和结合课标要求自编的教学材料。根据课标要求，解读如下。

①结合实例从空间尺度、区域特性、区间差异方面认识区域并且理解其内部的关联性和差异性；通过实例和资料，掌握区域综合分析、区域比较等方式，来认识区域特征和区域人地关系问题。

②运用案例，说明不同发展阶段地理环境对人类生产和生活方式的不同影响；通过案例分析，理解在不同的历史发展阶段中应如何协调人地关系，形成因地制宜进行区域开发的观念。

③结合案例，分析某地产业结构转型的原因。给学生提供基本的区域资料，去探究社会经济和人地协调的地理问题。

【学情分析】

地理学科具有较高的综合性、空间性、理论性、实践性的特点，对学生的能力要求很高，

高三二轮专题复习需要学生构建思维导图，突破知识重难点。同时，地图作为地理知识的载体，在高考试题中占比很高，学生阅读图表信息时，缺乏对地理信息的提取、分析、解答的能力，失分较多。因此，在教学中需强化地理图像教学。

【教学目标】

①学生能运用视频、图像、文字资料，掌握区域认知的方法，梳理攀枝花自然和经济地理特征，能够从区域综合的角度分析区域自然和人文要素对区域特征形成的影响（区域认知、综合思维）。

②学生能运用资料分析和整理的方法，分组讨论后，归纳总结不同发展阶段地理环境对人类生产和生活方式的不同影响，培养自主学习，合作学习和理论联系实际的能力（综合思维）。

③学生能借助设计攀枝花未来发展之路，探讨如何优化产业结构，使区域产生新的增长活力应采取的措施；能运用地理综合思维方法，树立人地协调观，理解事物之间是联系、发展和变化的；并能结合现实中出现的人地矛盾实例，分析原因，提出改进建议，有助于学生分析、认识和解决人地关系问题（人地协调观）。

【教学模式】

“三阶六环四步”长效教学模式。

【教学方法和手段】

启发式谈话法、图像教学法、案例教学法相结合（教学方法）；“区域经济发展—以攀枝花地区为例”教学软件（教学手段）。

【教学重点难点】

运用案例，说明不同发展阶段地理环境对人类生产和生活方式的不同影响（教学重点）；通过案例分析，理解不同的历史发展阶段应如何协调人地关系，最终实现区域的可持续发展（教学难点）。

【教学过程】

教学过程见表 8-7。

表 8-7 “区域经济发展——以攀枝花地区为例”教学过程表

教学阶段	教学环节与步骤		设计意图
	师生活动	图像作用	
引导发现	感受攀枝花的芒果 **创设真境** 展示图片：一颗重达 6.3 斤的芒果被拍卖出 11.26 万元的高价（图 8-41）。学生观察情境，感知问题。 **理解概括** 学生思考，发现、提出问题，引出课题： 这颗芒果产自哪里？为什么长这么大？……	 图 8-41　大芒果 由图像激趣引入，创设真实情境。	通过新奇事件，引起学生探索的兴趣，激发学生好奇心，切入授课区域。

续表

<table>
<tr><th rowspan="2">教学阶段</th><th colspan="2">教学环节与步骤</th><th rowspan="2">设计意图</th></tr>
<tr><th>师生活动</th><th>图像作用</th></tr>
<tr>
<td rowspan="6">指导探究</td>
<td>

攀枝花自然地理特征

分析综合→论证评析

展示“我国芒果主要产区分布图”(略),学生在图上找攀枝花产地,比较攀枝花、海南三亚、广西百色三大芒果产区的纬度高低,发现攀枝花市地处亚热带且海拔较高,引导学生分析攀枝花市能够种植芒果的自然原因。

</td>
<td>

读“我国芒果主要产区分布图”,对比可观察出攀枝花纬度比其他产区高,启发学生思考。

运用图像资料,让学生掌握区域认知方法。

</td>
<td>培养学生合作学习能力、搜集处理信息的能力,又锻炼了学生的语言表达能力,激发其探究差异原因的学习欲望。</td>
</tr>
<tr>
<td>

学生结合“攀枝花地区分布图”(略)和“西南地区分布图(甲)及攀枝花气温曲线图”(图 8-42)进行讨论并相互补充,对所得信息进行分析整理。

小结:河谷地形对气候的影响。

(解析:①攀枝花位于金沙江谷地;②夏季,高大山脉对西南季风阻挡作用强,处于背风地带,降水少晴天多太阳辐射强;③下沉气流增温效应强(焚风效应强),形成干热河谷,一定程度上克服了海拔高导致的热量不足;④冬季,高大山脉阻挡北方冷空气(寒潮),气温较高且不会冻伤果树,一定程度上克服了纬度高导致的热量不足。)

</td>
<td>

指导学生读攀枝花地区分布图和攀枝花月平均气温曲线图(图 8-42 乙),描绘攀枝花冬季气温特点,并分析形成原因。

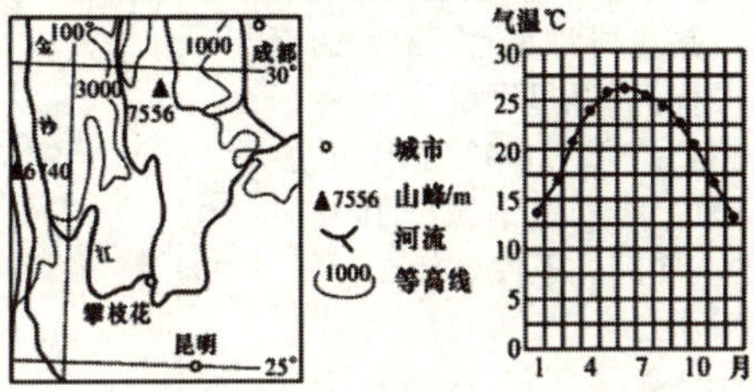

图 8-42　西南地区分布图(甲)及攀枝花气温曲线图(乙)

</td>
<td>

引导学生运用图像关注区域空间位置的背景。

通过情景读图,信息整理,运用要素综合、时空综合等分析思路得出结论,培养学生综合分析能力,提升综合思维素养。

</td>
</tr>
<tr>
<td>

追问:与海南三亚相比,攀枝花的芒果品质如何?为什么?

学生据所学知识,结合图 8-43、图 8-44分析攀枝花芒果品质更优的自然原因。

(解析:①攀枝花芒果产在干热河谷,海拔较高,晴天多,光照丰富;②山地的坡度带来了良好的通风、透光条件,排水良好;③昼夜温差大,挂果时间长,利于糖分积累;④花期和果期无台风,暴雨等灾害性天气的影响;⑤土壤肥沃,有机质、矿物质丰富。)

层层递进,引导学生归纳攀枝花利用其优越的自然条件,成为“热带水果王国”。

</td>
<td>

运用示意图(图 8-43)简要说明地理事物的成因、原理、发展演变规律

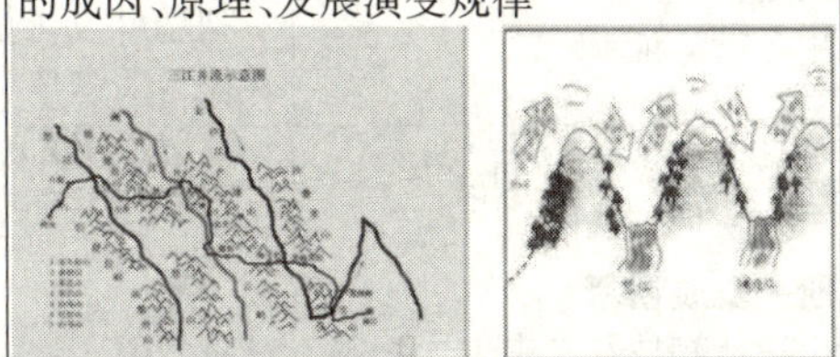

图 8-43　河谷示意图

让学生绘制山谷风图(图 8-44),解释为什么攀枝花昼夜温差大?

图 8-44　山谷风示意图

</td>
<td>

利用图像信息促进学生口头表达能力、创造思维能力以及抽象能力等方面的提高,培养区域认知素养。

让学生自己动手绘图,有利于加深对地理知识的理解和记忆。

</td>
</tr>
<tr>
<td><承转>播放歌曲视频《美丽的攀枝花》,攀枝花是全国唯一以花命名的地级市,讲述这座城市的发展历史。</td>
<td>通过播放歌曲视频《美丽的攀枝花》,进一步感知理解攀枝花“城是一朵花,花是一座城”,同时承转进入下个环节。</td>
<td>通过视频感染学生,增强对攀枝花城市面貌的感性认识。</td>
</tr>
</table>

续表

<table>
<tr><th rowspan="2">教学阶段</th><th colspan="2">教学环节与步骤</th><th rowspan="2">设计意图</th></tr>
<tr><th>师生活动</th><th>图像作用</th></tr>
<tr><td></td><td>

攀枝花人文地理特征

（资源、工业等）

讲解攀枝花利用丰富的钒钛磁铁矿促进其工业和城市发展。

指导设问：攀枝花市利用其资源等条件，可发展哪些工业部门？

学生：钢铁工业、化学工业。

展示文字材料：攀枝花市地处我国西南川滇结合部，攀西裂谷中南段，山高谷深、盆地交错分布，城市沿河谷东西狭长分布。攀枝花市还是我国首个资源开发特区，是我国西南地区最大的钢铁工业区，被称为“百里钢城”。

学生读材料，结合图 8-46 提出问题：攀枝花市被称为“百里钢城”，其发展钢铁工业的主要区位条件是什么？

学生交流汇报。

（解析：矿产资源丰富，铁路等交通便利，钢铁企业生产规模大；相关企业数量多，分布范围广；同时受地形影响，沿河谷东西狭长分布。）

追问：攀枝花钢铁工业在发展中可能面临哪些问题？

指导学生分析论证。

</td><td>

结合景观图（图 8-45），从观察现象到推导，得出结论。

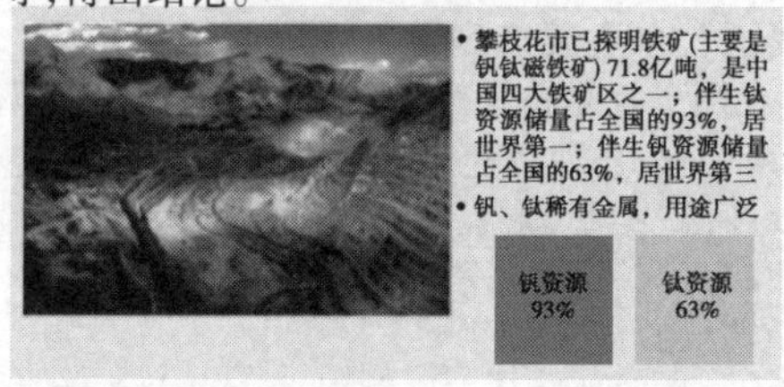

图 8-45　攀枝花矿产景观图

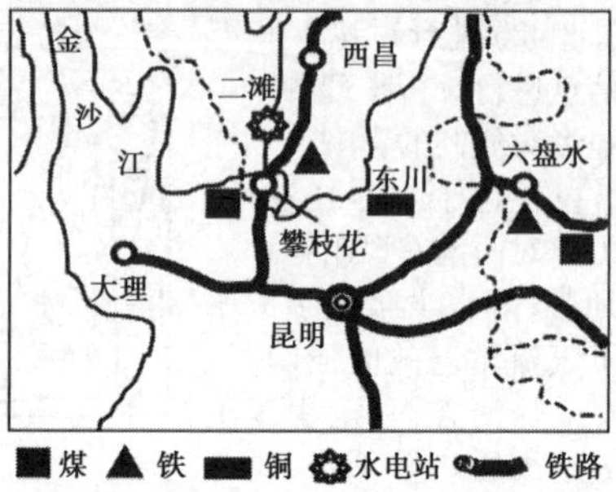

图 8-46　我国西南地区示意图

让学生通过一图多思方法，对地图中隐含的本质信息进行挖掘。

利用攀枝花钢铁工业实景图，让学生观察并获取关键信息及加深体验感受。

</td><td>

给学生创造机会体验主动学习和探索的“过程”和“经历”，鼓励和尊重学生不同的见解、想法和说法等。逐步培养学生的批判性思维和创新思维。

能够筛选恰当资料，对区域资源开发和环境保护决策是否合理进行论证。使学生达到学业质量水平 3，培养学生描述和阐释地理事物的能力。

</td></tr>
<tr><td>倡导运用</td><td>

攀枝花城市发展历程及可持续发展之路

总结进阶→发展创新

指导学生设计攀枝花未来发展之路。

学生分组展示设计作品，师生点评。

总结：结合图 8-47，攀枝花市进行产业结构调整升级，积极打造现代农业示范区、阳光花城、康养胜地、钒钛之都等，走可持续发展之路。

由此可见，区域地理环境对人类活动的影响不是固定不变的，而是随着社会、经济、技术等因素的改变而改变。

实践：组织学生研学学校所在城市经济发展及其历程。

</td><td>

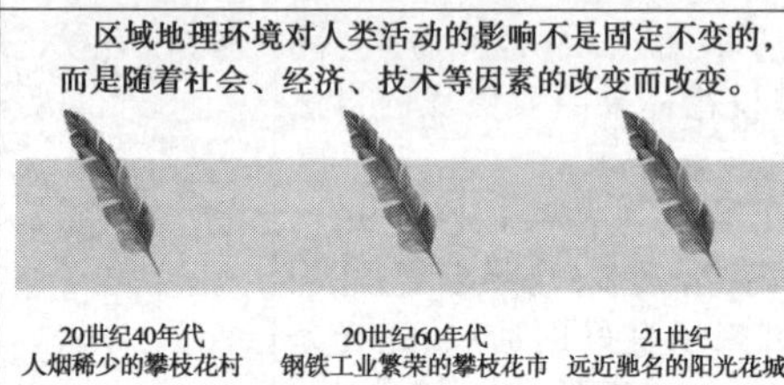

图 8-47　攀枝花地区发展阶段示意图

帮助学生理清思路。

</td><td>

给学生的表现留下空间。

通过对攀枝花地区地理特征的归纳，从其城市发展历程中总结可供借鉴的经验和教训。理论结合实际，学会知识迁移，学以致用，培养综合思维、人地协调观素养。

可通过课后考察、调查当地产业活动，提升学生地理实践力。

</td></tr>
</table>

教学板书设计如图 8-48 所示。

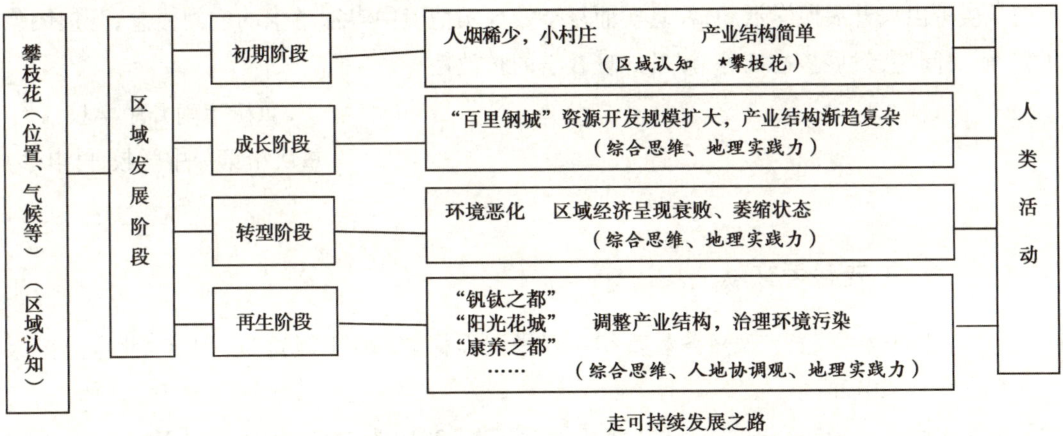

图 8-48　“区域经济发展——以攀枝花地区为例”板书提纲

（重庆市南开中学校　刘宇）

【教学点评】

本课例的教学设计主要体现以下特点：

第一，激发学习兴趣，活跃课堂气氛。如，借助硕大芒果拍卖超高价这一新奇事件创设问题情境，激发学生的学习兴趣和探索之心；通过展示多种图像让学生见识，引发学生思考，调动并活跃课堂气氛，在师生互动中实现对地理知识的深入学习。

第二，提升图像能力，培养学科核心素养。本课运用“三阶六环四步”长效教学基本模式，采用大量多样的直观材料，如地图、景观图、图表等，使理性知识感性化，做到“将知识搬到图中去”，以读图为主线展开教学，充分发挥图的直观教学作用。各种信息的呈现，吸引学生的注意力，深入浅出，使学生容易记忆和理解教学内容。完成新旧知识的衔接与总结，结合实例从空间尺度、区域特征及区间差异认识区域并且理解内部的关联性和差异性，培养区域认知素养；运用要素综合、时空综合、地方综合等分析思路解释攀枝花发展农业的优越自然条件、发展钢铁工业的区位优势以及面临的问题等，培养学生综合分析问题的能力，提升综合思维素养；从攀枝花城市发展历程中总结可供借鉴的经验和教训，在设计并探究攀枝花未来发展中寻求因地制宜发展区域经济之路，培养人地协调观素养。

第三，体现教师主导，发挥学生主体地位。在教学中，教师始终将学生放在教学主体的地位，而教师则成为教学引导者，例如在案例引入时，教师根据学生的兴趣点，利用生活中的情境设置疑问，激发学生学习的热情，同时教师还通过引导、鼓励等方式让学生尝试自主学习、自主探索，从而让学生在探究问题过程中，形成地理思维，并提高自主学习的意识。

运用“三阶六环四步”长效教学模式指导该课教学，需注意：①关注图像教学的地理知识技能、思想方法、思维、精神与文化等四个层次，解决是什么、怎么做、为什么这样做的问题，促进学生和谐发展。②在“引导发现、指导探究、倡导运用”各阶段环节中，充分发挥不同类型图像的教学功能，优化、整合应用多种类型的图来诠释教学内容，培养学生爱用图分析问题的习惯，有机渗透读图、析图方法指导，使学生学会读图、用图，提升学生的读图能力。还可把学生带出去开展研学活动，在真实而复杂的现实情境中丰富学生的空间概念，开展图像研究，解决问题，发展核心素养，提升地理教学的长效性。

（重庆市南开中学校 刘宇
重庆市第一中学校 付申珍）

主要参考文献

[1] 中华人民共和国教育部.义务教育初中科学课程标准(2011版)[M].北京:北京师范大学出版社,2012.

[2] 中华人民共和国教育部.普通高中地理课程标准(2017版2020年修订)[M].北京:人民教育出版社,2020.

[3] 朱宗秋.归纳法在概念教学中的应用策略[J].中学物理,2016(20):14-17.

[4] 陈少玉,曾玮.地理概念教学新解[J].地理教学,2015(15):4-6.

[5] 付申珍."三阶五环四步"长效教学模式的实践探究:以"正午太阳高度的变化"为例[J].地理教学,2019(22):16-19+64.

[6] 教育部基础教育课程教材专家工作委员会,普通高中地理课程标准修订组,韦志榕,朱翔.普通高中地理课程标准(2017年版2020修订)解读[M].北京:高等教育出版社,2020.

[7] 人民教育出版社,课程教材研究所,地理课程教材研究开发中心.普通高中教科书教师教学用书.地理.选择性必修1:自然地理基础[M].北京:人民教育出版社,2020.

[8] 付申珍.8.3可持续发展[J].地理教育,2003(3):16-17.

[9] 李家清.中学地理教学设计与案例研究[M].北京:科学出版社,2012.

[10] 人民教育出版社,课程教材研究所,地理课程教材研究开发中心.普通高中教科书.地理:必修.第二册[M].北京:人民教育出版社,2019.

[11] 人民教育出版社,课程教材研究所,地理课程教材研究开发中心.普通高中教科书教师教学用书.地理:必修.第二册[M].北京:人民教育出版社,2019.

[12] 人民教育出版社,课程教材研究所,地理课程教材研究开发中心.普通高中课程标准实验教科书.地理.3:必修[M].3版.北京:人民教育出版社,2017.

[13] 马光霞.攀枝花产业结构调整优化研究[J].商业文化,2014(29):146.

[14] 攀枝花统计局.攀枝花统计年鉴2013[M].北京:中国统计出版社,2013.

第九章 研学活动长效教学范例研究

与课堂教学相比，研学活动需要走出课堂、走出校园，在自然、社会、生活等真实情境中开展实践活动，以“三阶六环四步”长效教学模式为指导，据研究性学习和研学旅行的特点，针对不同课题、研究内容、研究对象等灵活运用，可产生模式的变式。在对研学活动长效教学进行策略研究的同时，积极开展系列相关研学活动促进策略研究，实现长效教学。现选取部分范例，内容涉及普通高中地理课程标准(2017 年版 2020 年修订)和研学旅行课程标准要求，以期为研学活动的开展提供不同角度的启示。

第一节 研究性学习长效教学范例研究

“重庆大学城虎溪河”研究性学习实施方案与报告

一、研究背景

水是生活中的常见物质，是保证生物正常生存的重要资源，也是生物体的重要组成部分，对于人类的生命活动具有重要的意义。老子有言：“上善若水，水善利万物而不争。”水润泽万物，却从不争名利。然而现在，水有润泽之心，而由多方原因造成的水污染形势严峻，何以润泽？放眼望去，曾经的碧水如今情况却越来越糟糕，而重庆市大学城虎溪河也面临着同样的问题。本研究以重庆大学城虎溪河核心段数点连续实地观测、考察和向公众设问调查获取分析资料，了解该河的真实情况，探究虎溪河水环境状况、特征、变化规律，分析其原因，寻找治理对策，提出协调人地关系的可行性意见与建议。

高中地理课程标准要求“运用资料，归纳人类面临的主要环境问题，说明协调人地关系和可持续发展的主要途径及其缘由”(必修“地理 2”)和“学会水质采样方法及方案设计，学会用简易方法监测水质”“针对某一具体区域，设计水资源保护方案”(选修“环境保护”)，水污染是主要环境问题之一，研究性学习虎溪河，以长效教学模式为指导，在实践中落实课标要求,培养核心素养很有必要。

二、研究目标

①能通过实地考察虎溪河,观察、描述、欣赏虎溪河美景,发现存在的水污染等问题,提高收集信息能力,培养审美情趣与能力(地理实践力)。

②会使用水质采样方法及设计方案,能用简易方法监测水质,能设计调查问卷,提高设计实践活动方案的能力(地理实践力)。

③能选择大学城虎溪河核心段数点连续实地观测水质、取水样和采访公众,发放问卷开展问卷调查,提高收集信息和实施实践活动能力(地理实践力)。

④能针对现实中的虎溪河地理事象获取相关文献资料,能运用要素、时空、地方综合的分析思路,用比较研究等方法,探究虎溪河水环境状况、特征、变化规律,分析产生问题的原因,寻找治理对策,提出协调人地关系的可行性意见与建议,提高处理信息、分析解决问题能力,形成尊重自然、和谐发展的态度和社会责任感(综合思维、地理实践力和人地协观)。

三、研究方法

实地考察法、专家咨询法、头脑风暴法、问卷调查法、统计分析法、文献研究法等。

四、研究过程

研究过程分“准备、实施、总结”三个阶段,“课题选择、方案设计、创研活动、形成成果、展示交流、课程评价”六个环节,在创研活动中扎实走好“主题探索、情景问题,项目研究、实践思考,诗外工夫、典例借鉴,优化论证、成果应用”四步。“重庆市第一中学校研究性学习课题”“重庆大学城虎溪河水污染现状及治理探讨”课题研究流程图如图 9-1 所示。

五、注意问题

1.讲究指导方法

开展研究性学习,首先讲究指导学生开展研究性学习的方法,可通过开设相关讲座,采用师生对话探讨等方式,让学生明白研究性学习的研究步骤、方法、成果形式以及问卷设计、写作论文报告的技巧等。

2.选题小中见大

引导学生选题不贪大求全,从小处着眼,深挖小问题,“以小见大”。

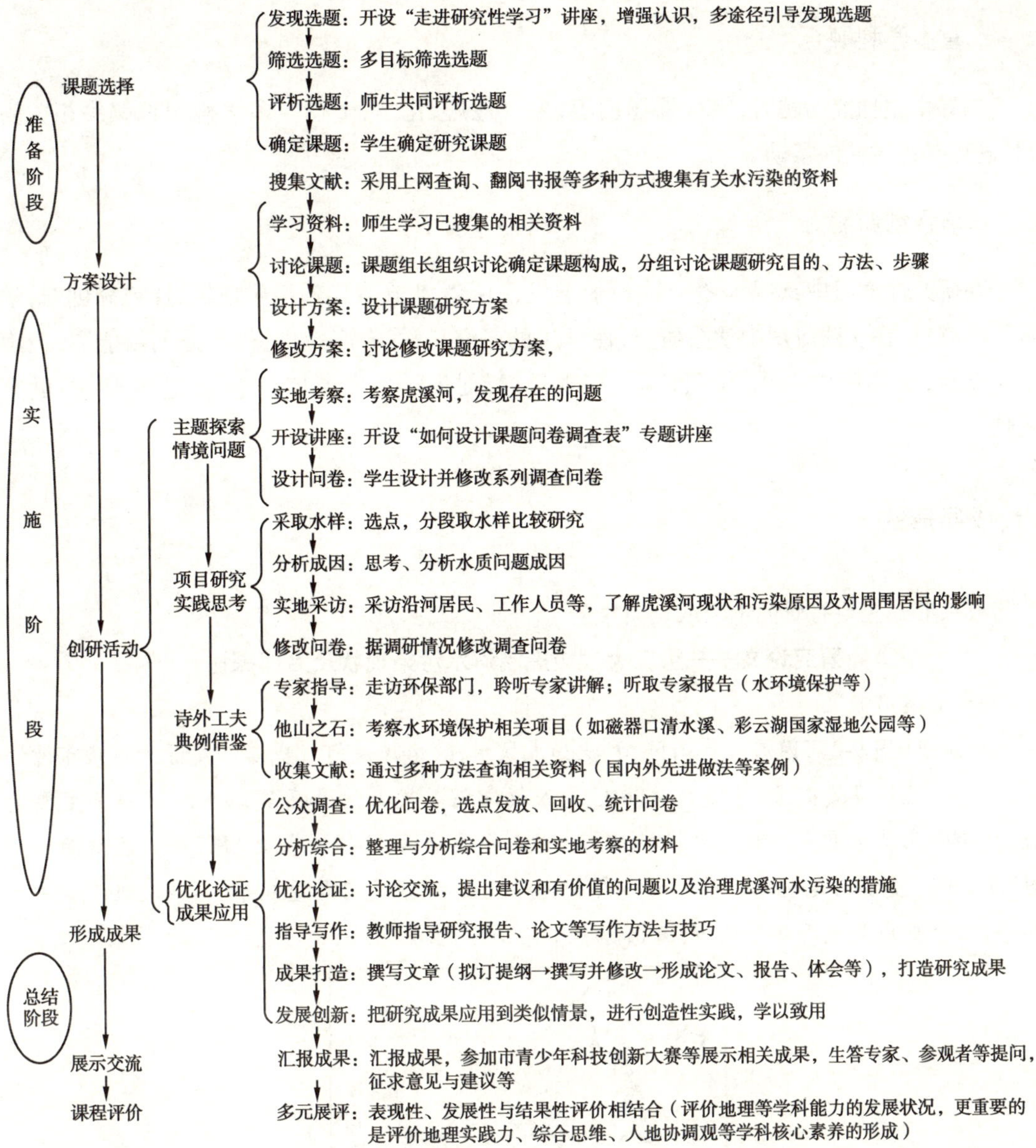

图 9-1 “重庆大学城虎溪河水污染现状及治理探讨”课题研究流程图

3.争取多方支持

开展研究性学习，发挥师生力量，聘请专家指导，争取学校、家长、社会等各方面的支持，使研究性学习顺利开展。

4.强化安全意识

外出开展研究性学习前，师生共学安全注意事项，家长签订安全责任书；实施前、中，都要强调团队合作、安全、遵纪守法、一切行动听指挥等，以确保活动安全。

5.重多学科融合

指导学生探究问题时，结合课题内容，融合地理、化学、生物等多学科知识解决相关问题，进行有针对性的帮助。

6.增强创新能力

在研究性学习中，尊重学生，多鼓励、启发，引导学生在真实情境中质疑、探究和创新，学习科研方法，在实践应用中学会研究，使学生的研究科学、有序地进行，增强创新能力，正确阐明观点，在实践中内化、价值认同、实现目标，促进学生发展核心素养，达成长效，健康成长。

六、成果形式

成果形式主要有研究论文或调研报告。

研究论文——重庆大学城虎溪河水污染现状及治理探讨

一、虎溪河概况

虎溪河（图 9-2），因河旁有山冈，其状如虎饮水，故名虎溪河。虎溪河发源于重庆市沙坪坝区曾家，流经虎溪街道、陈家桥街道后进入梁滩河。梁滩河是嘉陵江下游的一条主要支流，从南向北贯穿重庆市九龙坡、沙坪坝、北碚三个行政区，干流全长为 88.7 km，流域面积为 510.1 km^2。虎溪河是梁滩河最大的一条支流。梁滩河、虎溪河是重庆市 17 条次级河流中的两条，位于重庆主城西部片区、缙云山脉和中梁山脉之间。

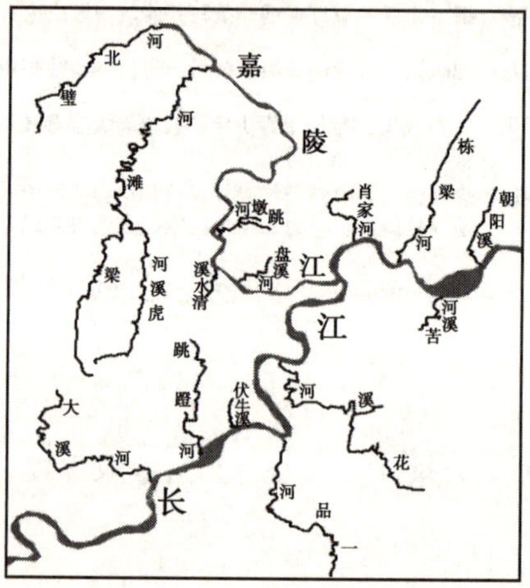

图 9-2　主城次级河流示意图

二、虎溪河水环境状况

1.研究路线

虎溪河周围有多所大学校区、居民小区等新开发区域，各河段差异较为明显，据此情况制订了调查路线，对水污染危害及治理方法做了调研考察。具体情况如下：

虎溪河金科廊桥水乡附近→虎溪河中段→虎溪河重庆大学图书馆附近→虎溪河重庆大学东门→虎溪老街旁→污水处理厂……

2.虎溪河金科水样采集及情况分析

在虎溪河沿岸各个地方，分别进行了五次水样采集。

第一个采样点在重庆大学城金科廊桥水乡处(图9-3)，这里的水面生长着许多的浮藻，以至于河水看起来泛绿，并不澄清。前后两次去采水样调查略有不同，分别是在2017年1月和2017年2月底，前后相隔一个多月。

在这一段，我们两次前往都遇上了同一位垂钓的老人，据他介绍他是重大的退休教师，休闲前来钓鱼。他热心地为我们讲解他眼中的虎溪河，以及近六七年来的改变。

第二个采样点在虎溪河重庆大学虎溪校区中段处(图9-4)，这里的河水相较于第一个采样点清澈了许多，水中的悬浮物也略少，基本无异味，这里的水流速度较快，整个河畔回响着河水冲击石头的声音，透过河水能看见河底，给人以清幽之感，不失为一个休闲好去处。

图9-3　在虎溪河金科廊桥水乡段取水样

图9-4　在虎溪河重庆大学虎溪校区中段取水样

与第一个采样点比较，第二个采样点水质较好的原因有：水流速度较快；周围人烟稀少，少有人来往。

第三、四个采样点位于重庆大学虎溪校区图书馆附近，在这里通往虎溪河的道路崎岖，需要互相搀扶，依靠旁边的小树，手脚并用艰难前往。取水点在下水道附近(图9-5—图9-8)，采集的水样中悬浮物较多，且颗粒物较大，较浑浊，水色偏黄，臭味难闻，流速较慢，管道口有气泡冒出。稍尝河水，感觉有洗衣粉的味道。

图9-5　在虎溪河重庆大学虎溪校区下段A取水样

图9-6　虎溪河重庆大学虎溪校区下段取水处

图 9-7　虎溪河重庆大学虎溪校区下段下水道排放口直接流入河域

图 9-8　在虎溪河重庆大学虎溪校区下段 B 取水样

在调查过程中，发现有一根排水管向虎溪河中排水，特别是到中午及下午时段，排放量明显增大，这也许是这段河水较上一段污染更严重的原因之一。在四处采样点中，这里是水质最差的，污染最严重的，治理最不彻底的，应该引起重视，加强这段水质的整治力度，毕竟是在校园边，长此以往，不利于重大校园环境的维护，如果整治彻底，也可以成为同学以及附近居民休闲娱乐好去处。

图 9-9　在虎溪河重庆大学虎溪校区下段 C 取水样

第五个采样点位于重庆大学虎溪校区东门附近(图 9-9)。靠近河水就能闻到浓烈的腐臭味，从黑色管道流出的废水源源不断地直接排入虎溪河。

总之，五个取水点的水样情况及分析如下(图 9-10、表 9-1)。

图 9-10　五个取水点水样

表 9-1　五个取水点水样分析

地　点	采样点 1	采样点 2	采样点 3	采样点 4	采样点 5
	虎溪河金科廊桥水乡段	虎溪河重庆大学虎溪校区中段	虎溪河重庆大学虎溪校区下段 A	虎溪河重庆大学虎溪校区下段 B	虎溪河重庆大学虎溪校区下段 C
是否有悬浮物	细小悬浮物	几乎无悬浮物	悬浮物较多，且颗粒较大	悬浮物较多，且颗粒较大	细小颗粒物很多
是否有异味	无异味	无异味	有异味	有异味	有浓烈腐臭味
水质透明度	无色近似透明	无色透明	水色偏黄，较浑浊	水色偏黄，较浑浊	较浑浊
流速	缓慢	较快	较慢	较慢	较慢
酸碱性(pH 值)	6~7 呈弱酸性	≈7	≈6 呈弱酸性	≈6 呈弱酸性	≈6 呈弱酸性
水温	11.5 ℃	12.6 ℃	12.5 ℃	13.0 ℃	14.0 ℃

分析上述表格可知:在不同的河段,虎溪河水质有明显差别。在已经进行整治和处理的金科廊桥水乡段,其水质相较于其他河段来说,较为良好;而在重庆大学虎溪校区教学区旁,不少河段水质明显下降,且产生明显异味,水体也呈现淡黄色。

从重庆大学东门走出重大虎溪校区后,看见虎溪街道旁的虎溪河(图 9-11)水质更差。

图 9-11　在虎溪街道俯瞰虎溪河

三、造成虎溪河水污染的原因

从考察中可看出:虎溪河的污染源主要有生活污水、城镇生活垃圾(图 9-12)等。

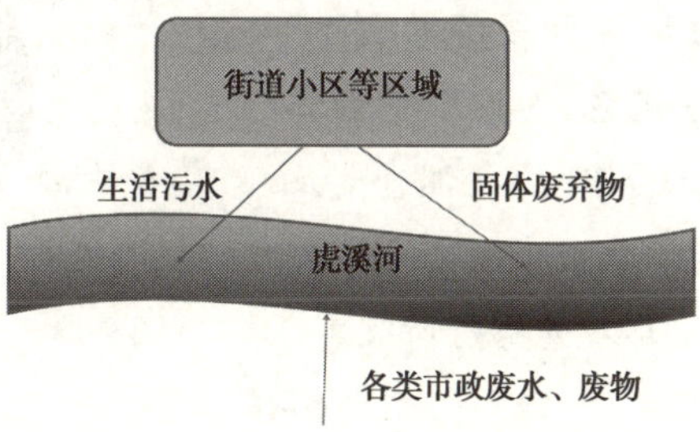

图 9-12　虎溪河河水污染源示意图

1.生活污水的漏排

生活污水主要是人类生活中使用的各种厨房用水、洗涤用水和卫生间用水所产生的排放水,多为无毒的无机盐类,生活污水中含氮、磷多,致病细菌多。

在调查中发现,在经过一系列闻和尝的感受后,发现有洗衣粉的味道,说明有生活污水排放入河流,生活污水中含有大量的有机物等,含氮、硫和磷高,在厌氧细菌作用下,易生恶臭物质。这样的排污法无疑给河水带来了污染,会造成河水富营养化等。

经过深入调查,我们了解到,虎溪河周围的工厂很少,大多已经搬迁,所以约 80%的人认为造成虎溪河污染的罪魁祸首是生活污水。在取水点第 3—5 处能明显感受到虎溪河水中散发出的臭味,而越往下游走,气味越浓烈,据一些原住居民说,夏天河水臭味难耐。

2.固体废弃物无序丢弃污染

固体废弃物是指人类在生产、流通、生活和其他活动中产生的固态、半固态废弃物质。近年来,随着社会经济发展与人民生活水平不断提高,固体废弃物更是成为了不可忽视的环境问题。固体废弃物具有产量大,难降解等特点,会造成水体、大气、土壤等污染。通过探究发现，在虎溪河沿岸，有固体废弃物的存在，且不在少数，多集中在人口密集河段，加剧了虎溪河的污染，如果持续发展，将会造成河道堵塞等，后果不堪设想。

3.市政废水的截流不到位

重庆大学图书馆附近（图9-8第4取水处），发现一下水道口的污水未经处理直接排放入虎溪河旁。到管口处探究，发现一股恶臭扑鼻而来，不断有污水进入河中。重庆大学虎溪校区东门附近（图9-9第5取水处），也有一根较粗大的黑色管道流出的废水源源不断地排入虎溪河。这样的现象都会加剧虎溪河污染。

据洗车场阿姨说，取水点两处正在筹划医院，我们认为，这样的做法有弊有利。益处在于，医院的修建会带动周围环境的绿化、美化，进而加强对虎溪河的整治力度。但是，随着医院的迁入，也会面临人口增加的情况，产生的医疗污水量会急剧增加，这无疑也给虎溪河的污染埋下隐患。

四、虎溪河水环境污染带来的主要影响

1.对虎溪河污染影响构成的认识

对虎溪河可能存在的影响进行调查（图9-13、表9-2），发现人们普遍认为最严重的影响是对人身体健康的影响，其次是对环境和经济的影响。人们对于虎溪河的现状并不满意，对自己的身体健康有着较高程度的担心；近80%的被调查者反映虎溪河的污染现状对于其身体健康是有一定影响的，他们希望自己的家园水环境能够有所改善。

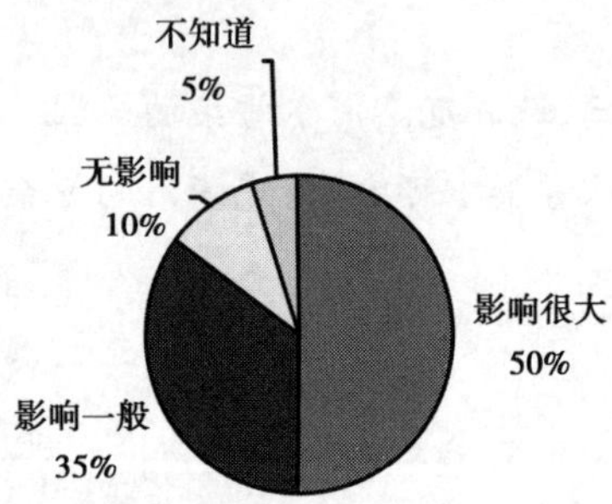

图9-13　虎溪河对身体健康的影响

表9-2　对虎溪河的调查

您认为虎溪河的污染有哪些影响？	A.影响经济	B.危害人们健康	C.危害环境	E.无多大影响	D.其他
	40%	75%	60%	5%	10%

2.虎溪河水环境污染带来的主要影响

（1）对校园人居环境存在不利影响

虎溪河重大虎溪校区下段地区，有一部分河段是地处重庆大学校园边缘，而这一段河水存在恶臭，水体浑浊，也影响了校园环境质量。

居民居住环境较好的虎溪河上游地区，也就是本次观察研究的第一段区域，我们难得地发现了几位有闲心的市民在溪边垂钓，他们告诉我们没事的时候在这里坐一上午，钓一钓鱼打发时间。在讲到虎溪河如今的情况时，表示经过治理与规划的虎溪河金科廊桥河段已经变得好很多了，河道也有所拓宽。

可见未处理得当的流域应采取措施加强管理，争取优化整治方案并及时实施；而已得到治理的流域应尽力维护溪流美丽、干净。

(2)对身体健康存在危害

虎溪河散发的恶臭与刺鼻气息若过量吸入,难免对身体有危害,尤其是对重庆大学等校园师生而言,应做好应对工作。校方也可以担当责任着手参与规划与整治。

(3)对河流美观程度的影响

从美观上讲,本次观察研究的第二段区域,可以算是本次调查中水质最好的一段。在这里我们进行了采集水样的工作,溪水清澈见底,流速较快,溪流较浅,许多石头不规则地露出水面,好一幅自然的画面。溪流所到之处只有泥土与石头铺成的小路可到达,较为隐蔽。在城市之中,能够找到如此一处清幽之地也是难得而珍贵的,也希望这一段流域能规划建设得更美丽动人。

五、虎溪河水污染治理的措施与对策

1.民众对虎溪河治理方法的看法应作为政府相关对策的重要依据

为了了解民众对虎溪河近况的满意程度,课研组设计了关于"虎溪河近况如何"和"虎溪河目前的治理情况如何"两个问题。经调查发现,人们对于虎溪河的现状并不十分满意。约75%的居民认为河流有轻度污染,约20%的居民认为"河流污染严重";约50%的居民认为虎溪河目前的治理情况"不好",约35%的居民认为"一般"。

经过调查(表9-3)发现90%的被调查者认为,必须提高人们的环境品质意识。有市民反映,有来往车辆往河里及农田里倒垃圾的情况,另外排污也与人们的生活习惯息息相关。所以宣传保护生态,增强市民生态文明意识成为目前最应该做的。

表 9-3

要治理好虎溪河,您认为以下哪些办法可行?(可多选)			
A.流域系统规划,综合治理	85%	F.建设污水截流工程	50%
B.关停并转污染企业	20%	G.建立污水处理厂	40%
C.建设生态防护工程	50%	H.整治河道	55%
D.强化公民环境意识	90%	I.固体废弃物的资源化、减量化、无害化	20%
E.房地产开发带动环境治理	50%	J.其他	

其次是流域系统规划,综合治理。人们认为政府应该重视虎溪河的现状,进行综合性的流域规划后再开展大规模的有效治理。

再次是整治河道、建设生态防护工程、污水截流工程和房地产开发带动环境治理等。大家认为对虎溪河周边环境的治理是很有必要的,对于周围防污设施的建设也是很有必要,房地产项目开发等的引入,会对于周围环境的治理有推动作用。有的施工场所向河道乱排、乱扔,应强化监管和加大处罚力度。

虎溪河的环境改善,需要政府、企业、每一个人行动起来,还原碧水蓝天。

2.细化流域工程和生物净水建设及周边环境整治实施方案,合理配置景观资源在调查中发现,如果虎溪河治理得彻底,那么虎溪河边将会成为市民休闲玩耍的好去处,也具有一定的旅游开发价值。

虎溪河上游金科廊桥水乡河段:经常有退休的老人来钓鱼,为了给这些休闲者提供更舒适的环境,可以在河边每隔一段距离设置一个钓鱼台,添置凳子、伞等基础设施,吸引更多的人来享受钓鱼等休闲养生的乐趣。平时重大家属区住户到这里来散步,但一些路面未修整,有的还是最原始的泥土路,在晴天,踩在松软的泥土上,河边又有许多青翠可人的植物,会有一种回到大自然的感觉;但在雨天或雨天之后,路变得泥泞,一不小心就会把鞋子和裤子弄脏。所以建议:泥土路可以保留,但要在旁边新修一些硬化小路,可供人们在雨天或雨天之后行走。为了保护人们的安全,避免一些事故的发生,可在河边修上栅栏和警示牌。

虎溪河中游重大校区河段:这里环境清幽,植物环绕,可以在河边种上一些花草,增加一些水景,让人们漫步于溪边。春季可赏繁花似锦,夏日可到浅水处嬉戏捉鱼,秋天可赏落叶纷纷,寒冬可到河边漫步。

在虎溪河全流域,可设计数道拦水坝,分段布局净水植物和生物,对水质进行改良,使虎溪河成为一道亮丽的风景线。

3.多途径增进虎溪河旅游价值

在调查中,我们特意增加了旅游开发这一栏,然而结果令我们意外,100%的被调查者都支持开发虎溪河的旅游价值,进而改善人居环境,不过,如何改善成了最大的问题,我们做了以下调查(图 9-14)。

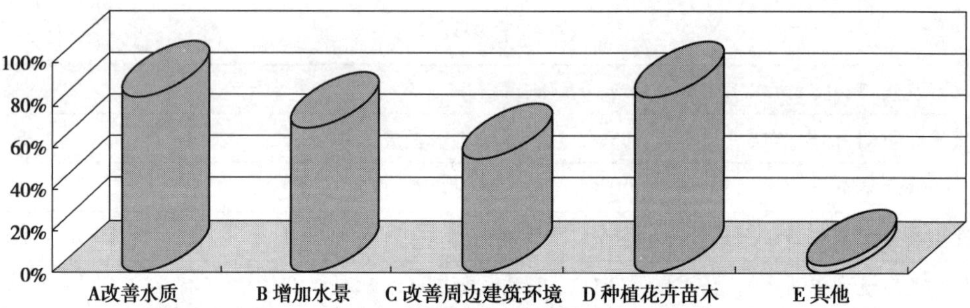

图 9-14　您认为如何增加虎溪河的旅游价值?(可多选)

由图 9-14 可知,85%的居民认为,想要发展虎溪河的旅游产业,最重要的是水质的改善和种植花卉苗木。他们认为,日益恶化的水质成为发展旅游业最棘手的问题,再多的开发也无法吸引游客,而多种花草树木,可改善周围景观和生态环境。

4.大力推进法律措施的实施与相关政策的完善

根据《中华人民共和国环境保护法》和《重庆市环境保护条例》等的相关规定,对向虎溪河排污的单位和个人开展强有力的监管和处罚;还可设计有偿回购废弃物和招聘保护虎溪河的志愿者参与相关工作的制度。

5.从多角度入手强化利用经济手段

根据"重庆新一轮碧水行动"中的"统筹规划,分步实施""防治结合,突出重点""开源节流，循环利用”“政府引导，明确责任”等原则带来的机遇，沙坪坝辖区政府应积极争取市财政经费支持，将虎溪河的流域生态环境建设作为优先项目推进；流域相关受益单位也应出资、出力积极参与。所以，政府及相关部门除了作为管理部门，还应该扎实推进监督和执行等方面的工作，更应该科学地分配好用于治理的资金并合理地规划好每年的治理目标。

6.提高流域居民环境与生态文明素养

河道水质的改善，流域环境品质的提升并不是政府一个部门的职责，它也是每一个公民的责任。要从根本上解决河道水环境问题，需要人们形成主人翁意识。在日常生活中，规范自己的行为习惯；大力做好宣传工作，互相监督，人人为流域环境的改善贡献力量。可多方帮助重庆大学相关师生等编印大学城水环境保护宣传册、宣传画，开展公益广告和义务宣传员活动，号召居民、学生等开展义务劳动等。

7.激活高校师生对虎溪河生态环境建设的热情与智慧

在考察重大校园的过程中，问重大学生得知，只有小部分去过我们所调查研究的虎溪河，甚至仍有学生连河流的名字都不知道，可见就连重大人对这条河流的关心程度也是少之又少。所以在校园内部组织环境与生态文明建设宣传是很有必要的，学校有义务也有责任将校园内部的自然景观整治好，让虎溪河重大校区段引起更多关注，争取各方支持后早日建设成为一处自然美景。

首先学校管理层应先对河流整治产生兴趣，意识到这是对校园环境品质提升有意义的举措，然后可以对在校学生进行问卷调查，了解学生们对河流的认识。还可以向相关专业学生征稿汇集解决措施的相关意见及想法，汇总商榷后交决策机构。保护环境是年轻人应尽的一份责任，相信他们有积极性出谋划策，为校园环境品质的改善与提高献出自己的一份力量。

8.总结虎溪河等小流域治理的成功经验加以应用与推广

从总体上看，山城重庆因受地形阻隔，城区呈组团块状分布于山脉或丘陵间的较平坦处，每个城区大多分布着发源于山涧或地势较高的丘陵处的小支流，它们虽不起眼，但与沿岸居民的生活及当地的经济发展息息相关。由于种种原因，政府难以将每条小支流都列入重点监管对象，许多工厂、服务区、居民点的人们生态文明意识薄弱、随意排放污水，乱丢垃圾，直排废气等造成多种污染。以前许多清澈见底的小溪都不复存在。

因此，我们认为虎溪河可以是个典型案例，从长远利益出发，尽量摸清它们的现状，因地制宜，逐步从根源上分析和解决存在的问题。

譬如，要加大水资源管理体制改革力度，建立合理的水资源管理体制，可借鉴发达地区率先实施的“河长制度”等，对流域沿岸居民普及生态文明知识，协调环保行动。让流域市民都关心和保护身边的溪河，防微杜渐，竭尽全力改变它受污染的现状，使虎溪小流域能走上可持续发展道路，也为类似的小流域治理提供可资借鉴的宝贵经验，由小到大使重庆区域的明天更美好。

（重庆市第一中学校高 2019 级　郭一颖　涂雅洁　刘晓彤　陈微米

指导教师　付申珍）

【点评】

本项目选择重庆大学城主要河流“虎溪河水污染现状及治理”作为研析对象，运用“三阶六环四步”长效教学模式变式开展研究性学习，顺应该片区提档升级必须整治河流小流域的需求。作者开展了两次实地考察与调查，对大学城虎溪河廊桥段、重庆大学虎溪校区段、虎溪街道段进行了观察、取水和特征分析，探讨了虎溪河水污染现状、影响及相关危害，找出了该河流水质不佳的主要原因，设计了调查问卷并开展了调查，得出了公众的诉求与认识，并在此基础上提出了重庆市大学城虎溪河水污染治理的措施与对策的见解。观点明确，有较强的说服力，结构合理，部分对策具有现实借鉴意义。通过课题研究让学生学会了研究方法，提升了学生发现问题、收集和处理信息、综合分析和解决问题等能力，形成了尊重自然、和谐发展的态度和社会责任感，培养了地理学科实践力、综合思维、人地协调观等核心素养，促成高水平的学生发展核心素养的育成是培养未来科学家的重要手段。

（重庆大学　贺云华）

第二节　研学旅行长效教学范例研究

“我眼中的悦来海绵城”研学旅行设计与长效思考

一、研学旅行课例设计

“我眼中的悦来海绵城”研学旅行

1.研学主题

悦来海绵城市建设 · 生态环境保护。

2.研学背景

水，“生命之源”，是生态环境的重要载体，也是城市发展制约因素。我国城市“缺水、内涝、水脏”并存，如何解决？

重庆悦来（图 9-15）已于 2015 年跻身国家首批十六个“海绵城市”建设试点之一，以“长江大保护、健康水生态、老百姓获得感”为初心，以生态环境保护为核心任务开展海绵城市建设，包括海绵型公建、小区、广场公园、道路、综合整治等 75 个项目，旨在打造一座“全国山地型海绵城市样板”、宜人宜居、低碳生活的生态之城。经过几年建设，已基本完成 18.67 km^2

海绵城市建设任务，可供各级学员研学的内容丰富，选该主题是因为距校近，典型且有时代感。

高中地理课标要求“运用示意图，说明水循环的过程及其地理意义”，研学旅行课标（地理类）要求“实地认知地理环境的整体性与差异性”“践行人地协调观，检验和提升核心发展素养”，研学旅行悦来，在实践中落实课标要求，是用“着地的方法”学地理、促进“价值认同、实践内化、身心健康、责任担当”等意识和能力以及学科核心素养育成的一种有益尝试。

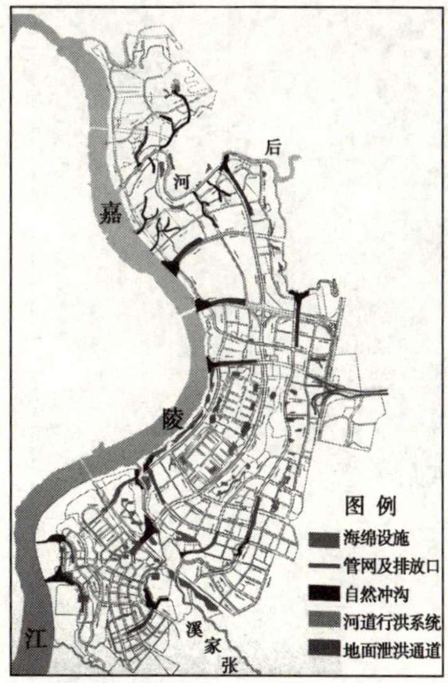

图 9-15　重庆悦来新城水安全保障系统分布图

3.研学目标

①能通过实地观赏、查文献、读经典和现场宣传资料，以及用地理工具、现代技术手段观测方位、地形，检测空气质量和识别地形、植物等，认知大好河山，学会赏景方法，激发创新、发现探索问题的兴趣，锻炼收集信息的能力，培养审美情趣和家国情怀。

②能通过研析资料、查询地图、现场观测、实地考察、动手实验、采访咨询等方法，探究悦来新城地理环境变迁原因，分析该地区的生态环境现状，领悟水循环过程意义和海绵城市建设方略，针对具体问题提出解决办法，对悦来未来发展建言献策等，在实践中内化，培养综合思维、区域认知、地理实践力、人地协调观等核心素养和勇于质疑、创新的科学精神，培育绿色生活方式和行动能力，形成尊重自然、和谐发展的态度和社会责任感。

4.研学准备

行前设计：设计研学 LOGO 和研学手册。

知识储备：水循环、地形地质、河流气候土壤、湿地、地理环境的整体性和差异性、城市区位选择等知识、查询相关材料、研读《余光中散文精选》内的“思蜀”和“片瓦渡海”作品。

研学工具：研学标志旗帜、装有水的杯（瓶）、余光中散文、手机（安装“两步路”“形色”“百度地图”“GPS 工具箱”等软件）、手持户外多功能导航仪、噪音计、空气质量检测仪、水温计、pH 试纸等、流速仪、照相机、扩音器和话筒等。

餐饮：自带，可分享。

保障措施：共学安全注意事项，家长签订安全责任书；强调团队合作、安全、遵纪守法、一切行动听指挥等。

交通方式：公交出行、步行。

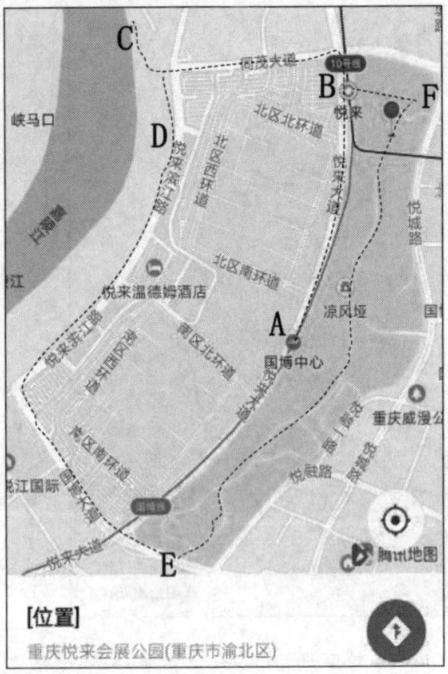

图 9-16　悦来研学路线图

5.研学方法

文献分析法、实验法、记录法、实地考察法、专家咨询法等。

6.研学行程

重庆国际博览中心地铁站(A)→悦来地铁站(B)→悦来滨江公园、悦来场渡口(C)→悦来滨江路(D)→会展公园南入口(E)→悦来海绵生态展示中心(F)→会展公园北入口(悦来地铁站)(B)(图 9-16)。

7.研学时间

1 天:09:30(重庆国际博览中心地铁站 4 口出,在附近广场集合)至 17:30 左右(悦来地铁站)。

8.研学对象

高中生为主,可按自然地理、人文地理、生态环境分三队六组。

9.研学成效(作业)

必作①—④,选作⑤—⑧。

①小比赛:研学比赛(当日下午研学活动结束前约半小时,评出一、二、三等奖,发放小纪念奖品)。

②小作文:含研学感悟(每人一篇)。

③小简报:研学简报(每队组一篇)。

④小论文:研学论文(报告)(队组一篇以上)。

⑤小建议:为海绵城市(校园或小区)建设献计献策。

⑥小制作:用泡沫等材料制作一个悦来海绵城市建设模型(从悦来海绵生态展示中心至嘉陵江畔)。

⑦小设计:设计具有“滞留雨水、节能减排、缓解热岛效应”等功效的绿色屋顶,或设计一款“海绵城市建设 · 保护生态环境”的文创作品(可制作)或设计一次生态环境保护主题宣传活动方案。

⑧小宣教:积极开展(参与)生态环境保护主题宣教活动。

10.研学过程

【引出主题】

①分队组发放研学手册。

②展示师生自主设计创作的“知行地理研学坊”研学旗帜，由主创者分享LOGO（图9-17）设计构想（书、地球、鱼儿、浪花等元素有机融合，表达共同读有字、无字的书，知书达理，智者远行，“知行合一”，在追求真知的路上搏浪前行）。

图9-17　LOGO（设计创作：原重庆市第一中学校学生贺傅江山和老师付申珍）

③师生齐读研学手册“前言”内容：

“人在风景中”，每处风景都蕴含着科学的道理、折射着人与环境的相互关系。用地理眼光看风景，可获得更多美的享受，感悟更深的人地关系。不仅满足欣赏美丽风景，更要主动营造。

今天，同学们来到悦来。悦来的昨天如何？今天咋样？明天向何处去？谁都想知道……

快行动起来，走进她，以地理等多学科视角用心认识、探究、营造她，用智慧与实干来谱写“我眼中的悦来海绵城”诗篇，为悦来和重庆更加美好的明天尽绵薄之力！

重庆悦，世界来！

④结合研学手册附图（用重庆和两江新区悦来新城区位图及图9-15），找悦来地理位置，介绍此次研学的主题、行程、主要内容任务、注意事项等。

［设计意图］激发研学旅行悦来海绵城的兴趣，明确各自职责、任务等。

【分析强化主题】

分析强化主题步骤见表9-4—表9-5。

表 9-4 “我眼中的悦来海绵城”研学旅行 1

<table>
<tr><td rowspan="2">实施
流程</td><td colspan="2">研学地点 1
重庆国际博览中心广场</td><td colspan="2">研学地点 2
悦来场渡口</td><td colspan="2">研学地点 3
滨江公园、滨江路</td><td rowspan="2">备注</td></tr>
<tr><td>师生活动
（任务）</td><td>设计
意图</td><td>师生活动
（任务）</td><td>设计
意图</td><td>师生活动
（任务）</td><td>设计
意图</td></tr>
<tr><td></td><td colspan="6">观察与思考</td><td rowspan="6">*用文字、示意图、地图、照片、音视频等记录事象，提出问题，勤思考、论证、实践等。</td></tr>
<tr><td>创设真境
↓
理解概括
↓
引导发现</td><td>关 键 词
国博中心、水循环、海绵城市

图 9-18 国博中心及中央广场
观赏：国博中心广场及其周边地形等环境美景（图 9-18）
寻疑发问：①未建国博中心前此地什么样？是如此平坦吗？②如何促进水循环？③怎样建海绵城市？……</td><td>①引导学生抓关键，善于观察欣赏真实情境，主动发现、提出问题，培养问题意识。
②理解悦来及其山腰海绵城市改造工程，初步认识海绵城市建设工程。</td><td>关 键 词
悦来场渡口、江河整治

图 9-20 悦来场渡口
观赏：滨江地形、岩石、土壤等和昔日渡口与嘉陵江美景（图 9-20）
寻疑发问：①为什么取名悦来？此地过去是什么模样？②悦来发展的区位条件有哪些？③嘉陵江的水文特征有哪些？④江边众多石块为何斜铺且都被网罩着？……</td><td>①同地点 1 设计意图①。
②理解悦来及其海绵城市合河道综合系统，感悟自然美，逐步认识海绵城市建设工程。</td><td>关 键 词
滨江公园、阶梯湿地、雨水塘

图 9-21 滨江公园阶梯湿地
观赏：滨江公园的地形、阶梯湿地（图 9-21）梯田以及滨江路国博中心雨水塘美景。
寻疑发问：①滨江公园阶梯湿地的价值何在？②如何打造滨江公园？③雨水塘的建设有何成效？……</td><td>①同地点 1 设计意图①。
②理解地势低处滨江海绵城市改造工程，感悟自然与人工美，逐步认识海绵城市建设工程。</td></tr>
<tr><td></td><td colspan="6">评论与实践</td></tr>
<tr><td>分析综合
↓
论证评析
↓
指导探究</td><td>解惑传道（小组合作）
①共解读：师生解读关键词。
②动手做：A. 测位识物——用“两步路”APP 查询或导航仪观测位置（经纬度、海拔）、方向、地形，用噪声计、空气质量检测仪测噪声、PM2.5 等；用“形色”APP、宣传展板等帮助识植物；B. 验水去向——在两处地面倒水做水渗透实验，细观变化找不同（积水/速渗）（图 9-19）。

图 9-19 渗水实验现场
③探因寻果：A. 由观测数据推知方位、植物构成、空气质量状况；B. 据观测数据和景观初步归纳悦来地形特点，探讨国博中心建设特色；C. 结合渗水实验并展示雨天该广场不同地面积水状况照片，探索原因和地面不同铺装方式利弊，发现该地海绵城市改造工程实施项目，探讨分析水循环的环节、意义、人类活动的影响和海绵城市建设方略，了解改造工程“中央广场下凹式绿地”（图 9-18 乙）等的技术流程，探析其改造原因和价值……</td><td>③让学生学会与人合作使用工具、现代技术手段培养收集信息能力；
④会用实验比较法，通过细微观察主动探索问题推知原理，明确水循环与海绵城市的含义与关系等。
⑤帮助理解悦来生态环境保护现状，提升收集处理信息、实施实践活动能力，培养地理实践力和人地协调观素养等。</td><td>解惑传道（小组合作）
①共品读：由学生朗读诗“乡愁”引入，分组朗读“思蜀”，结合悦来地图，寻觅余光中少年时光在悦来的足迹和乡愁依据，探寻悦来名字由来及发展史，了解其自然、人文地理环境，着重探讨地形、气候、土壤等特征，以播放歌曲“乡愁”结束。
②动手做：A. 测位识物——同地点 1 动手做 A；B. 观色测性——观察嘉陵江水色、透明度，用水温计、流速仪或自制工具、PH 试纸等测嘉陵江水温、流速、酸碱度等理化性质。
③探因寻果：A. 同地点 1 探因寻果 A；B. 探讨影响悦来发展的区位条件；C. 结合观测数据资料，从地形气候植被等因素探析嘉陵江水文特征；D. 探究江边网罩斜铺石块的作用、混凝土河岸的危害，从自然、人文等多要素多角度探究悦来“一江两河”综合整治工程措施。
④寻访求证：采访游客，议悦来印象；若能寻到老悦来人，则谈论悦来古今（可设计采访记录表）。</td><td>③同地点 1 设计意图③。
④师生在朗读中传播文字，展现生命，品读古今悦来，记住乡愁，从区域视角、用动态的观点多要素多学科融合研究现实地理事象，采用正确方法和工具认识区域、发现发展规律，培养区域认知、综合思维素养。
⑤学会求证方法，提升探究能力，培养团队精神、地理实践力素养等。</td><td>解惑传道（小组合作）
①共解读：师生解读关键词。
②动手做：A. 测位识物——同地点 1 动手做 A；B. 观景绘图——绘一幅所见滨江公园阶梯湿地示意图。
③探因寻果：A. 测位识物——同地点 1 探因寻果 A；B. 结合实景、绘制的示意图等，联想中华先贤发明的梯田产生的效果，探讨处于国博片区海绵系统末端的滨江公园阶梯湿地的技术流程，分析其价值；点出滨江公园看点探讨其生态环境建设策略。
④拜访求证：采访滨江路商店人员，拜访悦来老居民余果等，求证余光中悦来足迹、悦来昔日地形、工业、山水文化、如今居民安置状况、海绵建设带来的好处等。</td><td>③同地点 1 设计意图③。
④引导探究人类对地理环境的影响、人与自然和谐相处的有益做法，提升观察、绘图、访谈、分析解决问题能力，发展实践地理力和人地协调观素养。
⑤让学生用多要素动态观点研究地理现实事象，发现发展规律，培养综合思维素养。</td></tr>
<tr><td>总结进阶
↓
发展创新</td><td colspan="2">领会到海绵工程体系（海绵系统、雨水利用等）实施“源头减排”路径。</td><td colspan="2">归纳求证方法；领会到生态环境、海绵工程体系（防洪护岸综合整治等）实施“系统治理”路径。</td><td colspan="2">领会到海绵工程体系（海绵系统、雨水管网、雨水调蓄等）实施“过程控制”路径。</td></tr>
<tr><td>倡导
应用</td><td colspan="6">海绵城市建设设计、制作、建议、宣传……</td></tr>
</table>

表 9-5 “我眼中的悦来海绵城”研学旅行 2

<table>
<tr><td rowspan="2">实施流程</td><td colspan="2">研学地点 4　会展公园</td><td colspan="2">研学地点 5　海绵生态展示中心(悦城路旁)</td><td colspan="2">研学总结</td><td rowspan="2">备注</td></tr>
<tr><td>师生活动(任务)</td><td>设计意图</td><td>师生活动(任务)</td><td>设计意图</td><td>学生活动</td><td>设计意图</td></tr>
<tr><td></td><td colspan="4">观察与思考</td><td rowspan="6">1. 我看见、听到、学到、悟到的
2. 我发现、提出的问题，已解决的问题
3. 我的建议，今后的行动</td><td rowspan="6">回放悦来研学过程，巩固研学内容，总结研学收获，促进深思，升华认识，指导行动，活学活用。践行人地协调观，检验和提升核心素养，形成举一反三、持久、发力的长久效用。</td><td rowspan="6">*用文字、示意图、地图、照片、音视频等作记录，勤思考、论证、实践</td></tr>
<tr><td>创设真境
理解概括
↓
引导发现</td><td>关 键 词
会展公园、南区雨水塘、植被缓冲带、植草沟、曲水塘、山顶生态塘

图 9-22　南区雨水塘 植被缓冲带植草沟 山顶生态塘
观赏：会展公园的地形、岩石、土壤、曲水塘及国博中心外形等(图 9-22)。
寻疑发问：①南区雨水塘、山顶生态塘等有关联吗？它们有何用途？②植被缓冲带植草沟适宜建在哪些区域？③南区雨水塘和滨江路国博中心雨水塘的功能一样吗？④国博中心外形有什么寓意？……</td><td>①同地点 1 设计意图①。
②理解海绵基础设施，感悟自然与人工美，深度认识海绵城市建设工程。
③登高俯瞰思寓意，习得赏景方法。</td><td>关 键 词
光伏、绿色屋顶、海绵生态展示中心、悦来新城

图 9-25　生态馆(甲)和太阳能电池板(乙丙)
观赏：生态馆及其周边环境、太阳能电池板等美景(图 9-25)。
寻疑发问：①会展公园太阳能电池板(图 9-25)的朝向和作用如何？②怎样建海绵生态展示中心？建设意义何在？③悦来新城如何发展？……</td><td>①同地点 1 设计意图①。
②理解节能装置、山地海绵净化系统等，深度认识海绵城市建设工程。
③登高望远认知大好河山，培养审美情趣，促全面观察，生全局观念。</td></tr>
<tr><td></td><td colspan="4">评论与实践</td></tr>
<tr><td rowspan="2">分析综合
论证评析
↓
指导探究</td><td>解惑传道(小组合作)
①共解读：师生解读关键词。
②动手做：A.测位识物——同地点 1 动手做 A；B.测植被缓冲带附近坡度；C.观景绘图——观美景读展板，结合观测的海拔数据等寻关联，画山顶生态塘至南区雨水塘的技术流程图。
③探因寻果：A.同地点 1 探因寻果 A；B.阅读宣传展板，了解该地各海绵设施的前世今生，结合实景探讨各自适宜设置的区域、功能，结合学生绘制的雨水塘技术流程图探讨分析南区雨水塘、植被缓冲带、山顶生态塘三者的关联性和雨水塘的用途(图 9-23)；比较分析南区雨水塘和滨江路国博中心雨水塘功能；C.观察宣传展板上“径流峰值控制效果”图(图9-24)，思考 A、B、C 三者关系，分析海绵设施建设前后径流量的变化，推导建设成效。
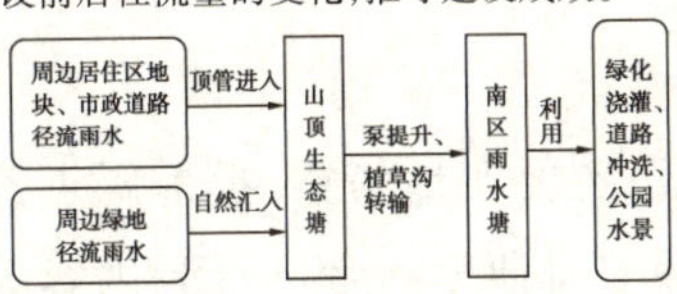

图 9-23　雨水塘技术流程图
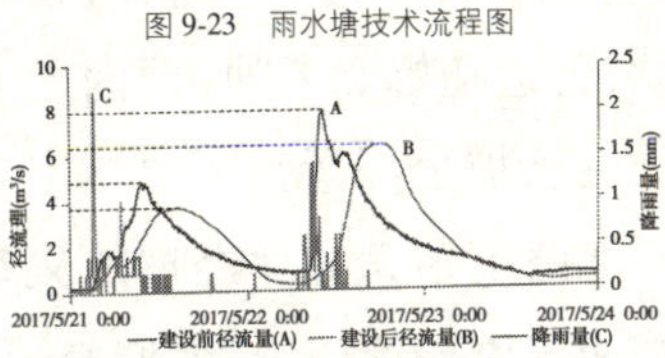

图 9-24　径流峰值控制效果图
④访谈求证：咨询悦来海绵城市建设的工程师，请教海绵设施建设中蕴含的科学道理，提升认识。</td><td rowspan="2">④让学生能与人合作熟练使用地理工具、现代技术手段。
⑤引导学生关注各雨水塘区位差异和发展史，提升读图、绘图、访谈、审美、逻辑推理等能力，培养地理实践力素养。
⑥对现实地理事象运用要素、时空综合的分析思路给出合理解释，培养综合思维素养；领悟人类顺应自然、因地制宜的有益做法，培养人地协调观素养。</td><td>解惑传道(小组合作)
①共解读：师生解读关键词。
②动手做：A.测位识物——同地点 1 动手做 A；B.找景命名——赏美景找寻展示中心的“海绵”风景线，据形态、布局等命名(雨水湿地、下凹式绿地、植被缓冲带、前广场、绿色屋顶等)，思考其功能价值。
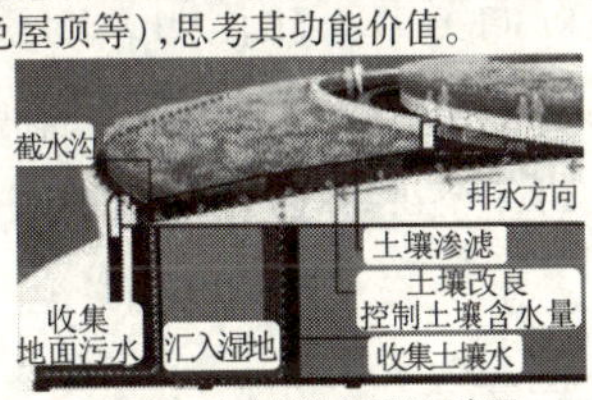

图 9-26　生态馆绿色屋顶示意图
③探因寻果：A.同地点 1 探因寻果 A；B.比较会展公园乙、丙两处(图 9-25)太阳能电池板的作用；了解绿色屋顶建设的技术(图 9-26)探析其建设意义和核心功能；从海绵生态展示中心构建的立体山地海绵净化系统，探讨其建设作用、目的；C.计算山顶至江边的相对高度，综合地点 1～5 观测数据等资料和悦来地形图，小结悦来新城海绵城市试点的生态本底特点和环境质量，结合图 1 和读会展公园+国博中心体系“雨水竖向剖面图”探讨打造生态山地新城的总体建设策略、采用的工程技术措施以及展望悦来新城的未来发展方向等。
④小赛评奖：小结研学过程，竞猜抢答研学相关考题，对优秀者发奖。</td><td rowspan="2">④同地点 4 设计意图④。
⑤引导学生探究山地城市如何利用地形坡度、高差组织径流、高收低用水资源，理解悦来建设成效。
⑥综合运用多学科知识技能解决问题，实现跨学科融合研学，开拓视野，会透过现象看本质，注重人与自然和谐相处的有益做法，学会对区域开发利用、人地关系的分析评判，提升探究、审美能力，培养地理实践力、区域认知、人地协调观素养和家国情怀等。</td></tr>
<tr><td>总结进阶
发展创新
↓</td><td>总结会展公园海绵工程建设达成的目标，领会到海绵工程体系(海绵系统、雨水利用、雨水管网、雨水调蓄等)实施“源头减排”“过程控制”路径。</td><td>总结悦来海绵城市建设“渗、滞、蓄、净、用、排”技术措施和建设经验、特点；领会到海绵工程体系(海绵系统、雨水利用等)实施“源头减排”路径。</td></tr>
<tr><td>倡导应用</td><td colspan="4">以某校园(小区)为例，在新的真实情境中解决新问题，用海绵城市建设理念方法构建理想校园(小区)环境。</td></tr>
</table>

【回归主题】

学生总结本次研学旅行的收获(感悟),教师布置研学评价作业。

结语:

这次研学旅行,让同学们认识到:建设现代新型城市急需转变观念,应由传统以“快速排除”和“末端集中”控制转为“慢排缓释”和“源头分散”控制为主的规划设计理念;建设海绵城市,要牢固树立“山水林田湖草”生命共同体思想,从“源头减排、过程控制、系统治理”入手,综合采用“渗、滞、蓄、净、用、排”等技术措施,统筹协调好“水质与水量、生态与安全、分散与集中、景观与功能、岸上与岸下、地上与地下”等关系,控制城市雨水径流,减少对原有水文特征和水生态环境的破坏,将城市建设成自然积存、渗透、净化的“海绵体”,实现“修复城市水生态、涵养城市水资源、改善城市水环境、保障城市水安全、复兴城市水文化”的多重目标;悦来通过试点海绵城市建设,“形成了良好的水环境和生态环境,小雨不湿鞋、大雨不内涝,200 米可见公园,增加了宜居性,打造了山地海绵城市特色”。

今天,作为研学者来到悦来,诵诗读文领悟先人情怀,用地理、历史、生物、土建、环境等多学科专业眼光品“思蜀”,忆昨日、看今朝、展未来,欣赏、享受美丽风景,探索悦来的变与不变,感悟人地关系、人与水的和谐共生,提升核心素养,记住乡愁;明天,学成之后要主动去营造美丽风景,尊重自然,和谐发展,让更多城市既有“面子”更有“里子”,为悦来的蝶变与腾飞和家乡、世界更美好而努力。相信明天的悦来和重庆,生态环境会越来越好!

[设计意图]前后呼应,升华主题,提升科学知识和审美能力,激发爱国、爱家乡情感,激励研学志趣,培养学习研究与产业结合的能力,是成为有用之才的关键环节。

二、研学旅行长效思考

1.提前踩点　凝练主题

一次好的研学旅行,需要倾情付出。除了文献法外,一定要实地考察,提前踩点甚至多次踩点,挖掘凝练适宜、独特的研学主题课程资源,为合理安排研学行程、时间、内容等打下坚实的基础。例如,为了研学悦来,笔者多年关注研学活动,曾追随姚杰老师(西南大学附属中学校)研学;自己多次踩点悦来,最长一日徒步十余千米;在会展公园请教海绵城市建设工程师,在嘉陵江畔巧遇故地重游的悦来老居民夫妻俩,在滨江路上结识餐厅经理的父亲余老先生,获赠了这位老悦来人编著的记录着悦来老城影像的《我们的老家》,与他们交谈,如沐春风,感受到浓浓的爱家乡情怀,获取了许多有价值的研学主题课程资源。

2.精心设计　优化“剧”本

研学旅行的成败与精心设计与否密切相关,可发动学生积极参与设计。研学旅行的地点设计可从身边着眼,由近及远、远近结合;时间设计可由短到长,据具体情况确定长短;内容设计可依据课标要求，自然与人文相结合，地理与其他学科相融合，教师指导与学生自主选择相结合，多元选择整合研学课程资源；目标设计可按能力、素养培养与促进长效育人来确定。

编写研学旅行手册作为行动的指南。可对文献、踩点、访谈等方法获取的研学主题课程资源加以梳理、深入剖析，可运用“三阶六环四步”长效教学模式精心设计切实可行、操作性强的研学手册，设置问题情境，任务驱动，不断优化“剧”本，指导研学活动的顺利开展。

3.勤思勇行　提升素养

“行胜于言”，实践出真知。教师要不断学习，勇于实践，与时俱进，用以深化认识，转变观念，创新研学旅行。研学旅行前（准备阶段），要收集资料、了解内容，依据课标要求，开发更多研学课程资源，加强安全保障等；研学旅行中（实施阶段），采用研学手册任务引领的方式，将个体学习与小组合作相结合，让学生围绕主题在真实的地理环境中更好地体验、学习、活用所学，深入研究问题，深刻领悟，推因探规，积极行动，生成解决问题方略等，使研学旅行更生动、有趣，做到分层进阶，促进高水平的核心素养育成。研学旅行中的注意引导学生用多种形式（文字、示意图、地图、照片、音视频等）记录事物现象，善于自主发现、提出问题（质疑），勤于探究论证，跨学科融合研学，解决问题，增强研学的层次感、深度感、生动性、创新性，养成“价值认同、身心健康、实践内化、责任担当等意识和能力”。

4.重视展评　激励成长

展示评价可在研学旅行中、后段进行，融合在研学旅行的实施、总结阶段，其形式丰富多彩。

研学旅行前明确研学作业，在实施中体验、探究，后适时总结，按要求完成相应作业，生成实践成果。展示评价形式可个人与分组团队合作相结合，借助演讲、展板、竞赛、表演、议案、发表作品、主题宣传活动等多种形式展示成果，分享乐趣，实现综合评价与激励，提升成果价值，扩大影响力，感受地理等学科魅力，培养学生从研学兴趣、情趣深化到志趣，促人地协调发展，生成长效基因，取得可持续效益。

正如学生（重庆市第一中学校高2020级周馨怡）感言：

“在研学活动开始前，内心一直保持期待，悦来新城发展成什么样啦？海绵城市果真有宣传的那么厉害？嘉陵江边的野餐活动又该是如何好玩？对研学的未知，激动着整个灵魂。而经过为期一天的研学活动，我才真真切切地了解到，悦来之于两江新区，国博中心构其脊柱，‘五城同建’成其躯体，两江之水汇其灵魂，文人之墨又凝其醇厚。

“当踏上国博中心广场之时，才了解到智博会的盛大。当用心进行地形地貌的今昔对比时，才明白人类活动对自然的影响。当置身江岸时，才能感受风吹浪涌。当漫步江边、目光遇见石壁江水、耳廓倾听嘉陵波涛时，才了然大自然的鬼斧神工。当轻声诵读前人文章时，才懵懂知晓何为乡愁。当亲眼观察后，才明白海绵城市建设究竟为何。用双脚丈量土地山坡后，才明白汗水的滋味。当用眼观察、用脑学习、用手记录、用心体会、细致总结之后，才领悟研学之功效。

“回味研学活动，明白自己从中学到的方法，践行的道理，还有快乐的滋味。感慨万千，总结即是‘纸上得来终觉浅，绝知此事要躬行’”。

图 9-27 从生态馆绿色屋顶俯瞰悦来新城(2019.2)

（重庆市第一中学校 付申珍）

【点评】

“我眼中的悦来海绵城”研学旅行选题意在关注城市建设科技的新进展与应用，作为国家认可的“全国山地海绵城市样板”，建设成效显著，具有独到的研学环境和价值。该文主题突出，翔实设计了在项目地开展研学的路线、节点，明确了研学流程和任务，“‘引导发现→指导探究→倡导应用’三阶、‘创设真境→理解概括→分析综合→论证评析→总结进阶→发展创新’六环、‘观察→思考→评论→实践’四步”长效教学模式逻辑顺序展开细致、独到的研学旅行设计，构建出了很有创意又务实的研学旅行设计方案，具有很强的现实指导意义。最后还对研学旅行如何长效提出了建设性的思考。实施该项目，利于培养学科综合能力和地理实践力、人地协调观、综合思维、区域认知等素养，养成“价值认同、身心健康、实践内化、责任担当等意识和能力”，形成助力学生持续发展的核心素养，生成长效基因，取得可持续育人效益。

（重庆大学 贺云华）

三、学生报告展示

“我眼中的悦来海绵城”研学旅行报告

一、研学目的

1.通过实地观赏、查文献、读经典和现场宣传资料，以及用地理工具、现代技术手段观测方位、检测空气质量和识别植物等，认知秀美山川，学会赏景方法，培养收集信息的能力，培养审美情趣和家国情怀。

2.通过研析资料、查询地图、现场观测、实地考察、动手实验、采访咨询等，探究悦来新城地理环境变迁原因，着重观察调研分析该地区的生态环境建设现状，以及生态环境与经济、社会发展的结合情况，领悟水循环过程意义和海绵城市建设方略，学会将所学与实地所见所闻相结合，形成对悦来地区生态环境的具体认识，对其未来发展进行预测与建议，提升综合思维、区域认知、地理实践力、人地协调观等核心素养，培育绿色生活方式和行动能力，增强社会责任感和促进身心健康，领悟研学旅行魅力。

二、研学方法

1.文献法：上网查阅资料、阅读研学途中的说明展板、研读经典作品，获取有用信息。

2.分析法：大胆设问、小心求证，在研析中，提升分析能力。

3.考察法：到具体地点徒步旅行、实地考察；认识地理位置，认识自然、人文地理环境。

4.问询法：必要时向带队老师咨询，通过老师的引导，得到专业、系统的指点，带给自己新的思考。当地的变化与发展，逃不过当地人的眼睛，寻当地人交流，不失了解一方水土的大好良方。

5.记录法：在研学手册（笔记本）中记录关键信息，如问题及其解决过程、解决思路和最后结论，用相机拍摄实地图片，为研学结束后的二次自主学习提供资料，方便日后深入调研。

6.实验法：使用简易工具，获取数据等信息，依据等效替代等实验理论，得出结论，论证猜想。

三、研学过程与成果

（一）研学旅行路线

重庆国际博览中心中央广场→悦来场渡口→悦来滨江公园及滨江路→会展公园→悦来海绵生态展示中心→悦来地铁站。

该研学报告将以路线节点分段，对悦来新城生态环境状况进行报告说明。

（二）悦来现状与小结

1.国博中心中央广场

（1）位置简介

国博中心中央广场位于悦来新城中部，在第二级阶梯上，面朝悦来大道。该阶梯是人工改建丘陵形成平地，与滨江的第三级阶梯和山丘之上的第一级阶梯，一同形成阶梯式的城市布局，在此基础上，完成国博中心的建设，以及相关海绵城市建设布局。

（2）生态环境状况

①空气质量：优。

②固体废弃物（后简称固废）状况：垃圾桶按固定距离摆放，道路未见明显垃圾。

③海绵城市建设情况：此地属国博中心项目海绵城市改造工程，结合国博中心现状条件及使用状况，进行局部改造，形成了屋顶雨水截污式雨水口、下凹式绿地、钢结构屋顶雨水花台和停车位、室外展区雨水花园等一系列海绵城市设施。

在国博中心广场，为了观察地面状况，我们动手做了一个渗水实验（图9-28），其实验过程与结果见表9-6。

表 9-6　渗水实验

实验用品	一瓶水，两处不同地面				
实验步骤	向两处地面倾倒等量水，观察在相同时间内的下渗情况				
实验现象与结果	实验现象			实验结果	
		下渗速度	下渗量	材料孔隙	地面状况
	甲	很慢	很少	微小/少	普通硬化路面
	乙	快	大	大/多	透水铺装路面

图 9-28　渗水实验

由实验可知，曾经单调的硬化路面经部分改造变成了特殊的城市海绵设施——透水铺装地面，透水能力远远强于普通硬化路面，这也是该地海绵城市改造工程项目实施效果之一。

组成国博中心海绵城市建设布局最引人注目的是位于中央广场的两个下凹式绿地。重庆的初春正是少雨的时节，而此处仍储蓄着雨水，且水质良好。水面映衬周围绿地与蓝天、白云，四周绕着银杏。在国博中心地带，众多海绵设施将雨水通过盲管输入下凹式绿地，然后又由绿地利用植被、土壤和微生物，共同作用，截流、净化雨水，控制广场上的初期雨水污染物，而溢出部分则进入雨水管网。此绿地可谓是“一地多用”，兼具蓄水、缓排、净化、景观等多重价值，同时也解决了由土层大量积水所造成的，银杏树易烂根的植保问题，而且雨水径流所携带的氮、磷等物质，可以转变为植被生长所需的营养物质，为绿地周围的植被供养，形成了植被与雨水之间互利互惠的联系。

而被引入雨水管网的水资源，则会进入截流井、调蓄池等设施，经过多个模块的净化处理后，回用于绿化浇洒与道路冲洗。如还有溢出，则会输送至第三阶梯，汇入嘉陵江中。

据悉，国博中心项目海绵城市改造工程流域面积达 2.43 km^2，上游会展公园、下游滨江公园，周边地块统筹考虑。项目实施后，调蓄容积 12 100 m^3，雨水高收低用，每年提供约 128 000 m^3 再生水，节约水费约 45 万元。

(3)小结

国博中心的海绵城市建设工程，为我们展示了海绵城市的具体作用形式，即“渗”“滞”“蓄”“净”“用”“排”六字，研学坊众人在对此工程的赞叹之余，初步了解了海绵城市建设的部分构造及其工作过程，初步体验这座“会呼吸”的城市。

2.悦来场渡口

(1)位置简介

位于嘉陵江畔的悦来场渡口，地处悦来新城城市布局的第三级阶梯。初春枯水期时，大片岸坝露出水面，依稀能见当初悦来场渡口船来船往的繁华景象。现如今，此地被划入“长江三峡库区嘉陵江渝北区饮用水源区”，还建有冬泳基地。

(2)生态环境状况

空气质量：优。

固废状况：未见垃圾桶，有少许固废。悦来古渡口的环境没有想象中的那样乐观，四处有肉眼可见的塑料瓶、纸巾等固废存在。

河流水质：经观察，发现嘉陵江绿水映衬两岸青山，江流宛转返照一方蓝天。此地被划作饮用水源区，水源洁净。午时，研学坊成员在此地午餐，时常有水鸟掠过江面，更有冬泳爱好者，在此河段来回游泳。两岸青山，悠久渡口，更为河段风景增辉。

海绵城市建设：研学小组在到达渡口的途中，发现了一个大型排水管道的出口，管中有少量水流出，有同学玩笑称这是忍者神龟基地的后门，但通过资料了解，不难发现这是悦来新城海绵城市建设中，向嘉陵江的排水口之一。在悦来场渡口，我们观察到江边在修小路，特别的是铺了许多被网罩住的碎石块(图9-29)有一定坡度，向江水方向倾斜，惊奇之余，经研究明白这是一种新型生态河堤，碎石被石笼网网住，透水不透土，与传统硬质水泥河岸比，具有减轻旱涝灾害功效。

图9-29　悦来场渡口江岸网罩碎石块护岸工程

图9-30　师生在悦来场渡口诵读研讨

(3)小结

研学坊众人在古渡口朗读了余光中先生所著《乡愁》《思蜀》等诗文，了解名家对悦来的印象，寻觅余先生少年时在悦来的足迹和乡愁依据，探寻悦来名字由来及发展史，了解悦来自然、人文地理环境，探讨其地形、气候、水文、植被、土壤等特征和悦来“一江两河”综合整治工程措施，为后面的考察做铺垫，对比几十年前的悦来与今天的悦来有何异同(图9-30)。

研学活动让我们发现，悦来场渡口实是凝聚悦来历史厚重之处，悦来的发展史与重庆一脉相承，这里的山水文化衍生“近者悦，远者来”，大量的工业文化遗产，以及巴渝抗战文化遗产；悦来降雨集中、径流形成速度快，水土保持能力差，百年洪水线贯穿而过，江河汛期流量大，水位季节变化大。通过打造海绵城市河道综合系统，“保护和恢复悦来河流的自然形态”，形成内河湿地，结合城市雨水收集、生态净化和回用，使绿带具有雨洪调节功能。

概括悦来新城的建设成果，就是绿树掩映之下，现代建筑丛生，这是一座贯彻绿色发展理念的海绵新城。但新城各处却再没有悦来场渡口那风吹江波、草木瑟瑟的平静闲适，再没有渡口那股浸透得了砂岩砖的沉沉历史感。

3.滨江公园及滨江路

(1)位置简介

依嘉陵江河道而建立，处于悦来新城城市布局的第三级阶梯，是国博片区海绵城市系统之末端。

(2)生态环境状况

空气质量:优。

固废状况:少见垃圾桶,有少许固废,团队成员都自行带走废物。

海绵城市建设:滨江公园中,有一段特殊景观异常吸睛,它由一个个小池塘阶梯状排列而成,叫做阶梯湿地。坡上地段(如国博中心、滨江路)的各种水资源会通过地表径流或地下径流的方式,汇入此湿地,通过湿地植物的净化处理之后,流入嘉陵江,展示牌记录了一系列污染物指标在此过程中下降的数据,见证着阶梯湿地的净化功效。不仅如此,湿地还兼顾着公园景观品质升级,集净化水质、美化环境为一体。

图 9-31　国博中心雨水塘

滨江路上,研学坊众人途经一处雨水塘(图 9-31)。此雨水塘分为两部分,中间由供行人游玩的木栈道隔开,包括自然湿地、水生植物带、木栈道之下的埋涵管和池塘等四部分构成,雨水通过自然沉淀、植物截留、微生物降解处理等方法得到净化,这里种有多种植物形成景观,达到了提升附近居民生活品质的目的,增强了宜居性。通过阅读展示牌得知,像这样的雨水塘,在滨江路上共有两处,分别处国博中心对称线的东、西两侧,呈轴对称分布,两处雨水塘服务面积共计 100 000m^2,年净化雨水量达 90 000 m^3。

(3)小结

途中设枕木步道、思想者雕塑、山房等景点,文艺盎然,为悦来新城“五城同创”之“文艺城”的建设打下了基础。沿岸植物较渡口更丰富,是人工改造的成果,但公园内部鸟语花香,一派生机,维持了生物的多样性。

4.会展公园

(1)位置简介

地处悦来新城城市布局的第一级阶梯,在悦城路与悦来大道之间,与重庆国际博览中心仅一路之隔。此公园依山丘而建,是悦来新城的最高点,可观国博中心与滨江之全景。景色优美,含众多城市海绵设施及展示牌,是此次研学之旅中,同学们吸纳新知、开阔眼界、提升发现、探究能力的又一重要地点。

(2)生态环境状况

空气质量:优。

固废状况:固定距离有垃圾桶,但仅能见少许固废,不确定被分类回收。

海绵城市建设:山坡上的植被缓冲带与植草沟的形成都需要一定的坡度条件,均利用植被特性,截流地表、地下径流,去除其中部分污染物,防治水污染。其中植草沟还能衔接其他海绵设施,此处的南区雨水塘同蜿蜒宛转的植草沟结合,在满足蓄水滞缓、净化的同时,也形成公园一处观景亮点,满足公园的景观需求。

南区雨水塘是在现状洼地基础上打造的,山顶生态塘是现状水塘原位修复的,虽然他们相距较远，但山顶生态塘与南区雨水塘联动，即汇入南区雨水塘的雨水有一部分是山顶生态塘通过泵提升、植草沟(图9-32)转输来的，收集的雨水依靠多种水生植物进行净化和埋地式相关机械进行过滤、消毒处理，最终回用于公园的绿化浇灌、道路冲洗和公园水景，由此形成园区内的一道绿色环保的水循环过程。

图9-32　植被缓冲带植草沟

经查询资料了解会展公园汇水面积共226 000 m^2，其中受纳上游雨水地块约50 000 m^2，调蓄容积7 700 m^3，其对雨水进行高收低用，尽显山城特色，每年可提供75 000 m^3 再生水，节约水费约26万元。

(3)小结

会展公园内的海绵城市建设利用了公园中的场所、水塘，建设公园雨洪调蓄设施，其特别之处在于结合了道路和场地的坡度、地形高差等，确定径流方向，体现重庆山地城市特色，布置雨水收集设施，实现雨水调蓄、净化、回收等工作，减少水资源的流失，控制水体污染，分担周边地区雨水径流，积极贯彻"渗""滞""蓄""净""用""排"六字方针，最终形成了会展公园海绵城市建设总体规模。

5.悦来海绵生态展示中心

(1)位置简介

悦来海绵生态展示中心位于会展公园北部，是海绵城市建设的"博物馆"，内设众多展板，记录了悦来新城海绵城市建设的种种资料。

(2)生态环境状况

空气质量：优。

固废状况：有垃圾桶，未见明显固废。

海绵城市建设：来到悦来生态馆，其场外的一处雨水湿地景观(图9-33)令人心动。同为仿梯田式设计，但这处雨水湿地比滨江公园的阶梯湿地，更精致优美，更具人工规划的严密性。在原有坡地的基础上设置阶梯式水池，增大了蓄水面积，增加径流控制率，在增加流域面积的同时也减缓径流速度，增加水质净化效率。更具特色的是，它体现了山地城市利用地形高差组织径流的特点，为高差大地区的海绵城市建设提供借鉴。

图9-33　生态馆附近雨水湿地

图9-34　生态馆场景

步入其中，其嵌入墙内的植物种植方式令人暗自惊奇。这种新型的景观植物种植方式叫做“垂直森林”(图9-34)。观察发现，墙内每层植物带下填有土壤，金属质地隔离板上有排水孔洞，供水流入下层植物带中，用少量的水，浇灌大量植物，在节水同时，保证了植物的观赏性，增加室内绿化面积，优化空气质量。

在生态馆和山顶生态塘都装有太阳能电池板，通过研究其朝向和功能，可认为，作为太阳能光伏发电系统中的核心部分，其作用是将接受的太阳辐射能转换为电能，或送往蓄电池中存储或推动负载工作，为喷泉提供电能，通过人工方式促进水体循环，净化水质等。

登上生态馆屋顶，通过观赏绿色屋顶美景和分析其建设技术可知，绿色屋顶具有滞留雨水、消减雨水污染物、延迟雨水达峰时间、夏季隔热、美化城市环境等作用。

悦来生态馆是一个多层建筑，其采用绿色屋顶的方式，在建筑顶部设置了花园。整个建筑是现代建筑与绿色生态的融合，解答了如何在高楼林立的现代都市中，保证绿化面积的问题。

(3)小结

海绵生态展示中心构建的立体山地海绵净化系统实现了山地城市有组织径流排放，目的在于打造“生态、智慧、海绵”城市技术应用示范与展示窗口，打造城市未来生活的样板。

在这里，研学坊成员整合之前研学途中所观察到的城市海绵体和观测数据，了解了悦来新城海绵城市建设的基本情况，通过其中所设立的立体模型，直观地领会到此海绵城市建设的山地特色，对悦来新城海绵城市总体规划建设建立了整体认识。

悦来新城海绵城市试点的生态本底特点是“雨急坡陡径流快，土薄高湿持水难”，建设海绵工程体系要从“源头减排、过程控制、系统治理”等着手实施，悦来海绵城市建设经验有“尊重地形保障城市安全，减速固土控制径流污染”，其特点主要有发挥山地地形起伏大、坑塘多留坑塘洼地调蓄控，发挥山地坡度优势依山就势组织径流确保山地水安全，发挥山地地形高差大的优势高收低用水资源，针对山地径流速度快、下渗难通过卵石沟、生物滞留带等控制径流速度，减少水土流失等，实现环保降污、削峰控流、节能减排。通过试点海绵城市建设，悦来“形成了良好的水环境和生态环境，保障了水安全，让市民小雨不湿鞋、大雨不内涝、200 m可见公园，增加了宜居性等，打造了山地海绵城市亮点及特色”。

6.悦来地铁站

(1)位置简介

悦来地铁站在悦来大道旁会展公园北入口附近，处悦来新城城市布局的第二级阶梯，是研学活动的终点站。

(2)小结

研学坊成员在此地与悦来场本土文学家、悦来场发展的见证者、记录者余果老先生进行了交流，从当地人的角度了解到悦来这些年来的发展历程，及相关知识，获赠了余果老先生所著的，记录着悦来老城影像的《我们的老家》一书。

通过对此书的阅读，在感受到悦来人对悦来老城拳拳深情的同时，也弥补了此次研学活动的不足之处，收获了对悦来老城的又一种认识。

（三）问题与对策探究

1.人气不足

（1）现象

悦来新城给人的直观感受就是充满绿色生机但缺少人气，但国博中心等现代建筑又矗立其间，于是现代化城市与葱郁山水之间缺少了人气，这也许就是悦来新城美中不足之处。

悦来新城在会展期间人头攒动，但闭会期间就显得平淡安静了。这不免得出结论：国博中心的展会带动着悦来新城的人潮。

但人气与生态环境间又存在哪些联系呢？

人气检验着悦来新城生态环境的建设成效。研学途中，有同学留心于沿途所建设的垃圾桶，桶内多是落叶，这显示着悦来新城绿化程度良好的同时，体现着此地人气不佳。研学时间正是国博中心闭馆期间，那么在此地人潮涌动之时，其环卫设施建设是否能满足需要？尚未得知。

生态环境的建设成效显著但并未大量吸引游客的光临。研学组在研学路途中所遇游客没有我们想象那么多，这无疑让滨江公园别出心裁的绿化设计受到冷落，多数时候孤芳自赏。

（2）原因

国博中心的闭馆无疑是其主要原因，这体现了国博中心对悦来新城的超然影响，也显示出悦来新城各景区设施的发展不均。

建成时间过短，宣传力度不够，更多的是缺少了百姓之间的口口相传，缺少了百姓间的口碑。

悦来场渡口附近的老悦来已被拆多年，原址如今是一片荒凉景象。

（3）解决方法

国博中心的会展活动多多益善。由国博中心直接带动悦来新城的发展，成为悦来新城宣传的一张名片。

稳扎稳打图建设，实实在在求发展。悦来新城缺少的是时间的沉淀，而发展时需注意细节，如科学建设便民设施，有效控制施工场所的扬尘问题等。

在老悦来场原址，用海绵城市建设理念方法打造一座应用“生态、智慧、海绵”城市技术，具观光、游览、怀旧、时代交融等功能的悦来新城。

2.景色单薄缺乏灵动性

（1）现象

从国博中心开始到悦来场渡口再到枕木栈道。国博的环境很洁净，垃圾桶呈规律摆放；而悦来码头的环境没有想象中乐观，四周有肉眼可见的塑料瓶、纸巾等。特别是一路走来，周围色彩过于单调。绿色居多，虽然绿色是生命之色，但是长时间清一色地观赏，也会造成视觉疲劳。特别是复古风的枕木栈道，富有情调，但周围配色不免过于单一。

在会展公园等地，环境是一流，工程技术也是一流，但在遍布的绿色与各项建设中缺少灵动性。

(2)原因

深究其原因，我们在冬末研学，花几乎还未开放。在悦来新城四季可供观赏的花种植不够，有些地方绿植起到绿化作用，但不艺术；重庆的气候特点冬季温暖少雨，虽说在悦来新城内处处都有含水的城市海绵设施，但它们在实现自身功能的同时，也缺少了水的灵动，缺少了灵动细腻的观赏性。

(3)解决方法

建议在这一路的绿化带上加种花卉，保证四季都有可欣赏的花卉，点缀环境。如此，既可丰富绿色植物的色调，又能提高整体画面的美感。

融入园林艺术手段，将植物控制成各种形状，再以花朵的点缀，为国博的庄严添上一层活力与动感，为各处景点画上一处处灵动的符号。

在适当地点加入喷泉景观，提升整体的灵动性，在刚性的建筑环境中加入温柔的水，可以缓和整体的刚性环境，给游客以柔和之美，丰富其观赏体验。

3.海绵城市功能发挥不够

海绵城市工程之取名，在于借鉴海绵动物的吸水储水特性，但是海绵动物本身是生长在水里的，江河湖海是它的真正归宿。在对悦来新城海绵城市建设工程了解之后，发现其利用到的水资源，主要是雨水，这就造成了在冬春这种降水不多的季节里，部分海绵设施没有发挥其应有功能。而江水在此工程中，仅仅只是扮演着配角，反过来对海绵城的调剂作用有限。“海绵”只接降水而不理江水，是否能在海绵城市中考虑利用江水来孕育“海绵”？

四、研学体会

研学旅行这种教育模式，利于推动素质教育的发展，引导我们适应社会，促进各种知识与生活经验的深度融合。在当今时代里开出一朵引人注目的花来。利用悦来之旅，感知研学魅力，提升科学认知。增强观察力、审美能力，培养家国情怀，发展核心素养，促进“价值认同、身心健康、实践内化、责任担当等意识和能力”。

不到泰山不知其雄壮，不到江南不知其柔美，不到塞北不知其狂野，只有亲自走进悦来才能领悟到悦来的美，余光中深深的乡愁才能勾起我们心中万千的同感。当踏上国博中心中央广场之时，才了解到智博会的盛大。当用心进行地形地貌的今昔对比时，才明白人类活动对自然的影响。当置身江岸时，才能感受风吹浪涌。当漫步江边、目光遇见石壁江水、耳廓倾听嘉陵波涛时，才了然鬼斧神工。当轻声诵读前人文章时，才懵懂知晓何为乡愁。当亲眼观察后，才明白海绵城市建设究竟为何。当用眼观察、用脑学习、用手记录、用心体会、细致总结之后，才领悟研学之乐趣(图 9-35)。

走出去，观天地，尊重自然，绿色生活，主动营造美丽风景，为家乡、世界更美好而努力。我们相信，城市人居环境会越来越好！重庆悦，世界来！

图 9-35 “知行地理研学坊”悦来研学合影(2019.2)

(重庆市第一中学校　高2020级　周馨怡　熊仕琪　陈家立

指导教师　付申珍)

【点评】

该文是学生在对悦来海绵城进行研学旅行的基础上形成的研学成果。选取了其中六个典型点进行了位置简介、生态环境状况、小结三个层级的研析,对片区现状进行了以点带面的调查分析,分析出了悦来海绵城建设与运行中存在的一些现象、问题及原因,有针对性地提出了自己的建议。

该文结构合理,条理清晰,观点明确,有一定的现实意义。从本文可看到,用“三阶六环四步”长效教学模式指导研学旅行,让学生学会研学方法,创造思维得到启发,提升学生学习科学知识能力、审美能力、收集和处理信息能力、综合分析和发现解决问题能力,培育绿色生活方式和行动能力,培养学科专业实践力、综合思维、区域认知、人地协调观等核心素养,促进学会学习、责任担当、实践创新等学生发展核心素养进阶,形成尊重自然、和谐发展的态度和家国情怀、社会责任感,实现研学目标,激励学生研学志趣,不断生成长效基因,助推学生未来走得更稳更远。

(重庆市第一中学校　付申珍)

基于地理实践力培养的研学课程实践
——以“江津滨江路”研学旅行课程为例

为了践行长效教学的理念,实施专家工作室提出的“三阶六环四步”长效教学模式,我们选择了“江津滨江路”作为研学旅行对象,设计了方案,并实施了研学活动,取得了好的效果。

一、准备阶段之方案设计

研学名称:观江津滨江路地理风貌·品几江文化古韵

研学主题:国情市情区情

(一)研学背景

被誉为“万里长江第一路”的江津滨江路为江津城区的护城河堤,于1992年动工修建,截至2015年全长达到20 km,沿长江呈“几”字形蜿蜒伸展,实现了抵御50年一遇长江洪水。

沿滨江路研学，能考察到长江上游河流的侵蚀、堆积地貌，长江上游江津城区段的水文特征，认知亚热带多样的植物生态，探究四座长江大桥桥墩、桥面的形态特征，沿江现代城市建筑风貌和底蕴深厚的江津文化。

（二）研学目标

①考察：对滨江路上各景观、建筑等进行观察、思考、探索，拓展知识，提升对现代科学技术的探究之心，对传统文化艺术作品的欣赏能力以及对传统文化的自信心。查网络、访工作人员，培养自主获取知识的习惯。

②体验：通过玩泥沙、打水漂等活动，增强凝聚力和团队协作能力。

③探究：面对河流、湖泊、植物、昆虫、建筑、雕像等这些真实的自然人文景观，采用小组合作的方式，激发学生不断提出问题，积极思考，多途径获得解决问题的办法，提高科学探究的方法技能，培养创新思维的习惯，发展综合思维、地理实践力等素养。

④设计：通过探究河流的侵蚀、堆积地貌和人地协调策略活动，培养学生创新能力，让学生懂得尊重大自然，学会团队协作，增强自信心。

因此，学生们在研学过程中，在自然社会真实的情景中，用自己的眼睛去观察、用自己的大脑去思考，合作学习探究，很好地实现了学生地理实践力的培养，在潜移默化中形成正确的人生观、价值观，达成了长效教学的目的。

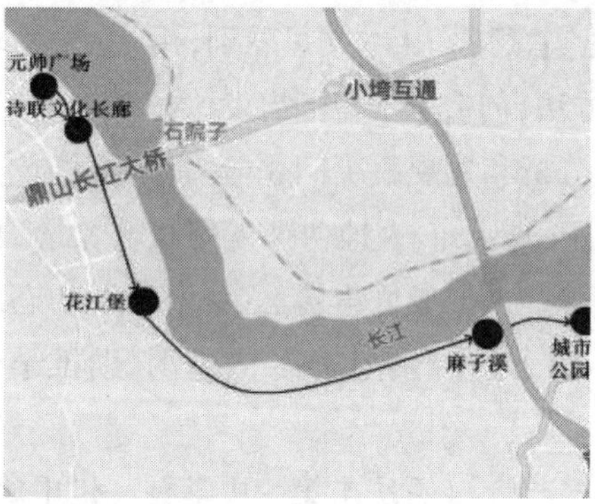

图 9-36 “新津城滨江路”研学旅行线路图

（三）设计思路

主要线路：元帅广场→诗联文化长廊→花江堡→麻子溪→城市公园（图 9-36）。

主要活动方式：每个景点都用到“考察”“探究”“体验”的活动形式，还增加了自我提问探究的内容。除了回答预设的问题外，学生可以根据自己的所看、所想、所感，给予学生更多的自由发挥想象的空间，为学生提供更多的合作学习机会和较大的思维拓展空间。

（四）活动形式

课程设计了“考察”“探究”“体验”“设计”四个板块，力求在一天时间中让学生不仅能快乐游玩更玩有所得。

（五）活动地点

（简介）江津元帅广场——支坪滨江路麻子溪

江津滨江路是江津城市最美的风景，元帅广场是滨江路上的一颗明珠，是江津人民喜爱的休闲活动场所。它是一条集城区防洪、市政交通、城市公园等多功能于一体的城市道路。支坪滨江路除了有以上功能外，它还连接九龙坡区，成为江津几江城区向东连通支坪、珞璜乃至重庆鱼洞的重要向东发展大通道。

沿途可以考察长江河道的流水侵蚀与堆积地貌、河岸沼泽湿地、三峡库区库尾水文、丰富的动植物资源、珍贵的长江鱼类;探究江岸堤坝及长江大桥等工程建设对长江生态所带来的影响;寻求人地协调发展的科学合理措施。

(六)辅助资源及条件

下载有“奥维互动地球”“形色识图”等APP的智能手机一部。

(七)管理机制

①与学生一起学习研学活动安全注意事项,并和家长签订安全责任书。

②两名家长陪同搞好后勤辅助工作(送水、送餐等),协助活动的开展。

③配备两名教师,一位主讲、一位协助。

(八)价值分析

学生通过游览支坪滨江路,了解到江津滨江大道是一条集城区防洪、市政交通、城市公园等多功能于一体的城市道路,道路边不仅修建有樱花步道、植物园等特色游览区,还专门建设了彩色沥青的亲水步道、游乐公园等休闲场所。春日漫步其中,仿佛行走在一条绿色的生态走廊里。学生亲身体验家乡建设成就,激发他们爱国爱家乡之情。观赏雕塑和仿古建筑,从对楹联故事感兴趣到对那段特殊历史的了解进而对楹联文化有热爱向往之情,增强学生的民族自尊心和对中国传统文化的热爱之情。通过此次研学旅行,发展学生的区域认知、综合思维、地理实践力、人地协调观等核心素养。

二、实施阶段之创研活动

研学活动的具体实施内容见表9-7。

表9-7 研学活动

创研活动	课程内容	设计意图	活动评价
1.元帅广场  图9-37	考察活动: 元帅广场的城市功能。 元帅广场的灯光是怎么实现夜间照明的? 探究活动: 元帅广场下的下穿道是怎么修建起来的? 广场上的音乐喷泉是怎么通过声音控制水柱的? 体验活动: 江边考察长江水文特征。	对元帅广场的基本功能和价值进行探究,对江津现在的基本建设和未来作初步了解。	学生充满好奇的眼睛善于捕捉问题,开启探索的旅程。
2.诗联文化长廊  图9-38	考察活动: 了解江津的楹联文化,在楹联中找寻关于江津地理历史变迁的证据。	对江津传统文化和历史有所了解,知道楹联文化,增强学生对家乡的喜爱之情。	激发学生爱国、爱家乡的情怀,深化对中国传统文化的热爱和赞美之情。

续表

创研活动	课程内容	设计意图	活动评价
3.花江堡  图 9-39	考察活动： ①这个雕塑有什么含义或艺术价值？ ②长江三峡库尾在整个长江三峡库区里有什么作用？ 从长江三峡库尾碑记中你了解到了什么？ 探究活动： ①长江三峡库尾在江津，对江津的经济发展有什么重要意义？ ②江津滨江路支坪段对于江津的经济建设和发展有着怎样的作用？	了解长江三峡水利枢纽工程，了解滨江路市政交通的功能及对江津经济发展所发挥的作用。	学生们充满对科学家、建筑工程的崇敬之情。
4.麻子溪  图 9-40	考察活动： 考察“外环江津长江大桥”的桥面和桥墩建设情况。 探究活动： ①探究“津港锚 106”是什么？有什么作用？ ②河滩的沙粒、鹅卵石是怎么形成的，对长江生态有什么重要作用？ ③探究河岸堤坝建设的功与过。	了解滨江路的防洪功能和长江防洪的相关知识。	学生们在感叹大自然强大力量的同时决心努力学习，将来才好建设我们伟大的祖国。
5.城市公园  图 9-41	考察活动： ①谈谈这些道路为什么修得弯弯曲曲，有什么讲究呢？ ②修建这样的红色道路有什么作用？ 探究活动： ①为什么树干的下部往往要涂一些白色的物质，有什么作用？ ②为什么有的树木有木棒支撑，有的没有？ 体验活动： 对感兴趣的植物用“形色”APP 扫出它们的名称和生活习性。	了解市政工程、园林景观相关知识。	学生们初步学会欣赏园林景观，体会运动的乐趣，增进他们对生活的热爱。

三、总结阶段之研学成效

（一）后期反馈

①为了及时总结本次研学旅行的得失，学校要求每个学生都要写一篇研学旅行随记，由教师筛选出优秀作品进行评比，要求每个参加研学旅行的学生写出自己感受最深的人和事，加深学生对此次研学的印象。

②每个班级上报几幅最能体现本人或本班此次研学旅行精髓的照片。

(二)研学旅行感想与收获

①既能寓教于乐,也能激励学生。

②培养学生团队精神。

③增进教师和同学之间情感。

④增强学生安全意识。

研学活动的长效教学流程见表 9-8。

表 9-8 “江津滨江路”研学旅行课程长效教学流程

<table>
<tr><th>三阶</th><th>具体内容</th><th>六 环</th><th>具体内容</th><th>四 步</th></tr>
<tr><td rowspan="2">准备</td><td rowspan="2">确定主题、目标、思路、形式、资源、管理</td><td>课题选择</td><td>研学旅行“观江津滨江路地理风貌 · 品江津城文化古韵”</td><td rowspan="6">主题研学、情境问题
项目研究、实践思考
诗外工夫、典例借鉴
优化论证、成果应用</td></tr>
<tr><td>方案设计</td><td>“江津滨江路”研学旅行课程方案(探究主题、课程背景、研学目标、设计思路、活动形式、适用对象、活动时长、实施主体、活动地点、辅助资源、管理机制、价值分析、实施环节、研学成果)</td></tr>
<tr><td rowspan="2">实施</td><td rowspan="2">考察、采访、实验、探究、设计、创作</td><td>创研活动</td><td>考察长江河道的流水侵蚀与堆积地貌、河岸沼泽湿地、三峡库区库尾水文、丰富的动植物资源、珍贵的长江鱼类;探究江岸堤坝及长江大桥等工程建设对长江生态所带来的影响;寻求人地协调发展的科学合理措施。传承中国传统楹联文化,面对长江美景和江津城市建设成就,创作楹联</td></tr>
<tr><td>形成成果</td><td>考察采访记录、地理景观素描图、做标本、鹅卵石画、原创楹联作品、地理问题探究成果报告、地理小论文</td></tr>
<tr><td rowspan="2">总结</td><td rowspan="2">写随记、讲故事、做标本、办影展、发美篇、评优秀</td><td>展示交流</td><td>讲故事、办影展、展标本、发抖音、发美篇</td></tr>
<tr><td>课程评价</td><td></td></tr>
</table>

此次“研学旅行”活动,安全、顺利、圆满,收获颇丰。走出校园,让师生拓宽视野、丰富知识、了解社会、亲近自然;培养学生的生活技能、集体观念、团队精神;增强学生的社会责任感、创新精神和实践能力。同学们展现出积极向上、文明有序、互帮互助、永不放弃、勇于探索的精神风貌和优良品质。这不仅仅是一次旅行,更是一次特殊的教育与挑战,一次不平凡的体验与成长。

(重庆市江津实验中学校 李江山)

【课后反思】

根据教育部《普通高中地理课程标准》的要求:新时代背景下,人才培养模式的改革创新，着力发展学生地理核心素养，感受新时代中国建设新成就，坚定中国特色社会主义道路自信、理论自信、制度自信、文化自信，促进学生主动地、生动活泼地发展，再结合教育部2016年11月颁布的《关于推进中小学生研学旅行的意见》，要求学生感受祖国大好河山、中华传统美德、改革开放成就，于是在普通高中阶段设计了这一次地理研学旅行课程方案。本次研学旅行活动由学校组织，地理教研组教师团队按照教育部对研学旅行活动的要求，整合地方资源和学科知识，认真开发校本课程资源，按照"三阶六环四步"长效教学模式，编写研学旅行学生活动手册。出发前，对学生进行安全教育和演练，由于安全准备工作做的扎实，使得本次研学旅行活动能安全顺利进行，没有出现安全事故。学生在研学旅行的过程中，通过在江边玩河沙、打水漂等体验活动，在开心玩耍中增强体质，增进友情；通过查网络、采访工作人员、阅读长江保护公示牌、阅读诗词等考察活动，了解众多植物的名称和特点、河流有效的保护措施、优秀诗词对联等，拓宽学生的知识面；通过河流、湖泊、植物、昆虫、建筑、雕像等这些真实的自然人文情景，激发学生小组合作，不断提出问题，积极思考，多途径获得解决问题的办法，提高科学探究的方法技能，培养创新思维的习惯。在河边玩耍的过程中，学生通过堆砌鹅卵石、在鹅卵石上作画等创意设计活动，培养创新能力。以上研学旅行案例，实现了学生研学旅行在体验、考察、探究设计三层次上都有相应的收获，活动全过程，学生参与的积极性非常高，活动结束后，孩子向家长汇报研学旅行的很多收获，家长们非常满意，很多家长纷纷通过微信的方式对老师说："这样的活动，孩子没有花一分钱，却收获了快乐，拓展了知识，提高了生存技能，还培养了孩子爱思考的好习惯，真心希望学校今后多开展这样的活动。"老师们的敬业爱岗、无私奉献精神和学校的办学理念通过家长们的传播，得到社会的高度赞赏，学校和老师们将总结经验，不断改善，践行长效教学理念，积极用实际行动办人民满意的教育。

【点评】

该选题反映了对乡土教学资源开发利用的关注，发掘了有独到价值的特色研学元素，如江津元帅广场、诗联文化长廊等。本研学旅行课程方案的设计与实施科学合理地运用中学地理"三阶六环四步"长效教学模式，经过高一学生一天的研学旅行教学实践后证实，研学旅行这种教学形式很受学生的欢迎。同学们面对长江美景和城市建设成就，对家乡对祖国赞美之情油然而生，在静无声息中潜移默化对学生进行爱国教育和人类与自然和谐共生价值观的形成。学生学会用地理视角观察一个个真实的地理事物，在任务驱动下，积极主动认真实施，掌握"考察-采访-取样-分析-探究-猜测-论证-总结"这一系列科学研究的方法，培养学生地理实践力等核心素养，让学生终身受益。在烈日风雨中，同学们结伴前行，共同克服困难、共同享受合作学习的快乐，在收获合作学习方法的同时，也收获珍贵的同学情谊，这些方法和情谊会陪伴每个学生一生。

这是一个中学地理长效教学成功的教学设计，也是一次成功的教学实践活动，值得在广大中学地理教学中推广借鉴。

（重庆市江津区教师发展中心　黄文山）

基于地理实践力培养的研学课程实践
——以“嘉陵明珠　合碚研行”研学旅行课程为例

针对普通高中学生，结合嘉陵江干流重庆“合川—北碚”段丰富的地理资源，依托地理研学旅行课程，聚焦地理实践力的培育，在充分考虑学生地理学习实际情况的基础上，积极探索普通高中学生地理研学旅行课程的开展与实施。

一、“嘉陵明珠　合碚研行”研学旅行

（一）课程设计

嘉陵江干流（重庆段）全长 154 km，起于合川区古楼镇川渝交界处河道，于重庆朝天门嘉陵江河口汇入长江，河道流经川东平行岭谷区，横切华蓥山南延支脉九峰山、缙云山、中梁山后，形成著名的嘉陵江“小三峡”河段，即山高崖陡、峭拔幽深、风光绮丽的沥濞、温塘、观音三峡谷，宛如长江三峡之缩影，被称为嘉陵江小三峡。

嘉陵江小三峡所在区域是我国地质构造典型区域，诸多地层标准剖面蕴藏其中，地质地貌景观类型多样。同时，在这片山水交错纵横之地，还孕育出独具特色的文化和历史：合川钓鱼城遗址，抗战时期中国教育、商业、文化艺术中心，三线建设时期的工业重镇，草街航电枢纽工程等。总体来看，嘉陵江干流重庆段的自然地理资源和人文地理资源丰富多彩、相得益彰，非常适合开展与实施地理研学旅行课程。

1.课程目标的设计

地理实践是支持学生地理学科核心素养发展的重要手段。《普通高中地理课程标准（2017 年版 2020 年修订）》（以下简称《2017 版课标》）在课程设置中增加“地理野外实习”的模块，在教学建议中，强调加强地理实践，将实践的内涵提升到行动落实的层面，并从提升素养的高度强调实践行动的重要性。为了提高地理研学旅行的实效性，按照《2017 版课标》的具体要求，并结合嘉陵江干流重庆段实际情况，将地理研学旅行课程化，制订嘉陵江小三峡地理研学旅行课程目标如下。

①通过实地考察，记录草街航电枢纽工程概况，说出草街航电枢纽的选址条件，分析草街航电枢纽建设对区域发展的意义及其对当地地理环境的影响和解决措施。

②观察钓鱼城的地理位置和地形特点，探讨钓鱼城遗址布局特点，分析地形特点与人类军事设施布局的关系。

③在明确旅游资源分类和内涵的前提下，结合钓鱼城遗址，说明其价值，评价该处旅游资源的开发条件。

④观察澄江镇地形图、地质图，识别澄江镇滑坡体的范围，分析外力对地表形态变化的影响，说明人类活动与地表形态的关系。

⑤解释澄江古镇内部空间结构现状，说明该聚落的人口结构和商业结构特点，并分析其成因。

⑥观察“澄江—温塘峡谷—观音峡”沿线，识别褶皱、向斜、背斜等典型地质构造；沿途认识石灰岩、砂岩等常见岩石类型。

⑦观察“草街—澄江”段几处弯曲河道，识别河流凹凸岸地貌，描述其景观主要特点，并推断其形成过程；观察温塘峡、观音峡口，识别V形谷地貌，描述其景观主要特点，并推断其形成过程。

⑧观察观音峡“六桥叠翠”，说明交通线与地理环境的关系，评价其旅游开发条件。

⑨运用地理信息技术，获取野外地理信息，设计野外实习方案，了解野外如何生存。

2.课程内容的设计

本次活动采取“情境问题+具体任务+地理主题”的设计思路，突出“问题导向”，以“问题”驱动“任务”，逐步实现课程“主题”。“地理主题”分为自然地理主题、人文地理主题和复合主题。自然地理主题侧重自然地理的某个分支学科，本课程中主要包括地貌主题、地质主题；人文地理主题侧重人文地理的某个分支学科，本课程中主要包括人口和聚落主题、工程建设主题、旅游资源主题；复合主题是结合具体地理景观对人地关系进行分析探讨，本课程中以嘉陵江小三峡地质构造与人类生产生活的相互关系为复合主题。确立主题后，细化为相应的具体任务，并将任务再细化为情境问题，与拟定的观察地点和观察路线相对应，作为培育和提升学生地理实践力的索引。根据设计思路认真筛选重要观察地点和重要观察路段。重要观察点有：草街航电枢纽、合川钓鱼城、澄江镇、观音峡“六桥叠翠”；重要观察路段为“澄江—温塘峡—观音峡”沿线。

（二）课程实施

1.学情分析

本次研学旅行的学员来自重庆市几所知名重点中学的高一年级学生。本次参与的学生，自然地理知识已修，人文地理知识正在学习中，具有一定的区域地理基础；相关学科知识储备良好，实际操作能力较强；身体素质整体良好，性格开朗活泼。总体而言，本次参与的学生学情状态良好。

2.实施过程

本次“嘉陵明珠　合碚研行”地理研学旅行课程的实施过程包括情境问题、具体任务、地理主题、课程目标等方面，具体情况见表9-9。

表9-9　“嘉陵明珠　合碚研行”研学旅行课程实施内容

地点	情境问题	具体任务	地理主题	课程目标
草街航电枢纽	①你能说出草街航电枢纽工程的组成部分吗？ ②你知道船舶是怎么通过船闸的吗？ ③你能识别草街下游河段的河流地貌类型并推断其形成过程吗？	①聆听讲解，以小组为单位，记录草街电站概况，并分析电站建成后对周边环境的可能影响及解决措施。 ②观察船舶通过船闸过程，独立绘制示意图，展示船闸的工作原理。 ③观察大坝下游的弯曲河道，在地图上独立标注凹凸岸的位置，比较两岸景观的主要特点，并推断其形成过程。	复合主题：工程建设、河流地貌	①结合实例，说明工业的区位因素及其对区域发展的影响。 ②说明内、外力对地表形态变化的影响以及与人类活动的关系。

续表

地点	情境问题	具体任务	地理主题	课程目标
合川钓鱼城	①根据你的经验，旅游资源可以分为几类？ ②钓鱼城古战场遗址为何珍贵？ ③根据你的观察，你认为钓鱼城申报文化遗产还需要做哪些工作？	①利用手机进行网络搜索，小组讨论，学习旅游资源的分类。 ②以小组为单位，探讨钓鱼城遗址布局特点，并分析地形特点与人类军事设施布局的关系。 ③以小组为单位，讨论并归纳钓鱼城遗址的价值。 ④以小组为单位，在全面客观评价钓鱼城旅游资源开发条件的基础上，提出钓鱼城申报文化遗产还需要做哪些工作。*	人文地理主题：旅游地理	①说明旅游资源的分类和内涵。 ②说明旅游资源的特点和价值。 ③评价旅游资源的开发条件。
澄江古镇	①你能否找到一处滑坡体及受滑坡影响的建筑？ ②根据你的观察，推测澄江古镇的人口年龄结构特点，并说明理由。 ③你认为纯粮食酒的酿造过程是怎样的？ ④你能说出古镇的建筑结构特点吗？	①以小组为单位，拍照记录澄江古镇的滑坡体和抗滑工程，并探讨滑坡体的成因和抗滑工程布局的合理性。* ②以小组为单位，调查澄江镇人口年龄结构特点，并分析影响因素。 ③探访澄江酒坊，根据自己的独立观察，记录纯粮食酒的酿造过程。 ④以小组为单位，观察古镇的建筑结构特点，记录建筑年代，并分析老建筑损毁严重的原因。	人文地理主题：人口、聚落、工业	①说明常见自然灾害(滑坡)的成因，了解避灾、防灾的措施。 ②描述人口分布、迁移的特点及其影响因素。 ③举例说明地域文化在城乡景观上的体现。
观音峡六桥叠翠	①你能分清“六桥叠翠”的这六座桥吗？ ②你能用示意图展示峡谷两岸的奇特岩石吗？ ③石灰岩、砂岩如何区别？ ④你是如何判断背斜、向斜构造的？	①运用地理工具，识别“六桥叠翠”中的六座桥及其连接的交通线。 ②以小组为单位，分析观音峡河段一千米范围内“挤”着六座桥的原因。 ③观察观音峡河段地貌特点，以小组为单位，绘制峡谷两岸的地质构造示意图。* ④在老师的指导下，掌握石灰岩、砂岩的主要特征，并独立进行石灰岩、砂岩的标本采集。	自然地理主题：地质、地貌	①认识石灰岩、砂岩。 ②识别褶皱、向斜、背斜等地质构造。 ③说明地表形态对交通线路分布的影响。 ④绘制示意图，说明内外力对地表形态变化的影响。

续表

地点	情境问题	具体任务	地理主题	课程目标
澄江—温塘峡—观音峡沿线	①观察河流弯道处，说说河流对凹岸和凸岸地貌的塑造有何不同？ ②你能说出航道分布与河流地貌的关系吗？ ③请自选一处露出地表的岩层，说说你是如何判断其为向斜、背斜或褶皱的？	①观察“草街—澄江—温塘峡”河段河流地貌，以小组为单位，分析河流对两岸地貌塑造的差异。 ②根据自己的独立观察，判断沿线航道与河流地貌的关系。 ③观察临崖公路沿线的山体剖面，独立查找并识别向斜、背斜或褶皱；在老师的指导下，结合地形图、地质图，识别不同尺度下的向斜、背斜、褶皱。	自然地理主题：地质、地貌	①内、外力对地表形态变化的影响以及与人类活动的关系。 ②识别褶皱、向斜、背斜等地质构造。

（三）课程评价

研学旅行的课程目标强调以学生为主体的主动学习和探究，对其评价也要强调学生的主体性。研学旅行的评价要遵循教育内在规律，既要注重旅行形式的趣味性、旅行过程的知识性、旅行内容的科学性，还要注重学生良好人文素养的培育，以及旅行过程中良好习惯的养成教育。

本次研学采用发展性评价、表现性评价和多元主体评价相结合的方式对学生地理实践力进行评价。发展性评价不同于甄别性评价，评价目的是促进学生的发展，只要学生按照要求完成任务，就会给予学生相应的学分。表现性评价则通过对学生开展地理实践活动、运用地理工具、探究兴趣和审美观等进行评价。多元评价中，评价的主体包括学生自己、小组成员和带队教师。这种评价改变了以往只有教师对学生单向评价的状况，学生既是研学的主体，又是自我评价、相互评价的主体，使教与学在评价中得到和谐统一。现选取部分内容（即表 9-9 中加注“*”的部分）为例，进行地理实践力表现性评价量表展示。具体来讲，以“澄江古镇实践活动”为例，设计“地理实践活动评价量表”（表 9-10）；以“观音峡地层剖面示意图绘制与分析”为例，设计“运用地理工具”评价量表（表 9-11）；以“钓鱼城遗址旅游开发条件”为例，设计“探究兴趣和审美观评价量表”（表 9-12）。单个量表直接反映该学生在某个维度的表现水平；综合多个量表的总分，进行平均，可综合反映该学生在整体中的表现水平。

表 9-10　澄江古镇实践活动（观察、调查）评价量表

评价要点	分值	自我评价	小组评价	教师评价
参与的主动性与积极性	10			
材料收集的广度与深度	20			
成因、危害分析的准确性	30			
提出（合理化）措施的可操作性	30			
交流内容的逻辑性	10			
权重分值（20 分）	20%			

表 9-11 “观音峡地层剖面示意图”绘制与分析评价量表

评价要点	分值	自我评价	小组评价	教师评价
参与的主动性与积极性	10			
地质资料收集的广度与深度	20			
地质构造判读的准确性	20			
地质构造示意图绘制的准确性	30			
构造地貌影响分析的科学性	20			
权重分值(15 分)	15%			

表 9-12 “钓鱼城遗址旅游开发条件”评价量表

评价要点	分值	自我评价	小组评价	教师评价
参与的主动性与积极性	10			
图片的代表性	30			
展示内容的逻辑性	20			
原因分析的合理性	20			
提出(合理化)建议的可行性	20			
权重分值(15 分)	15%			

另外,为配合本次研学旅行课程,团队在出发前已将课程相关内容及注意事项编写成《“嘉陵明珠　合碚研行”研学旅行课程手册》(以下简称《手册》),《手册》分为四部分:序言、课程目标、课程安排、课程任务。

二、地理研学旅行的课程反思

1.地理研学旅行课程“前置性学习”的必要性

地理研学旅行能很好地将地理理论应用于真实的地理环境,在研学旅行中,学生依据初步的野外观察作出假设,对收集到的证据进行理论归纳,在实地产生“生成问题”,从教学实践的角度,“前置性学习”成为必然。也就是说,达到这种级别的野外考察必须要有室内学习,充分研究实地的第二手资料(可能来自网络、数据、地图等)才能对第一手的实地环境形成期待,带着自己的假设来到实地验证,才能在实地发现新的地理信息,并提出“生成性”问题。否则研学旅行就失去了科学方法的支持,变成“随便论证”的缺乏科学素养的“随便看”了。

本次研学课程由于学生来自几所不同的中学,且研学活动时间安排在周末,缺乏“前置性学习”的时间与空间,在野外考察的进程中发现新的问题这一任务就成了教师的工作。如果教师自己没有对实地情况对照科学原理进行前期研究,也可能得出错误的结论。因此,从这个角度，前置性学习对学生和研学导师都非常有必要。

2.地理研学旅行课程师资搭配的专业性

地理研学旅行活动的内容围绕地理学科展开，内容广泛、专业性强，尤其是面对野外地理环境，对带队教师提出了严峻的挑战。本次研学活动涉及较多地质地貌学的基础知识，学生的求知欲高涨，提出了许多有价值的问题，但限于带队教师的水平，有些问题不能及时予以回应，错失了良好的教育时机。可见，研学课程的师资配置非常重要。在条件允许的情况下，教师可以与当地大学或科研院所里的相关专家联合，借助专业社会资源，开展高中地质地貌专业化基础实习活动。

3.地理研学旅行课程活动容量的伸缩性

任何区域都有自身的区域特点，也都有开展地理研学旅行课程的可行性。但从高中地理教学实际出发，必须注重所选区域与地理课程内容的吻合，注重所选区域与地理知识的适应与耦合，注重所选区域与地理实践的紧密融合，考虑区域尺度和区域特征的密切关系，这在很大程度上决定着地理研学旅行课程的质量。同时研学旅行课程容量与研学时间安排也是影响地理研学旅行课程质量的重要因素，本次周末研学课程的开展，充分考虑到高中学生课业负担较重的实际情况，在近郊的嘉陵江小三峡河段，选择四个重要观察点和一条重要观察路段，且观测点间的通勤距离也较短，为研学课程的顺利完成提供了保障条件，但由于各观测点的具体任务较多，且缺乏前置性知识铺垫，学生研学任务完成的时间比预计时间晚，造成研学的总结环节稍显仓促。

地理实践力是指人们在考察、实验和调查等地理实践活动中所具备的意志品质和行动能力。由此可知，学生的地理实践力只有在实践活动过程中才能得以锻炼与提升。地理实践活动突出学生的主体性和参与性，关注地理学科的应用性，具有重要的育人价值。地理研学旅行课程，有利于引导学生主动适应社会，促进书本知识和生活经验的深度融合，对于落实地理实践力责无旁贷，是地理课程彰显其实践属性的主要担当，地理研学旅行课程容纳性强，能有效对接其他学科内容，适应其他学科的实践需求，更是开展真正意义上的综合实践类课程的重要担当。

（重庆市渝中区教师进修学院　许方林）

【点评】

该选题内容丰富，结合地理学科专题较多，情境问题、具体任务和课程目标有好的匹配，工作量大，训练环节多，根据研学点的不同主题，设计出了有区别的评价量表，提出了研学旅行“前置性学习”的必要性，师资搭配的专业性、课程活动容量的伸缩性的相应见解，可对相关研学活动的开展提供有价值的借鉴。相信，应用长效教学模式指导并完成此研学旅行，很能锻炼研学成员，利于培养地理实践力等素养。

（重庆市第一中学校　付申珍）

主要参考文献

[1] 陈克军,冷光义.重庆市大学城虎溪河水质污染特征分析[C]//国家山区公路工程技术研究中心,中国公路学会,重庆市科学技术委员会.全国山区公路环境与岩土工程学术会议论文集.北京:人民交通出版社,2008:7-9.

[2] 李孝坤.重庆三峡库区水环境问题与保护对策探讨[J].水土保持研究,2005,12(4):220-222.

[3] 梁亚军.三峡库区畜禽粪便污染状况及治理措施的探讨[J].当代畜牧,2006(5):44-46

[4] 黄川.重庆主城区水污染现状及处理方案探讨[J].西南师范大学学报(自然科学版),2002,27(3):412-416.

[5] 莫福孝,杨百露.三峡库区水污染现状与防治探讨[J].城市建设理论研究(电子版),2013(24):64.

[6] 方俊华.重庆渝北区御临河流域水污染治理规划研究[D].重庆:重庆大学,2004.

[7] 万礼修.高中研究性学习·三年级文科[M].重庆:重庆出版社,2018.

[8] 郭锋涛,段玉山,周维国,等.研学旅行课程标准(二):课程结构、课程内容[J].地理教学,2019(6):4-7.

[9] 段玉山,袁书琪,郭锋涛,等.研学旅行课程标准(一):前言、课程性质与定位、课程基本理念、课程目标[J].地理教学,2019(5):4-7.

[10] 章林伟.中国海绵城市建设与实践[J].给水排水,2018(11):1-5.

[11] 付申珍."三阶五环四步"长效教学模式的实践探究:以"正午太阳高度的变化"为例[J].地理教学,2019(22):16-19+64.

[12] 吴振华,袁书琪,牛志宁.地理实践力在地理研学旅行课程中的培育和应用[J].课程·教材·教法,2019,39(3):102-107.

[13] 胡向东.中小学研学旅行评价体系建设研究[J].决策与信息,2018(12):10-18.

[14] 黄榕青,陈杰.地理实践力培养的过程性评价探究:基于乡土课程资源开发的实例[J].地理教育,2017(6):10-12.

[15] 李万龙,孙旭,韩涛.暑期游学实践与反思[J].中学地理教学参考,2017(4上):14-16.

[16] 中华人民共和国教育部.普通高中地理课程标准(2017年版2020年修订版)[M].北京:人民教育出版社,2020.

[17] 许方林,陈昀暄,魏大明,等.基于地理实践力培养的研学课程实践:以"嘉陵明珠 合碚研行"研学旅行课程为例[J].地理教学,2019(14):50-53.

第十章　长效教学实施反馈展示

为了了解长效教学模式指导和应用的效果以及反映工作室长效教学研究历程，项目组在开展相关活动的同时，积极撰写活动简报，指导学生撰写心得体会与感悟，并积极收集反馈信息。本章收录部分作品呈现给读者，以期为长效教学的开展与研究提供借鉴。

第一节　长效教学学生反馈研究

从课堂教学和研学活动入手构建和运用长效教学模式，效果如何？我们通过请学生写学后感想、活动心得和研学纪实以及填写调查问卷等方式（是否署名，学生自愿），收集了部分代表性的反馈信息，获得了第一手资料，可用于指导教学，促进长效教学模式更适合师生需求。现选取部分学生从不同视角表达的想法，以期为长效教学的开展与研究提供启示。

一、课堂教学反馈

以下呈现的是付申珍老师在重庆市第一中学校高2020级尝试用长效教学模式教学“正午太阳高度的变化”一课学生的反馈情况，当时课堂上学生的积极互动和课后学生的真情表露，使授课教师深受鼓舞，增强了继续探索长效教学的信心。

“正午太阳高度的变化”教学课例学生评价片段（摘录）

“这堂课独一无二、独具匠心。上课时让人感觉真的随着老师一节课去了各地考察、得出结论，令人印象十分深刻，就像在亲自参与科学的研究。优点：新颖、有趣，易激发学习积极性！能够将知识结合在生活中，更能生动形象地掌握知识。真人实地走访，认识到地理就在我们身边！感悟：读万卷书，行万里路，知识应结合生活与兴趣来学！留心生活。”（文俊筱）

“亲身考察、实地测量、与专家探讨并录制视频，这些方法让课堂更生动，也更真实，跳出了理论的拘泥。画图讲解的方法也更能让我对地球有一个整体概念。”（张若茗）

“独创的教学方法让人眼前一亮，实践与理论相结合，有时通过图片分析，走南闯北量长度的结论让人佩服。整个课做得很好，由案例入手，以小见大，分析原因联系书本知识。”（代

雪瑶）

“以一种饱满、热情的力量给我们讲了精彩的地理课，将实践与理论完美地结合、亲自去西安了解，亲身体验石圭表，还去访问了小区楼房采光问题。是我所上过的最精彩、最能理解和最能感受的课。其实不用老师要求我自己也会写下这些感受，因为我第一次发现原来还有我能全身心去投入的课程。而且，还让我们懂得学这些课的原因，是从现象看本质，我不仅能学地理知识，更能学人生知识，无论以后学什么，都能将地理课学以致用。”“亮点：逻辑清晰、证明严谨、讲解透彻。感悟：老师清晰透彻的讲解让人印象深刻，对于地理这一门学科不再是死记硬背，更多的是一份深刻的理解。”“理性与常识相结合，为我们展现了日常生活背后的深刻科学原理和逻辑魅力所在。古今与历史文物结合，我们可以从太阳高度想到圭表，让地理真正生活化；想到太阳能热水器的放置角度，真正实用化。这才是真正的地理教学，这才是老师应有的教学风范，这才是能使学生感动的地理课堂。”（路人甲）

“在正午太阳高度角变化的学习中，我认为付老师的教学方法非常形象，数形结合更有利于我们这个阶段学生的理解与消化，并且在课外探究的视频中带我们领略石圭表，扩宽了大家的视野，使我们不再局限于书本。”（未署名）

“‘以小见大’看世界（太阳高度角的变化），付老师用自己的脚步丈量了世界。老师的PPT 中居然全是老师走南闯北的图片，通过图片能推测图片的拍摄时间，还能测试楼距，让我认识了什么叫将知识与实践相结合，如何以小见大。拜托当地的曹老师为我们介绍，足以见到老师的用心与创新。将生活与知识结合，将理论与实践结合，在一个课题中领悟生命的真谛。”（未署名）

“付老师的讲课方式令人眼前一亮，她将生活中的问题与书中理论相结合，而亲身考察的例子让我们能理解得更好、更快，记忆的也更为深刻，还有画工也实为一大亮点。付老师勇于探究不断实践的精神也值得我们去学习，为了传授好知识而不断地付出也令人钦佩和感动。”（池彦青）

“感悟：①首先，画圆技术不得不令我佩服，画图标准后可以让我们更加深刻的理解，图形与文字结合，想象与实际串联，很好；②PPT 上的图片均来自老师实地考察后的图片，更有真实感。令我印象深刻的是曹老师在告成用圭表测量时间的视频，是老师亲自去录的，形式更加新颖，添加了许多创新的元素；……”（袁佳忆）

“老师教学方法很好，圆画得很好，让我明白在生活中发现地理的亮点是将地理融入生活，将地理应用到实际生活中，理论与实践相结合，感悟就是收获很大，讲得也很详细，太阳高度角的推导过程也十分清楚。相信跟着老师的教学走，地理成绩一定会有所提升。”（彭郅杰）

“上了付老师的课，收获颇多，也很惊异，原本枯燥的高度角知识，就这样变成了一盘美味又营养的佳肴，而其中说得上‘最’的，应该就是‘实践’二字解释到了极致。一般课堂无非是几张网上图片，教学视频就草草称之‘实践’，但听了老师的课，竟发现原来课还能这么上——亲身实地去考察。说实话，仅仅一张照片就可以给人亲身实地的体验，更不必说数十

张照片,加上口述甚至视频的‘组合拳’了。因此我不禁爱上了地理,也爱上了喜欢自拍的付老师。”(冯启航)

“地理,即是地球运动与地球蕴含的道理。学习地理,必须用心去悟出其中的道理。付老师上课十分认真严谨,其中的很多方法与内容具有很强的典型性、知识性和可操作性,且经典易懂,易接受。学习正午太阳高度角变化是一个有些抽象与困难的内容,但在付老师走南闯北搜集到的各类事例、材料、建筑中,再配合详细的分析、讲解、计算,我们很快掌握了这类知识点,同时也懂得了学地理必须要有一颗严谨求实的心。”(罗文涛)

“在学习这一节之前,我都没有认真思考过太阳高度这一问题。内心深感这个宇宙的奇妙和神奇。地理这门学科不仅仅存在于书本上,更存在于生活的点点滴滴之中,因此,我要认真学习地理知识,并运用到生活中,让生活更美好!还要多思考生活中的小现象,小现象也有大发现。”(甘芷蔚)

“正午太阳高度角,非常神奇,它可以为我们展现生活中各种小现象的原理,它可以帮助我们计算时间,各地的位置,在生活中非常实用。老师通过一个视频给我们讲述了许多新知识,也引发了我对地理学科的浓厚兴趣。兴趣是最好的老师,它能使我在地理学科上继续前进。地理是一门实用的学科,它能在生活中很好的应用。”(雷雨山)

“学了太阳高度角这一知识不仅让我学到书本上的知识,更能让我在以后的生活中受益。特别是看了曹书敏老师为我们讲解观星台的视频后,我不禁想为地理研究者致敬!地理无时无刻不出现在我们的生活中,所以我们要学好地理为以后生活埋下基础。”(刘东阳)

“地理源于生活,我们要有一颗善于观察的心,用心感受生活,学好地理知识,并把它们应用到实践中、生活中。自然地理奇妙无穷,太阳高度角的变化也给人们的生活带来了很大的影响,人们利用它让生活更加丰富多彩,也更加高效有序。感谢亲爱的付老师教给了我们许多有趣的地理知识。我希望在今后的日子里能向您学到更多地理知识,并从内心培养对地理的热爱。”(王同学)

“敬爱的付老师,第一次上您的地理课时您就给我留下了一个和蔼可亲的教师形象。现在经过了一个多月的学习我对您的地理课有了如下方面的感想:①课件:在课件中有许多模拟的图形或真实的照片,以形象和直观方式阐述知识点在现实中的印象及实际现象对知识点的提炼。②实地考察:感受最深的是本周四您为我们讲述太阳高度时为我们展现的对高楼采光影响的事件,我想大多数人在知晓这则新闻后,很快就会将其忽视,可您却以新闻为线索,实地考察后将结果及数据分享给我们,既以此为例,为我们讲解知识点,又让我们明白了平常事并非小事的道理……”(未署名)

“和生活联系起来了,上课感觉更好玩了,知识点记得更牢一些,也发现课堂上讲的真的不仅是一条条的知识,还是在生活中也可以运用的”“原来只有定性的思考,现在有了定量的认识,觉得世界很奇妙。老师很用心,有我想学的东西。”(王壮宇)

“感悟:要善于从生活中发现自然科学的奥妙。”(朱红军)

“上完这堂地理课,我确实感受到地理的妙趣横生和世人的智慧。也明白了学地理不该纸上谈兵，而应该在实际生活中去体验，再用理论知识来总结。……老师不辞辛苦实地考察也给了我们‘实践出真知’的启示。”

“让知识不再停留于书本，更能吸引学生的兴趣，不仅丰富自己的生活，也丰富了学生的视野，讲解知识结合自己的实践经验，使学习内容更生动。”(王艺霖)

“感悟：学到了很多，付老师能为教学四处奔波，其精神十分令人感动”“很有趣的，也是最精彩的课，付老师去了好多好多地方，但我看到的不仅是娱乐，更是一种情怀。”(徐同学)

“相比于直接从书本上获取知识而言，我更乐意听有实地考察的例子并结合概念的课程。”(HLT)

“你的教学方式很新颖，将理论与实际相结合，有利于激发我们对学习地理这门学科的兴趣，让我们了解到地理中的知识与我们息息相关。其次，也在教学中向我们灌输要观察自然，以小见大的理念。”(未署名)

“付老师讲的课很真实，非常的敬业。她用亲身行动、社会实践，将书本上陌生无感的知识，投影到了现实生活中，让我们更好地理解知识，这种教学方法是十分可行的。”(未署名)

……

由上述摘录的众多学生评价可以看到：首先，学生对教师运用长效教学模式指导的教学感到新奇，对整个教学过程是肯定和积极投入的；其次，认为教师的教学方法独到、趣味性强，让他们认识到学科的应用价值；最后，对学生的地理能力和地理学科核心素养的提升有示范作用。长效教学可行，效果可以持久。

二、研究性学习反馈

每次运用长效教学模式指导研究性学习，学生都认为收获颇多，现摘录一例以了解长效教学模式用于研究性学习活动开展的相关情况与意义。

“重庆大学城虎溪河治理”研究性学习感悟

一、调研随笔

昔日的虎溪河，碧水绵长，与天空的颜色辉映着，给人以悠闲娱乐之感。近年来，虎溪河仿佛被搁置一旁，少人问津，缘由便是，其逐渐恶化的水质，甚至弥漫着臭味。出于对健康等的考虑，人们开始远离它。

不愿让虎溪河就此发展，我决定为它贡献微薄的力量。为此我先后开展了两次实地考察调研活动。

第一个采水点位于重庆大学城金科廊桥水乡处，这里处于虎溪河的上中游段。初至这里，映入眼帘的是偏绿的河水，不免心生疑惑，走近一看，水面上生长许多的浮藻，流速较慢。两次调研的水质均不太好。在调研途中，两次遇到了同一位垂钓老人，据说他家住重庆大学教师住宅区，常来河边悠闲垂钓。他说这里的鱼是可以吃的，但也有些人对此心存顾虑，说明周围人们对虎溪河的水质是有所怀疑的，认为它对人们身体健康等是有影响的。

在第二次调研中针对这一段河域设置了“虎溪河近况如何”“虎溪河污染对健康有无影响”等问题,我们发现,这一段河域是已经经过治理后的成果了,由于周围开发了房地产,推动了这一段虎溪河的治理。由此可见,房地产开发能在一定程度上推动对流域的治理。而这一河段的人们普遍认为虎溪河近况不太好,虽相比几年前有了一定的改善,但仍需要加大力度治理。另外,人们都觉得污染的虎溪河多多少少对健康有所影响。

第二个采水点位于重庆大学中段处,这里的环境相比前一河段就好了许多。竹树茂密,河水叮咚,给人以清幽之感,不失为一个好去处。据附近的洗车场的阿姨说,重庆大学的学生有时会到这里游玩,以前这里有农家乐,已经搬走,而某医院即将搬来。

这不得不引发了我的思考,相较于采水点1处,这里的水流速度明显快了许多,而且来这里的人较少。或许这是这里水质相较于1处较好的原因。

而医院的建设,我认为,有弊有利。医院的建设,自然会带动这里的经济,医院也会为了病人着想,从而对水质及景观进行一定的改善,使其成为一个较好的散步地点。但坏处是,医院的建设意味着水污染的来源又会多一些,周围的人口也会增加,无疑会对虎溪河的污染埋下隐患。

第三处采水点位于重庆大学图书馆附近,到达河边后,我先是在离下山道远一点的地方取水,感觉一股臭味扑面而来,这里的水质明显差了许多。取水后发现水中悬浮物较多且颗粒较大,水色也偏黄。在靠近排水管道旁发现,管道口有气泡冒出。第二次调研中,约13:00,有大量污水排出,污水中有许多较大的颗粒物,似有厨余垃圾,不过可以确定的是大多为生活污水,并未经处理。一时河水呈些许白色,特将此时的水取样。

在第四处取水点附近,靠近河水就能闻到浓烈的腐臭味。由此看来,从虎溪河上游到下游水质逐渐变差。

在第二次调研的过程中,我们广泛地发放了问卷,对重庆大学的教师、学生、附近工人、员工以及居民进行了调查。从问卷结果来看,大家都希望发展此地的旅游业,通过增加人文魅力和响应相关部门号召,达到改善水质的目的。大家也都愿做好自我,为其出一份力。

通过查找文献资料、寻求帮助、实地调研等过程后,完成了一份治理报告书,希望能对虎溪河的发展有所影响,也希望能引起相关部门的注意。

二、收获体会

1.小问卷大学问,发放问卷练表达

问卷设计:选修课的第一节就是问卷调查方法介绍。听老师讲着问卷调查的相关知识,作为调研最重要环节之一的问卷设计和发放让我们惊讶,一份小小的问卷背后,竟蕴含着调查者的心血,并且与调研走向息息相关,其中还包含着许多,例如口语交际、设计等多方面的能力。我们跃跃欲试,不仅是对未知充满着好奇,也明白保护重庆生态环境,作为中学生的我们有着义不容辞的责任。开始设计问卷,把我们想了解的都装进问卷里,但这样显得多而杂,毫无目的性。于是,我们将目的列出,查找相关资料,寻找老师帮助,一份完整的问卷终于完成了。

问卷发放：在问卷发放的过程中，我们对附近工人、居民、学生等都利用问卷进行了全面而深入的了解，大家都很真诚，都为我们贡献了极为宝贵的看法和期待，在一次次与公众进行交流的过程中，既锻炼了自己的胆量，也训练了自己的口头表达。

2.学习专业知识，收获颇丰

在调研过程中，我们走访了市环保局（现“生态环境局”）并参观了彩云湖污水处理厂，了解到了许多关于水污染的专业知识，对于我们的水环境研究起到了一定的借鉴作用。

3.采水艰辛而快乐，测试水样获益良多

在调研的过程中，选取了数个取水点，分别两次取水保证取样的准确性、全面性。通过亲自取水，学到了采集水样的注意事项和相关知识。取水样的道路泥泞难行，采集过程较为艰辛，但我们累并快乐着。测试水样也让我获益匪浅，在采样的过程中，还遇到了许多附近的居民，对虎溪河的了解也更深了。

4.论文的形成跌跌撞撞，反复修改终见彩虹，成文过程收获满满

调研的路途虽然辛苦，而统计分析的工作也不是件易事，在创作文章的过程中，我们收获了许多。经过同学们之间思维的碰撞，互帮互助，老师尽心尽力的指导，让我们一步步坚持下去创作文章。

从水样的综合分析到原因探讨，从问卷的探讨到治理措施的研究，从大量文献的分析到身临其境地感受，每一个环节都有长效价值。数据统计，应用数学统计学的知识；经济影响，运用政治经济学的分析，在创作过程中，进入了多学科天地。

搜集相关资料，结合专家指导，反复修改文章，看着文章从最初的大纲到初具雏形再到最后的打印成册，自豪感油然而生。

在论文形成的过程中，学到了关于水污染的相应知识，提高了综合能力，头脑风暴收获满满。

总体感受：成长、责任、感恩、快乐、难忘。

环境科学与生态环境与每一个人息息相关，作为中学生的我们更有义不容辞的责任，怀揣对自然的敬畏和保护环境，力做贡献的决心，全身心地投入，通过文献研究、实地考察、公众调查、统计分析等，有了自己的一点想法，希望有所作用；在调研过程中，增长了自己的知识，也开了眼界，学习到了各个方面弥足珍贵的技巧，包括表达、统计等，头脑风暴、讨论交流也让我收获了同伴情、师生情，这是一段会有长期效益的旅程。

（重庆市第一中学校 高2019级 郭一颖

指导教师 付申珍）

第二节 研学旅行长效教学反馈研究

一、教师反馈

教师们运用长效教学模式指导研学旅行的开展,其效果如何?我们通过设计相关问卷,如“中学地理研学旅行实施现状调查问卷”,并发放问卷进行调查研究,了解到长效教学模式的应用效果,也为今后更好地开展研学旅行长效教学及相关实践研究提供参考。

中学地理研学旅行实施现状调查问卷

亲爱的同学:

你好!

我们是重庆市教学专家付申珍工作室学员,为了解中学生对研学旅行这一新兴的学习方式的实施情况,特设计了这份调查问卷。本调查采用不记名方式,答案没有对错之分,真实作答就是最好的回答。此问卷的答案仅用于研究,不会对你有任何影响。我们工作室全体成员在此表示衷心感谢!

你所在的学校__________ 年级__________ 性别________

1.你最希望谁来组织开展研学旅行活动(　　)。

A.家长组织　　B.学校及科任老师组织

C.社会研学机构组织　　D.旅行社组织

2.你认为研学旅行最有效的组织方式是(　　)。

A.全班集体行动　　B.分小组行动

C.个人自由行动　　D.其他

3.你认为研学旅行过程中最有效的学习方法是(　　)。

A.网上查阅　　B.采访咨询　　C.合作探究　　D.实验体验

4.你认为最适合中学地理开展研学旅行的主题是(　　)。

A.经济　　B.政治　　C.文化　　D.科技　　E.社会　　F.生态

5.你认为研学旅行前准备最重要的是(　　)。

A.研学课程资源简介　　B.目的地法律法规

C.社会风俗　　D.知识储备

E.通信录　　F.物品备忘检查表

6.你觉得地理学习中最适合进行研学旅行的内容是(　　)。

A.行星地球　　B.地球上的大气

C.地球上的水　　D.地表形态的塑造

E.自然地理环境的整体性与差异性　　F.人口的变化

G.城市与城市化　　H.农业地域的形成与发展

I.交通运输布局及影响　　J.人类与地理环境的协调发展

K.其他

7.研学旅行在地理学科核心素养方面成效最显著的是(　　)。

A.人地协调观念　　B.综合思维　　C.区域认知　　D.地理实践力

8.通过研学旅行让你养成的意识和能力有(按重要程度排序)(　　)。

A.价值认同　　B.实践内化　　C.身心健康

D.责任担当　　E.其他

9.你认为研学旅行教育效果最突出的是(　　)。

A.资源环境意识　　B.家国意识　　C.人口意识

D.生态文明建设意识　　E.全球意识　　F.其他

10.在研学旅行过程中,发现有人违背自然规律,破坏生态环境的行为,你觉得最合适的处理办法是(　　)。

A.立刻去制止　　B.现场收集证据,回到学校给相关部门写信

C.打电话告知相关部门工作人员　　D.告知家长或老师

11.在研学旅行过程中,发现自然社会实际状况与书本内容不一致时,最有效的做法是(　　)。

A.问老师或专家　　B.网上查阅

C.同伴合作深入探究　　D.作记录留作今后思考

12.你认为研学旅行行后成果记录对于长效学习最有成效的是(　　)。

A.撰写研究报告　　B.写作随笔　　C.写作散文

D.写作游记　　E.完成研学旅行手册作业

13.通过参加研学旅行,你看见、听到、学到、悟到并对自己未来发展有长效作用的内容有哪些?

14.通过参加研学旅行,你发现、提出的问题和已解决的问题分别有哪些?

15.今后你的行动是什么?

16.你对如何开展研学旅行的建议有哪些?

(重庆市江津区教师发展中心　黄文山)

二、学生反馈

每次参加以长效教学模式指导的研学旅行活动，学生们都觉得收获颇丰，现摘录几例以了解学生们活动开展的收效情况与意义。

（一）处处留心　处处研究
——“我眼中的悦来海绵城”研学纪实

2019 年 2 月 17 日，这一天注定不平凡。清晨，坐上地铁，向余光中先生口中的芥末小镇悦来场进发。在刚到之时，悦来，在我的眼里不过是一个人烟稀少、道路广阔之地。这天并没有前几日那样暖融融，反而是夹杂着些许凉意，似乎是冬日最后的挣扎。我们的知行地理研学坊的一次研学活动就选在此地，在珍珍老师的带领下按研学旅行长效教学模式及任务单的指引徐徐展开（图 10-1）。

图 10-1　在悦来国博中心研学

从国博中心地铁口走出，映入眼帘的是一片宽阔的广场，只要站在广场前方的旗杆下便可将整个国博中心的全貌收入眼底。但值得注意的是，这一片视线开阔的空地，与周围连绵起伏的丘陵地形显得有些格格不入。经过软件两步路的查询，悦来海拔不高，整体呈丘陵地形。这座小山坡经过人工改造后，铲出一片广场来，摇身一变，蝴蝶形的国博中心修建其上，在为来自世界各地的展览及活动提供平台，为每一位展商创造无限商机的同时，极大弥补了重庆缺少一座大型展馆的不足。

我们的活动也从这里启程。集合好所有成员，老老少少聚集一堂，明媚的笑容氤氲在空气里，一张张照片就这样存进我们的回忆里。在整个广场的最左边陈列着几张大展板，上面细述着国博中心海绵城市改造工程的内容，从布局到方法分门别类的归纳清楚。

海绵城市建设，目的在于充分利用雨水资源，降低用水能耗，防治城市内涝，保护周边水环境，实现水资源可持续循环利用。为了达成这一宏大目标，悦来建立了雨水调蓄回用池系统、湿地水草系统、下沉式雨水花园、滨江公园雨水湿地、停车场下沉式雨水花园、雨水塘等。

为了验证海绵工程的有效性，珍珍老师首先带领我们来到展板不远处石子路与地砖路的交界之处，一位同学向两种不同的路面同时倾倒等量矿泉水，观察下渗情况。效果很快便体现出来：孔隙多、大的透水铺装路面水下渗很快，只留下淡淡的水痕；孔隙少、微小的普通硬化路面清水全摊在路面上，下渗很慢。这个小实验直观而明确地向我们展现了海绵城建的优越性。通过在城市大量运用海绵体石子地，能够有效防治城市内涝，因海绵体路面具有摩擦力大的特效，使其能在下雨天不易湿鞋，起到有效防滑的作用，可提高道路安全系数。

进行完小实验，我们沿着国博中心的侧翼继续向前进行我们的旅程。不难发现，在沿着

N1～N8 的路边散布着各种大小的下沉式湿地，未到开放期的睡莲静谧地在浅洼里安眠，黄菖蒲在雾霭沉沉中摇曳，半人高的芦苇将它修长的身影投映于水面……简直就是一座座生机勃勃的生态园！

绕过国博中心，一行人走过几个大型雨水花园改造型停车场，每一个停车位中间用白线和两棵小树隔开，在井井有条的基础上又做到了生态保护与美观相结合。一路上，同学们叽叽喳喳地讨论着自己今日的见闻安排，春节的喜悦仍停留在大家身上，为这一次的活动注入朝气。

走过一条南北走向的交叉路，在枝丫纵横交错中寻觅到一条通往江边的小径，几经波折，跨过坑坑洼洼的田间地堑，来到我们的目的地之一——悦来场古码头。从厚实的黄葛树树荫走出，一条翡翠河流出现在我们的眼前，视线豁然开阔。与我们常见的嘉陵江污浊的样子不同，如果将朝天门前流淌而过的嘉陵江水比作古稀之年的老妪，那么眼前的这微微泛着波浪的清亮河流便是正值豆蔻年华的少女，澄澈而富有活力。走进一些细看，大块的岩石散落在江边，细小的沙土分布在久未有人涉足的古渡口台阶上。

同学们从书包里拿出事先准备好的报纸、防潮垫，围绕着梯坎席地而坐。打开按照事先准备好的《余光中散文精选集》，跟随少年余光中的足迹，从悦来场的江边走过；看，江水从万山丛中滚滚南来；听，那滔滔的水声日夜不停；嗅，焦壳崩裂香热可嚼的白果飘过校园……悠扬的音乐响起，心熟的《乡愁》被同学和嘉宾饱含深情缓缓朗诵，少年余光中在悦来场度过的七年难忘青葱岁月，在珍珍老师对《思蜀》一文的赏析中娓娓道来。看着眼前被冬日寒风吹动翻着小浪的碧绿色江水，我仿佛能够明白，曾经，在浅浅的海峡那头，为何已步入老年的余光中先生，会对悦来这芥末小镇饱含着能融化两岸的乡愁（图 10-2）。

与余光中先生进行一场心灵交流之后，便到了午餐时间，同学们拿出事先准备好的食物，围坐一堂。尽管身处荒郊野岭之地，周围只有园林与滔滔江水相伴，但却像是享受着玉盘珍馐，喜不自胜。

图 10-2　在悦来场渡口研学

图 10-3　在悦来场渡口研学合影

饭后，同学们将残余废物放进事先准备好的垃圾袋中，换上白衬衫，又一次在镜头中留下了明媚的笑颜（图 10-3）。本是阴霾的天空竟奇迹般地开始放晴，阳光透进空气中，带来最温暖的问候。

整理好行装，沿着来时的方向，继续踏上这注定难忘的旅程。在我们脚下的，是用火车

图 10-4　悦来滨江公园阶梯湿地

铁轨枕木做成的步道。它们褪去曾经的沧海桑田，卸去沉重行囊，选择停在悦来场，选择停留在山岭间，与自然为伴。沿着步道继续向前，驻足滨江公园阶梯湿地（图 10-4），这里的水来自坡上地段的地表径流或地下径流，通过湿地植物的净化处理之后，流入嘉陵江，既保护生态环境又美观。周遭的景色仿佛静止一般未改变，江边的清风吹拂到同学们的脸上，似在抚慰因长途跋涉而疲惫的灵魂。

大约经过四十分钟的行程，我们来到重庆悦来会展公园南入口，一块醒目巨石上书烫金字样静静地耸立在空地的正中央。同学们在经过大半天的行程之后，一个个都蔫耷耷的，垂头丧气，不复早上的朝气蓬勃，于是就决定在此稍作休息。

在巨石的两侧，两条由大小不一的石灰石组成的蜿蜒小径，通向山坡的顶端。看着一块块咯人的石头，隐隐约约就觉得小腿酸痛，前进艰难。不过，仍是咬牙向上前进。渐渐地，一丝丝芳香自不远处传来，吸引着我们。之间在半山腰处，红的梅花、粉的樱花、白的梨花在枝头竞相开放，各领风华。虽人人都是厚衣加身，看到这漫山遍野的春色，也忍不住幻想着“日出江花红胜火”景色的无与伦比。

攀至山顶，便可一览悦来全景，寓意着重庆会展经济蝶变和腾飞的蝴蝶形会展中心卧在四周丘陵怀里，碧色嘉陵缓缓流过。开阔的视角总能激发人们对于宏伟壮阔的感慨，身处世间，以蜉蝣之躯观沧海至伟，一切疲惫忧伤都随云远去，无迹可寻。公园的整体从高处看去，是由三个池子作为整体扩充而成。三塘依山而建，顺着地势，从海拔约 300 米处引山水而下，流经弯弯绕绕的曲水塘，向下面低处的南区雨水塘进发。实现慢排雨水的计划，在有效利用水资源的技术上，防治水土流失，维持周遭的生态平衡。在南区雨水塘，三个小型喷泉悄悄潜伏在中央，不一会儿猛然奔出四散的水花，落到明镜般的水面上，激起层层涟漪，为整个静态的公园增添一抹动态的活力。

作为以海绵城建为主题的公园，有关海绵体的设施在整个园区里随处可见。路边的草坪被开发为湿地，种上水生植物，只待夏日临近，便可一展风姿。山坡被整理为植被缓冲带，种上小草，培上花朵，预防水土流失。向高处的湿塘走去，仔细观察，玻璃做成的地砖下面铺着一层鹅卵石，各种杂草穿插其间；遗憾的是，最近处于枯水期，没有水源从山上流淌而下，水塘也只是干涸着，作为精致的摆设，任人观赏。

在水塘的不远处，修建了一座纯白的棱台方式建筑，名曰“海绵城市生态馆“。一般在它的周围与园内陈列各式的海绵设施，楼顶上还铺设了一些光伏系统太阳能电池板。因其还处于修建中，我们未能进入馆内参观。只能从其外瞥见一隅，充其量算作是“到此一游”的标志。

从生态馆附近小径逐级而下，来到悦来地铁站，已近黄昏，与老悦来人《我们的老家悦来》作者余果先生交流，倾听他对家乡悦来发展变化的感言，让我们更加深入地认识悦来。在这里，为我们2019新年伊始第一次的研学活动画上了圆满的句号(图10-5)。

图10-5　在悦来与余老合影

一天的时光，研学旅行徒步十余公里，从晨曦初升到日暮西山，从满是干劲到疲惫不堪，从最底层的阶梯步步向上，由滨江路到会展公园，处处留心、处处研究，收获颇丰。

由这一天的研学旅程，我们不难发现，悦来的海绵城建可以说是为整个重庆市做出了良好典范，虽说周围有很多新建的大型建筑群，但嘉陵江水仍是清亮如初，悦来场还建有冬泳基地，白色的鸟儿不时从江面掠过，真正地实现了环境保护与经济发展相结合，真正凸显出"绿水青山就是金山银山"。

(重庆市第一中学校　高2020级　陈家立

指导教师　付申珍)

【点评】

该文对悦来海绵城研学旅行作了较有文学味的描绘，不愧是追随余光中足迹的后生。全文按研学旅行路线，细心作了观察和叙述，是一篇体会丰富的散文式随笔。通过该作品可以看出此次研学旅行带给学生的收获颇丰，利于培养学生的地理实践力、人地协调观等素养，可见，认真开展研学旅行活动能助益学生长远发展的核心素养的养成。

(重庆市第一中学校　付申珍)

(二)探海绵城市建设　树生态意识
——"我眼中的悦来海绵城"研学体会

正是破晓时刻，黎明的阳光还未完全驱散黑暗，充满斗志的一群小探研者却早已满怀憧憬地踏上了他们的征途，通过乘坐地铁最终到达他们的研学目的地——位于重庆市渝北区南部两江新区的悦来。

悦来生态城距市中心约有28千米，南邻张家溪，北接后河，西毗嘉陵江。近年来处于两江新区节点的悦来在政府大力支持下开展创五城行动(生态城、海绵城、智慧城、会展城、文艺城)。本次研学主要了解到的悦来关键词是生态与海绵，活动从国博中心、悦来场渡口、滨江公园、会展公园、海绵生态展示中心、悦来地铁站几个节点连线展开，我们从中学习探讨。

在老师的讲解和资料查询下我们了解到重庆属于亚热带常绿阔叶林带，地区属于亚热带季风气候，冬暖少雨，夏热多雨，雨热同期。历史上因重庆前期发展中未保护好环境而造成长江上游水生态问题突出，长江三峡库区水环境问题凸显，人居环境矛盾加剧，夏季暴雨，地表径流量暴增，嘉陵江水位上升造成洪涝灾害。沿着七十多年前余光中先生的足迹游走在嘉陵江边，在这紧靠嘉陵江的华蓥山山脉支脉斜坡上，太阳躲在云朵后面，天边形成一道绚丽的彩霞，而如青年般蓬勃向上的悦来新城正沐浴在这霞光中朝气蓬勃，此刻，我却想象着同这如诗画卷似的美丽景色的反向极端——在夏季暴雨时的此处山脉支脉斜坡因雨水冲刷水土流失严重，土壤肥力下降。

如今，悦来建设海绵城市，成为全国首批十六个试点之一，进行生态建设改善种植土壤条件，成为探寻长江大保护、环境友好型新城建设和城市高品质发展道路的先行者之一。海绵城市指城市能够像海绵一样，在适应环境变化和应对自然灾害等方面具有良好的“弹性”，通过“渗、滞、蓄、净、用、排”措施，减少地表径流量，提高城市防洪排涝减灾能力，解决城市内涝问题，改善生态环境，提高对水资源的利用：在利用蓄积的雨水调节局部气候的同时净化雨水，净化后的雨水也将降低对周围水系的污染，并可多次使用。

悦来海绵城市的建设将生态与美观高度融合在一起，采用梯田滞留、蓄水和净化技术。在游览一圈后发现从会展公园所在的山头上俯瞰海绵城市，可以从整体上看成三级阶梯，海拔由高向低依次大概为：第一级阶梯会展公园，第二级阶梯国博中心（我们通过手机软件“两步路”显示的等高线图推测和寻访当地人知晓国博中心所处地原是斜坡，但被人工推平成一片平地），第三级阶梯滨江公园。系统分为地下与地表两部分，地下水通过管道网汇合后进行重重净化，最后被循环利用或直接排入嘉陵江；地表径流的主要来源是降雨，接下来将以形象的第一视角雨水来描述运行中的海绵城市系统（图 10-6）。

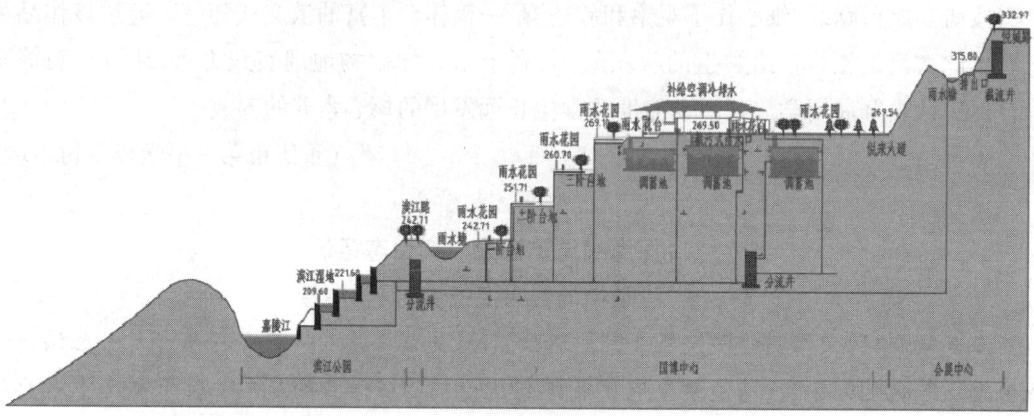

图 10-6　会展公园+国博中心体系雨水竖向剖面图（绘制：东南大学研究生　贺傅江山）

雨水首先降落在海绵城市绿色屋顶，与传统城市建筑屋顶不同，海绵城市绿色屋顶栽种绿植以吸收多余雨水，通过植物根系净化过滤将雨水收集储存，吸收建筑热量缓解城市热岛效应。随后沿大楼外壁滑落地面，经过下渗后的余下雨水继续受地球重力顺着斜坡流走，从海绵生态展示中心处的小梯田减流净化系统继续往下流，抵达第一站——会展生态公园。

雨水自公园最高处绕过卵石，流经种植有如控制水体富营养化的佛罗里达美人蕉和香菇草，用于杀毒抑菌的金冠柏，净化水质的水果兰，能有效吸收有毒有害气体净化空气的黑心菊和净化空气、净化含磷污水的大滨菊，以及能抗拒水土流失的柳枝稷的植被的同时，经由生态塘、曲水塘、湿塘、雨水塘、干塘、植被缓冲带以及植草沟控制调节与净化，有效地减小了地表径流和水土流失，提高了水质和土壤条件。雨水这时可被分成两个部分：一部分通过雨水口截污后在生态浅沟雨水花园与再次净化后流入积水装置生态池之间循环操作，使水资源利用达到最大化，有缓排储存、景观用水、绿化浇灌、道路冲洗、公园水景五大用途；余下的则继续淌过透水路面与道路两旁的植草沟和生物滞留带，在这一过程雨水又被道路的路牙豁口处的收水槽吸收一些，然后抵达第二站——国博中心。

国博中心最大的亮点便是展馆周围铺设下渗性强的地面（同学特意用矿泉水将此地面与另一种不同地面进行实验比较得出结果），展馆正前方是左右两边对称的下凹式绿地，展馆两旁的停车场由下沉式花园改造，以及雨水调蓄回用池系统。会展广场上的下凹式绿地就像古代的城池一样，中部是城，城的四周挖一条护城河。绿地正中央往往是种植较粗大的银杏树，周围则是湿地，当沟内的水量超出蓄渗容量将经溢流口排入雨水管网，解决了土层大量积水造成银杏烂根问题。而停车场的改造通过打开挡车石豁口及地面透水铺装综合设计，将停车场雨水径流进一步输送到下凹式绿化带缓解雨天路面积水问题。第二阶梯处于平地，很好地起到雨水滞留吸收作用，经过这一阶梯再流向第三阶梯，经过滨江公园的阶梯湿地最后一次净化水质最终流入嘉陵江。

蓄水池与地表径流进行水源互补。除了降雨时海绵城市的排水净水作用外，无雨时还可由蓄水池向功能区供水，由此形成一个完整的海绵系统。

天色渐黑，夜幕最终笼罩了整个新城，研学活动在感谢老师的亲自带队教学和悦来老人解惑的热烈掌声中结束。此次活动共行程十余公里，此次活动见识了现代防洪涝灾害的生态技术，让我们感受到现代科技的快速进步，不断完善的理论与实践使我们的生活环境得到极大改善。经此旅行，在研学中观赏自然风光的同时开阔了我们的眼界，培养了我们的研究兴趣，实在不虚此行。

（重庆市第一中学校　高 2020 级 邹祖佳
指导教师　付申珍）

【点评】

本文作者体会到了研学项目的重要性、特色及悦来海绵城建设的主要内容和成就。从此文“在游览一圈后发现从会展公园所在的山头上俯瞰海绵城市，可以从整体上看成三级阶梯，海拔由高向低依次……”可看到，学生打破依研学旅行路线顺序行文格局，善于整合研学旅行资源，在实践中内化，以独特视角向大家阐述悦来海绵城市建设成就，在研学中提升了学生科学知识、收集和处理信息能力、综合分析问题能力，培育了科学研究兴趣以及绿色生活方式和行动能力，提高了生态意识，有助于学生的综合思维、地理实践力素养的养成。

（重庆市第一中学校　付申珍）

三、“嘉陵明珠　合碚研行”研学日记

嘉陵江古称渝水，是重庆市简称“渝”的来源。嘉陵江沿途的悠久人文历史和碧绿山水，

都值得我们去认识和了解。2018 年 10 月，我参加了“桷丫研学坊”举办的地理实践力野外考察活动，在众多专业老师的带领下，走近嘉陵江干流河段的草街航电枢纽，体会澄江镇的前世今生，欣赏六桥叠翠的壮丽风景。

草街航电枢纽

图 10-7　草街航电枢纽

研学之旅的第一站——草街航电枢纽工程（图 10-7），位于重庆市合川区草街镇附近的嘉陵江干流河段。草街航电枢纽是嘉陵江干流规划的第十六级航电工程，装机容量 50 万千瓦，包括 4 台 12.5 万千瓦机组。按三级航道标准建设船闸一座，年通过能力 1 049 万吨。草街航电枢纽以航运为主，兼有发电、拦沙减淤、灌溉等功能。草街航电枢纽的上游水库正常蓄水位为 203 米，与下游水位相差悬殊，船只如何正常通行？原来，草街枢纽船闸由上下闸门及闸室构成。需要上行的船只进入闸室后关闭下闸门，通过底部的冲水挡道向闸室内平缓注水，直至闸室内水位与上游齐平。这时打开上闸门，即可供船只通行。下行也是同样的道理。观察完船只上行后，我又有疑问：①船只通行一次大约需 1 小时，但进闸的时间远远少于冲水的时间，能否快点注水？②闸室两侧随水位而变化的橙色金属件是什么？③上行船大多为空船，下行的船只会是满载吗？

草街电站负责人给出了答案。为使水位平缓上升保证船只安全，进闸只消耗十几分钟，剩下的大半小时全用来冲水。如果迅速注水可能会导致船只货物的洒落甚至颠覆，如果是下行的满载船会更加危险。闸室两侧橙色的金属件是用来系船只的，名叫系船轴。即使底部的冲水挡道能使水位平缓上升，但为了避免船只间的碰撞保证安全，每只船进入闸室后都得把船牢牢地系在系船轴上。而上行空载下行满载也并非偶然，在草街电站往来的船只均为货船，它们运输的货物也大多相同，主要是砂石，将上游的砂石等建筑材料运往下游城市，所以“上空下满”。可以看出，草街枢纽船闸运行的主要准则就是安全，在安全的基础上再以每日四上四下的航次保证来往船只的需求。

草街航电枢纽的另一个功能是发电。四台发电机组年平均发电量为 2.4 亿千瓦时。众所周知，电站发的电不可以储存，发这么多电用得完吗？电站负责人耐心地解释道，我国除了风力、水力等自然力发电外，还有较为传统的火力发电。草街电站发的电除了供给周边城市外，其余的都输入国家电网，再由供电局根据各个城市的需电量进行调配。如果自然力所发的电足以供给全国需求，那么火力发电站就可停止发电，这样就能减少能源消耗和环境污染。

站立在草街航电枢纽四个发电机组所在位置的顶部，发现这里有一个进水检修门和尾水检修门，这两个检修门有什么作用？顾名思义是用来检修进水和出水的。但是如何进行检修呢？通过电站工会主席的讲解，知道了检修门是用来拦住江水，方便技术人员检修设备的。且检修时间主要在枯水期，这是为了不影响发电，充分利用水力资源。草街电站的选址，除了考虑江面的宽度，还有什么讲究？电站工作人员解释道，很多人都认为江面越宽，可利用的水力越多；江面越窄，越便于修筑大坝。但事实上，不能这样片面地思考，还要根据该地段的水情水文等综合选址。在修筑草街航电枢纽站的时候，江水会不会对施工造成影响？据工作人员介绍，以前的“堰改闸”是最初用来拦水的，电站建成之前两岸水位都较低，所以一个“堰”足以挡住上游的水，不影响施工。而电站的挡水系统建好以后则改成一个泄洪闸，它的名字也因此而来。下行船进闸时，我赶往观闸口，一切正如我们所预测的那样，载满了砂石的船只停靠在船闸内，等待放水。

“澄江”还是“沉江”

图 10-8　沉江消防水池

初到澄江只觉时光很长，车马很慢，从下车到澄江的途中并不见行色匆匆的路人、飞速行驶的汽车，街道两侧人们三五成群闲话家常，一副祥和安逸之态，时间在这里仿佛被暂停。细致观察澄江镇上的房子，大多为破旧危房。经过了解，镇上的房子大多是修建于 1936 年及抗战时期的砖木结构房子。很多房子的层高比现在的高出很多，这里因为三江环绕湿气很重，修高一点可以防潮。有些建筑十分精美，窗框上有镂空雕花，柱子上还有水泥做的倒模浮雕，水泥在当时非常昂贵，那时能修得起这种房子的人不多，因此，这可能曾是一位富商的家。沿着澄江的主街继续行走，发现一幢很有特色的建筑，望着布满青苔的石牌匾(图 10-8)“沉江消防水池”我陷入了思考：沉江，澄江，难道两者有什么关系？

我们来到澄江口——北碚七大渡口之仅存，不过此澄江口非彼澄江口，这里货船往来频繁不似古渡口那样荒凉破败。古渡口的石级残缺参差，两岸的岩石层次分明因地壳运动而呈向斜状。我们随意找了块岩石围着老师坐下听他讲澄江的历史。

约两亿年前因“燕山运动”形成了嘉陵江北碚中梁山脉和铜锣山脉，其中的南山和歌乐山为我们熟知。依江建起了城镇——依来镇，1870 年因嘉陵江特大洪水，整个镇子全部沉没在汪洋之中。因此，改名为沉江镇。听到这里，我明白了那个满是青苔的石牌匾上的字是澄江镇，也常写为沉江镇。

嘉陵六桥叠翠

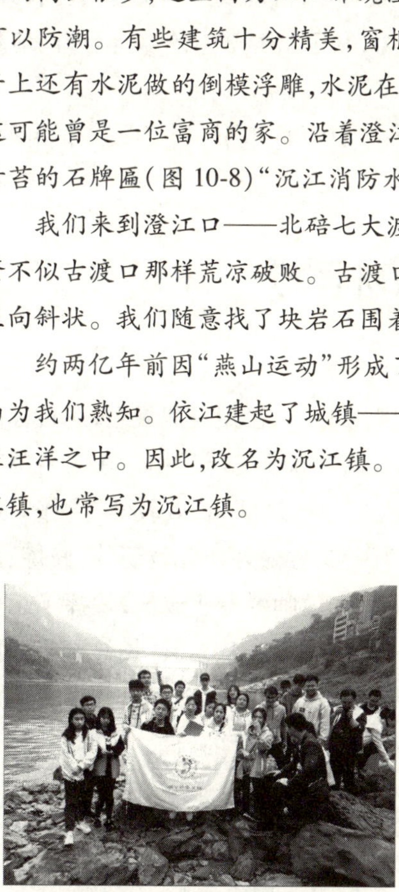

图 10-9　六桥叠翠

六桥叠翠(图 10-9)，顾名思义就是六座桥梁横跨此地。该景观位于嘉陵江小三峡之一的观音峡。我们来到观测“六桥叠翠”的极佳地点——一处乱石迭起的平滩。不过，想要到达那里却不容易，陡峭的林间小路土石松散，重心难以放平，一行人磕磕碰碰才终于到达。放眼望去，在短短 1 千米的河段上，紧挨着六座大桥——朝阳桥及复线桥、襄渝铁路嘉陵江大桥及复线桥、兰渝铁路大桥、遂渝铁路大桥。六座桥与缓缓流动的嘉陵江水、静默矗立的两岸形成一幅完美的画卷。让人赞叹大自然风景山明水秀的同时也不禁感叹人类技艺的巧夺天工。

此次野外考察,除了学到很多知识之外,我还学会了与人交往沟通,锻炼了自己的表达和思考能力。研学是在欣赏山水美景、平静浮躁的同时从中学到一些不可能靠看书得来的知识,结识志同道合的朋友,懂得"细节决定成败"。抓住细节,从细节中揪出问题所在,通过各种途径和方法寻找答案,最后从细节得到解决疑问的答案,这是一整套自主学习的方法,是我本次研学旅行最大的收获!

(重庆市松树桥中学校高2021级　肖菡婷

指导教师　钱红　许方林)

【点评】

重庆母城享两江交汇之便利,而嘉陵江是重庆区域长江主要支流,由北到南孕育了合川、北碚等嘉陵明珠。合川对嘉陵江的开发利用首推草街航电枢纽,对该电站的考察研习可以获得水文、地质、航电、工程等多种知识和体验。北碚段的澄江古镇有丰富的人文遗产,嘉陵小三峡之观音峡有"六桥叠翠"景观,可体验自然与人工建设的成就。此线路跨两区,顺江而下,内容丰富,可与学科核心素养培育相结合的观察对象很多,值得践行。从此文可看到,此类研学利于增长学生的见识,提升科学知识和审美能力,利于培养学生的综合思维、地理实践力等素养。

(重庆市第一中学校　付申珍)

第三节　长效教学教研保障

自重庆市教学专家付申珍工作室成立和市重点课题立项以来,制定发展规划,总目标围绕课程与教学重难点问题进行实践探索,开展地理教学方法创新研究与运用。在向名师工作室取经的路上,工作室成员们头脑风暴,碰撞出火花,提出中学地理"长效教学"主张。通过外出交流学习、理论与著作编写研究、专家讲座与课例研究、省内外联合教研等,修炼、研磨,实验实证……,促进了长效教学的理论探索与实践研究和教师的专业成长,发挥了工作室的辐射、示范和引领作用,扩大了影响。现选取部分活动剪影作品,从专家"长效"引领、团队"长效"交流、编著"长效"思维、课例"长效"探索、机制"长效"联合五个方面分享我们的长效教学研究历程,以期为相关工作、教研活动的开展等提供不同角度的启示。

一、专家"长效"引领

自成功设置重庆市教学专家工作室以来,主持人付申珍老师科学构建专家工作室队伍,制定可行的工作室发展规划，积极采取相关措施，得到全国知名专家多次指导，以专家为品牌“长效”引领，力争推动地理教育创新发展。

重庆市教学专家工作室启动有感

——付申珍等教学专家工作室授牌仪式

2018 年 3 月 15 日，付申珍、毛明山教学专家工作室的授牌仪式在重庆市沙坪坝区教师进修学院举行，会议由重庆市沙坪坝区教师进修学院党委副书记、副院长李代文主持（图 10-10）。

付申珍、毛明山教学专家工作室是根据《渝教人发〔2017〕22 号重庆市教育委员会、重庆市人力资源和社会保障局关于开展首批重庆市教学专家工作室申报设置工作的通知》以及重庆市名师培养工作文件精神，为了充分发挥教学专家的专业引领、带动、辐射作用而申报获准设立，目的在加速教师队伍专业化发展，尤其为青年教师成长创造机会，搭建平台。

图 10-10　教学专家工作室授牌仪式会场

付申珍、毛明山教学专家工作室是重庆市首批教学专家工作室。来自重庆市第一中学校的付申珍老师是重庆市学科带头人、中学正高级教师；南开中学的毛明山老师则是中学心理学教育专家，多年来在心理教学一线积累了丰富的经验，培养的学员活跃在重庆市第一中学校、重庆市南开中学校等学校的心理教学一线。据悉，此次两个市级专家工作室落户，标志着沙区教委在深化改革的进程中，在创新人才培养方式上取得了新的突破，反映出重庆市沙坪坝区教育委员会和重庆市沙坪坝区教师进修学院对教师队伍整体素质提升和专业化发展的高度重视。

会上，时任重庆市沙坪坝区教育委员会人事科科长姚澜首先宣读了工作室成立的通知，重庆市沙坪坝区教师进修学院院长龚雄飞宣读了学员名单。随后，龚院长和时任重庆市沙坪坝区教育委员会副主任向斌向两个工作室授牌。

工作室主持人付申珍、毛明山分别解读了工作室发展规划，学员代表刘宇和薛玲玲上台发表感想。

其中，付申珍老师的工作室发展规划（图 10-11）在“组建与培育优秀研究团队”“工作室学员工作目标方案”“团队工作重点计划”等方面作了解读，她强调要围绕课程与教学重难

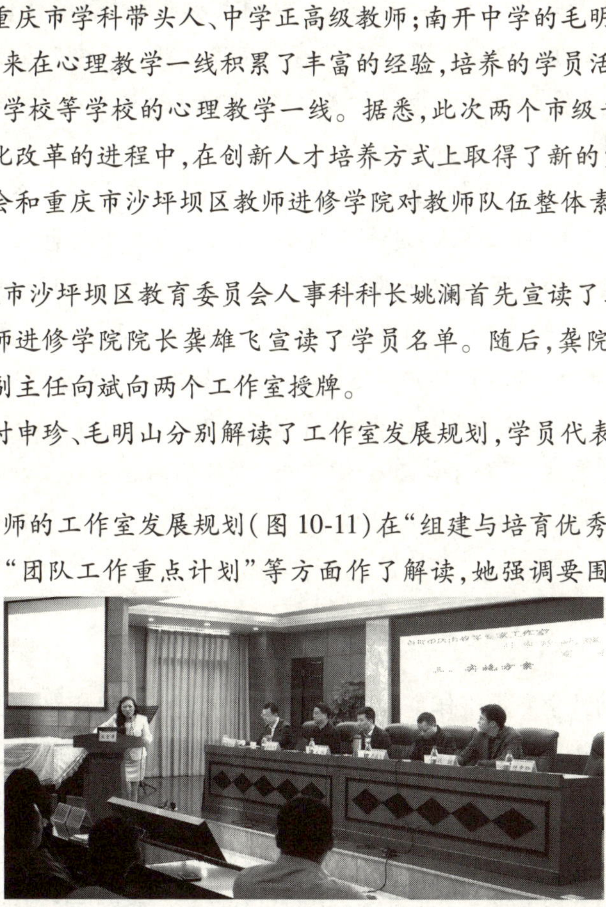
图 10-11　教学专家工作室主持人付申珍解读工作室发展规划

点问题进行实践探索，重点在“创新教育教学方法”“开展教育教学理论研究”“提供优质咨询服务”等着力打造工作室，通过“上项目促研究、常展示勤推广、集成果促发展”促进工作室学员专业成长，力争发挥工作室的辐射、示范和指导作用，增强影响力。付老师的工作室发展规划目标明确，内容具体、有深度、操作性强。

图 10-12　付申珍工作室学员代表刘宇发言

学员代表刘宇老师（图 10-12）说：“阳春三月，万物复苏，从我们地理的角度来说，在春天里不仅要重视生长，更要重视耕种的方法。二十二年的教学生涯，让我深深体会到，所谓教学，就是‘先学后教’‘边教边学’‘学而后教’‘教学相长’，身为教师，必须成为会播种知识的学习者。学习需要良好的环境和氛围。国学大师季羡林说：‘一流的学生不是教师在课堂里面教出来的，而是一流大师所创造的学术氛围熏陶出来的’，这就是教育的魅力和作用所在。教师，在专业成长的道路上，能得到良师的引导，将会使自己在较短的时间内获得长足的进步。认识付老师是在二十多年前，当时，我的大学老师推荐了几位重庆中学地理界的名师，让还是大四学生的我们去学习，其中就有付申珍老师。付老师坚持素质教育理念，强调教育的长远价值，创新教法，积极以科研促教改，她的这份对地理教学的热爱和执着，一直深深感染和影响着我。

“相信我们学员，在各级领导的关心、名师的引领下，一定会结合个人实际，开展教育教学实践和研究，踏实做事，用心育人；进一步打磨自己，形成具有特色的教育教学风格，并完成相关课题、论文、著作的撰写；努力成为学者型、研究型和创新型教师。教师易，名师难，宝剑锋从磨砺出，梅花香自苦寒来。让我们在教育的田野中耕耘和坚持，向着高远的理想仰望。

“……工作室的成立，为我们搭建了思维共振、思想融合的平台。……愿与工作室的伙伴们共同学习与探究，面对这片成长的大海，春暖花开！”

刘宇老师的真情表达，得到了与会专家、领导、老师们的赞许。

（重庆市第七中学校　刘雅晨　刘明炼）

二、团队“长效”交流

为了进一步推动教学专家工作室建设，学习同行经验，少走弯路，工作室号召并组织成员们采取“走出去、请进来”方式在区、市、全国各地向专家取经、交流学习，采花酿蜜，拓宽视野，促进深思，长出果实，共谋专业长效发展，练能力展长效风采。

专家引领追求长效　成长路上不负芳华

为了进一步推动教学专家工作室建设，学习同行经验，付申珍教学专家工作室成员们于2018 年 6 月 1 日下午全程观摩学习了重庆市中学地理李淑春名师工作室在重庆市万州区教师进修学院举行的展示交流活动(图 10-13)。本次交流活动由重庆市教育评估院书记沈军主持,来自重庆市第二批、第三批名师工作室的主持人及学员参加了本次交流会。

图 10-13　付申珍教学专家工作室遇见沈军书记与李淑春名师工作室

活动启动仪式上,重庆市万州区教师进修学院院长王小华致欢迎辞,介绍了学院的创建发展历程,分享了自己对“名师”及“名师工作室”的理解,同时提出了自己宝贵的建议。

活动第二阶段,李淑春名师工作室展示活动环节。首先,李淑春老师以“问题、行动、经验、反思——回顾李淑春工作室的 1078 天”为主题作了发言。她从工作室各学员的特长出发,建立适合不同学员发展的名师培养框架,通过开展不同活动,弥补其短发扬其长,以促进每一位学员的全面发展。

交流会上,李淑春工作室的五位学员对自己三年的成长和蜕变依次进行了汇报。甘露老师用微视频记录了三年来自己的成长,在李淑春老师的培养下,她学会了阅读,学会了研究,学会了引领;董永盛老师从“从外面打破是食物,从里面打破是生命”的“鸡蛋哲学”出发,从建立“一个学习共同体”,强化“两个抓手”,注重“三个建设”,力求“四个突破”四个方面,与大家分享了自己的成长历程;谢萍老师坚信“初中地理教师同样可以很优秀”,她展示了“名师团队促成长,示范引领共发展”下的丰硕收获,也成长为名副其实的优秀名师;牟方青老师指出,“只有站得更高,才能看得更远”,形成了注重“鲜活、过程、能力”的具有独特教风的地理课堂;吴文成老师从“一段很奇妙的旅程”和“一面很神奇的镜子”引入,以《诗意读书,畅意育人》为主题的发言,与大家分享了三年的成长,分享了自己对“读书”更深远的理解,对“教育教学”更透彻的诠释。

沈军书记从“丰富”“引领”“团队”“收获”“期待”五个方面对五位学员的精彩发言进行了专业点评。

观摩活动结束后,付申珍教学专家工作室成员们就本次活动进行了交流,大家各抒己见,纷纷发表了自己的感悟。同时,大家为工作室的未来发展规划献计献策,认为应该有我们自己的教学主张,主持人付老师联想到六年前与华中师大李家清教授讨论“怎样的课才是好课”时,谈到“教学要从有效、高效走向‘长效’”“从理念、实践的角度研究”……,受其启发,提出中学地理“长效教学”主张,大家一致赞同今后围绕“长效教学”开展研究工作。

真诚的参与就是幸福的成长,智慧的碰撞总会涌动出生命的激情。缤纷欢喜的六月第一天，在这个特别的日子里，在上级领导的关怀下，在付申珍专家的呵护中，初入工作室的学员们宛如朝气蓬勃的孩子，定将不负芳华，幸福成长！

（重庆市大学城第一中学校　彭萌）

走访闽浙名师　共谋专业长效发展

连雨不知春已去，一晴方觉夏至深。为了进一步推动教学专家工作室建设，学习工作室建设思路和经验，付申珍教学专家工作室组织全体成员于 2018 年 6 月 21—24 日前往福建和浙江省地理名师工作室等学习考察，进行研讨交流。

6 月 22 日，在重庆市地理教学专家付申珍老师的带领下，大家来到了当代数学家陈景润的母校——福建省三明市第一中学校，与福建省聂国先名师网络工作室、三明市名师聂国先工作室 15 名核心成员一起，研讨 2017 版高中课标背景下地理深度教学的有效方法与实施途径（图 10-14）。

图 10-14　教学专家付申珍工作室与聂国先名师工作室联合教研

活动伊始，福建省名师、正高级教师聂国先以“发挥基地与名师优势，培育建设优质学科”为主题进行了工作室发展专题讲座。他从“团队组建”“研究目标”“专家引领”“研究内容与成果”“辐射示范”“问题探讨”等方面分享了自己两大工作室的发展历程。紧接着，福建省三明市第一中学校高级教师高孝株以《地理实践力类题型探究与解题指导》为课题，为大家带来一堂精彩的展示课。他从女性服饰引入，引导学生探究民族服饰元素与地理环境的关系，通过情境模拟、思维建构、答案建模等技巧，着力培养学生深度思维的能力。展示课后，两个工作室 20 多位成员一起就 2017 版高中地理课标背景下的深度教学研究与实践、工作室如何开展活动、如何引领成员专业成长进行了研讨交流。

交流会上，重庆市付申珍教学专家首先介绍了工作室的成员构成，就工作室的培养目标与计划，及成立三个月以来的初步实施过程与大家进行了分享。

在充实的一天结束之后，我们又马不停蹄地赶往浙江金华。

23 日上午 8:30，又一场名师工作室交流活动的饕餮盛宴在金华一中拉开了帷幕。首先，来自金华一中的谢莉莉老师为大家分享了一堂高质量的地理课——“且听‘风’吟——大气的水平运动复习课”，她以“听风”“析风”“追风”“画风”四条线索，将风的形成原理、对生活生产的影响以及备考运用等知识连点成线，构建了完整的知识复习体系，为打造高效的复习课堂提供了很好的范例。

展示课后，浙江省特级教师、正高级教师，教育部“国培计划”专家，浙江师范大学教师教育学院兼职教授，长三角名师工程高中地理教学指导专家周红星为大家带来了一场精彩绝伦的讲座。他以《特色、智慧、共享》为主题，从“工作室建设概况”“积极推进课堂教学改革”两个方面与大家分享了自己工作室的发展历程及研究方向。周红星名师说，我们的目标就是“以教学为中心，追寻精彩的地理课堂”，一场“接地气，重特色，显成效，获硕果”的魅力讲座捕获了所有人的心。在钦佩周红星专家人格魅力的同时，也感叹浙江不愧为全国课改示范基地，基础教育教学理念与实践长期冲锋在前。

紧接着，重庆市教学专家付申珍老师分享了与名师周红星认识及“追星”历程，并就工作室成员结构及追求方向与大家进行了交流。在自由交流活动中，双方成员就“课改实施”“研学旅行”等多个问题进行了探讨，提出了自己的困惑与思考（图 10-15）。最后，在周红星名师工作室团队的带领下，付申珍教学专家工作室全体成员参观了金华一中美丽的校园，湖光潋滟的幽雅环境让大家竖起了大拇指，赞不绝口。

图 10-15　教学专家付申珍工作室与周红星名师工作室联合教研

本次闽浙之行，付申珍教学专家工作室与当地名师工作室进行了深入的沟通与交流。通过外出学习，立足名师工作室发展现状，聚焦工作室运行的经验和成果，探索一线教师的各种发展路径，无论是专家报告，还是工作室成果展示，对我们刚刚成立三个月的工作室而言，这次参观学习收获颇丰，受益匪浅。

本次外出学习交流活动虽然千里跋涉，但教学专家付申珍老师却点燃了工作室成员教育理想的火把，引领大家向着长效目标前行。让我们形成合力携手奋进，共谋专业长效发展，永远走在奋斗和坚持的路上！

（重庆市大学城第一中学校　彭萌）

深度教学交流　提升地理实践力
——全国深度教学暨地理实践力成果观摩研讨会在渝召开

2018 年 11 月 16—18 日，全国深度教学暨地理实践力成果观摩研讨会在山城重庆举行。本次研讨活动由陕西师范大学基础教育研究院和《中学地理教学参考》编辑部主办，重庆市第七中学校承办。来自全国 20 多个省市的地理名师、教研员和一线教师等 500 余人参会观摩。首批重庆市教学专家付申珍工作室成员们在付申珍老师的带领下，全程参与了此次活动。

专家讲座:权威解读,高屋建瓴

会议由《中学地理教学参考》)编辑部刘星主任主持。16日上午开幕式后,人民教育出版社总编韦志榕老师作了一场主题是“基于地理核心素养的教学思考”的专家讲座。韦老师是地理课标研制组组长,全程参与了地理新课标的制定,对地理新课标的解读十分准确。她从基础教育课程目标的新变化、对核心素养培育路径的思考、探索适应新的课程目标的教学策略等方面为大家解读了2017版地理新课标。通过韦老师的分析,与会者对新课标有了更深刻的认识,利于把握教育教学改革的方向。

《中学地理教学参考》主编雷鸣的专家讲座“地理实践力的探索——如何进行研学实践设计与成果总结”,从紧贴政策、把握原则、成果总结三个方面为大家介绍了研学旅行的重要性、可行性,鼓励所有的地理老师们紧跟国家政策,开发研学旅行资源,大胆地“走起来”,为地理课堂的多元化走出一片蓝天。

同课异构:深度教学,精彩纷呈

专家讲座结束后,是两堂“深度教学”同课异构课,陈道华老师(重庆七中)和熊志聪老师(深圳市平冈中学、中图版全国赛课一等奖获得者)以同一个课题——《洋流对地理环境的影响》,为全场老师展示了两堂精彩的高中地理课。

两位老师的精彩课程,虽风格各异,但都是在对地理学科核心素养和新课标有了充分理解之后,设计出的新的地理课程,这样的课堂比传统课堂更具有吸引力,也更加符合新时代教育发展的方向。

下午,研讨会的下半场,重庆市沙坪坝区地理教研员严龙成老师登台主持评课环节。其中韦总编从情境创设的差异、核心素养的落实等方面分别对两节课进行了点评;张文革老师对这两节课总结性点评“有张力、有深度、有情怀、有特色,重思维、重能力、重素养、重学生”,他不但从多个方面对两节课进行了点评,还对青年教师的发展提出了建议。

大会交流:团队展示　研学成果

评课结束后,由进修学院教研员、中学一线教师、文旅公司领导等分别进行了研学实践成果展示。

重庆市教学专家付申珍工作室成员、重庆七中刘明炼老师介绍了学校地理课程创新基地建设过程及目前所取得的成果,重庆七中地理教研组团队团结合作、积极进取、精益求精、无私奉献的精神感染了在场的每个老师。

重庆市渝中区地理教研员、重庆桷丫研学坊创始人之一,同时也是重庆市教学专家付申珍工作室成员许方林老师作了题为“桷丫,丈量重庆”的主题发言。他以重庆市树——黄葛树(又称黄桷树)与这座城的故事,引出开展研学实践的背景、策略、价值与困惑,随后分享了他和团队的几次扎根重庆的研学实践活动,以及师生在研学实践过程中的收获。许方林老师呈现的桷丫研学坊愿景“聚合地理草根力量,创新地方文化课程,做最有温度的研学”温暖了在场所有老师的心。

重庆市教学专家工作室主持人、重庆市第一中学校地理教研组长付申珍老师作了题为

"俯仰天地,实践求真"的主题发言。付老师首先从研读课标、领悟精髓,心动行动、加强实践等方面分享了她对课程标准的理解以及核心素养如何"落地"的思考,随后从忆往昔峥嵘岁月和看今朝壮志不减两个方面具体分享了她带领团队成员开展地理实践活动的丰富案例和所取得的丰硕成果。付申珍老师在诗情画意中分享"仰俯天地,实践求真"中,集体创作的诗歌"我们,地球的歌者"激励着在场所有的老师。"独行快,众行远",付老师的精彩分享,获得了与会老师的深深认同和一致好评!(图 10-16)

图 10-16　重庆市教学专家付申珍工作室成员在大会上交流成果

(左,刘明炼;中,许方林;右,付申珍)

武隆研学:实践授课　现场观摩

17 日早晨,伴着冷风与细雨,25 名学生与 240 位与会教师赴武隆开展研学实践活动。25 位学生分地质、地貌、水文 3 个研学小组,分别调研乌江水质、芙蓉洞地质、天生三桥地貌并汇报研学成果。谈水文、论地貌、说实践,赢得 200 多位观摩教师的热烈掌声。

本次研讨会圆满结束,大家表示收获满满,赞叹:"全国中学生地理研学旅行行动起来了! 重庆的地理教育好棒!"

通过这次研修活动,工作室成员对"深度教学"和"地理实践力"都有了更多的认识,在国家新一轮教育改革方针的指引下,付老师将带领工作室成员对地理学科核心素养和地理新课标进行深入探究,以提高工作室每一位成员的长效教学理论水平和实践能力。

(重庆市第十八中学校　熊俊卿

重庆市渝中区教师进修学院　许方林

重庆市江津区教师发展中心　黄文山)

把握新课标　迈向新高考　地理如何办
——记重庆市沙坪坝区高中地理新高考改革培训会

2019 年 7 月 6—8 日,重庆市沙坪坝区高中地理新高考改革培训会在重庆市第一中学校成功举行。会议由付申珍和重庆市第一中学校教研组副组长、未来教育家培养对象吴文成倾情主持。该会吸引了重庆市教学专家付申珍工作室的外区县成员。

(一)新课标、新高考解析

参训学员报到时,每人都可选择一本重庆市第一中学校地理组用心编写的校本教材《地理"眼"中的居住建筑》(吴文成主编)或《地球的呼唤——环境保护与可持续发展》(付申珍主编)。走进会场,首先映入眼帘的是两条精心设计的横幅标语:"触摸天空　丈量大地　共

育素养　开创未来”“反思过往　求新求精　革新高考　繁荣地理”，使学员们在良好的氛围中融入学习。

7月6日上午，重庆市教育科学研究院张文革正高级教师开讲首场讲座，题为“新课标　新认识　新高考”（图10-17）。

图10-17　重庆市教科院张文革正在作“新课标　新认识　新高考”专项报告

张老师的讲座分为三个部分，即为什么修改新课标、怎样修改新课标、新课标的特点。通过张老师对新课标的详细解读，学员们不仅对新课标的产生历程有了详细了解，更重要的是对新课标的课程设置，以及每个模块中如何结合课程内容落实地理核心素养有了进一步的认识，并且了解新课标中的四个学业质量水平以及各水平等级所起的作用，认识了基于地理核心素养的教学与评价方式。

吴文成老师点评道：“张老师的课标解读让我们明确了初高中融合进阶的意义，清晰了新旧目标的关系，同时让我们更加清楚如何将核心素养融入教育教学的各个环节。”

（二）教研论文的撰写

7月6日下午，学员们从重庆市第一中学校综合楼齐聚校图书馆学术报告厅，聆听来自重庆师范大学地理与旅游学院李晴教授的讲座“地理教研论文的撰写”。

李教授从“什么是教研论文”说起，与在座的各位老师互动，把整个学习氛围营造得轻松而愉悦。

李教授首先给大家讲授了论文该怎么选题，她说选题要注意四大原则——必要性原则、创新性原则、实用性原则和可行性原则。接着李教授向老师们深入浅出地讲授了选题的基本途径。提醒老师们从三方面去搜集素材：①从平时教学实践中积累素材、发现问题；②从相关教育文献中广泛阅读、思考领会；③从参与教研课题中归纳提炼、梳理提升。最后李教授从论文的基本格式和论文的框架设计两个方面，详细地给大家讲解了该如何写好教研论文，并鼓励学员们在日常教学和生活中多观察，多发现，多写作，争取能在杂志上发表自己的文章。李教授在讲座中妙语连珠，耐人寻味，如“教学是教师立足之本，教研是教师发展之本”“只要努力，皆有可能”“教师要做到教有所长，研有所长”。

重庆市教学专家付申珍工作室学员、重庆市第一中学校宋加喜老师（图10-18）点评道：“李教授的讲座既有完善的理论支撑，又有大量翔实的案例分析，她的讲座让我们对地理教研论文撰写有了全面深刻的认识，尤其她还站在杂志选稿的角度，揭示了地理教研论文撰写和入选的关键点。她毫无保留的讲座不但拓宽了我们的视野，还为我们今后教研论文的撰写指明了方向，为我们在座的每位参训学员的发展照亮了道路。”

图 10-18　重庆市教学专家付申珍工作室学员宋加喜分享听李晴教授报告感想

(三)基于地理学思想的教学及其案例分析

7 月 7 日，培训会进入第二天开展了第三场讲座，100 多名参训学员和众多慕名而来的非参训教师一起聆听了东北师范大学博士生导师袁孝亭教授的“基于地理学思想的教学及其案例分析”讲座(图 10-19)。

图 10-19　东北师范大学袁孝亭教授正在作“基于地理学思想的教学及其案例分析”专题报告

袁教授分享了他“从空间看待一切”的思想及其在教学中的应用。他重点讲解了如何基于从空间看待一切梳理出的五大地理核心概念“位置、分布、特征、过程、联系”，并运用教学案例和高考题案例，依次提炼出认识这五大地理核心概念的“规则”和“学科思维方法”，形成了五大方法论体系。

讲座中，袁教授完美演绎了他所提出的讲好课的两大基础“举好例”和“直观表述”，并分享了自己做学术研究的一些心得和方法技巧，提出了实现自我有效提升的“读、悟、转”三字真经。

重庆市教学专家付申珍工作室学员、重庆市巴蜀中学杨华和重庆市南开中学地理教研组组长杨清纷纷登台表达赞许袁教授之情，杨清老师特别从“本”“透”“实”“用”四字点赞袁教授的讲座接地气，打通了大学与中学地理教育等。重庆市第一中学校党丽娟老师在谈感想的时候表示对袁教授的细节尤其关注，她提到袁教授在讲完一个段落后总会亲切地问

“大家听懂了吗？不知道我讲明白没？”这给她留下了深刻的印象，这也展示了一位德高望重的教育家、科学家谦虚的态度，值得我们品读。

（四）高中生地理实践力素养培养

2019年7月8日上午9:00，培训会第四场讲座由重庆市第一中学校中学正高级教师付申珍主讲，题为“高中生地理实践力素养培养”。重庆市沙坪坝区各学校的百余名地理老师及来自奉节等地的20位老师参加并聆听了本场讲座（图10-20）。

图10-20　重庆市教学专家付申珍工作室主持人付申珍正在作“高中生地理实践力素养培养”专题报告

付申珍老师从知识经济时代、信息化时代、现代社会要求、国内外发展视野等方面介绍了开展高中生地理实践力培养的背景，引出《普通高中地理课程标准（2017年版）》中的地理学科核心素养中的地理实践力的含义、实施方法等，进而深入探讨了开展高中生地理实践力培养的意义、理论依据、原则。

接着，付老师以综合实践活动的多样化介绍了开展高中生地理实践力培养的路径：①创设环境，搭建实践平台，如地理实验室、校园气象站、校外实践基地；②整合资源，探索课程体系，如从基础性课程体系到拓展性课程体系再到创新性课程体系的多层次课程体系；③立足素养，设计操作实践，如研究性学习、研学旅行等。

让我们最为感动、崇拜的是，付申珍老师结合自己的教师生涯经历，为大家介绍了自己在地理实践力培养方面的工作业绩、体会心得和经验方法。从本世纪初的研究性学习的开展到后来的综合实践课，再到现在的高中生精品选修课程，付申珍老师的职业追求、工作热情始终如一。功夫不负有心人，如今“地球的呼唤——环境保护与可持续发展”被评为重庆市普通高中精品选修课程，并出版《地球的呼唤——环境保护与持续发展》校本教材一部；市普通高中教育教学改革研究重点课题“基于学科核心素养的高中环境教育策略研究”也在火热进行中……讲座过程中，付申珍老师与培训学员们互动交流，会场掌声不断。

百余名学员表示，历时三个小时的讲座，让大家深刻地认识到了地理实践力这一地理学科核心素养，收获颇多。如大学城一中学员程远在参训心得中写道：“付申珍老师教会我们怎样指导学生开展研究性学习以及如何培养学生的地理实践力。……付老师运用了大量案例给我们阐释了培养学生地理实践力的方法过程和成果意义，有很强的指导价值。”

吴文成老师评点道:“付申珍老师从理论和课标解读两个角度剖析地理实践力培养在核心素养培养中的重要性,结合自身长期环境教育实践给我们做了展示。带着一腔热情和执着坚韧,从事环境教育和地理实践三十余年,收获了很多,也为我们展示了一位有地理大情怀的优秀教师的成长之路。”

(五)背景资料选择技巧

7月8日下午2:00-5:00,培训会第五场讲座由沙坪坝区地理教研员严龙成老师主讲“新课标背景下教学背景资料选择和地理本原性知识探索路径”(图10-21)。

图10-21 重庆市沙区进修学院严龙成正在作专题报告
“新课标背景下教学背景资料选择和地理本原性知识探索路径”

背景材料(情境)教学法是指在教学过程中,教师有目的地引入或创设背景材料(情境)、以形象为主体的场景,以引起学生一定的态度体验,从而帮助学生理解教学内容,并使学生的心理机能得到发展的教学方法。

严龙成老师认为:在不同的教学环节,背景材料的选择有不同的特点要求,即关联性、启发性、探究性、简洁性、生活性。地理背景材料的选择技巧则要讲究真实性、现实性、人文性、情趣性、开放性、探索性。

严老师的讲座激情澎湃,列举自己和其他老师的优质课例,深入浅出,满满干货。讲座后,重庆市第一中学校的党丽娟老师从背景材料的获得方法角度谈了自己的思考,还结合自己教学经验总结了以下背景资料的获取方法:文献阅读法、实践法、影视资料、学生提供、生活现实等。

吴文成老师说:“严龙成老师在如何选择教学背景素材,并运用这些素材在本原性知识的溯源上进行了分析,对实际教学指导性强”。

(重庆市第一中学校 陈蓉 李堂俊 宋加喜 罗琴 刘凯 党丽娟)

分享交流 小试牛刀

——重庆市教学专家付申珍工作室

参加第二届全国名师工作室创新发展成果博览会

2019年7月24—26日,首批重庆市教学专家付申珍工作室的主持人付申珍及成员宋加喜参加了由全国名师工作室联盟、北京中教市培教育研究院主办的“第二届全国名师工作室创新发展成果博览会”(图 10-22)。

图 10-22　第二届全国名师工作室创新发展成果博览会主题

来自全国各地的 3 200 余位教育行政、科研院所、培训中心、中小幼职学校负责人、教育科研工作者、工作室主持人及成员共同参加了此次博览会。三天活动,全国各地同仁,守望教育,共建、共研、共融、共享,精彩纷呈,收获满满。

丰富的创新成果交流及示范课展示

7 月 25 日的活动是两个部分同时进行的。除学科教育主题峰会之名家示范课的观摩研讨和课堂教学展示与名师点评外,还开展了专题峰会之创新成果交流。150 余名名师工作室主持人、学科代表作了创新成果交流发言经验分享。

首批重庆市教学专家付申珍工作室主持人付申珍在此时段“名师工作室与主持人”专题峰会上进行了育素养求长效而开设的精品选修课程《“地球的呼唤——环境保护与可持续发展”建设》的经验交流(图 10-23),她用丰富的图文事实材料分析了普通高中精品选修课程建设要注重“培育课程特色,坚持课程创新;制定建设规划,培育优秀团队;开发课程资源,提炼建设成果”三个关键环节,她分享了作为项目主持人带领团队同仁们积极探索重庆市普通高中精品选修课程“地球的呼唤——环境保护与可持续发展”项目建设的实施路径:①开设课程、课堂教学、增长学生专业知识;②师生共同走向社会、研究性学习、探究环境问题,走好“主题探索、情景问题,项目探究、实践思考,诗外工夫、典例借鉴,优化论证、成果应用”四步。

图 10-23　付申珍正在交流精品选修课程“地球的呼唤
——环境保护与可持续发展”建设经验

近三年多来，相关教师的教学水平、师生研究能力、论文写作水平等明显提升，学生的地理实践力、综合思维、人地协调观等核心素养逐步养成，在全国核心期刊等报纸杂志发表多篇论文，多人次荣获全国、市地理优质课大赛一等奖，指导陈馨同学（高2019级）致力于探究中学校园环境质量优化途径，于2018年12月荣获第二届“钱易环境奖”中学生奖，主编的一本探究环保与发展关系的校本教材、普及与提高环境素养的科普读物、重庆市普通高中精品选修课程教材《地球的呼唤——环境保护与可持续发展》一书已正式出版。该经验交流获得参会名师们的高度认可。

组织集群观摩与成果颁奖表彰

7月26日上午在宁夏国际会堂举办了一场大型集群式观摩展示。现场各科各类众多名师工作室以动态和静态多种形式现场展示了各学科近年研究与实践成果，形式新、特色浓、成果丰。大家汇聚在此，开阔视野，见证努力，学习长处，促进发展（图10-24）。

图10-24　重庆市教学专家付申珍工作室成员宋加喜驻足成果展板前沉思

7月26日下午是闭幕式及颁奖典礼在宁夏国际会堂三楼主会议厅召开。首批重庆市教学专家付申珍工作室主持人付申珍的《“地球的呼唤——环境保护与可持续发展”建设》获评特等奖，可喜可贺。这既是联盟对付申珍工作室成果的肯定，更是对工作室的鼓励和期待。

全国名师工作室创新发展成果博览会的成功召开，有利于促进全国名师工作室联盟迅速形成综合孵化优势、生长优势，搭建教师专业成长平台，促进各地名师工作室创新发展……

（重庆市第一中学校　宋加喜　付申珍）

学术盛会展风采

——重庆市第一中学校付申珍老师在中国教育学会地理教学专业委员会2019年综合学术年会上做专题报告

武汉，九省通衢。12月14日，东湖国际会议中心迎来国内外专家学者、地理教研人员、一线地理教师和高校师生等一千多名客人，共享一场饕餮的学术盛宴。中国教育学会地理教学专业委员会2019年综合学术年会在武汉东湖宾馆隆重召开。重庆市教学专家工作室主持人付申珍、成员陈娟参加了本次大会（图10-25）。

本届综合学术年会由中国教育学会地理教学专业委员会主办，是集专题报告论坛、展示课观摩、课程资源展示、会议论文交流等活动为一体的大型学术会议。会议主题是“解析新教材·探究新方法·融合新技术·推进高师教师教育改革·落实地理核心素养”。

12月15日开幕式后是大会主报告。大会主报告主要有三个内容。国际地理联合会原

图 10-25　付申珍、陈娟驻足会场

秘书长、南非皇家科学学院院士 Michael Meadows 教授作主题为“地理教育：为了可持续”的报告，主要内容有“危机”“地理的优势”“步入可持续”“走向全球”，他从地球面临的危机开始说起，主要讲到了全球变暖对人类的影响，当人类意识到这样的问题后，我们应该怎么办？地理教育工作者可以做什么？……第二个报告是武汉大学刘耀林教授的“地理大数据：应用和思考”，在报告中刘教授展示了他和他的团队的最新研究技术和成果，用大量新鲜翔实的数据对报告内容加以说明和佐证。最后是华中师范大学罗静教授关于“湖北省地理国情特征解析”，让人们不仅了解了湖北省的地理地质变化，学习了湖北省的荆楚文化，还从报告中感受到了罗教授对湖北省的热爱和作为一名地理工作者对地理研究的热情，令人敬佩。

12 月 15 日下午设立六个分会场作学术论坛与专题报告，涉及的内容分别是高中地理新教材与教学资源开发、中学地理教学实践理论与方法、地理核心素养与研学旅行、地理比较教育与国际地理教育前沿、现代信息技术与中学地理教学融合五大方面，交流现场座无虚席，学术氛围非常浓厚。

关于“高中地理新教材与教学资源开发”分会场（图 10-26）的专题报告在武汉厅举行，人民教育出版社韦志榕主编第一个作关于“对深化地理教学改革的一点思考”，谈到了地理深度教学的研究和在中学地理教学中实施的重要性，并结合地理核心素养简要分析了如何进入深度教学等。重庆市沙坪坝区教研员严龙成老师作关于《选择背景材料，导向事物本质》的报告，严老师从教师的课堂教学案例出发，分析教学中教师和学生存在的问题，进而思

图 10-26　2019 年综合学术年会大会“高中地理新教材与教学资源开发”分会场场景

考如何在教学中选择好的背景材料，再让背景材料为问题的分析服务，探究出地理问题的本质原因等。严老师的报告从小切口剖析地理教学中存在的问题，对一线教师有很大的启发，并且报告中提出的观点和建议有很强的可操作性，十分接地气。

重庆市教学专家付申珍工作室主持人付申珍正高级教师在“地理核心素养与研学旅行”分会场以自己带领团队追求长效教学为背景作了“基于‘人地协调观’素养的研学旅行课程实践模式构建与思考”的报告（图 10-27），报告从自身研学实践中摸索构建的研学旅行课程实践模式入手，以学校开设的精品选修课程“地球的呼唤——环境保护与可持续发展”（重庆市普通高中精品选修课程）的研学旅行实践为例展开，主要从课程的准备、实施、总结三个阶段进行简要阐述，展示了课程实施以来取得的成果，提出研学旅行选题应与时俱进、建模又不受模式局限、既重过程又重结果、成果发布形式多样等建议。报告结束后点评嘉宾和与会人员对重庆市第一中学校开展的研学旅行课程给予高度的评价，福建师范大学袁书琪教授点评道：付申珍老师的专题报告“有深度，也很美。第一把研学作为课程；第二，融合做得非常好。如把研究性学习与研学旅行融合起来，很多人以为研学旅行作为实践的一种形式只是动手动腿动眼，不对的，它最主要是动脑筋，它提供了一个真实的情境，让我们可以去深度地学习和运用；还有她融合了学生和老师，有好几届学生积淀下来的，前面的学生是后面的老师；她融合了多元评价，特别是学生的自我评价……她做得很实在，意义很大，是可复制可推广的经验。资源就在身边，路就在脚下！”

图 10-27　付申珍在 2019 年综合学术年会
“地理核心素养与研学旅行”分会场上作专题报告

12 月 16 日，开展了中学地理课堂教学展示、专家评课、老师们议课以及会议论文交流等活动。

闭幕式上，地理教学专业委员会副理事长、华中师大李家清教授对本届学术年会进行总结发言，段玉山教授致闭幕辞，地理教学专业委员会秘书长苏小兵教授主持并宣读了大会示范课献课教师、点评专家、专题报告与会议论文交流录用等名单。

本届综合学术年会，主题鲜明、形式多样、层次丰富、学术浓厚、创新性强，紧紧围绕地理新课程改革和学科核心素养的培养，共同探讨地理教育教学问题、分享学术成果、展示优质教学,充分交流思想,共同推进地理教育发展。

（重庆市第一中学校　陈娟
重庆市第二外国语学校　张红波）

第三届全国名师工作室主持人高峰论坛
——“中学地理‘长效教学’”亮相南京

2020年12月5—7日,第三届全国名师工作室主持人高峰论坛暨“后疫情时代”全国名师工作室发展建设2020研讨会在南京举行。来自全国各地的400多名工作室主持人及其成员参会。重庆一中正高级教师、重庆市教学专家付申珍工作室主持人付申珍应邀在会上作名师工作室发展建设经验分享——“中学地理‘长效教学’主张的探索之路——重庆市教学专家付申珍工作室成长侧记”。

12月5日,全国名师工作室联盟常务副理事长、秘书长臧富仁老师主持会议,全国名师工作室联盟理事长朱孝忠致开幕辞并作专题报告,揭开了研讨会的序幕。

专题报告

朱孝忠理事长在“浅谈名师工作室建设定位与路径”中指出:工作室一定要有自己的教育主张,名师工作室还要有高站位,是教师专业发展共同体;名师工作室既要贴着地面行走,又要在云端上舞蹈(图10-28)。

图10-28　朱孝忠理事长作“浅谈名师工作室建设定位与路径”专题报告

江苏省特级校长、小学数学特级教师蒋守成在“名师工作室做什么怎么做”中谈到,名师工作室要引领一个团队,辐射一个区域,带动一门学科。他告诉在场主持人要重视对团队的引领,要在事上磨炼,专注做好一件事,要认清每个成员之所长,因势利导,能让优势更优,团队也因为合理发挥每个成员的优势而积聚更大的能量。

江苏省特级教师李宝玉在“名师工作室主持人角色定位及延展”的专题报告中就名师工作室主持人发展标准、达标路径、角色定位与延展等问题发表了自己的见解。他重点强调:主持人要立足课堂教学,凝练教学主张,包括开展教学实践、研究教学设计、培养教学主张、形成学科文化。

江苏省特级教师、正高级教师、常州市初中数学教育潘建明名师工作室领衔人潘建明老师是“自觉教育”的倡导者,他在“名师工作室深度发展策略分析”中谈到,工作室深度发展关键是“教研、科研、培训一体化”。

全国名师工作室联盟常务副理事长、宁夏中语会理事长芦苇老师在《名师工作室发展瓶颈阶段的问题与对策》报告中梳理了名师工作室的定位、发展瓶颈阶段会遇到的问题，指出“课程视域：教学之术回归学科之道”。

上海市语文特级教师、正高级教师、上海市青浦区“师之蕴工作室”主持人关景双老师在“名师工作室主持人的研修与素养”中分享了“师之蕴”的核心经验：主题式课例研修行动。关老师指出，名师工作室主持人要具备五种能力：团队目标的提炼与引领能力、研修计划的策划与行动能力、学科理解的概括与指导能力、课例教学的洞察与筛选能力、经验方法的迁移与辐射能力。

六个主旋律报告，不仅有先进的理念，更有生动鲜活的案例，为全国名师工作室的发展起到了引领作用，为主持人定位、研修、延展主持人的功能起到了示范作用。

对话沙龙

为了让高峰论坛更接地气，解决名师工作室的实际问题，论坛安排了约 40 分钟的专家现场解答的对话环节。会场上有 11 人次、提出了 15 个工作室目前遇到的问题，面对大家关心的问题，现场专家一一进行了解答。

经验分享

本次高峰论坛不仅有主旋律的六个报告，还有 12 个和弦的有力配合，组成了一首优美壮丽的交响乐。这 12 个和弦就是 6 日下午的 12 个经验分享。

其中，付申珍老师受专委会邀请，为本次论坛做了“中学地理‘长效教学’主张的探索之路——重庆市教学专家付申珍工作室成长侧记”的经验交流。她追求教学创新，感悟长效教学，落实核心素养，从专家引领、团队交流、编著研讨、课例探索等方面分享了长效教学研究历程并诠释成长之路(图 10-29)。

图 10-29　付申珍作“中学地理‘长效教学’主张的探索之路——重庆市教学专家付申珍工作室成长侧记”专题发言

付申珍老师的经验分享得到了与会专家和同仁的关注和好评。全国名师工作室联盟常务副理事长、宁夏中语会理事长芦苇老师点评道：“‘长效教学’这种理念对我们所有的教学都是有价值的，我们不仅追求有效、高效，必须要追求长效教学，特别是面向未来，面对未来学生发展的时候，必须要思考长效，而且已成型，建模已完成，“三阶六环四步”地理长效教学课堂的建构非常成熟了，长效教学不仅仅是地理课追求的目标，也可能是所有课追求的目标，运用长效教学的理念来指导教学，达到培养学生能够向未来发展的目的，进一步从学科角度向前走。”

另外，来自全国各地的11位主持人也做了精彩分享。来自全国各地的12个优秀发言组成了12个经典案例，各有特色，异彩纷呈，都给与会者留下深刻的印象，带来丰富的启迪。

拓展报告

全国名师工作室联盟顾问程红兵老师的“面向未来的学校教学”拓展报告从未来社会哪些职业可能消失谈到教育的新趋势、社会的新目标，最后，借助一个“外貌描写”作文课教学案例谈到什么是真实的学习，什么样的知识才有力量。他引用麻省理工学院院长哥顿·布朗的话告诫大家：要当一名教师，首先要做一个预言家，你的教育不是为了今天，而是要为学生们想象不到的未来做准备。

成果推介

该成果推荐的是正高级教师、语文特级教师、全国优秀语文教师、益阳市语文名师工作室首席名师谭文淼老师的“崎岖征途求卓越，贫瘠土地获丰收——我与我的工作室”。谭文淼老师用自己的亲身经历告诉我们：只要我们不忘初心，主体觉醒，积极行动，勇毅前行，贫困地区的草根工作室也能“新栽杨柳三千里，引得春风度玉关”。

本次论坛以“工作室主持人综合素养提升”为主旨，就工作室发展的根本问题和基本任务，发展规划、研修设计、运行路径、教育主张凝练等展开研讨；通过多种形式，使工作室发展定位更加明确。

参加论坛，领略多位教育界大师、各位专家学者、名师工作室主持人的大智慧。他们多年的实践经验，对全国名师工作室的建设都具有指引作用，让参会的主持人更清楚地认识到工作室的努力方向。

（重庆市第一中学校　付申珍）

中国教育学会地理教学专业委员会2020年综合学术年会
——“中学地理‘长效教学’主张”在西安传扬

2020年12月25—27日，中国教育学会地理教学专业委员会2020年综合学术年会在西安（主会场）隆重举行。

来自华东师范大学、北京师范大学、华中师范大学、东北师范大学等多所高校的地理教育专家，中国教育学会相关负责人以及来自全国地理教育界的专家、学者、教师、校长和教育行政部门负责人共200余人到主会场参会，另有7万余人通过线上直播平台远程参会。重庆市第一中学校正高级教师、重庆市教学专家付申珍工作室和重庆市普通高中教育教学改革研究“基于学科核心素养的高中环境教育策略研究”重点课题组主持人付申珍应邀在会上做“中学地理‘长效教学’主张的探索之路——重庆市教学专家付申珍工作室成长侧记”专题报告和担任会议论文交流主持人。

特邀报告与主报告

12 月 26 日上午开幕式后,大会特邀三位专家作报告。

中国科学院院士、西北大学教授舒德干作了“追溯智人智慧的始点”的专题报告。舒院士从人类智慧进化发展的历史出发,为大家介绍了生命所具有的分布演化逻辑,并追溯了人类最古老的祖先。他同时强调了科学研究中实证探索的重要性、科学探究过程中的逻辑性以及通过科学的追索方式,指出随着实证研究的进行,原先的猜测和证据会得到证实……

中国地理学会副理事长、长江学者、陕西师范大学副校长董治宝教授以“解读沙漠”为主题,通过“沙漠”二字的详解,点出了沙漠与水之间密不可分的关系,沙漠的主要矛盾是水,认识沙漠要科学理解水,做好沙漠文章的关键是做好水的文章,用正确的人地观念看待沙漠才是科学的做法。

中国教育学会地理教学专业委员会名誉理事长、地理教学专业学术委员会主任、上海纽约大学荣誉校长俞立中教授作了“地理教育在培养学生全球胜任力中的价值”的主题报告。俞教授指出在当今世界复杂多元、相互联系且快速变化的背景下,学生们应学会和来自不同领域、文化、价值体系的人们合作,以解决复杂问题、创造经济和社会价值。……在地理教学中培养全球胜任力,应注意教育观念的挑战、学习方法的变革和培养模式的创新三大方面,……使学生学会选择,主动学习,形成思辨能力。

12 月 26 日下午共作了 9 场主报告。

上半场是新课标下各版本教材编写特色介绍。由首都师范大学申玉铭教授主持,华东师范大学段玉山教授、人民教育出版社地理室主任助理庞玲、北京师范大学王民教授、南京师范大学赵媛教授、湖南教育出版社地理教材编辑部部长胡茂永,分别介绍了五版高中地理新教材的编写理念、编写思路与特点。

下半场是新课标新教材新高考分析。由华中师范大学李家清教授主持,人民教育出版社原总编韦志榕、教育部考试中心研究员张亚南、华东师范大学夏志芳教授、中教启星教研总监和启星学院院长王秋平围绕本次大会的主题“推进基础教育地理课程改革,落实新课标新教材新高考”作了精彩交流,其报告分别是“对新课改背景下地理教学的思考”(图 10-30)“高考命题理念与实践”“地理人如何面对两个素养:跨学科素养与学科素养”“现代教育技术如何支撑地理教与学”。

图 10-30　人民教育出版社原总编韦志榕作专题报告

专题报告与论文交流

12 月 27 日上午，在 4 个分会场进行了近 40 场专题学术报告。

第一至四分会场的专题分别为“地理新教材、新高考与教师发展”“地理核心素养视域下的课堂教学创新”“地理比较教育与国际地理教育前沿”“研学旅行与特色课堂”。

其中，第四分会场由《中学地理教学参考》主编雷鸣、《地理教育》主编杨娅娜主持（图 10-31），袁书琪、周海瑛教授点评。付申珍老师受专委会邀请，在该分会场交流分享“中学地理‘长效教学’主张的探索之路——重庆市教学专家付申珍工作室成长侧记”。

图 10-31　《中学地理教学参考》主编雷鸣（左）和《地理教育》主编杨娅娜（右）主持专题报告活动

她从重庆市第一中学校“尊重自由，激发自觉”的办学理念指引开端，秉承工作室理念，围绕“中学地理‘长效教学’主张的探索”，向来自全国各地的同行分享了重庆市教学专家付申珍工作室的长效教学研究历程并诠释其工作室成长之路。重点强调自工作室成立以来，积极制定发展规划，总目标围绕课程与教学重难点问题进行实践探索，开展地理教学方法创新研究与运用。促进了长效教学的理论探索与实践研究和教师的专业成长，发挥了工作室的辐射、示范和引领作用，扩大了影响力；其中，她以自己执教的“正午太阳高度的变化”为例简要解读长效教学模式的运用，并例举运用工作室的研究成果——“三阶六环四步”长效教学模式指导重庆市第一中学校地理教研组刘璨老师教学“土壤的形成”刚荣获重庆市地理优质课大赛一等奖的喜讯等（图 10-32）。

图 10-32　付申珍在 2020 年综合学术年会作“中学地理‘长效教学’主张的探索之路”专题报告，袁书琪教授（右）现场点评

付申珍老师的专题报告得到了与会专家和同仁的关注和好评。福建师范大学袁书琪教授点评道：

“我们很高兴地看到付老师的工作室又取得了一些新的成果。这里主要有三点感悟，第一点感悟就是专家引领，工作室是目前一个非常好的形式，各地也都在进行推广，而我们付申珍老师工作室从一开始就注意到专家的引领，如家清教授、孝亭教授等，还有在会场的雷鸣教授、李晴教授等对他们的支持，这能够节省很多时间，能够有一个比较好的基础，这是值得推广的；第二点感悟就是理论的求索，名师工作室不只是要做一些教学方法、方式上的改进，它的关键在于要有自己的理论，什么叫名师，名师必须要有主张，这非常重要，主张就是理论，理论就要探究，那么付老师这边提出了一个'长效教学'的主张，……我很高兴地看到付老师已经做了很多的探索。最后一点，就是她已经构建了一个很好的模式，她的大作将要问世，我们要给予关注，那么她这个模式，大家看到关键词跟我们俞立中教授、韦志榕编审他们的报告当中的都很一致，情境、问题、任务等，这些她怎么把它们组合成一个模式，这个模式必须要有实用性，在这个模式试验当中，她已经取得了一些成果……"

另外，来自全国各地的其他8位老师交流了在研学领域的探索和思考，袁书琪教授、周海瑛教授对每位老师的交流作了精彩点评。

12月27日下午，50余位向大会提交论文的作者分为5个会场进行了论文交流。付申珍老师受邀担任第三分会场会议论文交流主持人(图10-33)。

图10-33 付申珍(右)主持会议论文交流活动

闭幕式上，学会秘书长苏小兵主持，段玉山理事长致辞，李家清副理事长作大会总结。

参加本次年会，聆听专家与名师们的远见卓识，感悟新课标、新教材、新高考与学科核心素养视域下的地理教育教学创新，有利于教育教学不断上新台阶！

(重庆市第一中学校 付申珍)

三、编著"长效"思维

工作室认真分析国内外中学教育发展趋势后，提出中学地理"长效教学"主张，并围绕"长效教学"开展研究工作之后，除了积极参加各种有关交流学习活动外，大家深入思考研究，坚持"长效"思维，组织开展了丰富的专著编写的研讨活动。

分享读书心得 筹划专著撰写

七月的热浪抵挡不住地理人学习的热情。2018年7月14日下午，重庆市首批教学专家工作室付申珍教学专家工作室成员会议在全国最美书香校园重庆市第一中学校项家院会议

图 10-34　分享好书场景

室召开。这次会议的两个议程也和书籍关系密切:读书交流与工作室长效教学专著体例讨论。

读万卷书,行万里路。读书,读专著是工作室每个成员的长期必修课,本次会议的第一个议程就是老师们交流自己的读书心得。工作室赠阅的书籍以教学专著为主,如《核心素养导向的课堂教学》《从有效教学走向卓越教学》《学历案与深度学习》等书籍,书籍涵盖核心素养研究、教育教学研究、课程开发等几个方面的内容(图 10-34)。工作室的每一个成员就专业书籍分享了个人的读书心得和体会,大家结合读书的收获、读书后的实践调整和改进、读书给自己带来的思考等方面畅所欲言,相互启发。付申珍老师最后强调阅读专业书籍对于自身发展的重要性,要让读书真正促进自己的思维和行为的改变,鼓励老师们要有良好的读书意识和习惯,将工作、生活和阅读有机结合起来,让读书成为一种常态,一种生活的必需品。

教学科研是教师个人专业成长的必由之路。会议第二个议程是讨论工作室专著体例。工作室不仅要致力于成员本身的成长发展,还必须要起到辐射带动作用,因此,大家商议讨论,决定写一本以长效教学为对象的工作室专著。工作室专著的编写成型,可以为广大一线教师提供理论学习资料和研究样本。老师们结合自己的读书心得和体会,各抒己见,为工作室专著的体例成型出谋划策,希望通过大家的研究、编写讨论,能稳定迈出专著编写的第一步,写出一本对广大教师有借鉴意义的书籍。

任重道远,工作室的老师们需要潜心读书,认真思考,踏实走好每一步。付申珍老师最后指出,老师们要利用暑假认真读书,收集整理资料,做好编写专著的准备。

(重庆市第一中学校　宋加喜)

交流阅读进展　完善专著提纲

2018 年 12 月 16 日,冬日寒凉,重庆七中的地理课程创新基地却暖意洋洋,付申珍教学专家工作室的老师们利用周末时间,齐聚一堂交流学习,推进工作室工作进程。

本次会议有两个议题:第一,交流近期读书心得;第二,专著的提纲探讨和修改。

老师们首先交流了近期读书心得。工作室成员多数是一线老师,平时专业书籍看得多,可教学相关理论书籍涉猎较少,借加入工作室之机,老师们严格要求自己,认真阅读了教育理论书籍,收获不少。杨华老师给大家分享了课题申报的立项报告,指导大家如何在申报课题的时候建立理论基础;熊俊卿老师阅读了《地理教学论》,给大家讲解了地理教学的发展历程,以及现代地理教育的教学思想,对大家的教学启发很大;黄文山老师则是倾囊相授,给大家分享了近几年研学旅行的研究成果,让大家明白了成功背后需要付出巨大的努力(图 10-35);宋加喜老师分享的《中学地理课程与教学》一书和彭萌分享的《为思维而教》一书具

图 10-35　黄文山老师交流“研学旅行”研究心得

有相互呼应的作用，都和一线教学息息相关，但又具有很高的理论基础；许方林老师分享了《学历案与深度学习》，作为渝中区的地理教研员，他总是能捕捉到最前沿的地理研究成果，并结合一线教学进行实践；刘宇老师分享了《基于学生核心素养的地理学科能力研究》一书的读书心得，在组织学生活动方面给了大家很大的启发，指出每一次课堂教学都应该有一个主题，组织学生课堂活动时也必须有个主题。陈娟老师分享了《核心素养指引下的课堂教学》一书，整本书的内容和各学科有关，不局限于地理，有助于老师们充分了解核心素养，对学科整合起到很好的帮助作用；刘明炼老师分享了《教有“智慧”的地理》一书，整本书理论知识不多，读起来轻松易懂，可操作性强。付申珍老师精读了《有效教学的理论和模式》，她的发言有助于帮助大家整理自己平时的教学过程，启发大家思考，怎样把实践得出的结论上升成教学模式。一个人阅读一本理论书籍大概需要一周时间，通过工作室这种定期开展的读书交流会，不仅促使每个老师必须阅读，而且还要精读，找出书里最精华的东西和大家分享，大大提高了老师们的阅读效率和效果。“你有一种思想，我有一种思想，我们一交换，每人就有了两种思想”其实不仅仅是面对面的读书交流会，有时老师们阅读到精彩的部分，大家也会在网上及时分享、共享，帮助大家一起提高。经过几次的读书交流，在工作室付申珍老师的指导下，大家不仅不害怕阅读理论书籍，还能渐渐地运用理论知识来指导实践。大家除了增加阅读深度，还扩大了阅读广度。每一次读书交流都是一次进步，工作室的老师们博采众长，努力使自己不断进步。

第二个议程和工作室拟编的专著有关。老师们各抒己见，拟定了专著书名，并对工作室专著的编写提出了修改建议，不断完善专著的提纲，由于有了大量阅读书籍的启示，这一次的讨论效率极高，提纲基本成型，针对每个老师的特点，制订了编写任务。有了前几次交流的积淀，本次讨论使专著的编写往前迈出了一大步。

最后，付申珍老师对本次会议作了小结，肯定了大家的成绩，同时也细致地指出了大家理论认识上的一些不足，教会大家要用发展的眼光看问题，注意书籍的编写时间，对长效教育理论的认识要与时俱进，要关注地理核心期刊最新资讯。

（重庆市第一中学校　陈娟）

业精于勤成于思的探讨

2019 年 1 月 16 日，重庆冬日里一个难得洒满阳光的日子，更是付申珍教学专家工作室成员收获满满的日子。一大早，在付申珍老师的带领下，工作室的成员们聚集在重庆市第一中学校微格教室进行了热烈的学习和讨论。

付申珍老师展望了 2019 年工作室的年度规划，接着又从自己教学中的研究点、教学教育实践、文章的写作及关注学科最新发展理念等方面和大家一起分享了自己近年的写作心得和著作思考，还耐心地讲解了著作写作时的注意事项，并大致梳理了著作内容。成员们听后获益匪浅，纷纷就写作中遇到的问题，与大家相互交流讨论，各抒己见，甚至字斟句酌。这次的撰写任务安排在假期中，并布置了阶段性反馈，学员们都欣然接受表示会认真落实。

文章千古事，得失寸心知。著作的写作思考是一个痛苦的过程，而思考之后的收获又让人感到一种莫名的兴奋与欣慰。成员们多次分享了自己的教学体会，总结出一些实用有效的教学模式和策略。只有用批判性思维、探究性思维、创造性思维在这些教育教学体验中去捕获成果，总结上升为经验，勤于思与写，笔耕不辍，才能不断提高自己的理论与实践水平。

图 10-36 工作室成员在重庆市第一中学校

回顾工作室成立一学期以来，我们深感充实与快乐。工作室每一次学习与工作安排丰富紧凑，压力中产生动力。感谢这个有思想、有凝聚力、有生命活力的团队，在交流中取长补短，分享智慧与快乐，在进取奋斗中幸福成长。时光荏苒，我们研究的脚步不会停歇，定下长效教学的目标与方向，业精于勤，行成于思。相信在这条学习、反思、践行的路上会充满阳光(图 10-36)！

（重庆市南开中学校　刘宇）

交流撰写进展　打磨书稿细节

为进一步推进工作室专著项目工作进度，2019 年 6 月 21 日下午，工作室成员集中研修活动在重庆市第一中学校明善苑微格教室举行(图 10-37)。

主要研讨两个议题：第一交流撰写进展，第二讨论书稿细节。

工作室成员在付申珍老师的带领下实施专著编写计划已近一年，大家围绕各自领衔的专题不断加强理论学习，积极进行教学实践，借助工作室成员的集体智慧，探索科研新途径，养成探究的习惯，注意教学成果的积累。

图 10-37 专著撰写研讨场景

在付申珍老师的督促下,会上大家都将自己的初稿做了分享。虽然大家平日教学任务繁重,可用于写作的时间有限,工作进展还不甚满意,但这是一次真正意义上的编写内容上的对接,在教学思想和方法上的碰撞。经过近3小时的讨论,专著体例进一步得到完善,对内容细节仔细讨论斟酌,专著已初具雏形。

教学专著的撰写过程是系统化总结,是不断的自我学习和教学行为的反思。在撰写过程中让大家体会到做教学研究是个细致活,需要真功夫,需要持久的坚持,也需要工作室成员的相互激发和鼓励。

付申珍老师结合大家意见最后确定专著初稿完成并再次讨论时间在7月底,8月底完成初稿的第二次修改。在教学策略编写中统一内容为概念意义、实施策略、应用建议三部分,尤其强调无论方法还是策略都要有教学实践中真实的案例或案例片段作支撑,并附教学效果调查问卷表。

虽然已近暑假,但大家因为写作压力仍然不敢放松,大家期待着专著早日问世。

(重庆市巴蜀中学校　杨华)

同仁互助齐创作,交流研讨话进展

2019年7月28日,重庆骄阳似火,付申珍教学专家工作室的成员却无惧烈日,集聚在重庆七中宁静的办公楼,展开暑期工作学习交流活动(图10-38)。

图10-38　在重庆七中专著撰写研讨场景

重庆市第一中学校付申珍、宋加喜老师参加了7月在银川举行的第二届全国名师工作室创新发展成果博览会。宋老师分享了此次活动的流程安排和成果展示形式,畅谈了自己的观摩体会,认为名师工作室的授课和专题发言精彩纷呈,并感言活动紧凑、档次高、收获多。

付申珍老师也对此次参会做了交流发言,并鼓励成员们多学习,提升专业素养,在工作中做出实效,争取明年在兰州举行的名师工作室成果博览会上展示。付老师对每个成员下期学习和工作任务提出了具体的要求,并针对每位成员的实际情况作了指导和建议。

付申珍教学专家工作室一直致力于关注教育改革与发展的动态和趋向。在付申珍老师的倡导和督促下,学员们阅读了大量的教育教学著作,提炼自己的教学实践,梳理知识体系,经多次讨论,学员们写出了著作初稿。大家就写作中涉及的理论基础和研究进展、教学方法策略和实施建议、教学案例及点评等进行交流。大家剖析了自己稿件的写作思路和不足。整整一天的研讨,经过思想碰撞,达成了课程改革和理念创新的基本共识。在大家的交流中，理论水平得以提升和完善。一年多来，工作室依靠集体的智慧与热情，工作进展顺利。

（重庆市南开中学校　刘宇）

合作交流促进成长

图 10-39　付申珍主持工作室成员研讨长效教学专著修改等

为了进一步落实教研计划，促进工作室每位学员的教学工作，加强彼此间的学习与合作，推进工作室工作，2019 年 10 月 16 日，工作室老师相聚重庆市第一中学校明善苑微格教室，开展专题研讨活动（图 10-39）。

本次研讨活动由工作室主持人付申珍老师主持。会议有三项内容：筹备地理区级以上大型活动、交流讨论书稿、分享读书和工作心得。

第一，工作室拟召开一次大型区级以上教研活动。本次区级以上教研活动的举办可以展示工作室阶段性成果，扩大工作室的影响力，在地理教师中起到更好的辐射带动作用；同时接受上级主管部门和广大教师的监督和建议，对工作室下一步工作的开展具有很好的指向作用。大家各抒己见，一起商量会议的时间、地点、主题、规模、议程。

第二，商量和完善工作室书稿，这也是这段时间工作室工作的重点。在付申珍老师的指导下，通过工作室成员的努力，按照写作计划，初稿的第一阶段已经顺利完成，修改初稿的第二阶段已经开始。首先由每位老师简述自己在写作过程中遇到的困惑，工作室的每位老师再对每个部分提出修改意见。大家群策群力，一起商讨问题的解决办法，从而进一步提高稿件质量。本次讨论对书稿的写作起到了很大的促进作用，工作室准备在 11 月底完成书稿第二阶段目标。最后，付申珍老师就这部分内容提出几点指导建议：①要保证稿件内容的科学性、准确性；②稿件一定要追求原创，有引用部分一定要记得标注出处和参考文献；③结合中学教学，给一线教师提供有价值和意义的参考。

第三，交流读书心得，交流最近在工作中的感悟和收获。“多读书，读好书”是工作室成员长期坚持的事情。借工作室研讨活动的机会，老师们大胆接触平时觉得比较深奥难懂的教育理论书籍，并积极思考、交流感想，对教学工作的开展起到促进作用，也借此打开了阅读的广度，受益匪浅。黄文山老师特意带来他的研学旅行研究成果，大家争相传阅，对工作室后续工作的开展起到了很好的示范和带动作用。

（重庆市第一中学校　陈娟）

书稿成型　会商再改

新年伊始，万象更新。2020 年 1 月 12 日，“教学专家付申珍工作室”全体成员齐聚重庆大学城一中，活动主题为有关长效教学书稿的研讨（图 10-40）。彭萌老师作为研讨地东道

图 10-40　在重庆市大学城第一中学校开展长效教学专著深入修改研讨活动

主，既要参与研讨，还为本次研讨会提供了热情而周到的服务，保证了本次研讨会的顺利进行。

自重庆市教学专家付申珍工作室成立以来，全体学员在付申珍老师的带领下，一直致力于中学地理长效教学的探索与研究，为出版一部有关地理长效教学的专著撰稿，既是工作室的重点工作，也是发挥工作室影响力，让工作室研修成果服务于广大一线地理教师的重要举措。

由于长期处于教学一线，工作室大部分成员的写作经验仅限于教学心得和教学论文，著书立说是从未有过的经历，有些信心不足。但付老师一直鼓励大家，先为大家推荐各种地理教学理论与实践方面书籍，让大家广泛阅读，再利用每次研讨活动和大家一起分享阅读与写作心得，传授写作经验与方法。在付老师的引领与督促下，学员们逐渐梳理出了自己所要撰写内容的提纲，并通过查阅文献、阅读书籍与论文等，再结合自己在教学过程中的实践与思考，逐步推进编写工作。

经过一年多的艰辛与努力，付老师和全体学员都写出了自己所负责内容的大部分初稿。在大学城一中的会议室里，学员们都拿到了由大家撰写的一套厚厚的书稿，由付老师主持大家对每个人的稿子进行讨论并提出修改建议。讨论按照书稿的顺序依次进行，学员们先认真阅读每一部分的内容，然后就这部分内容发表意见。对书稿的讨论，工作室学员许方林老师建议大家将讨论的重点放在“中观”尺度，重点研讨每位老师所编写的内容结构是否合理，内容要点是否成立和完善等方面，以提高讨论的针对性和有效性。大家对编写工作都特别的重视，都想能够出版一本代表工作室成果的优质著作，因此讨论进行得非常热烈。

激烈的讨论从上午 9 点持续到下午 5 点半，学员们都积极发表意见，并认真听取和记录，每一位学员的书稿都收到了来自付老师和其他学员的诸多修改意见，有的需要调整结构，有的需要整合要点，有的需要增删内容，有的需要完善观点。

研讨会结束时，付老师对大家说，虽然今天的修改意见很多，但希望大家树立信心，鼓足干劲，根据今天讨论的结果，回去后加紧修改和完善自己的文稿，正所谓“文章不厌百回改，反复推敲佳句来”，大家齐心协力，争取让我们的长效教学著作按期面世。

（重庆市第十八中学校　熊俊卿）

审阅书稿与研讨“长效教学”主张推广设想

新的一年,新的起点;新的一年,新的征程;新的一年,新的希望。转眼之间,重庆市教学专家付申珍工作室成立快3年了,付申珍老师带领着全体成员一步一步完成既定目标,迈向新的高度,如今已经到了检验成果的阶段。

2021年1月24日,工作室在重庆市巴蜀中学校举行了2021年的首次研修。来自重庆市巴蜀中学校的工作室成员——杨华老师为本次活动提供了热情周到的服务。在工作室主持人付申珍老师的带领下,全体成员就已成型的书稿进行了审阅,作出了发挥工作室辐射引领作用的实施计划,并进行可行性分析与讨论。

今天的活动在一场颁奖仪式中开始,付申珍老师首先简要介绍了前不久参加“全国名师工作室主持人高峰论坛”和“中国教育学会地理教学专业委员会2020年综合学术年会”的收获以及受邀做大会专题报告(“中学地理‘长效教学’主张的探索之路——重庆市教学专家付申珍工作室成长侧记”)的效果,令大家欣慰的是我们的“长效教学”主张得到了与会专家和同仁们的关注和好评;然后付老师为工作室成员刘宇和杨华老师颁发了获奖证书(图10-41),两位老师在2020年“第三届全国名师工作室创新发展成果博览会”成果评审中分别获得特等奖和一等奖。在向两位老师表示祝贺的同时,付申珍老师还向大家宣布了一个好消息,我们的工作室因工作扎实、成效显著,在2020年全国名师工作室创新发展成果博览会上被评为“全国先进名师工作室”,付老师也被评为“全国优秀名师工作室主持人”。简短的颁奖仪式令全体成员深受鼓舞,大家一边向获奖者表示祝贺,同时也对付老师几年来的辛勤付出表示感谢。

图10-41　工作室颁奖仪式

紧接着,付老师点开屏幕,将书稿投影出来,带领全体组员进行书稿的审核与校订。付老师告诉大家:经过两年多的努力,关于“中学地理长效教学”主题的书稿,离正式出版仅有一步之遥,为保证书稿的质量,今天要进行认真的审改研讨(图10-42)。

当付老师将修改之后的书稿展示出来时,大家都眼前一亮,经过修改书稿比当初提交的初稿升级了许多,大家都有些兴奋,实在没想到,在过去两年多的时间里,当初被付老师一遍遍催促着写下的文字,居然就快要成为正式出版物了。

书稿的审阅从封面设计开始,大家都认为封面重要,因为一本书首先映入眼帘的就是封面,所以对图案、颜色、字体、字号、寓意等每一个细节都要重视,成员们对出版社提供的五种

图 10-42　工作室专著研讨活动

设计方案发表了看法，希望能设计出简洁大方又体现本书精神还能让人眼前一亮的封面。

接下来是审阅目录，大家就章节的划分及名称用语、章节之间的联系进行了仔细的梳理，并提出了调整的意见。

然后是全书的内容审阅，付老师提前将校样书稿发给了各个组员，成员们在会前进行了仔细的审阅，在今天的会场，大家依据写作分工，对自己负责部分的修改意见向付老师进行了汇报，同时也相互审阅，积极征求大家的意见。对于一些关键之处，大家对段前与段后的关系，某句话传达的真实含义，以及某个词语的准确度都仔细推敲，精益求精，力求让这本书能够给读者带来长效的价值。

最后，大家就如何发挥工作室辐射引领作用进行了商议，并将这一任务作为近期工作重点。付老师说，我们是重庆市教学专家工作室，通过快 3 年的研修，获得了新理念，学得了新方法，但只有我们这几个人有改变是远远不够的，要将我们的主张服务于全市乃至全国的地理及相关教育工作者，这才是专家工作室的战略意义。

所以，我们计划先从市内做起，深入各个区县进行宣教、献课、讲座等，加深交流，促进地理教学水平的提高。积极参加全国地理等相关活动，联系市外其他名师工作室，进行联合教研，通过相互交流促进共同进步。充分发挥教学专家工作室的辐射引领作用，促进地理教学的发展与变革（图 10-43）。

图 10-43　工作室成员在重庆市巴蜀中学校合影留念

（重庆市第十八中学校　熊俊卿）

四、课例“长效”探索

自工作室明确“长效教学”主张以来，全体成员一直致力于中学地理长效教学的理论探索与实践研究，并以课例研究为主践行自己的“长效”主张，积极以课例搭建交流平台，大家思维的碰撞，智慧的沟通，在激情的探讨中提升教学实践能力，促进教师长效教学专业能力的持续发展。

优课展风采，交流促提高

2019 年 4 月 24 日，风和日丽，付申珍教学专家工作室成员汇聚重庆市第一中学校校本部明善苑微格智能教室，重庆市沙坪坝区教师进修学院副书记李代文亲临指导，在工作室主持人付申珍老师的带领下，大家认真开展了高中地理长效教学理论与实践的研讨活动(图 10-44)。

图 10-44　在重庆市第一中学校针对熊俊卿成员的现场教学(左图)开展长效教学课例研究

首先，工作室成员熊俊卿老师为高二学生上了一节情境教学公开课“加利福尼亚州：为什么‘火’的总是我——森林火灾与地理环境”。以“美国加利福尼亚州森林火灾”为背景材料，通过真实生动的情境，引导学生探究火灾的自然和人为原因、火灾对自然环境(生物、水文、气候、地质)的影响，让学生明白了人类干预自然必须高度警惕、特别小心。同时，用近几年高考试题为例题，训练学生辩证思维。整节课生动形象，不断激发思维碰撞，培养学生的创新思维，该堂情境教学，体现了高中地理课堂的高效、长效性等。付申珍老师、宋加喜老师和刘宇老师先后对这节课作了精彩点评，纷纷感叹“情境教学法”利于培养学生综合思维等素养，提高课堂效率，值得总结并在更大范围推广。

紧接着，重庆市沙坪坝区教师进修学院副书记李代文也对熊老师这节课给予积极评价，并对付申珍教学专家工作室成员今后的工作提出了六点建议。特别建议成员的地理优课可以在更大的范围和更多的学校去作示范引领，起到带动和辐射作用；对优秀的教学设计要在实践中提炼、总结出具有思想、具有独特教学风格的教学主张，帮助更多老师在课堂上成长。

在付申珍老师的主持下，成员们积极围绕“情境教学”主题，开展研修及交流研讨分享。陈娟、彭萌、许方林、黄文山都纷纷展示自己前段时间长效教学的理论与实践的部分成果，大家对这些成果给予肯定，并提出修改意见与建议。最后，付申珍老师对今后团队发展提出设想和要求。

本次研讨活动内容丰富，很务实、接地气，成员们表示收获很大，决心在付老师的引领下，继续努力探究长效教学，不断前行。

（重庆市江津区教师发展中心　黄文山）

示范为长效　交流共成长

为了促进工作室各位成员的专业成长，加强长效教学研讨，提升教学实践能力，2019 年 10 月 30 日上午 8:30，付申珍教学专家工作室全体成员相聚重庆市第一中学校微格教室，开展了高中地理课堂长效教学研讨活动(图 10-45)。

图 10-45　在重庆市第一中学校 宋加喜、杨华学员的现场教学

活动分为两个阶段，第一阶段为展示听课环节。首先，工作室成员重庆市第一中学校高中地理宋加喜老师为大家带来了一堂精彩纷呈的高二地理课“大气环流”。宋老师以“漂洋过海来炸你”创设趣味的教学情境，引导学生发现问题，调动学生积极性；通过指导探究，引导学生综合分析“三圈环流”的成因及规律；最后，结合生活中的实例，分析大气环流对降水的影响，着力培养学生应用的意识和动手实践的能力。整堂课内容丰富，有对基本原理的归纳总结，又有趣味性强的故事引入，有学法指导，又有对高考题的训练提升；恰当演绎“综合分析法”在高中地理课堂教学中的运用。

第二堂课是由来自重庆市巴蜀中学校的杨华老师执教。同为自然地理“地球上的大气”部分，杨华老师以一堂高三地理复习课“天气系统和天气过程”震撼全场。整堂课从“什么是天气系统”出发，通过“美国龙卷风追风人”和“模拟实验火龙卷”两段视频，以 2018 年全国Ⅱ卷高考题为背景，从时空、要素和联系三个维度引导学生深入分析天气系统的成因、特点及变化过程。杨老师通过追溯根源的方式，让思维分析过程明晰；并且从不同尺度深入探究地理原理，让原本平面的知识点变得更加立体和丰满；整堂课逻辑严密，内容丰富，思维深

图 10-46　观课后长效教学研讨

刻，充分展示“归纳演绎法”在高三复习课中的灵活运用。这种由知识点解析向方法和思维培养转型的高三地理课堂让在场老师叹为观止，深刻感受从基础知识到衍生教学的能力提升过程。

在惊叹两堂精彩的展示课之后，活动进入第二阶段的教学研讨环节（图 10-46）。首先，两位献课老师分享课堂设计及对高中地理课堂教学的思考。接着，大家进行点评和深入的研讨。南开中学刘宇老师细致地剖析了两堂课闪光点，并提出改进的建议；宋加喜老师指出，宏观构建和微观融合的课堂教学方式充分体现综合思维等素养的培养；熊俊卿老师认为，课堂逻辑层次清晰，原理和技巧的融合让课堂更加高效；刘明炼老师则从学情角度，阐述不同课型研讨的价值和意义；杨华老师分享了优质课打磨到提升的过程，提出“由基础理论向落实运用转化”的观点。

最后，付申珍老师总结两堂课的优缺点，从研讨的价值、方法的提炼、学段的进阶三个维度分享精辟的见解。

此次教学研讨会务实高效，为工作室教师搭建展示交流及共享成果的平台。通过思想的碰撞，智慧的沟通，在激情的探讨中提升自我，同时探索打造长效地理课堂的新思路。

（重庆市大学城第一中学校　彭萌）

展精品课堂，研长效之策

2019 年 12 月 4 日，付申珍教学专家工作室全体成员汇聚重庆市第一中学校明善苑微格教室。首先，重庆市第一中学校陈娟老师以“山西的能源资源开发”为题上了一节示范课。通过“区域优势—优势产业—优势丧失—区域调整”为线索，由“过去—现在—未来”传授给学生区域认知的方法和用发展的观点来认识事物的理念；再通过山西与内蒙古的煤炭资源作为对比，指导学生高中区域地理比较分析法的学习方法和技巧，以此实现学生地理学习的长效收获（图 10-47）。

图 10-47　重庆市第一中学校陈娟的现场教学

陈娟老师的精彩教学，获得与会老师们的一致好评，彰显高中地理教学的课堂魅力。同时，学员们对陈娟老师这节课提出建设性意见，希望内容容量适当少一些，在重点内容上再深挖，提高教学的长效性。

然后，学员们在导师付申珍老师的带领下，对工作室全体成员共同编写的专著作了深入研讨，大家共同出谋划策，为每一个学员编写的初稿一一提出修改意见，大家觉得收获很大，对今后的教学和论文写作都有很大的帮助。

这是一次教学与教育理论研讨相结合的研修活动,很务实,很高效。

(重庆市江津区教师发展中心　黄文山)

长效课堂教学的深化与实践

2019 年 12 月 18 日重庆市教学专家付申珍工作室集体研修活动在重庆市第一中学校微格教室如期进行。本次研修活动围绕工作室地理课堂长效教学理论的研究成果,工作室成员刘宇和刘明炼分别展示两堂精彩的课例(图 10-48),分享了他们在教学实践中的探索。

图 10-48　在重庆市第一中学校工作室针对刘宇(左图)、刘明炼(右图)学员的现场教学开展长效教学课例研究

第一堂课是刘宇老师的高三复习课,主题是“攀枝花经济的可持续发展”。从一个“只有 7 户人家 1 棵树”的“不毛之地”,变成了一座现代钢城。近年来,随着产业结构的调整,该市经济开始华丽转身、转型,又开始大规模建设阳光花城、钒钛之都、康养胜地,进一步建设战略资源开发区、现代农业示范基地、川西南滇西北区域中心城市。刘宇老师通过学案设计将上述发展阶段变成一道道地理试题,聚焦区位条件开展分析,引导学生认识攀枝花独特的地理位置、自然环境特征及成因,并进一步理解不同发展阶段地理环境对人类活动影响的差异。对每一道试题,刘宇老师给予学生充分的时间思考与质疑,鼓励学生勇敢表达,体现生本的教育理念。老师在学生的回答基础上不断总结分析问题的方法,如图文信息的解读、提炼关键词、参考分值组织要点等,达到高三复习课提质增效的作用。本堂课刘宇老师激情澎湃,学生的课堂积极性很高,思维反应快,是一堂成功的示范课。

第二堂课是刘明炼老师的新课教学“河流地貌的发育”。刘老师侧重实验教学法的研究,整堂课教学特色鲜明。教学过程分三个部分,第一部分通过创设一个游戏活动—选择合理的聚落,引出地理问题河流地貌对聚落分布的影响。游戏活动的区域地图选择非常耐人寻思,选择的是大约 90°E 的藏南地区。这里地形复杂,高原、山地、平原都有,恒河和雅鲁藏布江水系发达。问题比较开放,通过分组探究锁定不同类型的地形对聚落的影响。学生的积极性被充分调动起来,从回答问题的水平上看出学生有着较高空间定位和空间思维能力。刘老师还通过《未来城市》视频片段播放进一步引导学生认识地形和河流对聚落的影响。教学第二和第三部分分别通过实验说明河流侵蚀地貌和河流堆积地貌形成过程和地貌特点。由于侵蚀地貌实验复杂,通过实验录像替代,让复杂的地理现象形象而直观,并让科学规律得到验证。和第一节课一样,教学过程中还辅以学案,使教学目标明确,教学内容层次清晰,重难点突出,提高教学效益。刘老师的这堂课体现地理的科学性,培养学生实证精神。课堂设计环环相扣。老师平等与学生对话,语言生动幽默,具有启迪性。课堂气氛协调,学生思维活跃,师生间有很好的互动,收获好评。

活动最后,工作室主持人付申珍对这两堂课作最后点评。付老师勉励大家就创新的长效教学新理论继续研究努力实践,多琢磨并进一步完善,争取早日取得丰硕的教研成果。

(重庆市巴蜀中学校　杨华)

五、机制"长效"联合

教学专家工作室在有关"长效教学"主张的论证过程中,积极博采众长,开阔视野,先后组织了几场大型跨省市联合教研活动,逐步形成广泛的交流机制和共识,提升"长效教学"主张的影响面,利于"长效"目标的实现。

渝蒙联动　合作共赢

——重庆市-鄂尔多斯市初中地理联合教研活动在重庆市第一中学校举行

又是一年春好处,最美不过四月天。2018 年 4 月 18 日,重庆市和鄂尔多斯市初中地理联合教研活动在重庆市第一中学校科技楼多功能厅成功举行,来自鄂尔多斯市和重庆市的 300 多名地理教师欢聚一堂,通过同课异构、专家评课和聆听付申珍教学专家工作室主持人——付申珍老师的专题讲座,共同探讨初中地理教学和教师专业成长长效策略。本次活动由重庆市教育学会地理教学专业委员会主办,重庆市第一中学校和付申珍教学专家工作室协办。

活动伊始的同课异构环节,来自鄂尔多斯伊旗四中的侯文静老师和重庆市第一中学校的杨龙青老师分别执教课题为"巴西"的研究课(图 10-49)。侯老师以随手拍的形式,巧妙选用与生活联系紧密的情境串联整节课,她语言精练、逻辑严密、指向明确的活动设计和充分发挥学生学习主体性的理念给听课的老师们留下深刻的印象。杨老师则紧扣课标以《苦与甜——巴西经济》为题,以咖啡和甘蔗为线索,通过实物感受、情境创设、互动合作、思考辨析、层层设问等诸多精巧的设计,生动而幽默地展现饱含学科特色、体现核心素养的地理课。

图 10-49　执教教师侯文静(左,鄂尔多斯伊旗四中)和杨龙青(右,重庆市第一中学校)同课异构《巴西》现场

随后的评课环节，几位点评专家的精彩点评引领参会老师对两节课进行深度思维碰撞和思考。重庆市地理教研员张文革老师则用“活”“高”“理”三个字高度概括二位老师的教学设计和课堂教学，课堂气氛活跃、选用教学素材鲜活、教师充满活力；课堂思维含量高、设计立意高、资源整合高；教学逻辑严密，梳原理、讲道理；华丽的外表与应试功能完美契合，理性十足。同时，几位点评专家还针对初中地理教学的几点值得探讨的问题提出教学建议，如初中地理教学中知识的广度与深度的平衡处理；学生活动的有效性与高效性如何实现；如何以“全球化”“一带一路”的视角去看待世界与中国的联系。

本次研讨活动的另一项重要活动，是由重庆市第一中学校地理教研组长、重庆市付申珍教学专家工作室主持人付申珍作题为“远行，让生命之花怒放——感悟教师专业成长”的专题讲座。付老师以自身的成长经历为案例，运用大量鲜活的课堂教育和实践探索案例，讲述30年探究地理与环境教育，并在这个过程中不断实践、不断反思、不断进步，逐渐从一名新教师成长为专家型教师的奋斗历程。多年来，付老师以一颗赤诚之心，推进地理与环境教育，获得不一样的人生体验，带领重庆市第一中学校地理教研组团队取得丰硕的教育教学成果，也将教育理念播种在教过的每一个学生心中。付老师精彩的讲述让在场的老师们都深深感受到地理老师对于教育的信念和专业的热爱。同时，也使与会的许多青年教师认识到合理规划职业人生、善于学习的重要性，认识到潜心研究、坚持写作的重要性，认识到追求睿智、深度创新的重要性，认识到着眼一处挖深井的重要性。

活动尾声。重庆市沙坪坝区教师进修学院李代文书记充分肯定本次联合教研活动在加强教师交流、推动地理教学、促进区域教育均衡化等方面的重要意义；更难能可贵的是，胡熙时老前辈虽退休离开教学工作岗位18年，依旧关心、关注着中学地理教育事业，在活动最后，他以时代变迁分析地理教育的升级，强调团队的重要性，倡议大家共同努力创新地理教育，争上新台阶（图10-50）。

图 10-50　重庆市第一中学校原地理教研组长胡熙时老前辈谈活动观后感（右）

独行快，众行远。期待类似交流更加丰富，博采众长，繁荣地理教育。

期待能在上级主管部门的关心、指导和帮助下，付申珍教学专家工作室所有成员通过团队协作、互助共进、锐意进取、深度创新，成为引领全区、辐射全市并在全国有影响力的专家工作室团队。

（重庆市渝中区教师进修学院　许方林

重庆市第十八中学校　熊俊卿）

渝浙合作　共探长效未来

(一)渝浙名师联合教研的共赢成果

——记渝浙教学专家、名师工作室联合教学研讨会

新年伊始,万象更新,我们又站在新的起点,时代的车轮滚滚向前,地理教育的星空更加灿烂。2020 年 1 月 8 日,一场以“察天地运行,悟地理美韵,长实践能力,育核心素养”为主题的地理盛会在重庆市教学专家付申珍工作室和浙江省周红星名师工作室联合主持下在重庆市第一中学校图书馆二楼学术报告厅成功举行,来自浙渝的专家团队及百余名地理教师齐聚一中,携手同行,共话地理,共谋发展(图 10-51)。通过展示课、评课和专题报告等活动,共同探讨高中地理教学和教师专业成长长效策略。此次盛会吸引了重庆市各区县的中学地理教师及重庆师范大学地科院学生。时任重庆市沙坪坝区教委人事科科长姚澜、重庆市教师进修学院副书记李代文、重庆市第一中学校副校长卫晋丽、重庆师范大学李晴教授、重庆市地理教研员张文革正高级教师、重庆市沙坪坝区地理教研员严龙成等参加了本次活动。

图 10-51　参加浙渝名师、教学专家工作室联合教学研讨会人员合影

活动分为五个阶段。

第一阶段,课堂教学展示环节(图 10-52)。

图 10-52　渝浙教学专家、名师工作室联合教学研讨会献课场景(左,何灵飞;右,杨华)

活动伊始的观摩课环节,浙江省周红星名师工作室核心成员、浙江省杭州学军中学何灵飞老师和重庆市教学专家付申珍工作室核心成员、重庆市巴蜀中学校杨华老师分别执教课题为《从工业时代到智能时代——汽车工业布局及转型》《常见的天气系统》的研究课。何灵飞老师以重庆长安汽车工业集团公司的发展历程为线索,采用问题式教学,通过创设层层

递进的问题链，创设情境案例分析，引导学生从汽车工业的成长、汽车工业的困境到汽车工业的未来发展方向等方面，认识汽车制造业布局与转型。何老师层层深入地引导学生思考，实现以培养地理学科核心素养的生本课堂。何老师精练的语言、逻辑严密的教学环节、指向明显的活动设计和充分发挥学生学习主体性的理念给听课的老师们留下了深刻的印象。

杨华老师的高三复习课“常见的天气系统”则是另辟蹊径，用长效教学模式指导教学，从“什么是天气系统”出发，以天气预报的科学产生过程——“收集数据—加工分析—推理判断—数值天气预报”导入课题，把学生带入研讨的世界。随后的课堂教学环节里，杨老师凭借丰厚的教学经验，以2018年全国Ⅱ卷高考题进行案例化处理，从时空要素和联系三个维度引导学生深入分析天气系统的成因、特点及变化过程。小步调、渐进式的问题链的呈现方式，抽丝剥茧般地引导学生于区域尺度转换间加深对地理原理的认识。整节课学生在系统和综合，大、小区域间切换，展示了一堂富学科味、体现综合思维和区域认知等核心素养的地理课。

在惊叹两堂精彩的展示课之后，重庆市第一中学校副校长卫晋丽发言。她对远道而来的周红星工作室团队表示热烈欢迎，对各级领导对地理发展的关怀表达谢意，同时也对浙渝地理教师互助互补合作共赢的研讨形式给予高度赞扬和肯定。

第二阶段，课堂教学研讨环节。

此环节由重庆市教育科学研究院地理教研员、正高级教师、重庆市名师张文革老师主持。他对主办和承办此次活动的单位及领导表达谢意之后，引领大家进入评课环节。来自重庆市沙坪坝区的地理教研员严龙成老师在评教中指出，两堂课充分展示了两位老师的高素质，从知识呈现方式的效度及地理逻辑透明度等角度全面地体现两位老师以“新的教材观”演绎的新思想。

图10-53　重庆市地理教研员张文革评课

张文革老师则从“重思维、重情境、重能力”三个方面对两位老师给予点评，并肯定老师对高三复习课的整合能力。同时，张老师也从差异的角度对两堂课进行评析，并分别提出建议(图10-53)。

第三阶段，专家、学员讲座环节。

由重庆市教学专家付申珍工作室成员、江津区地理学科带头人黄文山老师主持，重庆市地理名师付申珍老师被邀请上台(图10-54)。首先，她介绍了工作室成员的组成，并公布了工作室重要研究成果之一“长效教学理论”。她采用故事叙述的形式将长效教学模式的实践探究过程从“缘起”到“探究”至“实践”娓娓道来，并以亲身经历和一堂精彩的视频课，为大家详细阐述了长效教学模式的践行。

紧接着，浙江省金华市教育局教研室特级教师、正高级教师周红星为大家带来一场以“未来中学地理的教学与评价”为主题的讲座。他从“重庆印象”出发，分享自己关于课堂教

图 10-54　付申珍工作室成员黄文山主持会场与工作室主持人分享长效教学研究成果

图 10-55　周红星工作室主持人分享教育理念和教学主张

学、课程建设及课程评价等方面的观点与践行。他指出，要经常反思“我的教学特色在哪里?”，要“以课标引领，深度学习”。周专家的讲座很吸粉，并不时获得阵阵掌声。此外，周红星名师工作室的两位老师唐塘颖和王君威分别以“论一个‘问题’的正确打开方式”“高三地理教学增强师生互动的实践与思考”为主题，分享了他们的教育理念和教学主张，深受大家好评(图 10-55)。

第四阶段，专家总结环节。

研讨会上，重庆市沙坪坝区教师进修学院副书记李代文作总结性发言，他指出，此次活动“准备充分、研修扎实、效果显著、影响广泛”，对浙渝两地地理团队优势互补，强强联合的形式给予高度肯定，并期待工作室提炼成果，让研修永远走在路上。

重庆师范大学李晴教授评价此次活动扎实高效，具有前沿性和先进性；同时，她对工作室成果的展示方式分享了自己的看法，认为从实践、数据、案例中，通过“小切口，大纵深”去承载地理教学。李晴教授对两堂优质的高三地理复习课进行了详细的专业点评。此外，她对两位充满坚定地理情怀的工作室主持人都给予高度评价，并指出此次研讨会起到了引领、启发和推进作用，能促进新时代教师的专业成长、拓展和升华。

第五阶段，研学活动。

1 月 8 日下午，阳光灿烂，重庆市教学专家付申珍工作室、重庆市第一中学校地理教研组携手浙江省周红星名师工作室等展开研学活动。此次研学活动项目选择带领老师研学电影《从你的全世界路过》在渝取景地，将李子坝轻轨站、飞虎队陈列馆、江畔寻花咖啡厅、鹅岭公园、鹅岭二厂等地串联成活动主线。通过此次研学活动，老师们可以在游览风景的过程中，体味人文风情，探寻地理现象背后的形成原因与未来发展，践行知行合一。

14 时 30 分，老师们从三峡广场乘坐轻轨前往李子坝轻轨站。出站前，付申珍和陈娟老师向同行的浙江客人和其他老师介绍李子坝轻轨站修建的背景。老师们各抒己见，交流轻轨为何会穿居民楼而过，讨论穿楼而过的轻轨会不会对住户的生活产生不利影响以及轨道交通管理部门如何保证轻轨的运行安全（图 10-56）。

图 10-56　在李子坝轻轨站观景台

向飞虎队博物馆行进途中，经过三层马路，重庆作为“山城”，地势起伏大，盘山公路分层错布，形成独特风景。重庆市第一中学校宋加喜老师和重庆市长寿中学校张建国老师参观飞虎队陈列馆的时候发现物资运输路线图、行军路线图等地图模糊不清，方位指示功能差，难以精确定位。他们委婉地向展馆工作人员建议需结合相关史实重新绘制地图，保证地图的清晰度、科学性与准确性。

随后，老师们前往江畔寻花咖啡厅和鹅岭文创园（曾印制重庆人粮票、肉票等的印制二厂）等著名景点研学，研学旅行也在点亮万家灯火的夜色中顺利落幕。

付申珍老师及工作室成员提前搜集资料、制定路线，将本次研学活动安排得紧凑、高效。老师们将地理知识融入观赏风景的体验中，从宏观看景点的分布，从细化角度探究地理现象背后的形成原因，注重思维转换、空间变化和综合观点。

老师们在活动后也积极整理笔记与心得，完善活动方案、问题设置和活动安排，希望以后真正地将学生带出教室，去感受生活中可触摸的地理现象，探究地理现象背后的知识和规律。

联合教研活动圆满落幕，扎实高效的研讨盛会让浙渝两地的地理人收获满满；思维碰撞，观点交锋，让新时代的探索创新永远在路上。专家引领下我们携手前行，合作探索中我们不负韶华。

（重庆市大学城第一中学校　彭萌
重庆市渝中区教师进修学院　许方林
重庆市第一中学校　母志香）

（二）浙渝教研深度合作　长效机制的建立
——记浙渝名师、教学专家工作室联合教学研讨活动

2020 年 1 月 8 日至 9 日，浙江省周红星名师工作室和重庆市教学专家付申珍工作室联合教学研讨会在重庆市第一中学校举行，重庆市沙坪坝区教委及教师进修学院的领导应邀出席，重庆师大教授李晴、重庆市地理教研员张文革、两个工作室的研修学员及重庆市各中学地理骨干教师百余人就未来地理教育的发展进行了深入的探讨。

开幕式上，重庆市第一中学校副校长、正高级教师卫晋丽致欢迎辞，向与会教师介绍了重庆市第一中学校的办学理念，并指出浙渝联合研讨活动是一次很有意义的尝试，对两地的教学都有很大的促进作用。

1.教学展示:演绎精彩课堂

浙江省杭州学军中学何灵飞老师开设的展示课为《从工业时代到智能时代——汽车工业布局及转型》,课堂以重庆本土企业长安汽车为案例,以长安汽车工业的成长、困境和未来为线索,探讨汽车工业的布局及转型。创设身边真实情境,引发学生深度思考,渗透时空观念,引导学生在发展中感知区位的变化,在时代的转折时期成为勇立潮头的弄潮儿。

重庆市巴蜀中学校杨华老师主讲《常见的天气系统》一课,以高考题为载体,围绕天气系统的特征、成因和对天气的影响,或分解素材为天气系统的特征教学服务,或引入实验视频为天气系统成因教学服务,或情境判断为天气系统的影响教学服务,教学过程中渗透天气系统的尺度观,利于提高学生天气分析能力。

重庆市地理教研员张文革老师对两堂课进行了点评,肯定了两位教师重思维、重能力、重情境的教学,材料的筛选、知识的构建整合,彰显深厚的教学功底。同时,张老师也对两堂课改进方向提出中肯的建议:建议何老师从学生家庭使用汽车的变化引出汽车工业的过去、现在和未来,这样课堂生成会更加鲜活;对杨老师的课,在教学难度上也提出了自己的看法。

2.专题报告:探讨未来地理教育(图 10-57)

重庆市教学专家、正高级教师付申珍老师作了长效教学模式实践探究的专题报告。付老师的教学模式从理论到实践,从课堂到生活,将地理实践活动与课堂活动结合,让地理实践活动成为课堂的延伸,让课堂成为地理实践活动的升华。她善于贯通古今,从汉代的日晷到元代的观星台,无不是她教学的素材;她善于用地理的眼光观察世界,从而更好地培养学生的长效思维。

图 10-57　浙渝名师、教学专家工作室主持人(左,周红星;右,付申珍)分别分享未来教育与长效教学

浙江金华市教育局教研室副主任、省地理特级教师、正高级教师周红星老师向与会教师介绍了他眼中的“未来的地理教育”。周老师的讲座分为三个部分:①评价影响未来教学的方向;②课标引领深度学习的发生;③技术丰富未来学习的方式。周老师分别对教学内容更鲜活、教学形式更丰富、教学视野更开阔等三个方面对地理教学作了畅想。提倡让真实的情境贯穿课堂教学的始终,勇于尝试新的信息技术,并应用于课堂之中。除了切实提高学生的地理成绩,还关注让学生产生更多兴趣、增添更多热爱和展开更多美好的人生向往。鼓励和激励广大的地理老师们践行自己教育理想。

3.地理微论坛:阐述独到观点

来自浙江省余姚中学的唐塘颖老师作“论一个‘问题’的正确打开方式”的发言,从尺度、阅读、对比三方面展开,提出教学要有尺度观。唐老师选择问题的正确打开方式,让课堂有趣、有味,要做一个有情怀的地理教师!

浙江省奉化中学王君威老师作“高三地理教学增强师生互动的实践与思考”的发言,王老师通过学习交流拉近与学生的心理距离,通过学生命题强化学生的考点意识,通过面批增强培优的针对性等,他提出研学旅行和各种媒体的应用又将是未来教育的打开方式,等待我们去探索。

最后,来自重庆师范大学的李晴教授作总结:素养立意,融合研学旅行,基于真实情境,承载教学原理,小切口、大纵深,是课改的方向。李教授指出两位执教老师很好地贯通了核心素养。肯定两位导师能坚守教研教改阵地,有热情,有理想,为培养新一代的教师散发自己的教育光芒。而此次异地联动教研,利于两地教师专业成长,是教学研讨活动的一次创新。最后提出自己的期望,期望老师们不忘初心、不负韶华,为两个一百年的教学责任培养有担当的一代新人。

4.地理研学:践行知行合一

浙渝两地工作室部分成员和重庆市第一中学校的地理教师还研学了李子坝、飞虎队陈列馆和鹅岭。

重庆的交通深受地形的影响,而李子坝不能不说是经典,当时权衡下的轨道穿楼如今成为网红打卡之处,亲临现场的你肯定会叹为神奇!只有亲临现场,你才能全方位观察,感受地形这一深深的烙印!

在飞虎队博物馆展示的“驼峰航线”是“二战”时期中国和盟军一条主要的空中物资运输通道,航线跨越喜马拉雅山脉,因当时飞机最大飞行高度低于沿线高山,只能穿行于缅甸北部与中国西部之间的崇山峻岭之间,还频繁遭遇强紊流、强风、结冰等天气现象。该航线架起了中美人民之间一座友谊的桥梁,也反映了在飞行高度有限的情况下,地形、天气对航空选线的影响。

鹅岭文创园前身是重庆印制二厂(图10-58),这里曾经是民国政府货币政策主管机关的印钞厂,中华人民共和国成立后,重庆人在生活中使用的粮票、肉票、代金券等带颜色的纸片儿,差不多都是由这里生产的。经历岁月的沧桑,尽管瓷砖已破旧,外墙已斑驳,但它刻上历史的烙印,整改后的二厂已实现华丽的转身,成为咖啡屋、书吧、电影院集聚,又可带你穿越工业时代的文创园。鹅岭印制二厂转型让我们看到鲁尔区的影子。

图 10-58　研学重庆鹅岭二厂文创园

浙渝两地名师、教学专家工作室研讨活动展

示了两地教师的风采，研讨收获的不仅仅是教学艺术的提升、学科思维的碰撞，还有教学改革的热情和教学理想的坚守。

（浙江省杭州学军中学　何灵飞
浙江省金华市教育局　周红星）

主要参考文献

[1] 肖菡婷."嘉陵明珠　合碚研行"研学日记[J].地理教育,2019(7):61-62.

参考文献

[1] 余文森,洪明,张蓉.有效教学的理论和模式[M].福州:福建教育出版社,2011.

[2] 教育部.教育部关于全面深化课程改革落实立德树人根本任务的意见[J].师资建设,2015(1):75-79.

[3] 教育部基础教育课程教材专家工作委员会,普通高中地理课程标准修订组,韦志榕,朱翔.普通高中地理课程标准(2017 年版 2020 年修订)解读[M].北京:高等教育出版社,2020.

[4] 黄京鸿.新课程地理教学论[M].重庆:西南师范大学出版社,2011.

[5] 陈大伟.有效教学的理念与实践[M].天津:天津教育出版社,2010.

[6] 余文森.从有效教学走向卓越教学[M].上海:华东师范大学出版社,2015.

[7] 刘立明.国外有效教学研究述评[J].现代中小学教育,2002(12):40-42.

[8] 宋秋前.有效教学的涵义和特征[J].教育发展研究,2007(1):39-42.

[9] 施良方,崔允漷.教学理论:课堂教学的原理、策略与研究[M].上海:华东师范大学出版社,1999.

[10] 蔡宝来,车伟艳.课堂有效教学:内涵、特征及构成要素[J].教育科学研究,2013(1):12-17.

[11] 林琼.从"有效性"到"长效性":小学音乐常态课堂教学模式的实践探索[J].中国音乐教育,2018(11):26-31.

[12] 尚敏.问题教学法在地理课堂教学中的运用[J].中学地理教学参考,2018(18):13-14.

[13] 高凌飚.关于过程性评价的思考[J].课程・教材・教法,2004(10):15-19.

[14] 朱传世.研学旅行设计[M].北京:中国发展出版社,2019.

[15] 国务院办公厅.国务院办公厅关于新时代推进普通高中育人方式改革的指导意见[J].人民教育,2019(14):10-13.

[16] 钟启泉.有效教学的最终标准是学生成长:"有效教学"研究的价值与展望[N].北京:中国教育报,2007-6-16(3).

[17] 孔云.经典教学理论与课堂教学应用[M].北京:海洋出版社,2017.

[18] B.A.苏霍姆林斯基.给教师的建议[M].杜殿坤,译,北京:教育科学出版社,1984.

[19] 郅庭瑾.为思维而教[M].北京:教育科学出版社,2007.

[20] 段玉山.中学地理课程与教学[M].上海:华东师范大学出版社,2018.
[21] 高茂军,王英兰.核心素养引领下的课堂教学革新[M].天津:天津教育出版社,2018.
[22] 付申珍."三阶五环四步"长效教学模式的实践探究:以"正午太阳高度的变化"为例[J].地理教学,2019(22):16-19+64.
[23] 李家清.新理念地理教学论[M].北京:北京大学出版社,2009.
[24] 黄京鸿.新课程地理教学论[M].重庆:西南师范大学出版社,2011.
[25] 李家清.中学地理教学设计与案例研究[M].北京:科学出版社,2012.
[26] 黎见明.语文导读[M].重庆:重庆出版社,1987.
[27] 付申珍.地理教学中的"引导发现式"CAI模式[J].地理教育,2001(2):45-46.
[28] 付申珍.地理高考复习"三效"教学探索[J].地理教育,2014(9):37-38.
[29] 李家清.新理念地理教学论[M].北京:北京大学出版社,2009.
[30] 段玉山,袁书琪,郭锋涛,等.研学旅行课程标准(一):前言、课程性质与定位、课程基本理念、课程目标[J].地理教学,2019(5):4-7.
[31] 周维国,段玉山,郭锋涛,等.研学旅行课程标准(四):课程实施、课程评价[J].地理教学,2019(8):4-7.
[32] 中华人民共和国教育部.普通高中地理课程标准(2017版2020年修订)[M].北京:人民教育出版社,2020.
[33] 付申珍."昼夜长短和正午太阳高度的变化"说课设计(湘教版)[J].地理教育,2012(7-8):43-44.
[34] 王向东,王海霞.演绎法和归纳法在地理规律知识教学中的应用与讨论[J].地理教学,2016(4):10-13.
[35] 张华.论学科核心素养:兼论信息时代的学科教育[J].华东师范大学学报(教育科学版),2019(1):55-65.
[36] 陈少玉,曾玮.地理概念教学新解[J].地理教学,2015(15):4-6.
[37] 童芳.浅谈培养学生的地理综合分析能力[J].太原城市职业技术学院学报,2012(7):117-118.
[38] 张海,王海燕.地理实验设计:观测实验[J].地理教学,2018(12):33-38+7.
[39] 朱永新,杨树兵.创新教育论纲[J].教育研究,1999,(8):8-15.
[40] 谭正超.浅谈实验教学的意义及注意事项[J].南北桥·人文社会科学学刊,2014(2):106.
[41] 王宝琪,万红莲,石岩,等.高中生地理学科核心素养培养策略:以人教版"河流地貌的发育"一节为例[J].中学地理教学参考,2019,(6):38-41.
[42] 陈健.高中地理实验教学与地理实验技能的培养[J].中学地理教学参考,2013(5):32-34.

[43] 左世前.让学生亲历知识呈现:关于实验教学在地理课堂中高效运用的探索[J].新课程研究(教师教育),2011(9):109-111.

[44] 胡立强.利用地理实验教学　提高地理课堂有效性[J].中学地理教学参考,2014(4X):27-28.

[45] 蒋浩军,张静.高中地理课堂模拟实验的策略研究[J].中国现代教育装备,2018(4):16-17.

[46] 胡铁群.模拟实验的教学策略[J].基础教育研究,2019(13):64-66.

[47] 杨丽.浅析实验教学法在地理教学中的应用[J].成才之路,2009(3):51-52.

[48] 朱翔,刘新民.地理.选择性必修1:自然地理基础[M].长沙:湖南教育出版社,2019.

[49] 吴京梅,王新盼.核心素养视角下的人文地理教学思考[J].中学地理教学参考,2019(6):16-20.

[50] 徐冬阳,曾强.刍议"情景教学法"在中学地理教学中的运用[J].中学地理教学参考,2016(4):25-26.

[51] 吴善亮,凌峰.案例教学在人文地理教学中的运用[J].地理教学,2001(5):33-34.

[52] 陈寿国.问题引领—合作探究式案例教学的探索:以"区域发展阶段与人类活动"一节为例[J].中学地理教学参考,2017(22):19-20.

[53] 杨青,朱懿.基于综合思维素养培育的人文地理教学策略研究[J].地理教学,2018(18):15-17.

[54] 任秀燕.高中地理情境教学策略的研究[J].课程教育研究,2018(29):179-180.

[55] 苏晶晶.高中地理生活化情境教学的策略研究[D].南京:南京师范大学,2015.

[56] 齐彤.音乐地理学在高中地理教学中的应用:以高中区域地理为例[J].西部素质教育,2016,2(12):181-182.

[57] 李明.音乐在地理教学中的应用[J].中学地理教学参考,2014(4):49-50.

[58] 韩三洲.谁还记得"胡焕庸线"[J].中国经济报告,2015(3):122-123.

[59] 王民.普通高中教科书地理必修2[M].北京:中国地图出版社,2019.

[60] 康小军.高中地理案例教学实践探索[J].中学地理教学参考,2013(7):35-36.

[61] 方莹,雷蕾.论大学课程中广义案例教学法的分类与具体应用[J].当代教育实践与教学研究,2015(10):187-188.

[62] 罗玉梅,基于案例教学的地理教学设计研究:以"工业区位因素"为例[J].中学地理教学参考,2019(10下):37-39.

[63] 王向东.中学区域地理的主题选择、目标构建和教学策略研究[D].长春:东北师范大学,2008.

[64] 舒心.比较法在高中地理课堂的运用研究[D].大连:辽宁师范大学,2014.

[65] 翟春光.比较法在高中地理教学中的应用[D].福州:福建师范大学,2013.

[66] 袁书琪.地理教育学[M].北京:高等教育出版社,2001.
[67] 段玉山.地理新课程课堂教学方法[M].北京:高等教育出版社,2003.
[68] 施菊萍.比较法在高中地理教学中的运用[J].教书育人(教师新概念),2012(6):42.
[69] 田丛江.表格比较法在地理教学中的妙用[J].黑龙江农垦师专学报,2002(2):106-107.
[70] 林宪生.21.地理教学如何培养学生的区域比较能力?[J].地理教育,2006(2):10.
[71] 白瑞敏,徐宝芳.地理比较法在高中地理教学中的应用研究[J].中学历史地理教与学,2009(1):36-38.
[72] 李学军.比较教学法在中学地理有效教学中的运用[J].文理导航·教育研究与实践,2012(9):139.
[73] 黎文虹,蔡向晖.比较与分类[J].学科教育,1995(5):17-20.
[74] 顾明远.关于比较教育学科建设的几个问题[J].比较教育研究,2005(3):1-4.
[75] 贺小燕.浅谈高中地理学科的"定量"与"定性"特点[J].地理教学,2017(4):7-9.
[76] 郝东,杨秋菊,鲁爱华.高考地理图表的分类与判读[J].试题与研究,2009(9):12-19.
[77] 冯中跃,李永全.中学生的地图素养与培养[J].地理教育,2006(2):65-66.
[78] 魏晓燕.浅谈图像教学法在初中地理教学中的运用[J].课堂内外(教师版),2017(6):82.
[79] 王民.地理新课程教学论[M].北京:高等教育出版社,2003.
[80] 李家清.原理·方法与案例:高中地理有效教学[M].北京:科学出版社,2015.
[81] 罗齐兵.地理关联图在教学中的应用[J].宜春学院学报,2011,33(12):186-188.
[82] 张福俊.初中地理教学中对学生地图技能培养方法研究[D].大连:辽宁师范大学,2011.
[83] 吕莹.初中地理教学中运用地图培养学生智能研究[D].长春:东北师范大学,2008.
[84] 中华人民共和国教育部.普通高中地理课程标准(实验)[M].北京:人民教育出版社,2003.
[85] 蔡广征.新课改背景下中学地理图像教学的实施策略研究[D].桂林:广西师范大学,2014.
[86] 刘清华.谈谈如何提高教师教学行为的有效性[J].剑南文学(经典阅读),2014(1):336.
[87] 朱翔,刘新民.地理.选择性必修2:区域发展[M].长沙:湖南教育出版社,2019.
[88] 中华人民共和国教育部.中小学综合实践活动课程指导纲要[M].北京:北京师范大学出版社,2017.
[89] 付申珍.依托乡土地理课程资源开展地理研究性学习的探究[J].地理教育,2016(11):43-45.
[90] 付申珍.基于"人地协调观"素养的研学旅行课程实践模式构建与思考[J].地理教学,2019(10):46-49.

[91] 钟启泉.解码教育[M].上海:华东师范大学出版社,2020.
[92] 李兆智,刘春燕,赖家珍.龟峰地质公园研学旅行设计与实践[J].地理教育,2020(4):53-56.
[93] 熊建新,邹小燕,钱丽君.乡土地理探究性学习教学设计:以“常德市穿紫河水污染治理”为例[J].地理教育,2019(11):13-16.
[94] 王德明.项目式学习:痴迷比努力更重要[J].今日教育,2019(11):28-29.
[95] 王嵩涛.中小学生研学旅行课程指引[M].北京:首都师范大学出版社,2019.
[96] 彭其斌.研学旅行课程概论[M].济南:山东教育出版社,2019.
[97] 祝胜华,何永生.研学旅行课程体系探索与践行[M].武汉:华中科技大学出版社,2018.
[98] 胡才富,黄文山.江津地理[M].重庆:重庆出版社,2016.
[99] 福州市中学地理李文名师工作室.寻美福州[M].福州:福建人民出版社,2018.
[100] 广州教育出版社基础教育课程发展研究院.最美课堂在路上:研学旅行安全手册[M].广州:广东教育出版社,2019.
[101] 中华人民共和国教育部.义务教育初中科学课程标准(2011 版)[M].北京:北京师范大学出版社,2012.
[102] 朱宗秋.归纳法在概念教学中的应用策略[J].中学物理,2016(20):14-17.
[103] 陈少玉,曾玮.地理概念教学新解[J].地理教学,2015(15):4-6.
[104] 人民教育出版社,课程教材研究所,地理课程教材研究开发中心.普通高中教科书教师教学用书.地理.选择性必修 1:自然地理基础[M].北京:人民教育出版社,2020.
[105] 付申珍.8.3 可持续发展[J].地理教育,2003(3):16-17.
[106] 李家清.中学地理教学设计与案例研究[M].北京:科学出版社,2012.
[107] 人民教育出版社,课程教材研究所,地理课程教材研究开发中心.普通高中教科书.地理:必修.第二册[M].北京:人民教育出版社,2019.
[108] 人民教育出版社,课程教材研究所,地理课程教材研究开发中心.普通高中教科书教师教学用书.地理:必修.第二册[M].北京:人民教育出版社,2019.
[109] 人民教育出版社,课程教材研究所,地理课程教材研究开发中心.普通高中课程标准实验教科书.地理.3:必修[M].3 版.北京:人民教育出版社,2017.
[110] 马光霞.攀枝花产业结构调整优化研究[J].商业文化,2014(29):146.
[111] 攀枝花统计局.攀枝花统计年鉴 2013[M].北京:中国统计出版社,2013.
[112] 陈克军,冷光义.重庆市大学城虎溪河水质污染特征分析[C]//国家山区公路工程技术研究中心,中国公路学会,重庆市科学技术委员会.全国山区公路环境与岩土工程学术会议论文集.北京:人民交通出版社,2008:7-9.
[113] 李孝坤.重庆三峡库区水环境问题与保护对策探讨[J].水土保持研究,2005,12(4):220-222.

[114] 梁亚军.三峡库区畜禽粪便污染状况及治理措施的探讨[J].当代畜牧,2006(5):44-46.

[115] 黄川.重庆主城区水污染现状及处理方案探讨[J].西南师范大学学报(自然科学版),2002,27(3):412-416.

[116] 莫福孝,杨百露.三峡库区水污染现状与防治探讨[J].城市建设理论研究(电子版),2013(24):64.

[117] 方俊华.重庆渝北区御临河流域水污染治理规划研究[D].重庆:重庆大学,2004.

[118] 万礼修.高中研究性学习·三年级文科[M].重庆:重庆出版社,2018.

[119] 郭锋涛,段玉山,周维国,等.研学旅行课程标准(二):课程结构、课程内容[J].地理教学,2019(6):4-7.

[120] 章林伟.中国海绵城市建设与实践[J].给水排水,2018(11):1-5.

[121] 吴振华,袁书琪,牛志宁.地理实践力在地理研学旅行课程中的培育和应用[J].课程·教材·教法,2019,39(3):102-107.

[122] 胡向东.中小学研学旅行评价体系建设研究[J].决策与信息,2018(12):10-18.

[123] 黄榕青,陈杰.地理实践力培养的过程性评价探究:基于乡土课程资源开发的实例[J].地理教育,2017(6):10-12.

[124] 李万龙,孙旭,韩涛.暑期游学实践与反思[J].中学地理教学参考,2017(4上):14-16.

[125] 许方林,陈昀暄,魏大明,等.基于地理实践力培养的研学课程实践:以"嘉陵明珠 合碚研行"研学旅行课程为例[J].地理教学,2019(14):50-53.

[126] 肖菡婷."嘉陵明珠 合碚研行"研学日记[J].地理教育,2019(7):61-62.

后 记

历经两载多，齐心又协力，精耕且细作，提炼再提升，《中学地理长效教学的理论探索与实践》一书终于面世了。

教育是面向未来的重要投资。作为教育工作者，应把教育作为事业、科学、艺术，深知“学无止境，教无止境，研无止境”，长期在一线从事地理教育，乐于奉献，不断求真、创新教学。2017 年年底，经申报成功设立了重庆市教学专家付申珍工作室，并组建了由重庆市第一中学校付申珍老师领头，重庆市第一中学校陈娟和宋加喜、重庆市南开中学校刘宇、重庆市巴蜀中学校杨华、重庆市第七中学校刘明炼、重庆市大学城第一中学校彭萌、重庆市第十八中学校熊俊卿、重庆市渝中区教进修学院许方林、重庆市江津区教师发展中心黄文山等老师加入的团队，于 2018 年 3 月正式启动。其间，付申珍主持的“基于学科核心素养的高中环境教育策略研究”课题被立项为重庆市普通高中教育教学改革研究重点课题，重庆市普通高中精品选修课程“地球的呼唤——环境保护与可持续发展”已取得阶段性成果。从此，我们的中学教育教学研究正在向“众行”求远不断迈进。

在撰写本书的过程中，团队成员多次研讨，确定写作目的为：开展教学方法创新研究与运用，探索教育改革方向，立足培养学生核心素养，着眼教学长远效益，追求师生持续发展，为深化教育改革添砖加瓦。并为此自主开展理论与实践探索、集体研究，不断深化对“长效教学”的认识。

在本书的撰写实施和出版过程中，福建师范大学博士生导师袁书琪教授、华中师范大学博士生导师李家清教授和重庆大学行业研究专业人士贺云华皆对我们的书稿从不同视角、站在高处提出了宝贵、中肯的修改建议并作了深度指导，袁书琪教授、李家清教授还欣然作序。重庆师范大学李晴教授、重庆市教育科学研究院正高级教师张文革也对我们的“长效教学”研究提出了建议。重庆市第一中学校校长唐宏宇也一直关心、支持该书的撰写和出版，并为书写序；重庆市沙坪坝区教委主任向斌、沙坪坝区教师进修学院副书记李代文和重庆市第一中学校副校长卫晋丽、廖治华、龚剑秋、周鹊虹以及信息中心主任胡祖奎、课程中心主任杨明飞和副主任邹发明等领导也为我们工作室研修活动的开展和写作推进提供了有力支持。正是他们的关心、帮助与鼓励，让我们的课程实施、课题研究和著书工作能顺利进行，在此向他们表示衷心感谢。此外，重庆市第一中学校地理教研组的全体同仁也为本书撰写提供了许多帮助，在此表示诚挚的谢意。我们还特别感谢重庆市第一中学校原副校长杨祖旺等领导及原地理老教研组长胡熙时对我们工作室的关心、支持及对教改方面的引领，感谢担任本著作顾问的专家袁书琪、李家清、李晴、贺云华,感谢为本书提供照片和绘图的所有作者们,感谢审阅文稿的编辑们,感谢所有对本书提供帮助和支持的各界朋友。感谢我们这个勤思考、有凝聚力、求发展的团队。我们取长补短,分享快乐,在进取奋斗中获得成长!

本书写作的分工如下:

第一章 第一节 彭萌、付申珍,第二节 熊俊卿、付申珍,第三节 宋加喜、付申珍;

第二章 第一节 彭萌、付申珍,第二节 付申珍、彭萌 ;

第三章 第一至六节 付申珍;

第四章 第一节 杨华,第二节 宋加喜,第三节 刘明炼;

第五章 第一节 熊俊卿,第二节 许方林;

第六章 第一节 陈娟,第二节 刘宇,第三节 彭萌;

第七章 第一节 付申珍,第二节 黄文山;

第八章 第一节 杨华、刘明炼、付申珍,第二节 熊俊卿、许方林、付申珍,第三节 陈娟、刘宇、付申珍;

第九章 第一节 付申珍,第二节 付申珍、黄文山、许方林;

第十章 第一节 付申珍,第二节 黄文山、付申珍、许方林,第三节 付申珍、刘明炼、彭萌、熊俊卿、许方林、黄文山、陈娟、宋加喜、刘宇、杨华等。

本书由付申珍统筹规划设计、修改润色并审定全部文稿。

因本书内容广泛,具有探索性质,作者学识有限,相关专题撰写者经验难免不足,书中定有瑕疵,诚望有关专家、同行和各位读者批评指正,以便将来进一步修改完善,我们将不胜感激。

我们在面对学生未来发展的时候必然会关心并思考长效与长效教学,愿本书能抛砖引玉,繁荣长效教育思想。

让我们齐努力共奋进,积极追求长效教学,为推进教育教学改革与发展贡献更大的力量。

我们的联系方式:

E-mail:2327566003@ qq.com

重庆市学科带头人、中学正高级教师

重庆市教学专家付申珍工作室 重庆市第一中学校 付申珍

2021 年 3 月 30 日于重庆大学城